Michael und Ginny Katz

Die Hüter der Edelsteine

*Gespräche
mit den Engeln und Devas
des Mineralreichs*

Aus dem Amerikanischen von
Karl-Friedrich Hörner

WILHELM HEYNE VERLAG
MÜNCHEN

HEYNE ESOTERISCHES WISSEN
Herausgegeben von Michael Görden
13/9834

Die Originalausgabe erschien bei Golden Age Publ.,
Boulder, CO, USA

Umwelthinweis:
Dieses Buch wurde auf chlor- und
säurefreiem Papier gedruckt.

Taschenbucherstausgabe 8/2000

Wilhelm Heyne Verlag GmbH & Co. KG, München
http://www.heyne.de
Printed in Germany 2000
Umschlaggestaltung: Atelier Bachmann & Seidel, Reischach
Umschlagillustration: J. S. Davies/SuperStock Bildagentur, München;
Johannes Weber/Agentur Walter Holl, Aachen
Satz: Schaber Satz- und Datentechnik, Wels
Druck und Bindung: Ebner Ulm

ISBN 3-453-17363-5

Inhalt

Unseren Kindern
Emily, Eleena und Eranel,
sowie all jenen gewidmet, die
im Licht und Klang Gottes leben.

Wichtiger Hinweis:

Die Edelstein-Heil-Methode ist ein Weg zur Selbstharmonisierung der Persönlichkeit. Sie eröffnet die Möglichkeit, selbst gegen unerwünschte Gemütsstimmungen wie beispielsweise Verzagtheit, Beeinflussbarkeit oder Unsicherheit, die ihre Ursachen in charakterlichen Unzulänglichkeiten haben, vorzugehen. Die Edelsteine entfalten ihre Wirkung also im seelischen Bereich. Mit der Heilung oder Linderung körperlicher Beschwerden kann die Edelstein-Heil-Methode nicht in Zusammenhang gebracht werden. Wenn in dem vorliegenden Buch in der Medizin gebräuchliche Begriffe wie beispielsweise Heilung, Therapie, Patient oder Diagnose verwendet werden, so ist dies nicht im Sinne der Schulmedizin, sondern im auf den seelischen Bereich übertragenen Sinn zu verstehen.

Die Aufgabe

Eines Nachts – es war spät, die Kinder schliefen bereits – saß ich auf dem Sofa im Wohnzimmer, schloss die Augen und richtete meine Aufmerksamkeit nach innen. Da begann ich etwas zu hören, was ich zuerst für das Rauschen des Windes hielt. Doch ich wusste, dass sich draußen kein Lüftchen rührte; das Geräusch musste also von irgendwo tief in meinem Innern stammen.

Plötzlich wurde es lauter, und vor meinem inneren Auge entstand ein Bild: etwa dreißig Menschen saßen im Kreis um einen gewaltigen Kristall. Eine Lichtsäule floss von oben in den Kristall und strahlte an seiner Basis nach außen, gleichmäßig zu jedem der um ihn sitzenden Gestalten.

Diese waren für mich ebenso real wie das Sofa, auf dem ich saß. Einige von ihnen erschienen mir wie ein Wirbel von Energie, der menschliche Gestalt angenommen hatte. Andere zeigten unverkennbar menschliche Züge, und es gab hier keine zwei Gewänder, die sich in Stil oder Farbe glichen. Ich konnte an ihren Gesten erkennen, dass die Angehörigen dieser Gruppe lebhaft miteinander sprachen.

Ich stand außerhalb des Kreises. Wenige Augenblicke später erschien mein Mann Michael zu meiner Linken. Rechts von mir befand sich ein spiritueller Meister, dem ich schon früher begegnet war; sein knielanges, kastanienbraunes Gewand, die gegerbte Haut und das kurze, dunkle Haar und der Bart waren mir vertraut.

»Sie sprechen über ein Buch«, klärte mich der Meister auf, »ein Buch, das bald über sie geschrieben wird.« Der durchdringende Blick seiner braunen Augen war auf mich gerichtet.

Eine Gestalt in dem Kreis erhob sich und ging einige Schritte auf den Kristall zu. Dann hielt sie an und wandte sich zu uns. Ihr Gesicht zierte ein langer weißer Bart, er trug ein purpurfarbenes Gewand und hielt einen Stab aus weißem Holz. Er winkte, wir möchten uns der Gruppe anschließen. Das Gespräch im Kreise endete abrupt, und alle Blicke richteten sich auf uns.

Mit zunehmender Verwunderung und Neugier traten Michael und ich in den Kreis. Als wir auf den Mann in Purpur zugingen, überkam mich plötzlich das Empfinden, etwas Außergewöhnliches werde geschehen.

»Es ist an der Zeit, dass die Menschen auf der Erde einige Wahrheiten über die Edelsteine erfahren«, sprach der Mann, »besonders über die Wirkungen und Eigenschaften von Edelsteinkugeln.

Die Wesen, die ihr hier seht, sind die ›Hüter der Edelsteine‹. Sie wachen über die Steine. Es ist die ehrenvolle Pflicht eines jeden Hüters, die Aufgabe eines bestimmten Edelsteines zu erfüllen und seine Wirkung zu bewahren. Kürzlich erhielten alle Hüter noch eine weitere Aufgabe anvertraut: Sie sollen anfangen, direkt mit den Menschen zusammenzuarbeiten, um sie zu lehren, wie man Edelsteine richtig einsetzt.

Die in diesem Kreis versammelten ›Hüter der Edelsteine‹ haben vorgesehen, eine Fülle von Wissen in Form von Gesprächen zu vermitteln. Diese Gespräche werden ein wichtiger Schritt zur Erfüllung ihrer neuen Aufgabe sein. Sie werden den Hütern die Möglichkeit bieten, das

Wissen über die Edelsteine weiterzugeben, für die sie verantwortlich sind. Diese Gespräche werden dann überarbeitet und zu einem Buch zusammengestellt werden.«

Meine Neugier wuchs von Sekunde zu Sekunde. Michael und ich blickten uns an. Wir hatten seit über zehn Jahren mit Edelsteinen gearbeitet und ein intensives Interesse an ihren Heilwirkungen entwickelt. Alle erreichbaren Bücher und Artikel über das Thema hatten wir zusammengetragen und uns viele Stunden damit auseinandergesetzt.

Zu unserer Überraschung und Enttäuschung schien die so gewonnene Information entweder ungenau, unvollständig oder zu allgemein gefasst zu sein. Häufig waren in jeder Quelle andere Angaben über die Eigenschaften eines Steines zu finden; manchmal hatte es gar den Anschein, als würden ganz unterschiedliche Edelsteine geschildert! Trotz dieser Enttäuschung waren wir fest entschlossen, unsere Suche nach einer zuverlässigen Quelle über die Wirkungen dieser mächtigen Werkzeuge zur Heilung nicht aufzugeben. Jetzt fragten wir uns: Haben diese ›Hüter‹ von unserer Suche gewusst? Würden sie uns helfen, das angestrebte Wissen zu erlangen? Und vor allem: Wozu waren wir jetzt hier?

Während ich lauschte und gespannt war, was als nächstes geschehen würde, betrachtete ich die strahlenden purpurnen Augen des Mannes, der zu uns sprach. Sie ließen mich an die Leuchtkraft eines reinen Amethysts denken. Doch dann beantwortete er meine unausgesprochenen Fragen.

»Auf eurem bisherigen geistigen Weg habt ihr beide die Kunst und die Fertigkeit gelernt, dem Licht und Klang des Geistes zu folgen und auf Reisen im Bewusstsein feinstoffliche Stätten wie diese zu besuchen. Die Proben und Prüfungen, denen ihr einige Monate lang unterzogen wurdet, sollten euch Disziplin lehren, Vertrauen in eure innere Führung und wie ihr die Konzentration eurer Aufmerksamkeit aufrechterhalten könnt.«

Die Praxis gewisser spiritueller Übungen und Kontemplationen war in der Tat ein wichtiger Aspekt in unserem täglichen Leben geworden. Der Ton, den ich vernommen hatte, als ich die Augen schloss, war ein Teil dieses täglichen Erlebens. Ich betrachtete es als einen großen Segen, als ich bei Gelegenheit einmal den Brennpunkt meines Gewahrseins von meiner physischen Umgebung fortlenken und bewusst in eine innere Welt wie jene ›reisen‹ konnte, in der ich mich jetzt befand.

»Wir wünschen, dass *ihr* die Interviews mit den Hütern der Edelsteine durchführt, denn ihr habt dieses Vorrecht verdient«, setzte er hinzu.

Als mir zu dämmern begann, welche gewaltige Aufgabe uns hier angetragen wurde, war ich vor Scheu ganz ergriffen. Doch andererseits schien alles so selbstverständlich. Während ich die Bedeutung der uns vorgelegten Aufgabe voll und ganz verstand, schien mir die Vorstellung, die Hüter der Edelsteine selbst zu befragen, der geeignete und logische Weg. Schließlich erhielten wir die Gelegenheit, über Edelsteine zu lernen, nicht aus der Lektüre der Erlebnisse anderer Menschen, sondern aus unseren eigenen Begegnungen mit den Wesen, die sich mit den Edelsteinen am besten auskannten.

»Danke. Wir fühlen uns durch euer Vertrauen sehr geehrt«, antwortete ich. Michael nickte zustimmend.

Gedanken wirbelten durch meinen Kopf, und ich fragte mich, wann diese Interviews beginnen würden. Als habe er meine Überlegungen beobachtet, sprach der Meister im kastanienbraunen Gewand: »Wählt bestimmte Tage und Zeiten im Laufe des nächsten Monats aus, um diese Gespräche durchzuführen. Zu nächtlicher Zeit wäre es am besten; da könnt ihr ungestört sein, und eure Kinder schlafen.

Setzt euch bequem hin und schließt die Augen. Der Geist wird euch zum Treffpunkt für jedes Gespräch leiten. Lauscht auf das Wort Gottes. Es wird sich als ein Musikstrom manifestieren, der von der Quelle des Lebens durch euer Herz und wieder zurück fließt. Folgt seinem Klang. Dann öffnet die Augen und schaut die Welt, die vor euch liegt. Die Augen, die ihr dann öffnet, werden nicht eure körperlichen sein, und die Welten, die ihr gewahrt, werden häufig nicht die physischen sein.«

Wie es seiner Art entspricht, nahm Michael die Gelegenheit wahr und bat die Hüter um Vorschläge und Rat zu dem Buch. Er sprach mit fast jedem von ihnen, mit manchen sehr ausführlich, mit anderen nur kurz.

Während Michael mit den Hütern redete, wurde mein Blick von einer Frau angezogen, die außerhalb des Kreises stand und ein gleißend helles Licht ausstrahlte. Als diese Frau sah, dass die Gespräche beendet waren, trat sie zu uns in den Kreis. »Dies ist die Aufseherin aller Hüter der Edelsteine«, bemerkte jemand.

»Bevor ihr mit euren Gesprächen beginnt, möchte ich euch einen Rat geben«, sprach die Aufseherin. »Versucht nicht, euch alles zu merken, was die Hüter sagen, in der Hoffnung, euch daran zu erinnern und später niederzuschreiben. Wenn ihr das probiert, werdet ihr viel Information vergessen.

Du, Ginny, solltest dich vielmehr dem Geist anvertrauen und ihm erlauben, dir zu zeigen, wie du in das Aura- oder Energiefeld gelangst, das jeden Hüter umgibt. Du wirst dabei weder das Bewusstsein noch deine Identität verlieren, du wirst auch nicht mit dem Hüter des Edelsteins verschmelzen. Doch dein Mund wird die Worte aussprechen können, die aus dem Herzen jedes Hüters strömen. Haltet einen Kassettenrekorder bereit, um diese Worte aufzunehmen.

Die Hüter werden auf die Worte und Bilder zurückgreifen, die in deinem Geist gespeichert sind. Sie werden eine Sprache gebrauchen, die leicht zu verstehen ist, sodass möglichst viele Menschen das wahre Wesen, den Zweck und die Wirkungen ihrer Steine verstehen werden.

Michael, deine Aufgabe wird es sein, die Gespräche zu leiten, indem du den Hütern Fragen stellst.

Die Hüter werden nicht nur über ihre eigenen Steine sprechen, sondern auch die Information mitteilen, die notwendig ist, um zu verstehen, wie alle Edelsteine wirken. Das Wissen, das jeder Hüter dir gibt, wird auf dem aufbauen, das in den vorausgegangenen Gesprächen vermittelt wurde. Rate deshalb euren Lesern, mit der Lektüre des Buches am Anfang zu beginnen und es nach der Reihenfolge der Kapitel zu studieren.

Einige Hüter werden ihre Steine übrigens mit Bezeichnungen wie ›Erdstein‹, oder ›Meerstein‹ weiter unterscheiden: Erdsteine sind aus Land und Fels des Planeten, Meersteine sind die Schätze des Ozeans. Ihr werdet zuerst den Hütern der Edelsteine begegnen, dann den Hütern der Erdsteine, und schließlich den Hütern der Meersteine.«

»Hast du noch einen Rat für uns?«, fragte Michael.

»Ja, da ist noch etwas. Stellt euch beim Schreiben des Buches vor, dass ihr euch in der Lichtsäule befindet, die ihr jetzt durch den Kristall in der Mitte dieses Kreises strömen seht. Sie ist in Wirklichkeit ein Pfeiler der Liebe. Schreibt mit Liebe und mit Licht – und habt Freude an eurer Arbeit.«

Dann sprach wieder jenes Wesen, das ich für den Hüter des Amethysts hielt: »Auch ich habe einen Rat für euch. Bei der Ausführung eurer Arbeit könnt ihr geben oder nehmen. Wenn ihr euch für das Nehmen entscheidet, werden eure Möglichkeiten schwinden. Wenn ihr euch für das Geben entscheidet, werden euch grenzenlose Möglichkeiten zur Verfügung stehen.

Das Leben soll befinden, in welchem Maße ihr gebt oder nehmt, denn die Verfügbarkeit oder das Fehlen von Möglichkeiten wird sich überall widerspiegeln. Der Schlüssel zur erfolgreichen Vollendung eurer Aufgabe ist die Aufmerksamkeit – ganz gleich, wieviel Wege euch offenstehen. Ich spreche jetzt zwar über die Vollendung des Buches, doch mein Rat lässt sich auch auf jedes andere Vorhaben übertragen.«

Dann bedeutete uns der Meister im kastanienbraunen Gewand, dass es an der Zeit sei, den Kreis zu verlassen. Wir folgten seiner Aufforderung, und die Hüter setzten ihre Gespräche fort.

»Das erste Gespräch wird das mit dem Hüter des Bergkristalls sein«, erklärte der Meister. »Bestimmt eine Zeit für die Begegnung, und denkt daran, dem Geist zu folgen; er führt euch zum Treffpunkt.«

Dann löste sich das Bild vor meinem inneren Auge auf, und die Umgebung unseres Wohnzimmers kam mir wieder ins Bewusstsein. Ich blieb einige Minuten still sitzen, ohne mich zu rühren oder die Augen zu öffnen. Ich wollte die Begegnung, die ich gerade erleben durfte, ganz in mich aufnehmen und die wachsende Erregung in meinem Herzen beruhigen. Aber bevor ich mich fassen oder meine Begeisterung beherrschen konnte, sprang ich auf und eilte ins Schlafzimmer, in dem Michael in Kontemplation versunken war.

Er öffnete die Augen, als ich das Zimmer betrat. Sein Ausdruck zeugte von tiefem Wissen. »Morgen Nacht treffen wir uns mit dem Hüter des Bergkristalls«, sagte er. Ich lächelte. Was eines der größten Abenteuer unseres Lebens zu werden versprach, hatte bereits seinen Anfang genommen.

Kapitel 1

Bergkristall

Wir trafen den Hüter des Bergkristalls zwischen Wolkenschwaden. Die Szene ähnelte der klassischen Vorstellung vom Himmel. Weißer Dunst umgab uns, so weit das Auge reichte. Doch im Herzen wusste ich, dass wir irgendwo auf der Erde standen. Der Untergrund fühlte sich fest an – und gar nicht so, wie man es auf einer Wolke erwarten würde.

Der Hüter stand mit verschränkten Armen vor uns. Er war in einen weißen Umhang gehüllt, der ein sanftes Licht ausstrahlte. Er breitete die Arme aus und öffnete die Robe, um seinen Körper zu enthüllen, der aus klarem Bergkristall bestand. Ich blinzelte erstaunt, woraufhin die kristallene Gestalt sich in einen menschlichen Körper verwandelte, der Hemd und Hose aus weißem Stoff trug. Aufmerksam betrachtete ich die Gesichtszüge des Hüters. Er schien etwa dreißig Jahre alt zu sein. Sein Haar war hellblond, hinten schulterlang, an Stirn und Seiten kurz.

Dann bemerkte ich, dass der Hüter einen großen, einzelnen Bergkristall trug. Als ich diesen betrachtete, wuchs er in eine bergkristallene Stadt. Im nächsten Augenblick verwandelte sich dieses glasklare Gebilde in eine Bergkristall-Kugel, groß genug, um beide Hände ihres Trägers zu füllen. Dieser legte die Kugel neben sich, legte die Handflächen aneinander und verneigte sich vor uns.

Michael und ich erwiderten schweigend seinen Gruß. Dann trat ich voll Vertrauen auf meine innere Führung – wie ich aus den geistigen Unterweisungen gelernt hatte – näher auf den Hüter des Bergkristalls zu. Ich blickte in seine dunklen braunen Augen und als er meinen Blick erwiderte, war mir einen Augenblick, als löste ich mich auf in dem Licht, das ihn umgab. Dann glitt ich wortlos in sein Aurafeld.

Von diesem Augenblick an vermochte ich zu sehen, was der Hüter sah, empfinden, was sein Herz bewegte, und mit der Stimme meines Körpers aussprechen, was er sagen würde.

Energie floss ununterbrochen durch seinen Körper. Wie ein Wasserfall strömte sie von oben, aus dem Universum, in sein Haupt und floss durch die Füße in die Erde. Ich fragte mich, wie diese Energie zu ihrer Quelle zurückkehren und den Kreis schließen würde. Als er zu sprechen begann, wusste ich es. Sie kehrte über seine Stimme ins Universum zurück.

Bergkristall gibt es fast überall, begann der Hüter, sei es eigenständig oder als Bestandteil anderen Gesteins. Man findet ihn sowohl in der Erde als auch an ihrer Oberfläche.

Ich bin für die Menschen am wirkungsvollsten, wenn ich zu einer Kugel gestaltet wurde. In dieser Form erlaube ich der Lebenskraft, durch Gedanken-, Erinnerungs- und Gefühlsebenen in den physischen Körper zu fließen. Dieser Strom der Lebenskraft gleicht dann alle Aspekte des Menschenwesens aus.

Ich bringe Balance in alles, das ich berühre. Wenn ich am Hals getragen werde, gleiche ich das ganze Wesen aus. An anderen Stellen getragen, bringe ich diese ins Gleichgewicht.

Wenn ich kristalline Gestalt habe, ist meine Wirkung anders. Die kristalline Form hat nicht die ausgleichende Wirkung der Kugel, sie besitzt auch nicht die Kraft der Kugelform, die inneren Wesensaspekte in Einklang zu bringen.

Jene, die Quarz in kristalliner Form tragen, spüren die Energie der Erde. Insbesondere spüren sie die Lebenskraft, die der Kristall durch das eine Ende empfängt, in seiner kristallinen Struktur umwandelt und durch das andere Ende in die Atmosphäre der Erde abgibt.

Die Energie des Bergkristalls wirkt erdend, weil sie Energie aus der und für die Erde ist. Nur in diesem Sinne besitzt der Bergkristall in kristalliner Form eine ausgleichende Wirkung. Wenn man mehr geerdet ist, fühlt man sich meist auch ausgeglichener.

Die meisten Quarz-Kristalle haben ein spitzes und ein stumpfes Ende. Aufgrund ihres Aufbaus ist die Energie gezwungen, nur in eine Richtung durch den Kristall zu fließen: in das stumpfe Ende hinein und an der Spitze hinaus. Es ist weder richtig noch falsch, den Kristall mit der Spitze nach oben oder nach unten zu tragen. Die Energieströmungen eines Bergkristalls sind universell. Je nachdem, wie man zu diesen Strömen steht, wird man den Kristall in der einen oder anderen Richtung tragen. Jeder wird den Bergkristall so tragen wollen, dass er am meisten Energie spüren kann.

Gleichgültig, in welcher Form ich gebraucht werde, ist meine Aufgabe schlicht und einfach, den Planeten am Leben zu erhalten. Nun kommt vielleicht die Frage auf: Warum möchte ich denn den Menschen helfen, da so viele von ihnen an der Zerstörung der Erde mitwirken? Der Grund ist dieser: Menschen sind nicht nur destruktiv; sie und die Erde geben für- und nehmen voneinander.

Viele gewinnen den Eindruck, die Menschen nähmen nur das Gute aus der Erde und gäben das Schlechte zurück. Dies ist nicht so. Das größte Geschenk des Menschen an die Erde ist seine Verbundenheit mit der Lebenskraft, auch Geist oder Heilungskraft genannt.

Bergkristall kann nur die Lebenskraft sammeln und gebrauchen, die in der Atmosphäre der Erde bereits vorhanden ist. Die Menschen hingegen verfügen über die Möglichkeit, sich mit der Seele in Verbindung zu setzen, der Quelle der Lebenskraft. Wenn sie Bergkristall in Kugelform tragen, werden die Menschen auf allen Wesensebenen ausgeglichener. Dies wiederum verstärkt ihre Fähigkeit, noch mehr Lebenskraft in die Erdatmosphäre zu ziehen. Je ausgeglichener der Einzelne ist, desto mehr Lebenskraft kann durch ihn in die Atmosphäre fließen.

So betrachtet, ist meine Aufgabe, den Menschen zu helfen, sogar etwas egoistisch, da meine Mission auf der Erde dem Leben an sich gilt. Indem ich den Menschen helfe, ins Gleichgewicht zu finden, ermögliche ich, dass ein stärkerer Lebensstrom in sie einfließt – und somit gelangt auch ein stärkerer Lebensstrom in die Erde.

Eines der größten Geschenke, die die Menschen der Erde geben können, ist, Quarz in Kugelform zu tragen. Je mehr Menschen Quarz in Kugelform tragen, desto mehr Lebenskraft wird dem Planeten zur Verfügung stehen.

Die frühen Jahre des Bergkristalls

Der Quarz wurde geboren, als die Erde entstand. Die ganz junge Erde kann man mit dem menschlichen Fötus vergleichen. Wenn ein Fötus sich im Uterus seiner Mutter befindet, wächst und wandelt er sich, aber er besitzt noch kein eigenständiges Leben. Er hat teil am Leben der Mutter. So war es auch mit der Erde. Jahrtausendelang trug die sich gestaltende Erde kein eigenes Leben. In jener Zeit hatte sie teil am Leben des Universums.

Sobald ein kritischer Punkt erreicht ist, tritt die Seele in den Körper des Babys ein, und das Kind wird geboren. Als die Erde an diesen entscheidenden Punkt gelangte, trat die Lebenskraft in den Planeten ein. Im Bergkristall war diese Lebenskraft gefasst.

Natürlich gab es noch andere Kristalle, die ebenfalls von der Lebenskraft berührt wurden. Jeder dieser Kristalle erfüllt eine bestimmte Funktion für die Erde. In dieser Hinsicht ähnelt die Erde dem Menschen, der viele Organe besitzt, die alle für sein Leben und Überleben notwendig sind. Wie Menschen ihre Organe benötigen, so braucht die Erde alle ihre Kristalle und Minerale zum Überleben.

Im Laufe der Zeit wuchsen die klaren Quarze, denn bevor sie vom Planeten genommen werden können, müssen sie natürlich gewachsen sein. Während ihres Wachstums wurden manche mit bestimmten Schwingungsfrequenzen oder Schwingungsessenzen bereichert, die ihnen Farbe verliehen. Diese Schwingungen verliehen den Kristallen auch ihre Aufgabe, ihre Funktion. Manche dieser ›Programmierungen‹ wurden durch Wesen von anderen Planeten vorgenommen. Andere wurden von der Erde selbst unter göttlicher Anleitung eingerichtet. Mit anderen Worten: Die Erde wusste, was sie benötigte. Allmählich kamen noch weitere Elemente hinzu, um die Bedürfnisse des Planeten zu erfüllen, und so gewann die Familie der Quarze zusätzliche Verwandte.

In den frühen Jahren seiner Kindheit wächst der Mensch sehr schnell, und seine Energie scheint grenzenlos zu sein. Ähnlich verfügte auch die Erde in den frühen Phasen ihrer Entwicklung über soviel Energie, dass ihre Kristalle sehr rasch wuchsen. Sie drangen sogar durch die Erdoberfläche und wuchsen wie Pflanzen hervor. Jetzt ist der Planet in den mittleren Jahren, und – wie auch die Menschen mittleren Alters sich langsamer bewegen als ein Kind – die Kristalle der Erde wachsen nicht mehr so rasch.

Zur lemurischen Zeit bevölkerte eine hochzivilisierte Menschenrasse einen Kontinent der Erde, der schließlich durch Beben zerstört wurde. Der Kontinent Lemurien liegt heute unter dem Pazifischen Ozean.

In jener Zeit spross der Quarz in herrlichen Kristallgebilden aus dem Boden, wie wir es heute von Blumen kennen. Meine Kristalle wurden damals nicht als Schmuck getragen, wie es heute verbreitet ist. Obwohl manche Menschen, die sich an die lemurische Zeit zurückerinnern, meinen, Kristalle als Schmuck getragen zu haben, sind solche Erinnerungen nicht ganz korrekt. Man trug Bergkristalle am Hals, Kopf oder an anderen Stellen des Körpers. Doch dies geschah, um Information in den Kristall zu übertragen.

Nun, diese Vorstellung der Informationsübertragung ist für die Menschen der heutigen Zeit vielleicht schwer nachzuvollziehen. Die Bewohner Lemuriens jedoch wussten, dass man viele Dinge – darunter Gefühle, Informationen und sogar Krankheiten – in einen Quarzkristall übertragen konnte. Sie speicherten ihre Erfahrungen und technischen Errungenschaften in Kristallen, um sie so für mögliche spätere Generationen zu bewahren.

Ihr seht also: Man wusste schon damals, dass es weitaus rationeller ist, Informationen in einem Kristall zu speichern, als sie zu Papier zu bringen, das zerfällt und nur zu leicht verbrannt oder zerstört werden kann. Die Aufzeichnung auf Papier wurde auch mit Rücksicht auf die Bäume vermieden.

Die Informationsübermittlung ist am effektivsten, wenn man einen klaren, sechsseitigen Kristall verwendet. Kristalle können besser und mehr Informationen speichern als die besten Computer aus Menschenhand. Doch im Gegensatz zum Computer verarbeiten sie die Daten nicht, sondern speichern sie nur.

Da ihr keine Kenntnisse über eine gewisse Technik besitzt, wäre es sinnlos, euch den Übertragungsmechanismus zu erklären. Personen, die über das technische Wissen verfügen, werden diese Information vielleicht eines Tages erhalten. Jetzt darüber zu sprechen wäre, als erklärte man euch, wie man einen Kuchen backt, während ihr nicht einmal einen Ofen zum Backen oder auch nur eine Rührschüssel für den Teig besitzt. Abgesehen davon: Wenn ich euch den Übertragungsmechanismus verriete und ihr wolltet Informationen in einen Kristall geben – woher wüsstet ihr, dass ihr nicht andere Informationen löscht, die in dem Kristall bereits gespeichert sind?

Bei der Zerstörung Lemuriens wurden die über der Erdoberfläche wachsenden Quarzkristalle weltweit vernichtet. Nur jene Kristalle, die im Fels verborgen sind, wurden nicht zerbrochen. Sie waren vor den heftigen Umwälzungen geschützt, die sich zwischen dem lemurischen und dem atlantischen Zeitalter ereigneten.

Das atlantische Zeitalter folgte auf den Untergang Lemuriens. Wie schon Lemurien, wurden auch der Kontinent Atlantis und seine Bevölkerung durch Erdbeben zerstört. Das ehemalige Atlantis liegt heute unter dem Atlantischen Ozean.

In jener Zeit begannen die Menschen Bergkristalle zu tragen, weil sie deren Kraft zu fühlen vermochten. Sie merkten, dass ihre übernatürlichen Fähigkeiten zunahmen, wenn sie Kristalle trugen, da einiges von deren Kraft auf sie überging. Die Kristalle, die man dazu benutzte, waren in der Regel mindestens sieben Zentimeter lang, manchmal bis zwanzig oder fünfundzwanzig Zentimeter groß. Sie wurden über dem Herzen, dem Magen oder an Stirnbändern getragen.

Ein solches Stirnband bestand aus einer metallenen Krone. Wenn der Kristall mit der Spitze nach oben in die Mitte der Krone – also über den Scheitel – gesetzt wurde, unterstützte er seinen Träger bei außerkörperlichen Erlebnissen. Obwohl solche Erlebnisse oft herrlich waren, fühlte man sich danach erschöpft.

Zeigte der Kristall über dem Scheitel mit seiner Spitze nach unten, gewann sein Träger oft übernatürliche Kräfte. Doch auch solche Erfahrungen hatten ihre Grenzen, und wenn man sie länger als nur eine kurze Zeit ausübte, wurde der Körper völlig erschöpft.

Andere trugen Kronen, in denen der Bergkristall vor der Stirn gehalten wurde. Diese Position diente vor allem der Kommunikation mit Wesen auf anderen Planeten. Atlantis wurde häufig von Außerirdischen besucht. Sie lebten oft unter den Menschen von Atlantis und unterwiesen sie im Gebrauch solcher Kronen zur interplanetaren Kommunikation.

Der Bergkristall heute

»Möchtest du über deine Aufgabe und Wirkung in der heutigen Zeit sprechen?«, bat Michael.

Ja, antwortete der Hüter des Bergkristalls. Darauf sollten wir unsere Aufmerksamkeit richten, zumal es an der Zeit ist, dass einige Wahrheiten bekannt werden.

Um den Bergkristall zu begreifen, muss man einige elementare Grundsätze über Kristalle verstehen. Sie gelten für alle Kristalle auf diesem Planeten. Natürlich findet man Kristall in Gruppen und Aggregaten, mit zwei Spitzen und in mannigfaltigen Formen. Doch in der Regel weist der Kristall zwei Enden auf: ein stumpfes, das Energie aufnimmt, und ein spitzes Ende, aus dem Energie hinausfließt.

Energie strömt am einen Ende des Kristalls hinein, am anderen heraus. Legt man sie also auf den Körper, können sie Energie herausziehen oder hineinstrahlen. Diese Wirkung gilt unterschiedslos in allen Fällen. Deshalb kann es höchst gefährlich sein, Kristalle auf den Körper zu legen. Wenn man das stumpfe, Energie aufnehmende Ende eines Kristalls über einen disharmonischen Bereich des Körpers hält, wird Energie aus dem Körper gezogen, fließt durch den Kristall und verlässt diesen am spitzen Ende. Doch es ist unmöglich zu sagen, ob der Kristall disharmonische Energie oder positive Lebenskraft aus dem Körper zieht.

Nachdem ihr nun diese Information habt, übernehme ich als der Hüter des Bergkristalls keine Verantwortung für den Missbrauch meiner kristallinen Gestalt mehr.

Doch die Kugelform des Bergkristalls besitzt kein gebendes oder aufnehmendes Ende mehr. Die Energie des Bergkristalls wirbelt um die Kugel herum und verströmt sich über die ganze Aura des Trägers. Diese Wirkung wird noch verstärkt, wenn die Kugeln als Kette um den Hals getragen werden.

Wenn ihr Bergkristallkugeln über eine disharmonische Region legt, könnt ihr ganz sicher davon ausgehen, dass die Wirkung nur wohltuend ist, denn der Quarz wird Lebenskraft in dieses Gebiet ziehen. Er wird Lebenskraft auch in die entsprechenden Bereiche der inneren Wesensebenen des Menschen lenken. Dies ist nützlich, weil die Disharmonie sich möglicherweise nicht aufs Körperliche allein beschränkt, sondern auch auf den emotionalen und mentalen Ebenen manifestiert.

Um den Bergkristall und andere Kristalle zu verstehen, müsst ihr auch wissen, dass alle Kristalle lebendig sind. Während der Planet Gestalt annahm, wurde die Lebenskraft des Universums in den Quarz gelenkt und konzentriert, der Träger der Lebensenergie des Planeten werden sollte. Die Lebenskraft ist eine Kombination von Licht und Klang. Als Bergkristalle sich manifestierten und materiell verdichteten, wurde die stark konzentrierte Kraft dieses Lichtes und Klanges in ihrer kristallinen Matrix eingefangen.

Licht und Klang, die dereinst über alle Kraft des Universums verfügten, sind nun in der Form des Kristalls geborgen. Dies ist die Lebenskraft eines Kristalls. Deshalb können selbst kleine Kristalle so mächtig sein. Wenn ein

Kristall zur Kugel geschliffen wird, ist die Lebenskraft in der kristallinen Form – die einmal alle Macht und Liebe des Universums besaß – immer noch vorhanden. Wenn der Kristall zu einer Kugel geschliffen ist, wird seine Energie den Menschen leichter zugänglich und harmoniert mehr mit ihnen.

Da ihr nun diese Information besitzt, möchte ich meine Aufgabe für den Planeten detaillierter beschreiben. Ich sammle, verteile, reflektiere und absorbiere die Energien, die in und um die Atmosphäre fließen, sodass die Erde sie für ihren Erhalt gebrauchen kann.

Kristalle können nur für den Planeten wirken, wenn sie nicht ›geerntet‹ worden sind, das heißt, wenn sie noch Verbindung mit der Erde haben. Wenn ihr einen geernteten Kristall in den Boden zurückgebt, wirkt er wieder von neuem für die Erde. Es spielt keine Rolle, wie ihr ihn einpflanzt; ihr könnt ihn in der Erde vergraben oder einfach auf den Boden legen.

Kristalle haben konzentrierte, gesammelte Lebensenergie in sich. Sie geben Leben, Wohlbefinden und Harmonie in jede Umgebung oder Atmosphäre ab. Doch sie können der Erde nicht direkt helfen, wenn sie im Hause aufbewahrt oder um den Hals getragen werden. Sie müssen den Erdboden berühren.

Wer den Bergkristall in Kugelform trägt, wird die Lebenskraft aus zwei Bereichen empfangen: erstens aus der Energie, die im Quarz enthalten ist und in die Aura eingeht, zweitens aus der Lebenskraft in seinen inneren Wesensaspekten, die dann in den physischen Körper gezogen wird. Wenn Lebenskraft verstärkt in den Menschen eintritt, werden die inneren Wesensaspekte ausgeglichener. Das heißt, es kann noch mehr Lebenskraft auf die körperliche Ebene strömen. Was bedeutet dies für den Menschen? Je mehr Lebenskraft vorhanden ist, desto weniger Raum bleibt für Krankheit oder Anti-Leben – oder ist Krankheit denn etwas anderes als Anti-Leben?

Wie ich die Aura des Planeten Erde erhelle, erhellt mein Einfluss auch die Aura meines Trägers. Ich bestimme, welche Schwingungsraten für seinen physischen Körper am besten sind – ebenso wie ich entscheide, welche Schwingungen für die Erde am geeignetsten sind. Und wie ich der Erde helfe, im Gleichgewicht zu bleiben, helfe ich auch dem Menschen dabei. Die Lebenskraft besteht aus einem Strom von Licht und Klang. Meine Fähigkeit, diesen Strom anzuziehen, erlaubt mir, Gleichgewicht im einzelnen herzustellen. Die Zunahme der Lebenskraft, die aus diesem Gleichgewicht resultiert, manifestiert sich als eine Aufhellung der Aura des Individuums.

Licht und Klang, die ich heranziehe, nähren nicht nur den physischen Körper, sondern auch die inneren Wesensaspekte – nämlich die Gefühle, das Gedächtnis und das Denken. Die inneren Aspekte werden von der Lebenskraft berührt, wenn diese über sie in den physischen Körper fließt. Auf diese Weise trage ich also zum Ausgleich der inneren Aspekte bei.

Es mag den Anschein haben, dass ich den Menschen schütze, der mich trägt, weil ich alles auszugleichen helfe, was zum physischen Körper gehört. Aber ich gewähre keinen Schutz; mit meiner Hilfe ist der Mensch einfach besser in der Lage, alle seine Erlebnisse richtig zu verarbeiten. Wenn eine Person einmal im Gleichgewicht ist, vermag sie mit allen Situationen beherrschter und würdevoller umgehen.

Aus diesem Grunde scheint meine Wirkung den Einzelnen vor den negativen Emotionen anderer zu schützen. Aber auch der Empfänger negativer Emotionen ist durch meinen Einfluss einfach besser in der Lage, die Emotionen richtig einzuschätzen und auszugleichen. Positive Emotionen erscheinen dann verstärkt, aber nur weil der Urheber der Emotion diese länger hegen und genießen möchte.

Um das Gleichgewicht auch im mentalen Bereich zu fördern, kräftigen Bergkristall-Kugeln – je nach den Bedürfnissen des Einzelnen – entweder das analytische oder das kreative Denken. Um beispielsweise das Denken eines bestimmten Menschen auszugleichen, muss etwa der schöpferische Aspekt angeregt und der analytische Zug gedämpft werden. Dieses Opfer wird man bringen, wenn man im Mentalen ein größeres Gleichgewicht erreichen will. Dann kann auch mehr Lebenskraft durch das Denken in den physischen Körper fließen. Wenn das größere mentale Gleichgewicht gefunden ist, werden beide Aspekte des menschlichen Geistes natürlich gestärkt.

Sobald der Mensch Bergkristall in Kugelform trägt, beginnt dessen Energie seine Aura zu durchströmen, und ich werde geweckt. Bei diesem Vorgang erfahre ich viel über die Lebenskraft, die der Einzelne benötigt, um ein größeres Gleichgewicht zu erlangen. Dann kann ich jene Veränderungen einleiten, die notwendig sind, damit sich das Gleichgewicht einstellt.

In Kristallform habe ich keine Verbindung zur Aura dessen, der mich trägt. Es spielt keine Rolle, ob der getragene Kristall groß oder klein ist. Ich habe in kristalliner Form keine Möglichkeit, die Aura oder die Bedürfnisse des Einzelnen kennenzulernen. Die Energie, die aus dem Kristall hinaus in die Aura fließt, wird nämlich nicht in den Kristall zurückgelenkt. Die Energie des Kristalles ist gezwungen, kräftig und konzentriert allein in die durch die Facetten vorgegebenen Richtungen zu fließen, und nichts kommt zurück.

Bergkristall-Kugeln dagegen verstrahlen ihre Energie wie die Sonne und erfüllen damit die Aura ihres Trägers. Wenn das Aurafeld gesättigt ist, wechselt die Energie zwischen den Kugeln und der Aura hin und her. Auf diese Weise lerne ich den Menschen kennen.

Häufig kommt es im Laufe der Prozesse, die notwendig sind, damit die Erde zu einem größeren Gleichgewicht gelangt, zu Erdbeben und Vulkanausbrüchen. Ähnlich wird oft auch der Mensch in seinem Streben nach größerer Balance von Ausbrüchen getroffen und in seinen Grundfesten erschüttert. Das ist der Preis für das Gleichgewicht. Je unausgeglichener ihr auf irgendeiner Ebene seid, desto mehr Umwälzungen werden geschehen müssen, bis ihr die Balance erlangt habt. Doch weil ich meinem Wesen nach Gleichgewicht bin, werde ich euer ganzes Wesen gleichmäßig – langsam und stetig – zur Balance führen. Gleichwohl kann es noch zu Erschütterungen kommen.

Bevor die Erde bebt, baut sich eine gewaltige Spannung auf. Die Erde will sich verändern, will zu größerer Ausgeglichenheit und Harmonie finden. Aber es herrscht Spannung. Es gibt Widerstand. Wenn es dann zu einem Erdbeben kommt, ist die Spannung gelöst.

Dies lässt sich vergleichen mit dem, was ihr erleben könnt, wenn ihr euch um größere Balance bemüht. In irgendeinem Bereich eures Lebens baut sich Spannung auf, und dann kommt es zu einem ›Erdbeben‹. In dieser

Phase meint ihr vielleicht: »Sieh nur, was der Bergkristall bewirkt. Das hat doch gewiss nichts mit Gleichgewicht zu tun!«

Wenn das Erdbeben vorüber ist und sich größere Ausgeglichenheit und Harmonie als je zuvor eingestellt haben, werdet ihr verstehen, was sich tatsächlich ereignet hat. Ihr werdet die wahre Art eurer Veränderungen erkennen, besonders wenn ihr begreift, auf welche Weise der Bergkristall wirkt.

Die Näherung zum Gleichgewichtszustand wird proportional zu Masse und Menge des Bergkristalls sein, den ihr tragt. Wenn man nur eine Schnur mit Bergkristall-Kugeln trägt, sind die Erdbeben vielleicht nur kleine Erschütterungen. Auf die Länge der Schnur kommt es nicht an. Es sind die Masse und Menge des Bergkristalls, welche die Wirkung bestimmen. Je größer die Masse, desto stärker die Wirkung.

Behandlungen mit Bergkristall

»Auf welche Weise kann Bergkristall in Kugelform den Menschen in seinen Phasen der Veränderung helfen?«, fragte Michael.

Ihr möchtet also wissen, wie man die Veränderung fördern – wie man die Lebenskraft konzentrieren – kann, indem man Bergkristalle auf disharmonische Bereiche des physischen Körpers legt? Mit anderen Worten: Wollt ihr etwas über das Heilen erfahren?

»Ja.«

Manche würden mich wohl als Heilungsstein bezeichnen. Doch in Bezug auf den Bergkristall ist das Wort

›Heilen‹ irreführend und zu ungenau. ›Heilung‹ bedeutet oft eine augenblickliche Veränderung, die gewissermaßen von heute auf morgen eintritt. Ich helfe den Menschen im Wandlungsprozess, indem ich es ihnen ermögliche, Gleichgewicht in allen Aspekten ihres Lebens zu finden. Wenn man mich ständig trägt, werde ich sogar bemüht sein, jene Kräfte im Leben des Menschen abzulenken, die das Gleichgewicht stören könnten, und ich werde anziehen, was zu dessen Aufrechterhaltung notwendig ist.

Bei meinem Streben nach Gleichgewicht unterstütze und ermutige ich die natürlichen Energieströme im physischen Körper. Wenn diese Energieströme bereits wohl ausgeglichen sind, werden sie durch meine Wirkung kräftiger.

Der physische Körper hat sieben Energiezentren. (Siehe Kapitel 2, *Lavendelquarz*; es geht auf die Energiezentren detailliert ein.) Menschen mit Störungen des Energiehaushalts in den oder durch die Zentren können Bergkristall-Kugeln auf jedes Energiezentrum legen. Dies wird eine behutsame Regulierung des Ein- oder Ausströmens der Energie unterstützen.

Nimm sieben mindestens vierzig Zentimeter lange Schnüre mit Bergkristall-Perlen und schichte über jedes Energiezentrum eine Schnur zu einem Kegel. Du erreichst eine ganz saubere Kegelform, indem du die Schnüre spiralig auflegst. Bergkristallperlen von sechs Millimetern Durchmesser haben eine sehr sanfte Wirkung. Ein Durchmesser von acht Millimetern ist vermutlich ideal. Zehn Millimeter Kugeln sind für die meisten Menschen wohl etwas zu stark. Die Behandlung sollte mindestens eine halbe Stunde – eventuell bis zu einer vollen Stunde –

dauern. Je nach Bedarf kannst du sie ein- oder zweimal täglich durchführen.

Wenn du die Behandlung beendet hast, nimm die Perlenschnüre ab, wobei du zuerst die Bergkristalle vom obersten Zentrum entfernst und dann der Reihe nach unten folgst. Bevor du die Quarzperlen von allen Energiezentren genommen hast, lege dir eine Schnur davon um den Hals, und trage sie bis zur nächsten Behandlung.

Wenn ein Edelstein-Therapeut sie durchführt, mag er eine Handvoll Bergkristall über jedes Energiezentrum halten, bevor er die Behandlung beginnt. Auf diese Weise erhält er einen Eindruck von der Qualität der Energieströmungen. So kann er leichter bestimmen, ob die Strömungen sich korrekt bewegen, in welche Richtung sie gehen und wie kräftig sie fließen.

Eine Schnur mit Bergkristall-Kugeln über die Mittellinie des Körpers und damit über die Zentren zu legen, wird nichts bewirken, weil einer solchen Methode die Konzentration fehlt. Jedes Energiezentrum hat seine eigenen Bedürfnisse – ›Weitung, Verengung, Energiefluss-Korrektur‹ – in jeweils eigener Rangfolge. Wenn einzelne Häufchen von Bergkristall-Kugeln über jedes Zentrum geschichtet werden, kann sich jedes Zentrum selbständig mit den inneren Aspekten des Menschen befassen. Dann werden sich die Pforten der Zentren weiten oder verengen oder korrigieren in der Weise und Reihenfolge wie es für den Einzelnen insgesamt am besten ist.

Du kannst bei dieser Behandlung gewiss sein, dass du dir nicht schadest. Du wirst feststellen, dass du infolge solcher Behandlungen mehr Energie besitzt. Du wirst auf vielen Ebenen ausgeglichener geben und empfangen können.

Wenn deine Energiezentren bereits gut arbeiten, wird diese Behandlung lediglich eine kräftigende Wirkung haben.

Jeder, der unter irgendeiner Krankheit leidet, hat vermutlich irgendwo im Fluss der Energien durch die Zentren eine Störung. Deshalb wird diese Behandlung jedem helfen, der sich nicht wohl fühlt oder ernstlich krank ist sei es im Mentalen, Emotionalen oder im Körper.

Verwendet man mich in kristalliner Form, zeige ich eine ähnliche Wirkung. Doch ich muss euch deutlich warnen. Wer Bergkristalle ungeschliffen verwendet, muss bereits sehr viel Wissen besitzen, wenn er die gleichen positiven Ergebnisse erzielen will, die man beim Einsatz von Bergkristall-Kugeln automatisch erlangt.

Werde ich in Form von Kugeln über die Energiezentren gelegt, weiß ich, wie ich die Energiezentren des physischen Körpers am besten ausgleichen kann. Doch die kristalline Form bringt zwangsläufig die festgelegte Flussrichtung vom einen zum anderen Ende des Kristalls mit sich. Wenn ihr mich in Kristallform auf ein Energiezentrum richtet oder von diesem abwendet, lasst ihr euch auf ein gefährliches Spiel ein, solange ihr nicht *ganz genau* wisst, was der Körper benötigt.

Manche meinen vielleicht, dieses Wissen zu besitzen, aber Bergkristall-Perlen wissen zweifellos ganz genau, was für den Körper erforderlich ist. Während die Energie der Quarzkugeln das Aurafeld des Menschen durchdringt und sättigt und sich zwischen Aura und Kugeln hin- und herbewegt, erfährt der Bergkristall alles über den Menschen. Aus diesem Grunde können die Bergkristall-Kugeln nur zum Besten des Einzelnen dienen.

Doch lasst uns jetzt über eine andere Behandlungsform sprechen. Die vom Einfluss des Bergkristalls ausgeglichenen inneren Wesensebenen des Menschen richten und ordnen sich wie Wirbel oder Gelenke im gesunden Körper. Man kann Bergkristallkugeln auf die Wirbelsäule oder um jedes beliebige Gelenk legen, um Lebenskraft in den betreffenden Bereich zu ziehen.

Du legst zum Beispiel eine lange Schnur oder mehrere Schnüre mit Bergkristallkugeln längs der Wirbelsäule. Dabei beginnst du oben am Kopf, folgst der Einbuchtung der Halswirbelsäule und gehst weiter, bis du das untere Ende der Wirbelsäule erreichst. Dieses Verfahren bringt mehr Leben und Licht in die Wirbelsäule. Es trägt auch zu ihrer geraden Ausrichtung bei. Wie die Lebenskraft durch die inneren Körper fließt und sie ordnet, richtet sie auch die Gelenke aus, die vom Bergkristall berührt werden. Diese Behandlung kannst du beliebig lange und häufig durchführen.

Wer über eine verhältnismäßig gesunde Wirbelsäule verfügt braucht nichts weiter als diese Behandlung, um sie zu ›begradigen‹. Wer unter ernsten Wirbelsäulen-Beschwerden oder Verletzungen leidet, kann mit dieser Behandlung die Selbstheilung des Körpers beträchtlich unterstützen. Ich spreche deshalb von Selbstheilung des Körpers, weil ich selbst nicht direkt eine Heilung bewirke.

Diese Behandlung kann auch dem Arzt oder Chiropraktiker bei der wirkungsvollen Arbeit in seinem Bereich eine Hilfe sein. Es wäre ideal, wenn man die Bergkristalle längs der Wirbelsäule aufgelegt bekommt, solange man auf dem Tisch liegt und auf den Behandler wartet, der die Wirbelsäule einrichten soll. Bergkristalle längs der Wirbelsäule erweisen sich auch vor und nach einer Rückenoperation als nützlich. Vor dem Eingriff bringen sie zusätzliche Lebenskraft in die Gegend und bereiten sie darauf vor, der Verletzung durch das Skalpell gut standzuhalten. Nach der Operation trägt die Behandlung zur Heilung der Wunde bei. Die Ursache, die eine Operation notwendig werden ließ, wird dabei nicht geheilt; sie liegt auf einer tieferen Ebene. Die Verletzung durch den chirurgischen Eingriff findet dagegen auf einer oberflächlicheren Ebene statt und kann gut von den ausgleichenden Einflüssen des Bergkristalls profitieren. Du kannst auch größere Mengen von Bergkristallkugeln um andere Gelenke des Körpers winden, zum Beispiel um Finger-, Knie- und Fußgelenke. Damit werden zwar die Arthritis-Schmerzen nicht aufgehoben – andere Edelsteine sind in dieser Hinsicht wirkungsvoller –, aber es wird mehr Lebenskraft in den Gelenkbereich gezogen, die Veränderungen erleichtert.

Bergkristallkugeln um Brüche oder verstauchte Gelenke gelegt, sind eine sehr gute Behandlung. Beschwerden, die also eher akut als chronisch sind, sprechen besonders günstig auf diese Art von Bergkristall-Behandlung an.

Erwarte jedoch nicht, dass der Quarz im Körper bestimmte Heilungen bewirkt. Solche Heilungen liegen nicht in meinem Aufgabenbereich. Ich bringe einfach die Lebenskraft, die auch Heilungskraft genannt wird, in den Körper. Aber es kann unter meinem Einfluss auch zu Heilungen kommen.

Bergkristall zieht auf sehr sanfte Weise alle sieben Farben des Regenbogens an. Wenn er den physischen Körper berührt, zieht er diese Farbstrahlen zu demselben und korrigiert dadurch jegliche Unausgewogenheiten in Licht oder Farbstrahlen des Einzelnen. Häufig ist eine disharmonische Aura so dicht, dass sie Licht einer bestimmten Farbe gar nicht hindurchlässt, selbst wenn dieser Farbstrahl für ein Optimum an Gesundheit und Balance benötigt wird. Der Bergkristall zieht die Farben so behutsam herbei, dass der Körper sich deren heilendem Einfluss kaum widersetzen wird. Er wird die Farben als annehmbar, erwünscht und lindernd erkennen. Deshalb kannst du Bergkristallkugeln über jeden Bereich des Körpers legen, der einer Farbtherapie bedarf.

Bei dieser Behandlung soll der Quarz die Haut berühren und offenliegen, nicht unter Kleidungsstücken verborgen sein. Er soll für die Sonne frei zugänglich sein, selbst wenn das Sonnenlicht nur durchs Fenster hereindringt. Auch diese Behandlung kannst du beliebig oft durchführen.

Bergkristall ist auch hilfreich, wenn es gilt, Licht in besonders empfindliche Bereiche – zum Beispiel die Augen – zu bringen. Die Augen bestehen aus sehr feinem Gewebe. Bergkristallkugeln sind das beste Mittel, um den Augen Farbstrahlen zu Heilzwecken zuzuführen.

Es gibt viele Ursachen für Kopfschmerzen, und viele Edelsteine können diesem Leiden abhelfen. Menschen, die unter Kopfschmerzen leiden, haben eine große Auswahl, wenn sie Steine gebrauchen wollen, um die Ursache ihrer Beschwerden zu heilen. Edelsteine nämlich haben die Tendenz, Ursachen zu heilen und eingefahrene Muster zu ändern, damit der gleiche Zustand nicht immer wieder von neuem entsteht.

Gebrauchst du Bergkristallkugeln für die Augen oder gegen Kopfschmerzen, so lege den Quarz vor die geöffneten Augen. Das Licht, das der Bergkristall zum Körper zieht, kann den Knochen nicht durchdringen, doch durch die Augen kann es ins Gehirn gelangen.

Blicke durch den Bergkristall an eine sonnenbeschienene Stelle – natürlich niemals direkt in die Sonne! Wenn du nicht nach draußen blicken kannst, weil du im Bett liegst, so wende deinen Blick in den Teil des Raumes, in den das Sonnenlicht durchs Fenster fällt. Es ist nicht gut, in künstliches Licht zu sehen, es kann sogar schädlich sein.

Der Bergkristall sollte so dick wie möglich geschichtet sein, sodass du nichts anderes als Kristall siehst – und das Sonnenlicht durch den Stein. Auf dieses Weise gelangen alle sieben Regenbogenfarben in Augen und Gehirn, erquicken überanstrengte Augen und lindern vielleicht auch Kopfschmerzen.

Wenn die Kopfschmerzen durch dieses Verfahren schlimmer werden, die Intuition dir aber unverändert sagt, dass mit Bergkristall zu helfen ist, so versuche die gleiche Behandlung mit Mond- anstelle des Sonnenlichts. Blicke durch die Bergkristallkugeln direkt in den Mond.

Die Verwendung von Bergkristallkugeln mit Sonnen- oder Mondlicht beruht auf der Vorstellung von Yin- bzw. Yang-Kopfschmerzen. Doch über Yin und Yang zu sprechen, ist nicht meine Aufgabe. Wenn du unter Kopfschmerzen leidest und mehr wissen möchtest über Yin- und Yang-Energien und wie sie mit deinen Kopfschmerzen, mit Sonne und Mond in Verbindung stehen, so ziehe jemanden zu Rate, der sich in der östlichen Medizin auskennt und dir diese Informationen geben kann.

Diese Behandlungsweise kannst du so lange durchführen, wie du dich dabei wohl fühlst. Wenn du müde davon wirst, durch die Bergkristallkugeln zu sehen, darfst du die Augen schließen und den Quarz aufs Gesicht legen.

Bergkristall wird Disharmonie nie absorbieren. Doch wenn du ihn zu therapeutischen Zwecken verwendest, kann sich disharmonische Energie an die Oberfläche des Steins heften. Um diese Energie nach Abschluss der Behandlung zu entfernen, solltest du den Bergkristall einige Stunden in die Sonne legen.

Der Bergkristall morgen

Je mehr Menschen anfangen, Bergkristallkugeln zu tragen, und je mehr ihre inneren Wesensaspekte dabei ins Gleichgewicht kommen und den Strom der Lebenskraft leichter aufzunehmen vermögen, desto wacher wird ihr Bewusstsein, und die inneren Welten werden ihnen mehr zur Realität. Wenn ihr Bewusstsein erwacht, können sie auch die weiterreichenden Funktionen des Bergkristalls besser gewahren. Sie entdecken neue therapeutische und wissenschaftliche Anwendungsmöglichkeiten, aber auch seinen Nutzen im täglichen Leben.

Ihr seht also: in dem Maße, in dem das Bewusstsein der Menschen sich weitet, erwacht und hebt, wird auch das Bewusstsein der Erde sich weiten, erwachen und heben. Warum? Weil die Menschen dem Planeten mehr Lebenskraft und spirituelle Energie geben. Da die Erde zu einem großen Teil aus Quarz besteht, werde auch ich erhoben. Indem ich im Bewusstsein erhoben und veredelt werde, kann ich wiederum den Menschen besser helfen, auf ihrer Bewusstseinsentwicklung höhere Stufen zu erreichen. Dieser Fortschritt wird zur spiraligen Emporentwicklung führen.

Obgleich die Menschen von Atlantis und Lemurien

vielleicht in der Technik weiter fortgeschritten waren, war ihr Bewusstsein doch nicht so weit entwickelt wie das der Erdenmenschen in der heutigen Zeit. Das ist wohl schwer zu verstehen. Das Bewusstsein hat sich weiterentwickelt, seit das Leben auf diesem Planeten seinen Anfang nahm. Obwohl es im Laufe der Zeit Auf und Ab, Vorwärts und Rückwärts gab, hat sich das Bewusstsein insgesamt erweitert.

Die Atlanter besaßen nicht das Bewusstsein, das Gewahrsein oder die spirituelle Bereitschaft, Bergkristall zu Kugeln zu schleifen. Sie waren einfach noch nicht so weit. Sie waren nicht bereit für die große Weiterentwicklung, die die ausgleichende Wirkung des Bergkristalls bringen würde. Sie waren nicht vorbereitet auf den vermehrten Fluss der Lebenskraft, die die Bergkristallkugeln dem physischen Körper ermöglichen würden.

Erst in den letzten Generationen wurde das Bewusstsein bereit für die Wirkung des Quarzes in Kugelform. Der Bergkristall wird ein Werkzeug des Menschen bleiben. Mein Traum ist, dass er ein ebenso gebräuchliches Werkzeug werde wie der Hammer, den wir in jedem Haushalt finden.

Denkt daran: Die kristalline Form des Quarzes ist für die Erde. Der Kristall nimmt universelle Lebenskraft und wandelt sie um in die Art von Lebenskraft, die der Planet als Energiequelle gebrauchen kann. Dieser Vorgang ähnelt eurer Nahrungs-Aufnahme und -Verdauung zur Gewinnung von Treibstoff für den Körper.

Es ist nicht falsch, Bergkristall in der ursprünglichen Kristallform zu tragen. Die Menschen fühlen sich damit wohl, weil sie die Energie spüren, die der Stein ihnen gibt. Er gleicht jedoch der Nahrung, die nicht verdaut werden kann; er kann nicht zum Wachstum des Körpers beitragen. Es ist, als schnuppere man den Duft frischgebackenen Brotes. So herrlich es auch duften mag, macht es uns doch nicht satt.

In Kugelform dagegen kann der Bergkristall die Energie aufnehmen, die sich in deiner Aura befindet, sie ›verdauen‹ und dir in brauchbarerer Form zurückgeben. Er kann die Lebenskraft, die überall um dich und auf allen deinen inneren Ebenen vorhanden ist, an sich ziehen. Er kann diese Energie in einer Form in deinen physischen Körper einbringen, in der dieser sie ›verdauen‹ und für sein Wachsen in der Bewusstheit verwenden kann.

Während der Bergkristall in Kugelform den Strom deiner Lebenskraft verstärkt, erweitert diese dein Bewusstsein und vielleicht sogar deine Fähigkeit zur telepathischen Kommunikation. Diese Kommunikation mag dich mit Bergkristall-Trägern verbinden, die wie du eine Gruppe von Licht-Empfängern für den Planeten bilden. Darüber hinaus lässt sich die Kommunikation mit Bergkristall-Trägern entwickeln, die auf anderen Planeten leben.

Morgen Nacht werdet ihr den Hüter des Lavendelquarzes treffen. Er wird euch eingehender erklären, was ich meine, wenn ich von inneren Ebenen und Energiezentren spreche. Der Lavendelquarz und ich arbeiten auf ähnliche und trotzdem unterschiedliche Weise. Denkt daran: der Brennpunkt meines Wirkens ist in erster Linie der Planet Erde. Ihr werdet erfahren, dass das Wirken des Lavendelquarzes dem Menschen gilt.

Seid gesegnet, bis wir uns wiedersehen.

»Sei gesegnet«, erwiderte Michael.

Ich schlüpfte aus dem Aurafeld des Hüters heraus. Er hob die große Bergkristallkugel, die neben ihm lag, nickte uns zu und lächelte. Dann lösten sich die weißen Wolkenschwaden, die uns umgaben, allmählich auf, bis mein inneres Auge nichts mehr sah als die Erinnerung an dieses ungewöhnliche Erlebnis.

Doch dies war nur das erste unserer Gespräche mit den Hütern der Edelsteine. Wir waren erfüllt von einer Mischung aus Inspiration, Ehrfurcht und Begeisterung bei dem Gedanken, dem Hüter des Lavendelquarzes zu begegnen.

KAPITEL 2

Lavendelquarz

Ich schloss die Augen und fand mich selbst, meinen Mann und vier andere Personen in einem Kreise sitzend zwischen den gleichen zarten Wolken wieder, die schon bei unserem Interview mit dem Hüter des Bergkristalls die Umgebung gebildet hatten. Vor uns stand der Hüter des Lavendelquarzes. Er hatte einen Fuß auf eine Wolke gestellt, die so fest wie Fels zu sein schien, den Ellbogen stützte er auf das Knie. Er hatte auf die Ankunft seiner Zuhörer gewartet.

Sein Haar war weiß und lockig, es fiel ihm bis auf die Schultern. Von hinten gesehen, hätte er wohl einem alten Manne geglichen, doch seine Gesichtszüge ließen ihn nicht älter als Anfang zwanzig erscheinen.

Er trug einen dunkel-lavendelfarbenen Umhang über einem schlichten, guten Baumwoll-Gewand. Sein Teint war hell, aber am meisten fesselten mich seine Augen: lavendelfarbene Iriden um purpurne Pupillen. Er wandte sich keinem aus unserem Kreise direkt zu, da sein Blick für uns zu stark und durchdringend gewesen wäre.

Ich befand mich an seiner Seite. Er sah mich an und nickte mir zu. Augenblicklich fühlte ich mich wie von einem Magneten in sein Aurafeld gezogen.

Durch seine Augen sehend bemerkte ich, dass er seine Zuhörer musterte. Dann richtete er seinen Blick auf einen Punkt etwa einen halben Meter über den Köpfen seiner Schar und studierte das Licht, das von oben in jeden Einzelnen einfloss. Bald darauf begann er zu sprechen.

Wir sind mit einer bestimmten Absicht hier. Ihr wollt etwas über den Edelstein Lavendelquarz erfahren. Nun, ich als der Hüter des Lavendelquarzes bin nicht Lavendelquarz. Lavendelquarz ist lediglich der Stein, für den ich verantwortlich bin. Er birgt das Schwingungsfeld, das zu schützen mir aufgetragen ist. Darüber hinaus bin ich dafür verantwortlich, die Energie des Lavendelquarzes dem Planeten Erde zugänglich zu machen.

Wir werden unser Gespräch auf die Wirkungen des Lavendelquarzes auf die Erdenmenschen beschränken.

»Deutest du damit an, dass es auch auf anderen Planeten Menschen gibt?«, fragte ein Zuhörer.

Ja. Wärest du überrascht, wenn ich dir sagte, dass ich selbst ein solcher bin? Wärest du überrascht zu erfahren, dass die Hüter mancher Edelsteine sogar physische Körper auf eurem Erdenplaneten haben können? Ein Hüter der Edelsteine muss nicht von einer anderen Daseinsebene stammen. Jene unter euch, die vom Planeten Sarshauné dazugestoßen sind, mögen vielleicht auf den nächsten Vortrag warten, um etwas über die Wirkungen von Lavendelquarz auf ihrem Planeten zu lernen.

»Sarshauné?«, fragte Michael.

Ja, die Menschen dieses Planeten haben sich schon seit langer Zeit intensiv mit den Edelsteinen befasst. In Bezug auf die Edelsteine nämlich besteht eine starke Verbindung zwischen der Erde und Sarshauné. Beide Planeten haben das Grundelement Quarz gemeinsam, und es waren Besucher von Sarshauné, die seinerzeit die Essenz des Lavendelquarzes in den irdischen Quarz einbrachten. Das Klima und das Leben der Bewohner von Sarshauné ist ganz anders als eures. Mit den Errungenschaften ihrer Technik haben sie sich das Leben sehr vereinfacht. Die Technik hat sie aber auch vor das vielleicht größte Problem gestellt: Wie lässt sich verhindern, dass sie im Geist so simpel werden wie ihr einfaches Leben?

»Warum brachten sie Lavendelquarz auf die Erde?«, fragte Michael.

Die Vorfahren der Sarshauner waren Meister im Umgang mit dem Bergkristall. Sie waren es, die den Atlantern seine Möglichkeiten zeigten. Natürlich waren die Sarshauner nicht die Einzigen. Es gab Menschen von anderen Planeten, die ebenfalls die Zivilisation auf der Erde beeinflussten.

Die alten Sarshauner konnten mithilfe ihrer Kristalle in die Zukunft und in die Vergangenheit blicken. Sie vermochten zu sehen, dass die Schicksalswege der beiden Planeten sich eines Tages kreuzen würden, jedoch nur, wenn die Erde auch den Lavendelquarz besäße.

Durch intensive Arbeit mit ihrem eigenen Lavendelquarz hatten sie es zu einer sehr wachen Bewusstheit gebracht. Ihre inneren Körper waren so gut aufeinander eingestellt, dass sie nach Wunsch klare Kanäle für den Geist werden konnten. Damit wurde auch ihre innere Stimme viel klarer.

Manche von ihnen folgten ihrer inneren Stimme konsequenter als andere. Diese Menschen wussten, dass Lavendelquarz auf die Erde gebracht werden sollte. Andere auf Sarshauné jedoch widersetzten sich diesem Gedanken. Sie waren für die Regierung ihres Planeten und für die Einhaltung des Gesetzes verantwortlich, das es den Bewohnern Sarshaunés verbot, Edelsteine wahllos auf andere Planeten zu verpflanzen.

Doch jene, die ihrer inneren Stimme folgten, wussten, was zu tun war. Sie begannen, den Atlantern ausgereifte Lavendelquarzkristalle zu veräußern. Nach vielen Verhandlungen erkannte die Regierung von Sarshauné, dass Lavendelquarz tatsächlich mit der Erde harmonisierte und gab die Erlaubnis zur Einpflanzung von Lavendelquarz-Samen auf diesem Planeten.

Jetzt wollt ihr vermutlich wissen, wie man Edelsteine pflanzt. Um das zu verstehen, müsst ihr zunächst erkennen, dass Kristalle lebendig sind. Wie Pflanzen wachsen sie aus Samen hervor.

Wenn ihr in China heimische Beeren in Italien in die Erde legt – und die Saat aufgeht –, wird es in Italien bald chinesische Beeren geben, die man dort nie zuvor gesehen hatte. Wenn ihr Kristallsamen auf einem anderen Planeten in gesunden Boden pflanzt, wachsen sie ebenfalls. Im Laufe einiger tausend Jahre entwickeln sie sich zu reifen Kristallen.

Edelsteine lassen sich auch in Kristalle einpflanzen, die auf dem betreffenden Planeten bereits heimisch sind. Im unserem Falle wurde die für den Lavendelquarz charakteristische Schwingungsfrequenz in einen Quarzkristall gegeben. Eure Wissenschaftler werden sagen, der Unterschied zwischen einem klaren Bergkristall und einem Lavendelquarz bestehe in einer mineralischen Verunreinigung. Aber das ist nicht die ganze Wahrheit.

Bevor die Scbwingungsrate eines Edelsteins in einen anderen eingesetzt werden kann, müssen die mineralischen Charakteristika des ›neuen‹ Steins zuerst in feinstoffliche Energie verwandelt werden. Feinstoffliche Energie ist eine Energiehülle, die den physisch-stofflichen Körper eines Gegenstandes oder Wesens umgibt. Feinstoffliche Energie ist nur ein wenig subtiler als materielle Energie.

Immer, wenn man eine Veränderung im Physischen erreichen will, ist es rationeller, mit einer Veränderung auf einer subtileren oder übergeordneten Ebene zu beginnen. Subtilere Ebenen nämlich – zum Beispiel die feinstoffliche – sind flexibler und formbarer als die physisch-materielle.

Minerale gehören zu den elementaren Bausteinen des physischen Universums. Noch elementarer als Minerale sind die Moleküle und Atome, aus denen sie bestehen. Wenn ihr also ein Mineral in feinstoffliche Energie verwandeln wollt, ist es am sinnvollsten, zunächst seine Moleküle und Atome zu verwandeln.

Wenn die Moleküle und Atome eines Minerals in feinstoffliche Energie verwandelt sind, ist seine Schwingungsfrequenz angehoben. Damit ist es stärker geladen, erregt und lebendiger. Außerdem hat das Mineral größere Kraft und Energie.

Es war nicht schwierig, die Venen und Arterien des klaren Bergkristalls zu finden, der im Planeten Erde wächst. Der Lavendelquarz in seiner feinstofflichen Form wurde einfach in dieses Kreislauflystem eingepflanzt. Da nicht beabsichtigt war, alle Bergkristalle auf dem Planeten zu Lavendelquarz umzubilden, wurden nur bestimmte Adern ›geimpft‹. Der Quarz nahm Lavendelquarz wie ein Geschenk entgegen. Er erlaubte der Lavendelquarz-Schwingung, sich in seinen Venen und Arterien auszubreiten in Bereiche, in denen sich die neue Lavendelquarz-Energie dann konzentrierte.

Als die Lavendelquarz-Schwingung diese Bereiche des Bergkristalls erreicht und sich fest niedergelassen hatte, kehrte sie zu ihrer materiellen Form zurück. Von da an wuchs an diesen Orten nicht klarer Bergkristall, sondern Lavendelquarz.

Warum aber sollte der klare Bergkristall Lavendelquarz als Geschenk willkommen heißen? Es war vielleicht egoistisch, kam aber allen zugute. Quarz wusste: Wenn der Lavendelquarz reifte und die Menschen ihn trügen, würde er den Strom der Lebenskraft viel weiter erschließen können, als es dem klaren Bergkristall möglich war. Der Hüter des Bergkristalls erklärte es euch bereits: Je mehr Lebenskraft ein Mensch auf den Planeten bringen kann, desto mehr Leben wird der Planet selbst besitzen.

Deshalb nahm die Erde das Geschenk von Sarshauné bereitwillig, glücklich und dankbar an.

Die frühen Jahre des Lavendelquarzes

Im lemurischen Zeitalter war ich noch nicht auf dem Planeten Erde. Doch – ich erwähnte es bereits – im Zeitalter von Atlantis wurde Lavendelquarz auf die Erde gebracht. Das Volk wusste nie genau, woher dieser Stein gekommen war. Nur bestimmte Minenunternehmer führten die Geschäfte mit den interplanetaren Händlern. Da die Menschen wussten, dass diese sehr bekannten Edelsteinlieferanten in fernen Ländern tätig waren, nahmen sie an, der Lavendelquarz komme von der Erde.

In atlantischer Zeit wirkte ich, wie heute, zur Ausrichtung aller inneren Körper des Menschen. Damit wird es möglich, dass eine stärkere Lebenskraft direkt aus der Quelle bis in den physischen Körper fließt.

Die Menschen trugen mich, weil ich ihnen Empfindungen wie Freude, Glück und Erbauung schenkte. Solche Empfindungen erwuchsen häufig aus dem gesteigerten Gewahrsein, das man durch das Tragen von Lavendelquarz erreichte. Das Gewahrsein wiederum befähigte den Träger, Dinge aus einer höheren Perspektive zu betrachten. Ferner vermittelte ich Trost in Zeiten der Not, da ich den Menschen die Gewissheit brachte, dass es noch eine größere Realität gab.

Die Königs- und Adelshäuser von Atlantis machten sich nichts aus Lavendelquarz, weil sie meinten, er habe nicht genügend Kraft. Sie hielten ihn auch nicht für würdig, ihnen als Schmuck zu dienen, weil er unter dem Volk so geschätzt und verbreitet war. Es waren nur wenige Adlige, die ihn trugen; sie hatten sich mit wirklichen spirituellen Führern beraten und trachteten mehr nach innerer Veredelung als nach äußerer Macht.

Mit der Zerstörung von Atlantis hörte der interplanetare Handel auf. Auf der Erde begann ein neuer Zyklus. Er war dunkler, gekennzeichnet durch Unwissenheit und weitgehend beeinflusst von Kämpfen um die Macht.

Doch die Bewohner von Sarshauné wussten, dass ein weiterer Zyklus beginnen würde, sobald der Lavendelquarz, den sie gepflanzt hatten, reichlich genug gewachsen wäre, dass die Menschen ihn bemerkten und abbauten. Dieser neue Zyklus würde eine Zeit größerer Bewusstheit, Wissenschaft und Technik mit sich bringen.

Der Lavendelquarz heute

Ich bin heute der, der ich immer war, und der ich immer sein werde. Ich, als Lavendelquarz, bin alterslos. Mein Einfluss wird bis in die Ewigkeit fortdauern. Wandeln aber werden sich die Weisen, wie die Menschen mich einsetzen. Diese Veränderungen werden in dem Maße stattfinden, in dem das Bewusstsein der Menschen wächst und sich einem tieferen Gewahrsein für meine Eigenschaften öffnet.

Ich bin für den Planeten nicht von unmittelbarem Nutzen, das ist die Aufgabe des klaren Bergkristalls. Meine Mission ist, für Menschen dazusein. Ich kann auch mit Tieren arbeiten, jedoch nicht so effektiv wie mit Menschen.

Um meine Aufgabe zu verstehen, müsst ihr euch mit der Vorstellung von inneren Körpern vertraut machen. Der Hüter des Bergkristalls erwähnte diese inneren Körper bereits als innere Aspekte oder Ebenen. Er sprach auch die Energiezentren an. Die Energiezentren muss ich näher erläutern, denn sie sind wesentliche Voraussetzung, wenn ihr verstehen wollt, wie ich – aber auch andere Edelsteine – wirken.

Der Mensch besteht nicht nur aus einem physischen, materiellen Körper. Jedermann weiß, dass er auch Gefühle, Erinnerungen, Gedanken und ein Unterbewusstsein besitzt. Manche spüren, dass es eine Intuition gibt, die ihnen Weisung bietet, besonders in Zeiten der Gefahr und an entscheidenden Punkten in ihrem Leben.

Wenn ihr über euren physischen Körper hinaus auch eure inneren Aspekte wahrnehmen könntet, würdet ihr sehen, dass eure Emotionen tatsächlich die Gestalt eines

Körpers annehmen. Dieser Emotionalkörper, der in manchen Quellen auch als Astralleib bezeichnet wird, umgibt den materiellen Körper wie eine Hülle. Wie es für alle inneren Körper gilt, so es ist auch beim Emotionalkörper individuell unterschiedlich, wie weit er über die Oberfläche des physischen Leibes hinausragt.

Würde euer Sehvermögen noch etwas weiter reichen, könntet ihr eine nächste Hülle erkennen, die den Emotionalleib umgibt. Es handelt sich dabei um den Teil von euch, der Erinnerungen speichert und in dem viele der Muster aus der Vergangenheit aufbewahrt werden. Ich nenne ihn den Erinnerungskörper; an anderen Stellen wird er als Kausalkörper bezeichnet.

Darüber hinaus gibt es noch eine weitere Wesenshülle: den sogenannten Mentalkörper, der den Erinnerungsleib umgibt. Er ist die Quelle eines Stroms von Gedanken, der unaufhörlich durch Erinnerungskörper und Emotionalkörper in euer physisches Gehirn fließt.

Euer Unterbewusstsein ist ein weiterer Körper. Als relativ dünne Hülle umgibt es den Mentalkörper.

Gleich nach eurem Unterbewusstsein folgt der bei weitem schönste Wesensaspekt. Es wäre nicht ganz korrekt, ihn als einen Körper zu bezeichnen, denn dem Wesen nach ist er reiner Geist. Es ist die Seele. Sie erscheint als ein herrliches weißes, leicht golden strahlendes Licht.

Jenseits der Seele liegt, was ich die Welten Gottes nenne. Hier ist die unendliche und göttliche Quelle allen Lebens. Die Lebenskraft – der Strom von Licht und Klang, der auch als Heilungskraft bezeichnet wird – hat ihren Ursprung in den Welten Gottes.

Wie ich bereits schilderte, dehnen sich eure inneren Körper über den materiellen Leib hinaus und bilden eure

Aura. So paradox es auch klingen mag, liegen sie – eure Gefühle, Erinnerungen, Gedanken, Unterbewusstsein und Seele – zugleich auch in eurem Innern.

Nun, diese Vorstellung von inneren Körpern ist vielleicht etwas schwer zu akzeptieren oder gar zu verstehen. Doch ihr müsst sie in Betracht ziehen, wenn ihr kennenlernen wollt, wie die Edelsteine im Bereich der inneren Wesensaspekte des Menschen wirken.

Wie euer materieller Körper in der physischen Welt oder Daseinsebene existiert, befindet sich euer Emotionalkörper auf der Emotionalebene, euer Erinnerungskörper auf der Erinnerungsebene. Euer Mentalkörper, das Unterbewusste und die Seele befinden sich ebenfalls auf den ihnen entsprechenden Ebenen.

Da ihr einen physischen Körper bewohnt, befindet sich der Schwerpunkt eurer Existenz auf der physischen Ebene. Es gibt viele Wesen – darunter etliche Hüter der Edelsteine –, die keinen physischen Körper besitzen; sie leben und wirken auf einer der inneren Ebenen. Doch die geistigen Pflichten der Hüter verlangen oft, dass sie ihre Aufmerksamkeit der physischen und anderen Ebenen zuwenden, auf denen ihre Edelsteine sich befinden. Auch wenn euer Schwerpunkt auf einer bestimmten Ebene liegt, bedeutet dies nicht, dass ihr auf diese Ebene beschränkt seid. Konntet ihr eure Aufmerksamkeit nicht auf diese innere Ebene lenken und mir begegnen, um diese Informationen zu erlangen?

In jedem inneren Körper gibt es sieben Türen, durch die die Lebenskraft aus ihrer unendlichen Quelle in den physischen Körper fließt. Manche nennen diese Pforten »Energiezentren«, andere sprechen von »Chakren«.

Im Idealfalle stimmen die entsprechenden Tore in

jedem eurer inneren Körper überein. Wenn sie aber nicht vollkommen ausgerichtet sind, wird der Strom der Lebenskraft durch die inneren in den physischen Körper behindert und Probleme entstehen. Wenn zum Beispiel der Emotionalkörper nach rechts oder links verschoben ist, führt dies zu einer Verlagerung der Pforten und emotionale Schwierigkeiten können aufkommen. Wer mentale Probleme hat, mag feststellen, dass sein Mentalkörper in der einen oder anderen Richtung aus der Mitte geraten ist. Bei Menschen, die in der Vergangenheit zu leben scheinen, ist vielleicht die eine oder andere Tür des Erinnerungsleibes blockiert. Da solche Verlagerungen und Blockaden auch den Strom der Lebenskraft in den physischen Körper behindern, können sie ferner zu körperlichen Problemen und Beschwerden führen.

Die sieben Tore oder Chakren sind im physischen Körper längs der Mittellinie an der Vorderseite lokalisiert. Zuerst kommt das Basis-Chakra, es befindet sich über dem unteren Ende der Wirbelsäule. Das zweite wird auch Sexual- oder Sakral-(Kreuzbein-)Chakra genannt und liegt auf halber Höhe zwischen Schambein und Nabel. Das dritte, sogenannte Magen-Chakra, liegt in der Nähe des Magens. Das vierte Chakra ist das Herz-Chakra und liegt in der Mitte des Brustkorbes über dem Herzen. Das fünfte ist das Kehl-Chakra im Halsbereich. Das sechste, bekannt als das Brauen-Chakra, liegt zwischen und etwas über den Augenbrauen. Dieses Chakra wird auch als das geistige oder innere (›dritte‹) Auge bezeichnet. Das siebte ist das Scheitel- oder Kronen-Chakra und liegt am höchsten Punkt des Kopfes.

Wenn ich vom Menschen getragen werde, richte ich alle Chakren in allen Körpern aus. Dann kann die Lebenskraft unbehindert durch jeden der inneren Körper fließen und ihn nähren. In dem Maße, in dem alle seine Körper genährt und gestärkt werden, wird der Mensch kräftiger, kreativer und liebevoller. Mit anderen Worten: er wird ein auf allen Ebenen größeres, menschlicheres Wesen.

Ich werde dem Einzelnen helfen, sich selbst auf allen Ebenen zu meistern. Die Meisterschaft über die inneren Körper ist das Ziel des Lavendelquarzes. Ich werde das Brauen-Chakra öffnen und dem Individuum dadurch zu einem größeren Gewahrsein seiner inneren Körper verhelfen. Dieses Gewahrsein ist für die Meisterung der inneren Körper von entscheidender Bedeutung.

Ich helfe den Menschen auch, ihrer Seele und deren Verbindung mit Gott und dem Unendlichen gewahr zu werden. Dieses Gewahrsein bringt Vergeistigung, und wenn genügend Menschen diese Entwicklungsstufe erreicht haben, kann die Bevölkerung insgesamt verwandelt werden. Denn dann wandeln sich die Bedürfnisse und Wünsche der Menschen. Lebensweise, Gesundheit und Technik werden sich natürlich entfalten, um diese neuen Bedürfnisse und Wünsche zu befriedigen.

An diesem Punkt in der Geschichte der Erde ist eine größere Übereinstimmung der inneren Körper notwendig, damit der Strom der Lebenskraft mächtiger werden kann. Wenn die inneren Körper des Menschen übereinstimmen, kann er auf allen Ebenen zu größerer Balance kommen. Menschen, die beispielsweise viel Zeit an Universitäten verbringen und ihren Mentalkörper ›mästen‹, versäumen vielleicht, ihren Emotionalkörper gleichermaßen zu entfalten. Wenn sie Lavendelquarz tragen, lernen sie, ausgeglichener zu werden, und das Leben schickt ihnen die Erfahrungen, die sie benötigen, um das Gleichgewicht zu erreichen.

Aus ihrer Sehnsucht nach spiritueller Entfaltung und Entwicklung streben viele Menschen nach Vollkommenheit. Dieses Streben drückt sich in gewissem Maße auch in der zur Zeit populären Praxis aus, den Körper von Giftstoffen zu reinigen. Wer jedoch seine Aufmerksamkeit allein auf den physischen Körper richtet und meint, dass er durch Entgiftung desselben spiritueller werde, ist auf dem Holzwege.

Wenn ihr den physischen Körper vervollkommnen wollt, müsst ihr zuerst eure inneren Körper in Ordnung bringen. Dann kann die Lebenskraft leichter durch die Chakren in jeden Teil eures physischen Körpers fließen. Auf diese Weise könnt ihr rein, ausgeglichen und heil werden.

»Wie lange dauert es, bis die Körper des Menschen vollkommen übereinstimmen und ausgerichtet sind?«, fragte Michael.

Das hängt davon ab, wie weit die Chakren aus dem Gleichgewicht geraten sind, außerdem von der Größe, Menge und Qualität des Lavendelquarzes, den man trägt. Einen vollkommenen Zustand wird man nie erreichen können. Doch je näher ihr ihm kommt, desto besser, denn je ausgeglichener ihr im Innern seid, desto mehr Lebens- und Heilungskraft wird durch euch fließen.

Ein Lavendelquarz bester Qualität ist deutlich lavendelfarben und zeigt kleine purpurne Stellen. Purpur dient meiner Aufgabe, denn es ist vom Strahl der Weisheit, Spiritualität und Göttlichkeit. Damit steht es meiner Mission sehr nahe. Der Lavendelquarz muss teilweise undurchsichtig sein, denn diese Trübheit gibt ihm Kraft.

Doch er muss auch teilweise klar sein. Die Klarheit ist wichtig; sie steht für eine klare Offenheit aller Chakren.

Behandlungen mit Lavendelquarz

Wird der Lavendelquarz von Menschen getragen, die unter Krankheiten leiden, die schwer zu diagnostizieren sind oder nicht mit den Darstellungen in medizinischen Büchern übereinstimmen, werden die unklaren, verwirrenden oder widersprüchlichen Symptome oft verschwinden oder sich auflösen. Symptome, die sehr tief wurzeln oder auftreten, weil das Individuum gewisse Lektionen oder Erfahrungen braucht, werden klarer und leichter zu diagnostizieren. Dies wird bewirkt, weil unter dem Einfluss des Lavendelquarzes die inneren Körper zu größerer Übereinstimmung finden, was den Strom der Lebenskraft anwachsen lässt. Es wäre klug, den Lavendelquarz in einem solchen Falle mindestens ein bis zwei Wochen lang zu tragen, bevor man einen Arzt konsultiert.

Was spezielle Behandlungsweisen angeht, so möchte ich oben am Kopf beginnen; hier kann man ein ›Tisrati‹ tragen. Dabei handelt es sich um eine Schnur von Lavendelquarzkugeln, die wie ein Kranz um den Kopf über dem Brauen-Chakra und oberhalb der Ohren getragen wird.

Ein Lavendelquarz-Tisrati öffnet die Verbindung zwischen dem Brauen- und dem Scheitel-Chakra und verstärkt den Austausch zwischen beiden Zentren. Das ist wichtig, denn diese Verbindung ist bei den meisten Menschen der heutigen Zeit geschlossen oder behindert. Darüber hinaus lenkt das Tisrati die Lebenskraft in alle Energiezentren des physischen Körpers.

Wenn es den Kopf umgibt, bewirkt das Tisrati, dass der Schädel sich leicht ausdehnt. Dies kann Druck und damit Kopfschmerzen auflösen. Wenn du Kopfschmerzen hast, weil du physisch unter Druck stehst oder zuviel emotionale oder mentale Aktivität bewältigen musst, kannst du auf diese Weise den Kopfbereich entlasten und die Lebens- oder Heilungskraft hereinfließen und ausgleichen lassen.

Lege den Lavendelquarz zunächst über das Scheitel-Chakra, um es auf das Geschehen vorzubereiten. Du brauchst die Kugeln nur wenige Minuten dort zu halten. Wenn es sich jedoch angenehm anfühlt und die Schmerzen lindert, kannst du den Lavendelquarz auch über dem Scheitel-Chakra wirken lassen, so lange du möchtest. Lege das Tisrati anschließend um den Kopf. Es sollte eng anliegen, aber nicht verrutschen. Du kannst das Tisrati tragen, so lange es dir angenehm ist.

Eine Schnur Lavendelquarzkugeln um den Hals verstärkt die Wirkung der Steine um den Kopf. Grundsätzlich wird jede Lavendelquarz-Behandlung verstärkt, wenn man gleichzeitig eine Reihe dieser Steine um den Hals trägt. Am wirkungsvollsten ist die Lavendelquarzkette um den Hals, wenn die Kugeln nicht durch Knoten in der Schnur voneinander getrennt sind.

Obwohl meine ausgleichende Eigenschaft nicht so stark ist wie die des Bergkristalls, vermag ich den physischen Körper viel weiter für das Einfließen der Lebenskraft zu öffnen. Man kann auch eine Schnur Bergkristallkugeln tragen, während man mit Lavendelquarz eine bestimmte Körperregion behandelt. Es hilft dem Körper, jene Veränderungen leichter und ausgeglichener anzunehmen, die sich einstellen, wenn Lebenskraft in größerem Maße angezogen wird.

Die Auswirkungen, die der Erdenmensch erleben wird, wenn er das Lavendelquarz-Tisrati trägt, müssen erst noch ganz erforscht werden. Doch man weiß, dass das Tisrati einen starken Einfluss auf die inneren Körper und das Verhältnis des physischen Leibes zu ihnen ausübt.

Ich kann in jedem Bereich des Körpers Hilfe bringen, der der Ausrichtung und Korrektur bedarf. Ferner kann ich dazu beitragen, eine zu dichte oder enge Aura zu öffnen und zu weiten.

Lege Lavendelquarz über jegliche gespannte oder ›enge‹ Stelle des Körpers und lasse ihn dort so lange liegen, wie es dir angenehm ist. Trage gleichzeitig eine Aventurin-Kette um den Hals, sodass die heilenden Energien des Aventurins sich von innen mit dem gleichen Gebiet befassen. Trägt man den Aventurin allein, findet er das Organ der größten Disharmonie (siehe Kapitel 3, *Aventurin*). Wenn aber Lavendelquarz über eine bestimmte Körperregion gelegt wird – zum Beispiel einen verspannten Wadenmuskel –, wirkt er wie ein Magnet und zieht die Heilungsenergie Aventurins an diesen Punkt.

Diese Edelsteine kann man so lange tragen, wie die Spannung anhält. Oft handelt es sich um einen akuten Zustand, und die Linderung stellt sich bereits nach wenigen Minuten ein. Um eine länger anhaltende Wirkung zu erzielen, sollte der Lavendelquarz nicht entfernt werden, sobald die Stelle sich besser anfühlt. Lasse ihn also eine Weile liegen und trage weiterhin Aventurin.

Ich gebe bewusst keine genauen Zeitmaße, weil jeder

Einzelfall anders ist. Entscheide selbst, wie lange eine Behandlung mit Lavendelquarz dauern soll. Trägst du Lavendel, so öffnet er deine inneren Körper und lässt dir deine Intuition auch in Bezug auf andere Dinge klarer werden. Je mehr du von deiner Intuition Gebrauch machst, desto klarer wird sie sich entwickeln.

Man kann Lavendelquarz auch längs der Wirbelsäule auflegen, um Spannungen zu lindern und begradigend einzuwirken. Um deutliche Ergebnisse zu erzielen, wirst du aber viele Schnüre mit Lavendelquarzkugeln brauchen. Eine einzige Reihe vom oberen bis zum unteren Ende der Wirbelsäule wird nicht viel bewirken. Die Muskeln seitlich der Wirbelsäule beeinflussen die Stellung der Wirbel. Deshalb sollte Lavendelquarz im Idealfall auch diese Muskeln ganz bedecken. Wenn dies nicht durchzuführen ist, solltest du dennoch bestrebt sein, ein möglichst großes Gebiet mit Lavendelquarzkugeln zu bedecken.

Wer eine körperliche Krankheit hat, die lebensbedrohend oder behindernd ist, kann auf die stärkste aller bisher bekannten Kombinationen von heilenden Edelsteinen zurückgreifen: eine Halskette mit dunkelgrünem Aventurin und eine Kette mit Smaragden.

Krankheiten sind nicht nur Phänomene des physischen Körpers. Sie existieren gleichzeitig als Krankheit oder Disharmonie in den inneren Körpern. Trägt man diese Kombination mit Lavendelquarz, werden die heilenden Strahlen von Aventurin und Smaragd auch auf die inneren Körper gerichtet. Lavendelquarz solltest du aber erst dann einsetzen, wenn du Smaragd und Aventurin schon zwei bis drei Wochen getragen hast. So erhalten diese Steine die Möglichkeit, sich zunächst gezielt mit dem physischen Körper zu befassen.

Die inneren Körper sind spirituellen Brücken vergleichbar. Der Lavendelquarz richtet sie aus und ermöglicht so, dass mehr Heilungskraft durch sie fließt. Das spiegelt sich in den Gelenken des physischen Körpers wider, besonders in Fingern, Zehen und Wirbelsäule. Die verbesserte Lage und verstärkte Heilungskraft, die der Lavendelquarz diesen Bereichen vermittelt, bewirken eine Abnahme der Schmerzen.

Winde für diese Art von Behandlung soviel Lavendelquarz um die schmerzhafte Stelle (zum Beispiel Finger- oder Handgelenke), wie dir angenehm ist. Wenn genügend Lavendelquarz zur Verfügung steht, so lege mehrere Schichten an. Es wird sich herrlich anfühlen. Ideal wäre eine 1,5–2,5 Meter lange Schnur von acht Millimeter Lavendelquarzkugeln. Zehn Millimeter Durchmesser wären für manche vermutlich zu groß, sechs Millimeter nicht stark genug.

Die Edelsteine werden eine so gute Wirkung ausüben, dass man den Wunsch verspürt, sie auch nachts während des Schlafes zu tragen. Je länger man sie am Körper hat, desto besser ist es.

Jedesmal, wenn du zu einem bestimmten therapeutischen Zweck eine Schnur mit Lavendelquarz auf den Körper legst, wird die Wirkung verstärkt, wenn du gleichzeitig eine Halskette vom gleichen Stein umlegst. Beide Schnüre sollten keine Knoten zwischen den Lavendelquarzperlen aufweisen.

Knoten trennen die Edelsteinkugeln voneinander. Bei ungeknoteten Schnüren kann eine Perle die Energie anziehen und an die nächste weitergeben. Deshalb sind ungeknotete Perlenschnüre wirkungsvoller als geknotete; das Ganze ist stärker als die Summe seiner Teile. Ich kenne keinen anderen Edelstein, der diese Eigenschaft besitzt; du kannst also davon ausgehen, dass nichts dagegen spricht, beim Auffädeln anderer Steine die Schnur zwischen den Perlen zu knoten.

Auch Lavendelquarzketten dürfen geknotet werden, wenn du lediglich die inneren Körper ausrichten und den Strom der Lebenskraft in den physischen Leib unterstützen willst.

Vielleicht werden eure Nachkommen in hundert oder zweihundert Jahren an Halsketten ihre Freude haben können, die nicht geknotet sind und Edelsteinkugeln tragen, die nicht von Bohrern durchstochen werden mussten. Die Notwendigkeit von Faden und Knoten zur Verbindung der Edelsteinperlen ist nichts weiter als der Zwang der technischen Begrenzungen auf dem Planeten Erde.

»Knoten sind nicht unbedingt notwendig«, erklärte Michael. »Aber geknotete Perlenschnüre sind sicherer. Wenn eine ungeknotete Kette reißt, fallen sämtliche Steine zu Boden und kullern in alle Richtungen davon.«

Ich verstehe, antwortete Lavendelquarz.

»Wie lange wird es dauern, bis die Wirkung des Lavendelquarzes am Einzelnen eintritt?«, fragte Michael.

Ich beginne mit meiner Arbeit, sobald man mich trägt.

Um Lavendelquarz zu reinigen, lege ihn fünf Minuten lang unter fließendes heißes oder kaltes Wasser. Es wird alle Spuren der Energie des letzten Trägers abwaschen, die der Stein aufgenommen haben könnte.

Ich empfehle auch, die Information zu entfernen, die ich aus der Aura eines Menschen aufnehme, der mich trägt, damit ich für den nächsten Träger frisch und frei bin. Wenn ich mit einem Individuum im Rahmen einer gezielten Therapie arbeite und diese Person wiederholt dieselben Steine benutzt, wird der Lavendelquarz die Einzelheiten der betreffenden Aura kennenlernen. Er wird genau wissen, wie die inneren Körper zu korrigieren sind, sodass alle Chakren besser übereinstimmen. Diese Information wird jedoch bei jedem Menschen anders sein. Deshalb ist es gut, die gespeicherte Information zu ›löschen‹, bevor eine andere Person den Lavendelquarz trägt. Lege die Steine zu diesem Zweck mindestens eine Stunde lang in helles Sonnenlicht.

Der Lavendelquarz morgen

Meine Mission wird in alle Ewigkeit die gleiche sein. Nur eines wird sich ändern: Die Menschen werden mehr von der Fülle der Möglichkeiten erkennen, wie man Edelsteine, besonders Lavendelquarz, gebrauchen kann. Dieses wachsende Verständnis wird mit der Erweiterung des Bewusstseins im einzelnen kommen.

Ich möchte auch sagen, dass die Bewohner von Sarshauné Lavendelquarz bei der Behandlung praktisch aller Zustände zu Hilfe nehmen. Irgendwann im Leben gebraucht diesen Stein dort jedermann.

Das beste Geschenk für jemanden, mit dem dich Disharmonie verbindet, ist eine Halskette aus Lavendelquarz ... in der Hoffnung, der Beschenkte möge sie tragen.

Wenn du dich als Staatsführer oder Diplomat mit einem ausländischen Kollegen zu Verhandlungen triffst, kannst du dir und dem anderen kaum etwas Besseres schenken als Lavendelquarz. Ihr solltet Lavendelquarz tragen, während ihr miteinander verhandelt. Dann wird eure Aufmerksamkeit auf eine Ebene über dem Nur-Physischen gelenkt. Ihr könnt eure gemeinsame Situation von höherer Warte aus betrachten und auch das Volk des Verhandlungspartners und die gegenseitigen Beziehungen mit anderen Augen sehen.

Wenn du Lavendelquarz vor dem Schlafengehen am Vorabend der Verhandlungen anlegst, träumst du möglicherweise über das Karma, das zwischen beiden Völkern besteht; dadurch gewinnst du ein umfassenderes Bild von der ganzen Situation.

Je mehr Menschen sich den positiven Veränderungen öffnen, die Lavendelquarz auslöst, desto mehr Menschen werden ähnliche Erfahrungen und Resultate wünschen. So lernen die Bewohner der Erde die Vorzüge dieses Steins kennen und erfahren, wie sie ihn im täglichen Leben gebrauchen können.

Die Erdenmenschen müssen beginnen, über den Rahmen ihres eigenen Planeten hinaus zu denken und zu blicken. Es wird eine Zeit kommen – wie es das Schicksal bereits bestimmt hat –, in der die Menschen sich der Zivilisationen auf anderen Planeten gewahr werden. Wenn diese Zeit anbricht, werden die Erdenmenschen sich vermutlich wünschen, sie hätten sich auf diese Phase besser vorbereitet. Lavendelquarz zu tragen, ist eine ideale Methode, sein Bewusstsein zu erheben und sich auf die Ereignisse vorzubereiten, die das Schicksal bringen mag.

Es spielt keine Rolle, welche Religion du lebst, welchem spirituellen Meister du folgst oder mit welchem Namen du Gott anrufst. Lavendelquarz steht über den

Trennungen, die die Erdenmenschen zwischen den Religionen errichtet haben, denn er verbindet dich mit der Seele, deinem ureigenen Gottesfunken. Ich habe darüber gesprochen, wie ich als Lavendelquarz Lebenskraft in den physischen Körper bringe. Es gibt noch einen, der Heilungskraft in einen Bereich innerhalb des physischen Körpers bringt. Dieser Edelstein heißt Aventurin.

Kommt, ich will euch zum Hüter des Aventurins führen.

Kapitel 3

Aventurin

Wir ließen die Wolken hinter uns und traten auf eine endlos weite Fläche, die mit kurzem Gras bewachsen war. »Hier werdet ihr die Gelegenheit haben, größeres Wohlbefinden auf allen Ebenen zu erlangen. Ihr könnt hier um alles bitten, was ihr dazu braucht, und ihr werdet auf der Stelle eine klare Antwort erhalten«, erklärte uns der Hüter des Lavendelquarzes.

Wir gingen über die Wiese und brachten, wie es uns schien, eine weite Entfernung hinter uns. Doch ich wusste, dass wir in Wirklichkeit kaum von der Stelle gekommen waren, denn ich spürte, dass Zeit und Raum hier Illusionen waren.

Wir gelangten in einen Bereich grünen Dunstes, der uns bis zur Hüfte reichte und wie Wellen wogte. Es kam uns vor, als stünden wir in Meer. Doch die Wellen bewegten nicht unseren Körper, sondern schienen durch uns zu strömen. Bald wurde die Energie, die ihnen Dynamik verlieh, mächtiger, denn wir waren an ihrem Ausgangspunkt angelangt.

Vor uns, auf einer Erhöhung, saß ein Mann im Lotossitz, er schien zu meditieren. Die Energiewellen, durch die wir unseren Weg genommen hatten, gingen von ihm aus.

Lavendelquarz sprach wieder: »Darf ich euch mit dem Hüter des Aventurins bekannt machen?«

Die Augen des Hüters waren geschlossen, seine Hände

ruhten entspannt im Schoß. Seine ›runde‹ Gestalt ließ mich an einen Buddha denken. Seine Haut schimmerte in den Farben des dunkelgrünen Aventurins, seine Kleidung wies eine hellgrüne Tönung auf.

Als er die Augen öffnete, kehrten die Energiewellen, die von ihm ausgingen, ihre Richtung um und flossen zu ihm zurück. Er schien seine Energie zu sammeln, als die Wellen sich in seine Aura drängten.

Das Weiß seiner Augen stand in deutlichem Kontrast zu den hellgrünen Iriden und den dunkelgrünen Pupillen. Er sah uns an, als blickte er durch uns hindurch, und schien genau zu wissen, was wir brauchten, und was er uns geben könnte.

Er winkte uns heran, uns vor ihm niederzulassen. Dann erhob er sich, setzte sich zu uns ins Gras und schloss den Kreis. Als er sich niedergelassen hatte, öffnete er mit den Händen ein Loch im Boden in der Mitte unseres Kreises.

Jetzt könnt ihr in das materielle Universum blicken. Dort ist euer Planet Erde. Der Kontinent, den ihr Afrika nennt, liegt gerade im Licht der Sonne.

Wenn ihr diesen Planeten mit wissenden Augen betrachtet, werdet ihr sehen, dass überall auf der Erde Menschen für ein Erwachen bereit sind. Es ist das Erwachen ihres wahren Selbst. Manche werden es größere Spiritualität, Erleuchtung oder Selbstgewahrsein nennen. Andere werden von erhöhter Sensitivität sprechen. Wieder andere werden sagen, Gottes Liebe leuchte auf sie herab. Wie auch immer die Worte lauten werden: es handelt sich um ein neues Gespür, eine Offenheit für den Geist und ein tieferes Verständnis allen Lebens, einschließlich der Beziehung zum eigenen Selbst und zu Gott.

Ich bin hier, um dazu beizutragen, Menschen auf dieses große Erwachen vorzubereiten. Meine Aufgabe ist es, den physischen Körper zu heilen, besonders die wichtigsten Organe; denn wenn der Körper nicht mehr leidet, kann die Aufmerksamkeit, die sich mit den Beschwerden des Leibes befasste, frei werden und konzentrierter auf dieses Erwachen gerichtet werden.

Das ist meine Aufgabe für die Erdenmenschen. Auf einigen anderen Planeten hat die Bevölkerung diesen ›Quantensprung‹ bereits hinter sich. Dort werde ich reichlich für andere Zwecke gebraucht – ähnlich, wie auch die Erdenmenschen mich eines Tages verwenden werden.

Die frühen Jahre des Aventurins

Aventurin ist schon seit langer Zeit auf diesem Planeten vertreten. Als Aventurin bildete ich mich nicht, als der Planet Gestalt annahm. Ich entwickelte mich, wie der Planet sich entwickelte. Als die Erde sich auf die Menschen vorbereitete, wurde auch ich vorbereitet.

Nur sehr wenige, die das Gewahrsein besaßen, um Wissen über die Edelsteine zu erlangen, gebrauchten mich zu meinem wahren Zweck.

Information über den wahren Zweck von Edelsteinen ist allen zugänglich. Sie ist in ›Bibliotheken‹ in den inneren Welten aufbewahrt oder wird von Zeit zu Zeit von den Hütern der Edelsteine in Unterweisungen wie dieser vermittelt. Menschen, die mehr über Edelsteine erfahren wollen, sollten am besten in jenen Bibliotheken lernen oder Unterweisungen wie diese besuchen. Es ist unüberlegt, wenn ich in meiner Kontemplation wiederholt von

Individuen unterbrochen werde, die mit mir direkten Kontakt aufnehmen möchten. Während der Kontemplation, bei der ihr mich zum ersten Mal erblickt habt, hielt ich den Strom der Schwingungsrate zu der Gesamtheit aller existierenden Aventurine aufrecht; zugleich belebte und verstärkte ich diesen Strom.

Die Information, die ich euch mitteilen werde, muss weitergegeben werden; dies hilft mir bei meiner Aufgabe. Wenn Angaben von einem Hüter direkt stammen, kann man gewiss sein, dass die Informationen so zutreffend und korrekt sind, wie es nach Zeit und Ort möglich ist.

Zu allen Zeiten in der Geschichte wurde ich den Patienten, Freunden oder Angehörigen jener wenigen gegeben, die um meine Wirkung wussten. Sie entdeckten bald, dass der Aventurin – auch wenn er in roher Form ebenfalls wirkte – den stärksten Einfluss auf den physischen Körper zeigte, wenn er gerundet und zu einer Kugel geschliffen war.

Der Aventurin heute

Um meine Aufgabe zu verstehen, musst du wissen, wie ich arbeite. Du musst dich auch mit der Vorstellung von Schwingungsraten vertraut machen. Der Begriff »Schwingungsrate« bedeutet grundsätzlich das gleiche wie ›Energie‹ oder ›Frequenz‹. Dein Körper besteht aus einer Vielzahl von Frequenzen, Energien oder Schwingungsraten. Ich werde im folgenden das Wort Schwingungsrate oder einfach Schwingung gebrauchen.

Jedes Organ deines Körpers hat seine eigene Schwingungsrate, und innerhalb eines Organs sind viele Schwingungsraten festzustellen, besonders wenn das Organ oder ein Teil davon krank ist.

Auf dem Planeten Erde gibt es zwei Erscheinungsformen des Aventurins: den hellgrünen und den dunkelgrünen Aventurin. Wir werden unser Gespräch auf diese beiden Arten beschränken, denn was nützte es dir, Informationen über Edelsteine zu erhalten, die es nur an anderen Orten gibt? Die beste Form des Aventurins hat Edelstein-Qualität und kommt auf der Erde nicht vor.

Die hellgrüne Art zeigt nur wenige oder gar keine dunkelgrünen Flecken. Die dunkelgrüne Form ist in Wirklichkeit hellgrüner Aventurin, der so viele Einsprengsel aufweist, dass er unserem Auge dunkelgrün erscheint. Deshalb besteht die hellgrüne Varietät, die keinerlei Einsprengsel enthält, aus einer einzigen Schwingungsrate, die dunkelgrüne dagegen aus zwei: der Schwingung des hellgrünen Steins und der Schwingung der Einsprengsel.

Die Schwingungsrate des hellgrünen Aventurins ist die Kraft, die hinter jedem Aventurin steht, ob er in der hellen oder der dunklen Form vorliegt. Es ist die Kraft, die die Schwingungsrate der Einsprengsel in die Aura des Trägers projiziert. Je transparenter der Aventurin, desto besser seine Qualität und desto größer seine Wirkung – denn je mehr Licht in den Stein eindringen kann, desto mehr Kraft wird er besitzen, um die Energie seiner Einschlüsse in die Aura zu strahlen.

Die Einsprengsel enthalten jene Art der Aventurin-Energie, die die materielle Grenze des Kristalls überwinden und in die Aura eindringen kann. Deshalb kann der dunkelgrüne Aventurin dem Menschen am umfassendsten helfen.

Wenn der dunkelgrüne Aventurin um den Hals getragen wird, füllt die Schwingungsrate der Einsprengsel die Aura und geht über den Atem in den physischen Körper ein. Wie praktisch alles, was der Mensch inhaliert, gelangt die Schwingung des Aventurins zunächst in die Lungen, dann ins Blut und schließlich in jede Zelle. Auf diese Weise kommt der ganze Körper mit der Schwingung des Aventurins in Berührung.

Obwohl die Aventurin-›Moleküle‹ in alle Zellen des Körpers verteilt werden, halten sie doch die Kommunikation untereinander aufrecht. Wenn genügend Aventurin-Schwingung in den Körper eingeflossen ist, entdeckt sie das Organ, in dem am meisten Disharmonie herrscht. Dann umgibt alle bereits im Körper befindliche Aventurin-Schwingung sowie jegliche weitere eingeatmete Schwingung dieses bestimmte Organ.

Wenn das Organ von der Aventurin-Schwingung umgeben ist, erkennt es, dass eine Veränderung stattfinden wird, und dass es an seinem Kranksein nicht länger festhalten kann. Die physische Materie widersetzt sich der Veränderung, und alles, was krank ist, leistet der heilenden Energie des Aventurins besonders hartnäckig Widerstand.

Man kann der Aventurin-Schwingung helfen, in das Organ zu gelangen, indem man tief atmet. Tiefe Atemzüge bringen dem Organ mehr Sauerstoff. Die Aventurin-Schwingung hängt sich an die Sauerstoff-Moleküle und lässt sich zu dem kranken Organ tragen. Natürlich wird das vertiefte Atmen auch die Menge der Aventurin-Schwingung steigern, die in den Körper insgesamt gelangt, denn die Lungen erhalten mehr frische Luft. Tiefes Atmen wird am wirkungsvollsten sein, wenn man damit beginnt, nachdem die Aura von der Aventurin-Energie bereits gesättigt worden ist.

Wenn man eine Halskette aus dunkelgrünen Aventurin-Perlen von zehn Millimetern Durchmesser trägt, wird die Aura innerhalb einer Viertelstunde gesättigt. Bei Acht-Millimeter-Perlen kann dieser Prozess bis zu einer Dreiviertelstunde dauern.

Wenn auch nur die geringste Dosis Aventurin-Schwingung in das Zielorgan gelangt, öffnet sie die Pforte für das Nachfließen weiterer Aventurin-Schwingung. Dann verteilt sie sich allmählich so gleichmäßig wie möglich über das ganze Organ.

Um diesen Prozess zu unterstützen, sollte der Träger regelmäßig ein bis zwei Minuten lang tief atmen. Natürlich sollte er dabei achtgeben, nicht zu hyperventilieren.

Wenn mehr und mehr Aventurin-Schwingung in das Organ einfließt, hat die Krankheit oder Disharmonie keine andere Wahl, als sich zu verziehen. Dann fällt dem Körper die Aufgabe zu, den größten Teil dieser Disharmonie umzuwandeln – das heißt, solange nicht auch eine Smaragd-Halskette getragen wird.

Der Smaragd bringt den grünen Strahl, den Heilungsstrahl. Der grüne Strahl ist genau jener Teil der Lebenskraft, der gezielt im Sinne einer Anhebung der Schwingungsrate im physischen Körper wirkt. Wenn die Schwingungsrate des Körpers angehoben ist, tritt Heilung ein.

Wenn man Aventurin zusammen mit Smaragd trägt, richtet er den grünen Strahl des Smaragds auf das erkrankte Organ. Dann hat der Körper nicht mehr die Last, alle Giftstoffe umzuwandeln, die die Schwingung des Aventurins aus dem erkrankten Organ freisetzt. Der grüne Strahl wird mit Unterstützung durch die Smaragd-Schwingung die Disharmonie auflösen und dem Körper deren Umwandlung abnehmen.

Mit anderen Worten: Die Aventurin-Schwingung macht das kranke Organ aus und vertreibt die Disharmonie; die Smaragd-Schwingung hilft, die Disharmonie im Körper umzuwandeln.

Wenn das betreffende Organ nicht mehr der Ort der größten Disharmonie im Körper ist, zieht sich die Aventurin-Schwingung langsam von ihm zurück. Wird der Aventurin weiterhin getragen, macht seine Schwingung das Organ ausfindig, das nun die stärkste Disharmonie zeigt. Dann beginnt sie, an diesem zu arbeiten. Der Aventurin setzt diesen Prozess fort, so lange man ihn trägt.

Der Aventurin richtet seine Aktivität auf die wichtigsten – besonders auf die im Körperinneren liegenden – Organe. Vielleicht erinnerst du dich, dass der Hüter des Lavendelquarzes eine Ausnahme zu dieser Regel erwähnte: Wenn Lavendelquarz auf eine Extremität oder eine andere Körperstelle gelegt wird, richtet der Aventurin seine Aktivität auf den von Lavendelquarz vorgegebenen Ort.

Behandlungen mit Aventurin

Der dunkelgrüne Aventurin wirkt am besten, wenn man ihn in Form einer Halskette trägt. Er arbeitet aus dem Körperinneren heraus. Der hellgrüne Aventurin wirkt am stärksten, wenn man ihn über bestimmte Körperstellen legt. Auf diese Weise kann man beide Varietäten gleichzeitig verwenden, um ein optimales Resultat zu erzielen.

Ich möchte dies illustrieren: Nehmen wir an, das Zielorgan sei die Milz. Sobald die Milz von innen mit der Schwingung des dunkelgrünen Aventurins gesättigt ist, sollte man den hellgrünen Aventurin auf die Haut über dem Milzbereich legen. Er wird das Organ unterstützen und ihm helfen, wieder zu Kräften zu kommen, während die Aventurin-Schwingung ihr Werk vollendet und zum nächsten Zielorgan weitergeht.

Selbst ein krankes Organ enthält lebenskräftige, gesunde Zellen. Wenn der hellgrüne Aventurin direkt über ein Organ gelegt wird, konzentriert sich seine Schwingung auf diese gesunden Zellen. Sie sorgt dafür, dass die verbliebene Vitalität sich auf alle anderen Zellen des Organs ausbreitet, bewirkt also eine Art ›Domino-Effekt‹.

Um zu verstehen, wie der hellgrüne Aventurin arbeitet, musst du dir vor Augen halten, dass er die Macht besitzt, seine Lebenskraft auf alle grünen Einsprengsel zu werfen, die er enthält, um sie zu zwingen, in die Aura des Menschen überzugehen. Liegt er auf der Haut über einem Körperorgan, richtet er seine Lebenskraft auf die gesündesten Zellen des Organs. So werden diese gezwungen, ihre gesunde Schwingung auf die benachbarten Zellen auszubreiten. Diese Zellen wiederum geben die Vitalität an ihre Nachbarn weiter. Der ganze Prozess hält an, bis das ganze Organ größere Vitalität gewonnen hat.

Ich bewirke noch andere Dinge, wenn meine hellgrüne gemeinsam mit der dunkelgrünen Form eingesetzt wird. Wenn beispielsweise die Leber eines Menschen von einer Krankheit genest, kann man dunkelgrünen Aventurin um den Hals und hellgrünen Aventurin über der Leber tragen. Der hellgrüne Aventurin wird die Tätigkeit des dunkelgrünen unterstützen, indem er die disharmonischen Schwingungen in der Leber angeht, sie löst und zur Beseitigung vorbereitet.

Der hellgrüne Aventurin übt auch eine lindernde Wirkung aus, da er die höchste Schwingung, die in einem Organ vorkommt, über das ganze Organ ausdehnt. Dies wiederum trägt dazu bei, die disharmonische Schwingungsrate auszumerzen, die unter dem Einfluss des dunkelgrünen Aventurins gelockert und gelöst worden ist.

Die Schwingung des hellgrünen Aventurins dringt nicht nur in die Körperorgane ein, sondern wird auch in die Aura reflektiert. Die Energiebahnen oder -meridiane des Körpers sind besonders empfänglich für die Schwingung der hellgrünen Farbe des Aventurins. Wenn diese Schwingungsrate in der Aura reflektiert wird, werden die Meridiane angeregt und ein wenig geladen. Diese leichte Aufladung hebt die Schwingungsrate des ganzen Körpers um ein oder zwei Grad, was ausreicht, um ihn zu kräftigen. Bei gesteigerter Schwingung des Körpers ist auch das schwächste Organ deutlicher zu erkennen.

Wird die Schwingung des hellgrünen Aventurins in die Aura reflektiert, atmet der Träger des Steins sie gleichzeitig ein. Sobald sie in den Körper gelangt, konzentriert sie sich auf das schwächste Organ. Wenn sie die höchste hier vorhandene Schwingung über das ganze Organ verteilt hat, wendet sie sich dem nächsten geschwächten Organ zu.

Wie die Schwingung der dunkelgrünen Varietät wechselt auch die des hellgrünen Aventurins von einem Organ zum nächsten, beginnend beim schwächsten. Wenn man mich lange genug trägt, kann ich auf diese Weise schließlich jedes Organ des Körpers behandeln. Es ist auch möglich, dass das erste Organ, an dem ich zu arbeiten begann, im weiteren Verlauf erneut ›an die Reihe kommt‹. Je länger ich getragen werde, desto kräftiger werden die Organe. Dies führt natürlich zu einer Stärkung des ganzen Körpers.

Wenn du ein bestimmtes Organ so unangreifbar wie möglich machen willst, so trage hellgrünen Aventurin um den Hals, und lege eine zweite Kette über das betreffende Organ. Die Schwingung alles getragenen Aventurins wird sich auf das Organ konzentrieren, über dem die zweite Schnur Aventurinperlen liegt.

Wenn die an Ort und Stelle vorgefundene höchste Schwingungsrate über das ganze Organ verteilt wurde, bemüht sich der Aventurin weiter um eine Steigerung der Schwingungsrate des ganzen Organs. Auf diese Weise wird das Organ stärker und stärker. Dieser Vorgang geht so rasch vonstatten, wie der übrige Körper es zulässt.

Wenn man mit dem hellgrünen Aventurin auf diese Weise arbeitet, kann ein Organ so kräftig werden, dass es praktisch immun gegen Krankheit wird. Deshalb kannst du diese Art der Behandlung regelmäßig durchführen, wenn du beispielsweise die Widerstandskraft der Leber heben willst, weil es in deiner Familie schon einige Fälle von Leberkrebs gegeben hat.

Um dies zu bewerkstelligen, sollte man hellgrünen Aventurin um den Hals tragen und hin und wieder eine weitere Aventurinkette über die Leber legen. Wenn du den Aventurin zum ersten Mal über die Leber legst, lasse ihn dort eine Viertelstunde ruhen. Beim nächsten Mal lässt du die Steine eine halbe Stunde über der Leber ruhen. Steigere so die Behandlungszeit schrittweise, bis du den Aventurin schließlich einige Tage lang ununterbrochen über die Leber gebunden tragen kannst. Es ist wichtig, die Behandlungsdauer allmählich zu steigern. Andernfalls können Überaktivität oder andere Störungen der Leberfunktion auftreten.

Wenn ein relativ gesunder Mensch diese Behandlungen bei einem einigermaßen gesunden Organ durchführt, wirken sie als Präventivtherapie. Die stärkende Wirkung wird im Laufe der Zeit zunehmen. Es wird einen, zwei oder vielleicht drei Monate dauern, bis die Veränderungen erkennbar sind; das hängt von der Konstitution des Einzelnen ab und davon, wie leicht er oder sie Veränderungen annimmt.

Der dunkelgrüne Aventurin kann zur Schmerzlinderung an jede Stelle des Körpers, auch im Bereich des Kopfes, gelegt werden. Vielleicht fragst du dich nun, wieso dies möglich sei, da diese Wirkung im Widerspruch zu dem zu stehen scheint, was ich über die Funktion dieses Steines bereits sagte.

Der Aventurin hat von Natur aus die Gabe, disharmonische Bereiche zu finden, unabhängig davon, wo er am Körper aufgelegt oder getragen wird. Wenn der Aventurin also nur in einiger Entfernung von einer disharmonischen Stelle gehalten wird, beginnt er, seine Schwingung auszusenden. Doch da die Aventurin-Schwingung die Haut nicht durchdringen kann, prallt sie ab. Der Stein sendet weiterhin seine Schwingung in den Bereich der Disharmonie, und die Haut reflektiert diese Schwingung weiterhin zum Aventurin. Dieser Vorgang wird in dem Stein ein Gefühl der Hitze verursachen.

Wenn man die Haut mit dem Aventurin jedoch berührte, gäbe es keinen Abstand mehr, in dem seine Schwingung ausgesendet und zurückgeworfen wird.

Aber das hält den Aventurin nicht davon ab, seine Schwingung weiterhin in Richtung Disharmonie auszustrahlen.

Erinnere dich, wie du meine Energie wahrnahmst, als du in meine Aura eingetreten bist; dann kannst du besser verstehen, was geschieht, wenn der dunkelgrüne Aventurin auf die Haut gelegt wird. Es kam dir vor, als gingest du durch Wellen grüner Energie, die in rhythmischer Bewegung durch deinen Körper hindurchwogten. Es ist die Wesensart des Aventurins, sich rhythmisch zu bewegen, wie der Atem.

Wenn du dunkelgrünen Aventurin auf die Haut setzt und mit den Fingern einer Hand hältst, wirkt er, als läge er in einer Ecke. Seine Schwingung kann nicht die Aura erfüllen, denn deine Finger sind ihr im Wege. Seine Energie kann nicht zwischen dem Stein und der Haut hin und her strahlen, weil kein Abstand dazwischen liegt. Er besitzt keine Bewegungsfreiheit. Also verhält er sich ganz elementar, natürlich.

Wenn ein Tier in die Enge getrieben wird, reagiert es elementar-instinkthaft und äußert seinen Überlebenswillen. Das geschieht bei jedem Lebewesen. Man darf nicht vergessen, dass auch Edelsteine Lebewesen sind – nur ist der Ausdruck des Lebens einfach auf die Grenzen der kristallinen Gestalt beschränkt.

Ist der Aventurin zwischen Hand und Haut ›gefangen‹, kehrt auch er zu einer elementaren Natürlichkeit zurück. Er beginnt, seine Energie wellenähnlich auszusenden, wie ich es praktizierte, als du auf mich zukamst. Diese Wellen-Emanationen sind durch materielle Hindernisse nicht aufzuhalten. Wie Wellen fließen sie durch deinen Körper im Rhythmus der Atmung. Es ist diese

Energie, die so stark lindernd wirkt und den Schmerz fortnimmt.

»Warum würde jemand mit dem hellgrünen Aventurin arbeiten wollen, um einem Organ zu helfen, wenn die dunklere Art soviel stärker ist?«, fragte Michael.

Auch die hellgrüne Art hat ihre Funktion – besonders auf diesem Planeten, auf dem ein großer Teil eurer Medizin chemisch ist.

Der Körper weiß, wie er sich von fremdartigen, giftigen Substanzen befreit. Bei den meisten dieser Substanzen kommt es im Rahmen der Anstrengungen des Körpers, sie loszuwerden, zu Durchfall oder Erbrechen. Doch wenn die fremdartige Substanz nicht offensichtlich giftig ist (und das gilt für die meisten Medikamente und einige Chemikalien), weiß der Körper nicht, wie er mit ihr umgehen soll. Er weiß diese fremden Stoffe nicht zu verarbeiten, um sie ausscheiden zu können. Weil viele dieser körperfremden Substanzen – zum Beispiel chemische Medikamente – darauf ausgelegt sind, mit dem Körper zu harmonieren und eine bestimmte Wirkung auf ihn auszuüben, ist der Körper verwirrt und weiß sie nicht richtig einzuordnen und zu verarbeiten.

Nachdem das Medikament seine Wirkung ausgeübt hat, fragt sich der Körper: »Wozu brauche ich diese Substanz jetzt? Was fange ich damit an? Wie werde ich sie los?« Obwohl das Medikament von Vorteil gewesen sein mag, weiß der Körper nicht, was er mit ihm anfangen soll, wenn es seine Aufgabe erfüllt hat. Also kapselt er es ein und isoliert es vom übrigen Organismus. Wenn ein Medikament beispielsweise für ein spezifisches Organ bestimmt und am Zielort angekommen ist, kapselt der Selbstschutzmechanismus des Körpers die Substanz in diesem Organ ein, um den Rest des Körpers vor der Giftigkeit der Droge zu schützen.

Ich finde es interessant, dass die irdischen Pharmakologen und die Ärzte, die Medikamente ersinnen, im Grunde nur ein halbes Behandlungssystem aufgebaut haben. Sie wissen nichts – oder wollen nichts wissen – über die Tatsache, dass die Schwingung eines Medikaments im Körper bleibt, selbst wenn dieses im Stoffwechselvorgang aufgelöst wurde.

Wenn das Organ, in dem eine Substanz verkapselt ist, identisch ist mit dem Zielorgan, das der dunkelgrüne Aventurin ausgemacht hat, wird die Aventurin-Schwingung das Organ infiltrieren. Sie kann dann solche Einkapselungen von medikamentösen Substanzen als disharmonische Stellen erkennen und wird darauf hinwirken, diese zu lockern und aus dem Organ auszustoßen.

Wenn das Organ über Jahre hinweg Medikamenten-Schwingungen angesammelt hatte, kann eine gefährliche Situation entstehen, wenn der Aventurin beginnt, diese Substanzen aus dem Organ und in den Kreislauf zu befördern. Sie zirkulieren nun auf einmal im Körper, und dieser weiß nicht, was er mit ihnen anstellen oder wie er sich ihrer entledigen soll.

Der hellgrüne Aventurin kann in diesen Fällen helfen – besonders wenn er einige Einsprengsel enthält –, denn er wirkt etwas sanfter auf das Organ ein. Doch er ist auch weniger heilkräftig, solange er nicht zusammen mit einer Halskette aus Smaragdperlen getragen wird. Der Smaragd trägt zu der Auflösung der Disharmonie bei.

Der Smaragd steigert die Heilwirkung, auch wenn er meines Wissens nur im Bereich natürlicher Giftstoffe arbeitet. Unter natürlichen Giftstoffen verstehe ich die Toxine, die von einem lebendigen Organismus erzeugt werden. Wie man Giftstoffe auflöst, die im Laboratorium fabriziert wurden, weiß er nicht.

Wenn du hellgrünen Aventurin und Smaragd zusammen trägst, kann die Disharmonie des Zielorgans und seiner Umgebung abnehmen. Dies hilft dem Organ, seiner Umgebung und dem ganzen Körper, kräftiger zu werden und die Einkapselungen der Medikamenten-Gifte besser zu bewältigen.

Beide Formen des Aventurins lassen den grünen oder heilenden Strahl in den Körper herein. Oft sind Menschen, die unter Schmerzen leiden, so verkrampft, dass sie sich auf nichts anderes als den Schmerz mehr besinnen können. Ich erlaube dem Körper, sich zu entspannen und dem grünen Strahl zu öffnen. Wenn ich zusammen mit Smaragd getragen werde und meine Schwingung zum Beispiel eine kranke Leber aufspürt, wird der grüne Strahl auf die Leber gerichtet.

Ich will nicht über Aventurin außerhalb der Erde sprechen, möchte aber doch erwähnen, dass es auf anderen Planeten einen feinen Aventurin von Edelsteinqualität gibt. Unter Edelsteinqualität verstehe ich einen Aventurin, der so transparent und schön ist, dass er geradezu verlangt, geschnitten, geschliffen und facettiert zu werden, damit alle sehen können, wie herrlich er das Licht zu brechen vermag. Diese Art von Qualität trägt genügend Heilungskraft in sich, um eine Halskette aus Smaragden überflüssig zu machen.

Doch es hat seinen Grund, dass es Aventurin dieser Güte auf der Erde nicht gibt: Die Heilung auf körperlicher Ebene scheint auf der Erde langsamer vonstatten gehen zu müssen – vielleicht, weil körperliche Krankheiten auf diesem Planeten einen Zweck haben.

Ich dringe in die Aura ein, gehe in den Körper weiter und identifiziere das Organ der größten Disharmonie – bei einem gesunden Menschen ebenso rasch wie bei jemandem, der an einer schweren Krankheit, zum Beispiel Krebs, leidet. Doch die Person mit Krebs sollte möglichst häufig tief atmen, um meiner Schwingung zu helfen, in das kranke Organ zu gelangen. Ich sagte bereits, dass ich auf Organebene die größte Wirkung entfalte.

Die tiefen Atemzüge sind notwendig, weil eine Krankheit wie Krebs sich mit aller Kraft der Aventurin-Schwingung widersetzen will. Den Krebs kann man wie ein Lebewesen für sich betrachten. Er weiß, dass meine Schwingung den Anfang seines Untergangs ankündigt, und so ist es nur zu natürlich, dass er meine Energie fortstoßen will.

Menschen mit erkrankten Organen, die lieber Edelsteine und andere nicht-chemische Methoden einsetzen wollen, um ihren Heilungsprozess zu unterstützen, sollten eine Halskette aus gutem dunkelgrünen Aventurin und eine Kette mit Smaragd in Perlenform tragen. Wenn sie das Glück haben, sich von einem Edelsteintherapeuten behandeln zu lassen, ist es vielleicht möglich, dass sie jedesmal, wenn sie ihn besuchen, eine Kette viel größerer, runder Smaragde tragen können. Trägt man sie mindestens eine halbe Stunde lang, dürfte dies dem Körper eine große Dosis von der Schwingung des grünen Strahls geben.

Man sollte die Wirkung der Edelsteine durch andere Behandlungsweisen unterstützen, die die Kraft und Vitalität des ganzen Körpers steigern. Auch Therapien, die die Ausscheidungsfunktionen stärken, sind zu empfehlen, damit der Krebs oder eine andere Disharmonie leichter aus dem Organismus beseitigt werden kann.

Auch wenn ein Krebs operativ entfernt wird oder ein Krebspatient aufgrund der Wirkung von Edelsteinen zu heilen scheint, sollte er weiterhin dunkelgrünen Aventurin und Smaragd tragen. Wenn nämlich die Krebs-Schwingung erst im Körper steckt, bleibt sie oft noch darin ›hängen‹, nachdem ihre physische Manifestation bereits beseitigt wurde.

In einer Praxis, in der mit Edelsteinen behandelt wird, nimmt man Rücksicht auf die Zeit eines Patienten. Man schenkt ihm Beachtung, sobald er die Räume betritt und sich vorgestellt hat. Ein Helfer informiert sich anhand der Karteikarte und gibt dem Patienten vorbereitende Edelsteine. Diese Steine sind vom Therapeuten ausgewählt worden, um den Patienten auf die eigentliche Behandlung einzustimmen. So nimmt man auch Rücksicht auf die Zeit des Behandlers, die sehr gefragt ist und sorgfältig eingeteilt wird. Die große Nachfrage ist darauf zurückzuführen, dass die Edelstein-Therapie funktioniert.

Edelsteine wirken besser als jede andere eurer Arzneien, denn ihre Schwingungsrate bleibt unverändert. Wenn du dagegen eine Schmerztablette oder ein pflanzliches Präparat einnimmst, verändert sich dessen Schwingungsrate, sobald die Arznei deine Zunge berührt. Seine Wirkung auf ein Versuchstier oder im Reagenzglas ist nicht die gleiche wie die Wirkung auf einen Menschen, denn die Schwingungsraten von Affen, Menschen und Reagenzgläsern sind ganz verschieden. Darüber hinaus wirkt selbst eine Aspirin-Tablette nicht bei allen Menschen auf die gleiche Weise.

Die Schwingungsraten der Edelsteine sind unveränderlich. Sie wirken auf alle Menschen ähnlich.

Wie lange der um den Hals getragene Aventurin für die Erfüllung seiner Aufgabe braucht, hängt von der Größe und Qualität der Steine ab. In gewissem Maße spielt auch der Vergiftungsgrad des Organs und des Körpers insgesamt eine Rolle. Ohne die Zuhilfenahme des Smaragds kann der Heilungsprozess dreimal so lang dauern.

Um etwas präziser in Bezug auf Zeitangaben sein zu können, wollen wir Krankheit oder Vergiftungsgrad einer Skala mit Werten von Null bis Fünf zuordnen. ›Null‹ bedeutet vollkommene Gesundheit, ›fünf‹ dagegen eine so starke Toxizität, dass in dem fraglichen Organ buchstäblich kein Leben mehr vorhanden ist. Wir gehen ferner davon aus, dass dunkelgrüne Aventurine von zehn Millimeter Durchmesser getragen werden.

Menschen mit ›Disharmoniestufe Eins‹ auf unserer Skala sollten etwa einen Monat lang nur dunkelgrünen Aventurin tragen. Danach können sie anfangen, hellgrünen Aventurin über den Zielbereich zu halten. Wenn sie zusätzlich noch Smaragd tragen, reduziert sich die nötige Behandlungszeit beträchtlich. Zu dieser Kategorie gehören Menschen, die verhältnismäßig gesund sind, aber hin und wieder leichte Beschwerden und Schmerzen haben, oder Organe, die nicht so kräftig und vital sind, wie man es wünschen würde.

Menschen mit ›Disharmoniestufe Zwei‹ auf unserer Skala sollten den dunkelgrünen Aventurin wohl sechs Monate lang tragen. Wenn sie dazu noch Smaragd einsetzen, halbiert sich diese Zeit.

Menschen mit ›Disharmoniestufe Drei‹ brauchen den heilenden Einfluss des Aventurins neun bis zwölf Monate lang.

Menschen mit ›Disharmoniestufe Vier oder Fünf‹ müssen einen schon recht vergifteten Körper besitzen, denn ihre Organe verfügen nur noch über wenig Lebenskraft. Diese Personen sollten mindestens drei bis fünf Jahre lang Aventurin tragen. Eine zusätzliche Halskette von Smaragden würde diese Behandlungszeit erheblich verkürzen. Leider wird ein dermaßen toxischer Organismus oft nicht so lange am Leben bleiben, wenn er nicht noch von anderen Therapien unterstützt wird. Dazu können auch andere Behandlungsweisen mit Edelsteinen gehören.

Ich gebe und werde grenzenlos geben. Ich absorbiere nicht, obwohl gewisse Arten von Disharmonien die Tendenz haben, sich an den Aventurin zu heften.

Weil ich soviel gebe, kann dieselbe Aventurin-Kette von vielen verschiedenen Menschen getragen und benutzt werden. Gleichwohl ist es ratsam, sie zu reinigen, bevor sie den Träger wechselt.

Halte den Aventurin, um ihn für den nächsten Träger vorzubereiten, etwa dreißig Sekunden lang unter fließendes heißes und kaltes Wasser (oder zuerst kaltes, dann heißes). Lege ihn danach mindestens eine Stunde lang in die Sonne.

Der Aventurin morgen

Ich hielt meine Beschreibung der Behandlungen absichtlich recht vage, weil meine Einsatzmöglichkeiten so verschiedenartig sind. In der relativ kurzen Zeit, die wir gemeinsam erlebten, konnte ich euch nur einen Überblick über meine Wesensart geben, damit ihr anfangen könnt, mich korrekt zu gebrauchen.

Tatsächlich helfe ich allem Leben, auch den Tieren. Eine Aventurin-Halskette wäre ein herrliches Geschenk für einen Hund oder eine Katze, die sich nicht wohl fühlt.

In der Zukunft werde ich den Menschen viel umfassender von Hilfe sein, als sie es sich je vorstellten. Doch ich werde euch diese Informationen erst geben, wenn ihr darauf vorbereitet seid.

Wartet nicht auf die Geschenke der Zukunft. Genießt und schätzt den Wert der Gaben, die ihr heute schon besitzt. Sie sind in Wirklichkeit kostbarer als jedes Geschenk der Zukunft, das ihr jetzt noch nicht gebrauchen könnt oder zu würdigen wüsstet.

Die Erdenmenschen stehen vor einem der größten Entwicklungsschritte in ihrer Geschichte. Macht Gebrauch von den Werkzeugen, die euch bereits zur Verfügung stehen, um euch in diesem Prozess zu unterstützen. Diese Werkzeuge sind Geschenke. Sie wurden euch bereits anvertraut. Es liegt nun an jedem Einzelnen, das Geschenk auszupacken und anzunehmen.

Es scheint höchst passend, dass der nächste Hüter, dem ihr begegnet, für den Smaragd verantwortlich ist, denn wir arbeiten sehr eng zusammen.

Jenen, die ein Gespür für solche Dinge haben, möchte ich sagen: Ich bin mir dessen bewusst, dass ich als der dritte Hüter mit euch spreche, der sich in männlicher Gestalt zeigt. Ich habe für euer viertes Interview einen Hüter für euch ausgewählt, der sich ebenfalls in einem männlichen Körper manifestiert.

Ihr werdet feststellen, dass die Mehrheit unter den Hütern der Edelsteine sich in dieser Form zeigt. Ihr sollt wissen, dass dies seinen Grund hat. Ihr sollt ferner wissen: Wer in unserer Hierarchie die Position des Aufsehers über uns alle innehat, manifestiert sich in weiblicher Gestalt. Auch dies hat seinen Grund. Seid gesegnet!

Der Hüter des Aventurins erhob sich und kehrte an seinen erhöhten Platz zurück. Er setzte sich nieder und schloss die Augen, und abermals begannen Wellen grüner Energie von seinem Wesen auszugehen.

Durch das Loch, das Aventurin mit seiner Hand geschaffen hatte, warf ich einen Blick auf meinen Heimatplaneten. Aventurins Ausstrahlungen drangen durch das Loch und umfingen die Erde, sie berührten und belebten jeden Aventurin-Kristall auf dem Planeten.

Als ich mit meinem inneren Auge diesen Wellen folgte, merkte ich, dass auch ich mich dem Planeten näherte. Im nächsten Augenblick wurde ich mir wieder meines physischen Körpers bewusst. Ich öffnete die Augen im gleichen Augenblick, als auch Michael aufblickte. Wir lächelten uns zu, und unsere Herzen waren erfüllt von Dankbarkeit für das Wissen, das sich vor uns entfaltete.

KAPITEL 4

Smaragd

Als ich die Augen schloss, fragte ich mich, wie der Hüter des Smaragds wohl aussehen werde. Der Klang im Innern meines Kopfes wurde besonders intensiv, und es war einfach, ihm zu folgen. Er führte mich zu einem kleinen, dunklen Amphitheater, wo bereits drei Personen, darunter Michael, auf die Ankunft des Smaragds warteten.

Wir standen in der Mitte dieses Amphitheaters und badeten im Licht, das aus sieben starken Scheinwerfern zu kommen schien. Jede dieser Lichtquellen strahlte eine andere Regenbogenfarbe auf uns herab. Die Farben waren in ständiger Bewegung, als tanzten sie im Rhythmus von Musik. Mein Herz schwang mit ihnen, als ich mich, gefangen von seiner Schönheit, dem Spiel des Lichtes öffnete.

Auf einmal wurde der grüne Strahl stärker, und die anderen sechs Farben traten in ihrer Intensität zurück, bis sie nur noch verhalten im Hintergrund über uns glommen. Im grünen Licht begann sich nun ein Smaragd zu materialisieren. Als er seine volle Gestalt angenommen hatte, ragte der Kristall etwa 1,80 Meter empor; sein Durchmesser betrug fast einen Meter. Gleich einem Magneten fing der Smaragd an, alles Grün in sich hineinzuziehen, das von oben über uns leuchtete. Der grüne Strahl bewegte sich mit zunehmender Geschwindigkeit auf den Stein zu und floss bald mit erheblicher Macht in den Kristall.

Nach einigen Minuten begann sich dieser in eine hochgewachsene Gestalt zu verwandeln, die in einen smaragdgrünen Umhang gehüllt war. Als sie sich aufrichtete, glitt die Kapuze des Mantels herab, und wir konnten das Haupt eines Mannes erkennen. Er schien in den Dreißigern zu sein, trug kurzes schwarzes Haar und einen knapp geschorenen schwarzen Bart. Er öffnete die Augen, und grüne Lichtstrahlen schossen hervor und durchbohrten das Dunkel, das uns umgab. Im nächsten Augenblick nahmen seine Augen einen uns vertrauteren Braunton an.

Dann verschwand die Decke über uns und gab den Blick auf einen mitternächtlichen Sternenhimmel frei. Gleichzeitig verschwanden die Sitzreihen des Amphitheaters, und wir fanden uns in der Mitte einer weiten Grünfläche wieder

Ich ging auf den Hüter des Smaragds zu. Wir blickten einander intensiv an, und wieder wurden seine Augen grün. Diese Farbe überwältigte mich. Ich fühlte mich ein wenig berauscht, wandte mich um und trat rückwärts in seine Aura ein ...

Ich bin froh, dass ihr alle dem Ton folgen und euch auf halbem Wege zwischen eurer und meiner Welt mit mir treffen konntet. Lasst uns beginnen.

Smaragd ist im physischen Universum überall zu finden, auf jedem Planeten, auf dem sich Leben entwickelt. Nur solche Planeten, die nichts weiter als ein Stück Gestein im Raume sind und kein Leben oder nur primitive Lebensformen tragen, bergen keinen Smaragd.

Meine Funktion für den Erdenmenschen, der Smaragd trägt, ist die gleiche, die ich für jedes andere Wesen im Universum erfülle, das Smaragd trägt: Ich bringe den grünen Strahl, der wesentlich ist für das Leben aller Pflanzen, Tiere und Menschen.

Seit Anbeginn der Zeit bin ich der Träger des grünen Strahls. Da mich Zeit, wie die Erdenmenschen sie kennen, nicht bindet, bin ich noch in der Blüte meiner Jahre. Den grünen Strahl werde ich noch so weit in die Zukunft tragen, wie ihr es euch vorzustellen vermögt.

Ich wirke besonders im Sinne einer Anhebung der Schwingungsrate im physischen Körper. Die Schwingung des Smaragds hebt in Verbindung mit dem grünen Strahl den Bewusstseinsgrad des physischen Körpers. Nach dieser Veredelung kann der Träger des Steines seine Aufmerksamkeit leichter den weiteren und höheren Bewusstseinszuständen zuwenden, die jenseits der physischen liegen.

Um die Schwingungsebene eines Wesens anzuheben, löse ich das schwächste Glied in der Kette auf. Das schwächste Glied ist immer die niedrigste Schwingungsrate im Körper, die häufig auch der Ursprung von Krankheit ist.

Die frühen Jahre des Smaragds

Als die Erde geboren wurde, gab es auf ihr keinen Smaragd.

Wenn ein Planet sich so weit entwickelt hat, dass er Leben tragen kann, obliegt es den Hütern des physischen Universums, auf diesem Planeten die Einpflanzung der sieben Edelsteine zu veranlassen, die das Licht der sieben Strahlen tragen. Der Smaragd ist einer dieser Edelsteine.

Als die Erde sich entwickelte und die Voraussetzungen

entfaltete, Leben zu tragen, erreichte sie eine Phase, in der sie ›Nährboden‹ bereitstellte, der dieses Leben aufnehmen konnte. Als die Hüter des physischen Universums dies bemerkten und sahen, dass der Geist Leben auf dem Planeten wünschte, erfüllten sie ihre Pflicht und veranlassten die Einpflanzung dieser Edelsteine.

Ihr werdet bald auch die übrigen sechs Strahlenträger unter den Edelsteinen kennenlernen. Nicht alle von ihnen waren vertreten, als ich auf die Erde gebracht wurde. Denn zu jener Zeit gründeten manche der Farbstrahlen auf anderen Edelstein-Trägern als heute.

Ich wurde nicht auf die gleiche Weise eingepflanzt wie Lavendelquarz, denn ich bin mit dem Quarz nicht verwandt.

»Wenn ich es recht verstehe, gehörst du auf diesem Planeten zur Familie der Berylle«, bemerkte Michael.

Ihr dürft meine kristalline Struktur einordnen, wie ihr mögt.

Bevor ich erkläre, wie ich eingepflanzt wurde, möchte ich folgendes erläutern: Die meisten Weizenkörner werden gesät, um Korn für Mehl hervorzubringen. Andere Weizenkörner werden gebraucht, um hochwertige Samen für weitere Saaten zu liefern. Bei Smaragdkristallen ist es ähnlich.

Es gibt einige sehr begehrte und wohl geschützte Smaragdkristalle mit so intensiver Lebensenergie, dass nur eine bestimmte Menschenrasse im Universum die Verantwortung für sie zu tragen vermag. Diese Smaragdkristalle sind etwa wie die Weizenkörner, die Saatgetreide hervorbringen sollen.

Die Erde ist ein lebendiger Planet. Sie enthält feinstoffliche Kanäle, die eine ähnliche Funktion haben wie eure Blutgefäße. Manche Menschen bezeichnen die Orte, an denen diese Kanäle an die Oberfläche treten, als die ›Kraftpunkte‹ der Erde. Als die Erde so weit war, kamen Vertreter der Rasse, die ich erwähnte, und pflanzten ein Bündel dieser speziellen Smaragdkristalle in einen Kanal in der Nähe eines Kraftpunktes. Diese Kristallgruppe wurde der ›Mutter-Kristall‹ aller späteren Smaragde auf der Erde. Der Mutterkristall gab der Erde einen Plan oder ein Muster, um den kristallinen Nährboden zu erzeugen, der die Energie des Smaragds aufnehmen konnte.

Die Hüter der Erde entschieden, an welcher Stelle auf dem Planeten die Schwingung des Mutterkristalls eingepflanzt werden sollte. Dort begann sie sich in Form von Smaragdkristallen zu manifestieren und diese schließlich über den ganzen Planeten zu verteilen.

Die Basis des Kristall-Aggregats war etwa kreisförmig, das ganze Gebilde ungefähr fünfzig bis sechzig Zentimeter breit und dreißig Zentimeter hoch. Ihr solltet wissen, dass diese Angaben nur annähernd genau sind, und die tatsächliche Form, Gestalt und Größe des Mutterkristalls letztlich keine Rolle spielt. Doch es ist gut, wenn ihr wenigstens wisst, dass er nicht eine Meile groß war.

Jene Menschenrasse, die ich schon erwähnte, ist dafür verantwortlich, dass Mutterkristalle überall im Universum eingepflanzt wurden. Das gilt nicht nur für Smaragde. Diese Menschen besitzen eine Technik und spirituelle Bewusstheit, die bei weitem alles übersteigen, was selbst eure Science fiction-Autoren sich vorzustellen vermögen. Obwohl sie Raumschiffe einsetzen, sind sie nicht an die Begrenzungen durch das materielle Universum gebunden. In kurzer Zeit gelangen sie vom einen Ende des

Alls zum anderen. Diese Rasse arbeitet direkt mit der Hierarchie der Hüter in diesem physischen und in den nicht-physischen Universen zusammen.

Wenn der Geist die Aufmerksamkeit eines Hüters des physischen Universums auf einen Planeten lenkt, der bereit wird, Leben zu tragen, benachrichtigt der Hüter jene Menschenrasse. Wenn ihnen ein Planet vorgestellt wird, der die Eignung entfaltet, Leben zu ernähren und für die Einpflanzung wenigstens jener sieben Edelsteine bereit ist, die das Licht der sieben Strahlen tragen, beginnen diese Menschen, den Planeten zu erkunden.

Sie arbeiten wie Wissenschaftler. Sie prüfen den Planeten auf seine Energiekanäle und Kraftpunkte hin, dann kartographieren sie ihn. Weil der Planet sich anschickt, Leben zu tragen, müssen alle möglichen Daten und Informationen über ihn gesammelt und gespeichert werden.

Unter den Millionen von Planeten im materiellen Universum sind es immer viele, die sich auf das Leben vorbereiten. Deshalb haben jene Menschen sehr viel zu tun.

Nachdem die Edelstein-Mutterkristalle eingepflanzt wurden, fahren bestimmte Angehörige dieser Rasse fort, Daten aufzuzeichnen. Eine Raumschiffbesatzung dieser Wesen, deren Lebenszeit bei weitem die eure übersteigt, bleibt für Jahrhunderte (eurer Zeitrechnung) auf dem Planeten.

Zu den Dingen, die sie beobachten, gehören unter anderem: wie der Planet die Edelsteine aufnimmt; ob er den kristallinen ›Nährboden‹ nach besten Kräften hervorbringt; ob die richtigen Verbindungen zwischen dem Mutterkristall und seinen Nachkommen entstehen, und wie der Planet auf die neuen Lichtstrahlen anspricht, die dem sich entfaltenden Leben durch die Edelsteine zur Verfügung stehen.

Jene unter euch, die sich mit dem Klang und dem Licht befassen, wissen, dass ich, wenn ich von einem Lichtstrahl spreche, auch den Klang meine, der mit dem Licht einhergeht. Edelsteine tragen Licht und Klang. Doch es ist ermüdend, jedesmal ›Licht und Klang‹ zu sagen, und das »Licht« wird von den meisten Menschen besser verstanden, da es ein offensichtliches Attribut von Edelsteinen ist.

Mutterkristalle gibt es auf dem Planeten Erde noch heute. Wenn eure Menschen eine gewisse Stufe der technischen Entwicklung erreicht und die damit verbundene Verantwortung verdient haben, werdet ihr Mutterkristalle orten und ausgraben können. Doch ihr werdet die technischen Mittel nicht erhalten, solange ihr nicht verantwortungsbewusst genug seid, auf diese Kristalle achtzugeben und zu wissen, was mit ihnen zu tun ist. Bis heute wurde auf dem Planeten Erde noch kein Mutterkristall entdeckt.

»Haben alle Edelsteine, die es gibt, einen Mutterkristall?«, fragte Michael.

Nein. Der Lavendelquarz hat zum Beispiel keinen Mutterkristall; seine Schwingungsrate wurde in klaren Quarz eingepflanzt.

Wenn ein Planet die kristalline ›Matrix‹ hervorbringt, um die Schwingungsrate für die Nachkommenschaft eines Mutterkristalls zu beherbergen, können sich Mutationen bilden. Dies ist ein Grund, warum jene Wesen den Planeten über einige Jahrhunderte – in manchen Fällen auch Jahrtausende – hinweg beobachtet haben. Natürlich kontrollieren sie regelmäßig jeden Planeten, auf den sie ihre Edelstein-Saat gebracht haben. Manche dieser Wesen besuchen auch die Erde hin und wieder. Sie gehen aber nicht auf euren Wegen, denn sie sind sehr verschieden von den Bewohnern der Erde und würden zu sehr auffallen. Sie kontrollieren den Planeten, um beispielsweise Veränderungen in Lebensformen und Kraftpunkten festzustellen. Jedesmal zeichnen sie ihre Daten auf.

Falls ein Planet anfängt, Mutationen in einer Matrix zu entwickeln, verfügen diese Wesen über Mittel, um zu gewährleisten, dass die beabsichtigte Matrix sich nicht weiter verändert, sondern ihrem ursprünglichen Plan treu bleibt. Doch wenn die Mutanten sich bereits herausgebildet haben, wachsen sie weiter. Diese Kristall-Mutationen sind aber nicht zwangsläufig schlecht oder unerwünscht. In der Regel bringt ein Planet die Mutation hervor, um ihr zu helfen, die Energien neu eingepflanzter Edelsteine auszugleichen.

Im alten Lemurien wuchsen meine Kristalle oft aus dem Boden hervor. Sie waren klar, hellgrün, und zeigten nur wenige Einschlüsse. Obwohl ich nicht zu speziellen Heilbehandlungszwecken eingesetzt wurde, erkannten und schätzten die Menschen den Smaragd. In jener Zeit war die Lebenskraft frisch, sauber und neu. Es war einfach, den grünen Strahl in die Aura der Erde und auch der Menschen zu tragen. Es war so mühelos, wie die Sonnenstrahlen auf die Erde gelangen.

Zwischen dem lemurischen und dem atlantischen Zeitalter gab es viele Erschütterungen im Erdinnern. Viele der Kristalle, die sich zur Zeit Lemuriens noch in einem ganz klaren Zustand befanden, bekamen Sprünge im Innern und entwickelten Einschlüsse. Diese Einschlüsse raubten mir einen Teil meiner Kraft, da sie den Fluss des grünen Strahls behinderten. Andererseits nahm meine Kraft während der atlantischen Zeit zu, denn ich kam ›in meine besten Jahre‹.

In Atlantis wurden meine Kräfte untersucht, und man entdeckte bestimmte Eigenschaften der Schwingung meines Kristalls. Ihr habt gewiss schon etwas über chemische Kriegsführung gehört. Einst gab es auch so etwas wie Edelstein-Kriegsführung. Nur ungern spreche ich darüber. Doch es gibt einige Dinge, die ihr wissen müsst, auch wenn sie unerfreulich sind.

Die meisten der schwarzen Einschlüsse, die ihr in einem Smaragd sehen könnt, sind die Ergebnisse bösen Spiels. Als diese Verbrechen geschahen, waren die schwarzen Einschlüsse nicht sichtbar. Andernfalls wäre es für den Empfänger des Edelsteins offensichtlich gewesen, dass mit dem Smaragd herumgepfuscht worden war. Der Smaragd brachte Krankheit für Geist und Körper.

Die Atlanter, die für jene Gewalttaten verantwortlich waren, erhielten Hilfestellung von Individuen jenseits dieses Planeten; nicht alle Außerirdischen kommen mit edelsten Absichten.

Dies ist ein Grund, warum es für jeden Einzelnen so wichtig ist, sein höheres oder Seelen-Gewahrsein zu erweitern. Dann kann man mit der Wahrheit und dem Geist, der im Innern liegt, direkt Verbindung aufnehmen, ohne die Hilfe eines anderen. Wenn man dann mit einem Unbekanntem konfrontiert ist, braucht man nur ins eigene Herz zu blicken um festzustellen, ob die Absichten der unbekannten Wesenheit ehrenwert oder unehrenhaft sind. Dann kann man entsprechend handeln.

Lavendelquarz, mit dem ihr bereits gesprochen habt,

ist einer der besten Edelsteine, die euch als Hilfe zur Verfügung stehen, um diese Kommunikation mit dem wahren Selbst aufzunehmen.

Bei der Zerstörung von Atlantis brauchte der Smaragd auf eurem Planeten dringend Hilfe, und viele wurden dazu aufgerufen. Wir ersannen einen Weg, um die destruktive Schwingungsrate umzuwandeln, die in alle Smaragdkristalle auf dem Planeten gelegt worden war. Wir verwandelten sie in das, was ihr als schwarze Einschlüsse wahrnehmt.

Heute sind diese schwarzen Einschlüsse nicht mehr schädlich, und es gibt nichts, was man tun könnte, um sie wieder in schädliche Energie zurückzuverwandeln. Aber sie werden immer als Erinnerung dienen, dass Edelsteine mächtige Werkzeuge sind – mächtiger, als ihr vielleicht erkennt. Werden sie missbraucht, sind mächtige Werkzeuge höchst destruktiv. Wenn man sie mit guten Absichten einsetzt, mit offenem und liebevollem Herzen, mit klarem und verstehendem Geist, dann können die Wohltaten durch solche Werkzeuge verblüffend sein.

»Kannst du erklären, warum auch die erst kürzlich geförderten Smaragde schwarze Einschlüsse enthalten?«, fragte Michael.

Viele Smaragdkristalle, die seit der atlantischen Zeit gewachsen sind, enthalten schwarze Einschlüsse. Im Unterschied zu den meisten übrigen Einschlüssen sind diese Verunreinigungen ein lebendiger Bestandteil des Smaragds. Es ist wie bei Genmutationen: obwohl die Flecken jetzt gutartig sind, pflanzt sich ihre Schwingungsrate weiterhin fort und wächst innerhalb der Smaragdkristalle.

Der Smaragd heute

Damit ihr meine Aufgabe besser versteht, wird es gut sein, wenn ihr euch mit Wesen, Herkunft und Bedeutung der Farbstrahlen vertraut macht.

In einem fernen Teil des Bereiches, den ihr die mentale Welt nennt, auf der Spitze eines Berges, der höher ist, als ihr es euch vorzustellen vermögt, liegt ein wichtiger Kristall. Bevor das weiße Licht des reinen Geistes die Welten unten berühren kann, muss es zuerst durch diesen Kristall fließen. Dabei wird das weiße Licht in sieben Farbstrahlen gebrochen: Rot, Orange, Gelb, Grün, Blau, Indigo und Violett. Dies geschieht auf die gleiche Weise, wie Sonnenlicht, das durch einen am Fenster hängenden Kristall strahlt, in die Farben des Regenbogens aufgefächert wird. Dieses weiße Licht des Geistes ist auch bekannt als die Lebenskraft und Heilungskraft.

Die sieben Farbstrahlen sind alle wesentlich für Leben und Gesundheit. Ein Mangel von einem dieser Strahlen entfernt das Individuum von optimalem Leben und Gesundheit.

Jeder Planet hat seine eigene Zusammenstellung von Farbstrahlen. Dieses Mengenverhältnis ist wichtig für das Leben und den Bewusstseinszustand, den die Bewohner des Planeten erreichen sollen. Die Erde zum Beispiel zeigt weniger von Gelb und Indigo als von den anderen Strahlen.

Indem das Bewusstsein der Menschen wächst und zunimmt, wächst auch ihr Bedarf an größeren Mengen von Farbstrahlen. Zugleich werden sie bereit und fähig, mehr von diesen Farbstrahlen zu empfangen. Sie können die Strahlen als Werkzeuge gebrauchen, um ihr Leben zu bessern. Es ist schwer, mit Farbstrahlen in ihrer reinen Form zu arbeiten, weil sie nicht physisch sind. Doch die Edelsteine, die diese Farbstrahlen tragen, sind physisch und können deshalb wie jedes andere Werkzeug verwendet werden.

Warum sind die Menschen heute unfähig, die Farbstrahlen direkt anzunehmen, die sie umgeben? Es ist einfach aufgrund der Schwingungsrate der physischen Ebene, auf der es mehr Negativität als Positivität gibt. Diese Schwingungsrate manifestierte sich als eine generelle Schwäche im Vermögen des physischen Körpers, die sieben Farbstrahlen zu empfangen.

In den vergangenen siebzig Jahren hat sich das Bewusstsein der Menschen in größere Höhen erhoben. Mit diesem Anstieg im Bewusstsein benötigen die Menschen eine größere Geschwindigkeit und Menge vom grünen Strahl. Nun, da ich ›in der Blüte meiner Jahre stehe‹, kann ich nicht mehr kräftiger werden. Doch die Individuen können ihr Bedürfnis nach dem grünen Strahl erfüllen, indem sie mich tragen.

Außer der Lebenskraft, die sich in die sieben Farbstrahlen differenziert, gibt es noch undifferenzierte Lebenskraft. Es ist diese undifferenzierte, latente Lebenskraft, die in die Basis des Smaragdkristalls eingeht. Im Innern des Kristalls wird sie dergestalt energetisiert, dass sie die Form von reiner Grünstrahl-Energie annimmt, wenn sie an der Spitze hinausschießt.

Wo auch immer man einen Smaragdkristall plaziert, wird Lebenskraft an das Basisende gezogen. Stellt man also die Basis eines Smaragdkristalls auf den Körper ein, wird die Lebenskraft eines Menschen in den Kristall gezogen. Dies ist gefährlich und könnte sogar zum Tode führen, wenn man es an bestimmten Punkten des Körpers praktiziert. Nur das spitze Ende eines Smaragdkristalls sollte auf toxische Bereiche – oder irgendwelche anderen Gebiete – des Körpers gerichtet werden.

Glücklicherweise sind Smaragdkristalle auf diesem Planeten verhältnismäßig unschädlich, da die Kristalle, die euch frei zugänglich sind, in der Regel nur klein sind. Ein Smaragd von der Größe, die ernsten Schaden anrichten könnte, wäre für die allermeisten Menschen unerschwinglich.

Wer einen Smaragdkristall um den Hals tragen will, wird keine negative Wirkung erleben, solange der Kristall nur nach oben oder nach unten zeigt und nicht auf den Körper. Wenn der Kristall nach oben zeigt, wird sich seine Energie des grünen Strahls auf den Kopf konzentrieren; und das kann nur gut sein. Ich persönlich würde übrigens keinen Smaragdkristall tragen, der vom Kopf abweist.

Ein Kristall ist gezwungen, Lebenskraft in sich zu ziehen. Aufgrund der Anordnung seiner Moleküle zur kristallinen Struktur kann er nicht anders. Das ist ein universelles Gesetz.

Wenn ich geschliffen und facettiert bin, kann die Energie nur in die Spitze oder die Basis des geschnittenen Steines fließen. Dann strahlt sie in alle Richtungen, die die Facetten festlegen. Wenn man also einen geschliffenen Smaragd als Anhänger über dem Herzen, als Ring oder Ohrschmuck trägt, sollte man sich keine Sorgen machen, dass der Smaragd dem Körper Energie entziehe. Es wird eine ganz leichte Sogwirkung auf die Körperenergie geben durch die Moleküle, die die Spitze des Steins bilden, aber diesen Effekt kann man außer Acht lassen. Außerdem bietet das grüne Heilungslicht, das der geschliffene Stein enthält und in die Aura ausstrahlt, einen Vorteil, der diesen minimalen Nachteil bei weitem aufwiegt.

Ein facettierter Smaragd kann nur die Energie ausstrahlen, die er bereits in sich hat. Deshalb ist seine Kraft von seiner Größe abhängig. Ein viertelkarätiger geschliffener Smaragd kann nur einen kleinen Bereich in der Aura seines Trägers mit dem grünen Strahl erfüllen. Ein neun- oder zehnkarätiger geschliffener Smaragd, den man als Anhänger über dem Herzen trägt, kann genügend Energie des grünen Strahls abgeben, um die Aura im gesamten Kopf- und Rumpfbereich seines Trägers zu füllen.

Jetzt will ich über den Smaragd in runder Form sprechen, und zwar über Kugeln und Rondellen. Eine Rondelle ist eine auf zwei gegenüberliegenden Seiten leicht abgeflachte Kugelform. Wie ein facettierter Smaragd kann auch ein rund geschliffener Smaragd nur die Energie, Lebenskraft oder Schwingung ausstrahlen, die er bereits in sich birgt.

Um den Unterschied zwischen facettiertem und rundgeschliffenem Smaragd zu illustrieren, wollen wir uns folgende Situation vorstellen. Angenommen, wir haben zwei einkarätige Smaragde – einen facettierten und einen rundgeschliffenen –, denen ich als der Hüter des Smaragds einige Jahrtausende lang keine zusätzliche Lebenskraft zuführte. Was würden wir nach dieser langen Zeit feststellen? Welchem dieser beiden Steine würde die Energie zuerst ausgehen?

Aufgrund des bereits Gesagten werdet ihr wohl annehmen, dass zuerst der runde Smaragd keine Energie mehr hätte. Doch ein facettierter Smaragd verstrahlt die

Energie des grünen Strahls ununterbrochen, wahllos und mit großer Vehemenz. Ein gerundeter Smaragd dagegen strahlt kein Höchstmaß an Energie aus, solange er nicht von der Aura seines Trägers angeregt wird. Sobald dann dessen Aura gesättigt ist, bremst der Stein seine Aktivität und gibt der Aura nur soviel ab, wie sie braucht, um diesen Sättigungsgrad aufrechtzuerhalten. Deshalb beträgt die Lebenszeit eines facettierten Smaragdes vielleicht nur ein Fünftel oder Zehntel von der des kugeligen Smaragds.

Der facettierte Smaragd strahlt die Energie des grünen Strahls in die Atmosphäre, ob er von jemandem getragen wird oder nicht. Er muss das tun, weil seine kristalline Gestalt vom Edelsteinschleifer so geschnitten wurde. Wenn ein gerundeter Smaragd nicht getragen wird, gibt er nur sehr wenig Energie ab. Doch sobald er eine Aura berührt, wird er angeregt und beginnt, mit voller Kraft zu strahlen, bis die Aura gesättigt ist.

Jeder Smaragd gibt mehr oder weniger Energie vom grünen Strahl ab. Je mehr die Farbe des Steines der des Grüns im Regenbogen entspricht, desto stärker ist der Stein. Seine Kraft ist auch umso größer, je klarer der Smaragd ist, denn Trübungen behindern die Geschwindigkeit, mit der der Stein seinen grünen Strahl verbreiten kann.

Weiße Einschlüsse sind dem Strahl weniger hinderlich als schwarze, die dem grünen Licht regelrecht den Weg versperren. Risse, kleine Linien oder winzige Kristalle, die man in einem Smaragd bemerken kann, behindern nicht die Kraft des Steines, den grünen Strahl auszusenden, besonders wenn er eine gute Farbe besitzt.

Wenn du nur einen halbkarätigen, runden Smaragd

am Hals trägst, würde dieser eine Smaragd seine Energie mit voller Kraft ausstrahlen, bis die Aura gesättigt wäre. Doch ein Smaragd dieser Größe wäre vermutlich nicht stark genug, um die ganze Aura zu sättigen. Deshalb würde er rund um die Uhr mit voller Kraft arbeiten. Wenn du einen Smaragd von fünf oder sechs Karat trägst, bräuchten die Steine vermutlich nicht vierundzwanzig Stunden am Tag mit voller Kraft zu strahlen. Diese Menge würde ausreichen, um die Aura eines durchschnittlichen Menschen innerhalb von sechs bis zwölf Stunden zu sättigen.

Wenn du Smaragd zu therapeutischen Zwecken trägst, sollte deine Aura vierundzwanzig Stunden am Tag gesättigt bleiben. Der Smaragd merkt, wenn sie nicht mehr hundertprozentig gesättigt ist. Er steigert seine Anstrengungen, bis die Aura wieder den vollen Sättigungsgrad erreicht hat.

Zwischen dem Emotionalkörper und dem physischen Körper liegt eine Schicht feinstofflicher Energie. Um es einfacher zu halten, möchte ich diese Energieschicht als ›Körperaura‹ bezeichnen. Diese Körperaura umgibt den physischen Körper. Die Körperaura wiederum wird umgeben von der Emotionalaura, diese von der Mentalaura. Wenn genügend Smaragd getragen wird, beginnt er die Emotionalaura zu sättigen, nachdem er die physische Aura gesättigt hat. Er braucht mehr Zeit, um die Emotionalaura zu sättigen, nachdem er die Körperaura gefüllt hat, und es braucht sogar noch mehr Zeit und vielleicht mehr Smaragd, um die Mentalaura zu sättigen. Deshalb müssen Menschen, die Smaragd und Aventurin als Halskette bevorzugen und deren körperliche Krankheit oder Disharmonie aufgelöst ist, weiterhin zumindest die Smaragd-Halskette tragen. Auf diese Weise können auch die inneren Auren vom grünen Strahl durchdrungen und die entsprechenden Disharmonien in diesen Bereichen aufgelöst werden.

Disharmonien im physischen Körper manifestieren sich als Schmerzen, Beschwerden, Geschwülste, Verhärtungen, Steifigkeit, Verspannungen usw. Disharmonie im Emotionalkörper kann sich als Unausgeglichenheit der Gefühle manifestieren. Im Mentalkörper können sich Disharmonien als mentale Abweichungen wie zum Beispiel Habgier und Wut äußern. Diese mentalen und emotionellen Disharmonien führen fast immer zu körperlichen Disharmonien.

Wenn du dich also um die physischen Disharmonien kümmerst, musst du auch auf die inneren Disharmonien achtgeben. Andernfalls werden sie sich im physischen Körper von Neuem niederschlagen. Vielleicht manifestieren sie sich an einer anderen Stelle oder als unterschiedliche Symptome, aber sie werden zurückkehren.

Deshalb haben manche Menschen, deren Körper von Disharmonien überlastet ist, den Wunsch, für den Rest ihres Lebens Smaragd zu tragen.

Denke dran, dass die Energie des Smaragds im Bereich der inneren Körper erst dann zu wirken beginnen kann, wenn die physische Aura die Sättigung der Smaragdschwingung aufrechtzuerhalten vermag und genügend Steine vorhanden sind, um die zusätzliche Schwingungssteigerung zu ermöglichen.

Meine Wirkung auf Gefühle und Denken sind im Vergleich zu meiner Wirkung auf den physischen Körper sekundär. Wenn Menschen, die mich tragen, verstehen, wie ich auf den physischen Körper Einfluss nehme, können sich ihr Denken und Fühlen entspannen. Sie wissen, dass sie ein sehr machtvolles Werkzeug haben, das ihnen hilft, die physischen Beschwerden zu meistern.

Es ist wichtig zu wissen, dass es in Wirklichkeit zwei Kräfte sind, die im Smaragd wirken. Zum einen handelt es sich um die Smaragd-Energie, die den grünen Strahl trägt, zum anderen um die Schwingungsrate des Smaragds selbst. Diese Smaragdschwingung bereitet das Fühlen und Denken für den neuen Bewusstseinszustand vor, der sich einstellen wird, wenn der grüne Heilungsstrahl des Smaragds die körperliche Disharmonie auflöst.

Es ist nicht nur der grüne Strahl, der Disharmonie auflöst, sondern der grüne Strahl in Verbindung mit der Schwingung des Smaragds. Wäre dies nicht so, würde eine Behandlung mit der Farbe des grünen Strahls allein ausreichen; dies ist aber nicht der Fall.

Man kann den grünen Strahl wesentlich ergiebiger ›aufnehmen‹, indem man Smaragd trägt, als beispielsweise durch den Verzehr von Spinat oder Wirsing. Spinat und Grünkohl nämlich bleiben nicht sehr lange grün. Selbst der dunkelgrüne Saft des Weizengrases ändert seine Schwingungsrate, wenn er in den Körper gelangt. Obwohl es viel Lebenskraft birgt, verändert sich die Substanz, die die grüne Energie des Weizengras-Saftes – und jedes anderen grünen Gemüses – unterstützt, im Laufe des Verdauungsprozesses beträchtlich. Wenn man dagegen Smaragd trägt, empfängt man den grünen Strahl und die Schwingungsrate des Edelsteines ununterbrochen.

Es gibt noch etwas, das du wissen solltest. Du fragst dich vielleicht, warum eine Aura, wenn sie vom grünen Strahl einmal durchdrungen ist, nicht gesättigt bleibt.

Disharmonie und die Schwingung des Smaragds sind Gegensätze. Die Schwingungsrate des Smaragds besitzt die Macht, Disharmonie auszulöschen und aufzulösen. Doch wenn der Smaragd aus dem Aurafeld entfernt wird, kann jede noch verbliebene Disharmonie mit der übrigen Smaragdschwingung kämpfen. Wenn die Disharmonie stark ist, wird die Smaragdschwingung rasch aufgerieben und verbraucht.

Man kann nicht zu viele Smaragdkugeln oder -perlen tragen. Eine Halskette von fünfundsiebzig bis hundert Karat Smaragd wäre therapeutisch sehr wirkungsvoll, weil sie den physischen Körper leicht mit der Energie des Edelsteines zu sättigen vermag. Zudem würde die Smaragdschwingung genügend ›Tempo‹ besitzen, um auch die inneren Körper zu durchdringen, nachdem die physische Aura gesättigt wäre.

Unter Tempo verstehe ich die Geschwindigkeit, mit der die Smaragd-Energie in die Aura gelangt. Die Geschwindigkeit ist bei großen und kleinen Smaragdkugeln die gleiche. Die Größe des Steines bestimmt lediglich die Kraft, die hinter der Geschwindigkeit steht. Mit anderen Worten: Die Geschwindigkeit ist bei allen Smaragden universell konstant, die Kraft hinter der Geschwindigkeit wird von der Größe des Steines bestimmt.

Ein weiterer Faktor, den es zu bedenken gilt, wenn man den Smaragd optimal nutzen möchte, ist die Verteilung seiner Energie über die Aura. Fünf einkarätige Smaragde beispielsweise sind weniger wirksam als fünfundzwanzig Steine mit einem Gesamtgewicht von fünf Karat, wenn diese fünfundzwanzig Smaragde in Abständen um den Hals plaziert werden. Die Abstände zwischen den Steinen ermöglichen, dass ein größerer Teil der Aura erreicht wird.

Behandlungen mit Smaragd

Die Smaragdschwingung wirkt auf die Krebskrankheit wie ein Schock. Der Krebs ist ein lebendiges Wesen. Er ist bestrebt, sein Eigenleben aufrechtzuerhalten, was natürlich auf Kosten seines Wirtes geht.

Wenn es mit dem reinen grünen Strahl und der Schwingung des Smaragds in Berührung kommt, wird das Krebs-Wesen so erschüttert, dass es erschrickt und ein wenig von seiner Masse verliert. Wird darüber hinaus noch dunkelgrüner Aventurin getragen, kann dessen Schwingung leichter in den erkrankten Bereich eindringen. Dies ist aus zwei Gründen möglich: erstens wurde der Krebs weiter isoliert, und zweitens ist er nach der Erschütterung durch die Smaragdschwingung nicht mehr so gut geschützt.

Wenn der Aventurin in ein an Krebs erkranktes Organ gelangt, arbeitet er mit dem Smaragd außerordentlich gut zusammen. Der Aventurin wirkt aus dem Organinnern heraus, um Harmonie aufzulösen und gesunde, harmonische Schwingung in allen Zellen zu verbreiten. Der Smaragd steht gewissermaßen am Eingang jeder Zelle und ›beschießt‹ die fliehende Disharmonie mit dem auflösenden grünen Strahl. Er entzieht der Disharmonie regelrecht das Leben. So wirkt die Macht des grünen Strahls, des vollkommenen Gegners der Krebskrankheit.

Smaragd-Kugeln oder -Rondellen kann man auch gezielt an bestimmte Körperstellen legen. Betrachten wir zum Beispiel die Leber. Wenn man über der Leber Smaragd auflegt und die Sonne darauf scheinen lässt, wirken die runden Steine wie Kristalle. Die Seite, die die Sonnenenergie aufnimmt, wird zur Basis des Kristalls; die auf der Haut liegende Seite lenkt den grünen Strahl gebündelt in die Leber.

Wenn der Smaragd über der Leber, aber unter der Kleidung getragen wird, kann nur die im Stein bereits enthaltene Energie in das Organ übergehen; sie vermag nicht so tief einzudringen. Das Sonnenlicht verleiht der Edelsteinenergie große Schubkraft und ermöglicht, dass das ganze Organ innerhalb weniger Minuten vom grünen Strahl überflutet wird.

Hat man vor einer solchen Behandlung bereits mindestens einige Stunden lang dunkelgrüne Aventurinkugeln von zehn Millimetern Durchmesser getragen, ist eine deutlich stärkere Wirkung zu beobachten. Natürlich setzt dies in unserem Beispiel voraus, dass der Aventurin das gleiche Organ, nämlich die Leber, als den Ort der größten Disharmonie ausgemacht und beeinflusst hat. Wenn jemand mit Disharmonien im Bereich der Leber diese Behandlungsweise einsetzen möchte, sollte er/sie täglich etwa eine halbe Stunde lang mit einer Kette von Smaragdperlen auf der Haut über der Leber in der Sonne liegen. Diese Methode kann man in jedem disharmonischen Bereich anwenden – seien es Knochenbrüche oder Körperteile, die nach Verletzung oder Operation heilen sollen.

Der Alkohol ist eine Droge, die vom Körperstoffwechsel umgewandelt wird, aber in der Leber ihre Spuren zurücklässt. Eine so geschädigte Leber profitiert von einer lokal aufgelegten Kette aus Smaragden und einer Reihe von Bergkristallperlen, die das Sonnenlicht in das kranke Organ leiten. Ideal wäre es, beide Edelsteinketten zu einer hübschen Spirale zu drehen; so können die Energien sich mischen und gleichmäßig über das ganze

Gebiet verteilen. Dem Bergkristall kommt dabei die Funktion eines Fensters zu, durch das die Smaragdschwingung auf jene Bereiche in den inneren Körpern heilend einwirken kann, die mit der Leber in Verbindung stehen.

Eine von einem Übermaß an Alkohol geschädigte Leber bietet eine andere Situation. Der Alkohol ist ebenfalls eine Wesenheit, aber er klammert sich nicht an den physischen Körper, wie wir es vom Krebs kennen. Stattdessen hängt er sich an die Aura des Menschen. Der Alkoholismus ist im Grunde eine Disharmonie der inneren Körper; deshalb sollte man bei einer Behandlung mit Smaragden auch Bergkristall hinzuziehen. Er richtet die inneren und den physischen Körper aus. Er öffnet eine Pforte, durch die die Schwingung des Smaragds mit Leichtigkeit die inneren Körper sättigen kann, auch wenn der physische Körper noch nicht ganz gesättigt ist.

Wenn du dich hauptsächlich auf den physischen Körper konzentrieren willst, dann verwende den Smaragd allein, oder trage ihn zusammen mit Aventurin. Wenn außer deinem physischen Leib auch die inneren Körper der Schwingung des Smaragds bedürfen, um dein körperliches Problem zu lösen, so trage Smaragd zusammen mit Bergkristall.

Die zusätzliche Anwendung von Bergkristall wäre übrigens im Falle von Leberkrebs nicht angezeigt. Der Krebs ist ein bösartiges Wesen, das sich an die Leber geklammert hat. Um es auszumerzen, muss man das Hauptaugenmerk auf die physisch-körperliche Ebene richten. Erst wenn der physische Körper stabilisiert ist, sollte man sich den inneren Ebenen zuwenden.

Der Smaragd wird vermutlich nicht wirken, wenn

man ihn über einen schmerzenden Magen legt, nachdem man die falschen Speisen zu sich genommen hat. Ich würde nur dann helfen, die Schmerzen zu lindern und den Magen zu heilen, wenn er durch die Nahrungsaufnahme verletzt oder geschädigt wurde.

Trägt man gleichzeitig eine Halskette aus Smaragd und eine aus Aventurin, gelangt die Smaragdschwingung über die Atmung in den Körper, wird also von der Schwingungsrate des Aventurins getragen.

Verwendet man eine Smaragdkette ohne weitere Steine, überschwemmt die Smaragdschwingung zuerst die Aura und stellt die disharmonischen Bereiche fest. Dann stürzt sie sich – gleich einem Adler, der eine Beute ausgemacht hat – auf diese Stellen. Die Smaragdschwingung konzentriert sich auf die disharmonischen Gebiete und dringt durch die Haut in sie ein.

Die Schwingung des Smaragds kann durch Haut, Muskel oder Knochen in den Körper gelangen. Wer unter Kopfschmerzen leidet, kann die Smaragdkette wie ein Haarband um den Kopf oder gezielt über die schmerzende Stelle legen. Wenn deine Smaragd-Halskette etwa fünfundsiebzig bis hundert Karat umfasst, solltest du sie etwa jede Viertelstunde eine Minute lang auf den Kopf legen. Halsketten mit fünf bis fünfzehn Karat Smaragd kann man auch länger oder sogar ständig auf dem Kopf lassen, wenn es sich angenehm anfühlt. Sobald das angenehme Gefühl nachlässt, sollte man sie abnehmen.

Menschen mit Krankheiten, die den ganzen physischen Körper in Mitleidenschaft ziehen, können sehr vom Tragen einer Smaragdkette profitieren, die so viele Steine umfassen darf, wie sie sich leisten können. Die

Smaragde sollten in Abständen um den Hals liegen, sodass sie möglichst viel von der Aura berühren können. Weil die Disharmonie solcher Krankheiten sehr groß ist, wird sehr viel Smaragdenergie nötig sein, um den physischen Körper gesättigt zu halten. Der Krieg zwischen der Smaragdschwingung und der Krankheitsschwingung wird heftig, das Individuum braucht ein Höchstmaß an Heilungsenergie.

Menschen, deren Energieströme so massiv gestört sind, dass ihre Krankheit von der Umgebung bemerkt wird – und die deshalb vielleicht sogar in speziellen Anstalten untergebracht werden –, sollten die Smaragd-Behandlung mit einer Edelstein- oder anderen Therapie einleiten, die Unausgeglichenheiten im Energiefluss korrigiert. Wer nur geringere Unausgewogenheiten der Energieströme zu beklagen hat, kann ohne weiteres direkt mit der Smaragd-Behandlung anfangen.

Der Smaragd morgen

Ich werde Menschen helfen, die den Smaragd als Mittel gebrauchen, um ihre größten Disharmonien aufzulösen. Wenn die Disharmonien gelöst sind, kann man die Aufmerksamkeit auf weitere Aspekte des Wachstums lenken. So können die Menschen in ihrer persönlichen und spirituellen Entwicklung rascher vorangelangen.

Wenn ich in Bezug auf den Smaragd in der ersten Person spreche, meine ich nicht mich als den Hüter des Smaragds. Vielmehr beziehe ich mich auf jenen Teil von mir, der selbst Smaragd ist.

Ja, ich bin selten und kostbar und deshalb teuer. In der

Regel gilt: Je wertvoller ein Edelstein ist, desto mehr Kraft besitzt er, und desto stärker ist auch seine Wirkung. Weil er so mächtig ist, braucht der Planet nicht so viel von dem Stein. Deshalb ist er natürlich seltener zu finden.

Unterschätzt nicht die Heilungskraft der Edelsteine, die Träger der farbigen Lichtstrahlen sind. Es ist die spezielle Aufgabe des Smaragds, Menschen in ihren physischen Veränderungen und Entwicklungen zu helfen.

Wenn ihr nur Smaragd und Aventurin hättet, wäre eure ›Ausrüstung‹ für die Behandlung und Heilung im Physisch-Körperlichen bereits fast vollständig. Ich möchte anderen Steinen ihre Wichtigkeit und Bedeutung nicht absprechen, die sie für die beschleunigte Auflösung spezifischer Zustände besitzen. Doch wenn ihr keinen Edelstein-Therapeuten aufsuchen könnt, sondern euch selbst um die Behandlung eines Zustandes bemüht, sind Smaragd und Aventurin unverzichtbare Hilfen.

Über den Smaragd gibt es noch vieles zu lernen, was die Geschichten um meine Vergangenheit bloß andeuten. Es liegt in meinem Wesen, die Schwingungseben der Menschen zu heben. Ich, der Hüter des Smaragds, stehe bereit. Auch der Smaragd selbst ist bereit. Jetzt liegt es an euch.

Michael und die anderen erkannten, dass das Gespräch nun beendet war und dankten dem Hüter des Smaragds, der ihren Dank mit einem Nicken entgegennahm. Als auch ich ihm danken wollte, stellte ich fest, dass ich mich nicht länger in seiner Aura befand, sondern vor ihm stand. Er blickte mir abermals in die Augen und hielt dann meine Hände, die nun eine Kette feiner Smaragde umschloss.

Dann löste seine Gestalt sich auf, und das strahlende

grüne Licht trat an ihre Stelle. Auch der Himmel verschwand, und wir fanden uns wieder im Rund des Amphitheaters. Bald darauf erschienen auch die anderen farbigen Lichter an ihren früheren Positionen.

Wir blickten einander an und nahmen schweigend das Erlebnis in uns auf, das wir gerade erfahren durften. Dann gingen wir, einer nach dem anderen, in verschiedene Richtungen davon.

Kapitel 5

Rosenquarz

Vier Personen erwarteten meinen Mann und mich neben einer dichten, blassrosafarbenen Nebelwand. Wir begrüßten einander mit schweigendem Blick und gesellten uns zu ihnen. Dann fassten wir uns alle an den Händen und traten ein in den Dunst. Bald ging der Nebel in einen zartrosa Regen über. Doch die feinen Tröpfchen netzten uns nicht, sondern schienen unsere Gefühle zu klären und zu beruhigen. Durch den Niederschlag sahen wir eine von nebelhaftem, rosafarbenem Licht umgebene Gestalt auf uns zukommen. Ich wusste an der Art ihrer Energieausstrahlung zu erkennen, dass es eine weibliche Gestalt war, obwohl ihre Züge aufgrund des von ihr ausgehenden Lichtes kaum zu erkennen waren. Als sie vor uns stand, faltete sie die Hände und neigte das Haupt zum Gruße.

Ich ging auf sie zu und bat um Erlaubnis, in ihre Aura einzutreten. Sie schüttelte den Kopf und trat zurück. Der Regen hörte unvermittelt auf und der rosa Dunst, der die Gestalt umgab, wurde absolut bewegungslos. Dann trat hinter dem Dunst eine Frau hervor:

Sie hatte langes, dunkelblondes Haar, ihre Augen waren braun. Hemd und Hose, die sie trug, saßen lose und bequem. Ihre Arme waren muskulös. Sie schien ganz gewöhnlich auszusehen, doch das Licht in ihren Augen und die Ausstrahlung ihres Körpers verrieten, dass sie keine Irdische war.

Die rosa Lichthülle, aus der sie hervorgetreten war, wurde nun wieder lebendig, und ihre Energie begann umherzuwirbeln wie in einem Strudel. Der Niederschlag setzte von neuem ein.

Die Hüterin blickte uns an und lächelte. Ich bin Rosenquarz, *stellte sie sich vor. Dann bot sie mir an, mich neben sie zu stellen und mein Bewusstsein mit dem ihren zu verbinden. Auf diese Weise konnte ich ihre Worte wiedergeben.*

In so mancher Hinsicht bin ich wie ihr. Ich habe eine Familie, und ich habe Kinder. Aber ich habe auch eine spirituelle Aufgabe: Ich bin die Hüterin für den Rosenquarz.

Ich heiße Roselle und wäre dankbar, wenn ihr den Rosenquarz in Kugelform ebenfalls Roselle nennen würdet. Es trüge dazu bei, die Eigenschaften der Kugelform von denen der kristallinen Form zu unterscheiden, die gemeinhin als Rosenquarz bezeichnet wird.

Ich lebe nicht auf dem Planeten Erde. Ich wohne auf einer Ebene, die von höherer Schwingung ist als eure materielle. Meine Welt ist für physische Augen unsichtbar, aber sie ist für mich und alle ihre Bewohner ebenso real wie eure grobstoffliche Welt für euch. Viele, die mich tagtäglich sehen, haben keine Ahnung von meiner spirituellen Aufgabe als Hüterin des Rosenquarz, und ich posaune sie auch nicht aus. Ich sage dies, damit ihr besser verstehen könnt, was es bedeutet, ein Hüter der Edelsteine zu sein. Wollen wir nicht Platz nehmen, bevor ich euch einen Überblick gebe über meine Aufgabe für den Erdplaneten und die Menschen, die auf ihm leben? Der Regen hat aufgehört, und der Sonnenschein ist warm.

Meine Kugelform hat die Aufgabe, den Menschen zu

helfen, über den Bereich ihrer Emotionen hinauszugelangen. Emotionelle Störungen erweisen sich oft als große Stolpersteine oder Barrieren auf dem Weg. Solche Störungen behindern den Verwandlungsprozess und das Wachstum. Sie stehen zwischen dem Menschen und seiner Möglichkeit eines tieferen Erlebens und Verstehens von Geist, Seele und Gott.

Emotionelle Spaltungen werden von Empfindungen verursacht, die besser nicht Ausdruck fanden oder nicht geäußert werden können, weil der physische Schmerz zu stark ist. Diese Emotionen können sogar positiv sein, zum Beispiel Liebe, Freude oder Glück.

Ich helfe denen, die mich tragen, die Aufmerksamkeit auf ihre Emotionen zu lenken. Ich führe ihnen jene Aspekte ihrer Gefühlswelt vor Augen, die blockiert sind und deshalb Barrieren im Emotionalkörper bilden. Ich helfe dem Einzelnen, solcherart verschlossene Türen zu öffnen.

Dann helfe ich, die emotionellen Spaltungen aufzulösen, indem ich Gefühle, die nicht zum Ausdruck gelangt sind, anrühre und behutsam das Herz anrege, sich zu öffnen. So wird es möglich, dass diese Gefühle endlich mitgeteilt werden.

Das Herz eines Menschen öffnet sich nur, wenn der Körper bereit ist, die von mir aufgerührten Gefühle anzunehmen. Ich zwinge das Herz nicht zur Öffnung. Mit anderen Worten: Ich lasse zu, dass das wahre Wesen des Menschen berührt und spürbar wird. Wenn es der Körper erlaubt, öffnet sich dann die Tür, und das wahre Wesen findet Ausdruck.

Ich ›heile‹ Emotionen nicht; das Wort heilen ist irreführend. Ich helfe einfach dem Einzelnen, unterdrückte oder falsch verstandene Emotionen zu lösen. Dazu gehören auch längst vergessen geglaubte Empfindungen, die aufgrund von Erziehung, gesellschaftlichem Druck, wegen kultureller oder anderer Faktoren tief verdrängt worden sind.

In Kristallform arbeite ich für den Planeten. Ich wirke wie ein Magnet und ziehe die Schwingung der Erde empor auf die emotionale Ebene. Mein magnetischer Einfluss zieht die Erdenergie zu höherer Bewusstheit empor.

Diese Bewegung in Richtung auf ein größeres Gewahrsein ist Teil der irdischen Entwicklung. Zu diesem Zweck brauche ich nicht in die Erde eingepflanzt zu werden. Solange ich in Kristallform existiere, spielt es keine Rolle, wo ich mich befinde, wenn es nur innerhalb der Atmosphäre ist.

Die frühen Jahre des Rosenquarzes

Als die Erde geboren wurde, war ich noch nicht da. Ich entwickelte mich, als sich das Leben auf diesem Planeten entfaltete.

Alles, was Fische, Reptilien oder Säugetiere denken oder empfinden, hängt unmittelbar mit den physischen Funktionen ihres Gehirns zusammen. Diese Gedanken und Empfindungen sind weitgehend ein Produkt von Gewohnheit und Instinkten. Als die Menschen sich entwickelten, konnten sie über diesen rein instinkthaften, physischen Bewusstseinsgrad nicht hinaus gelangen, bis sich genügend emotionale Energie auf der Erde gebildet hatte, die solches Wachstum zuließ.

Als die Erde also bereit war für die Entwicklung der Menschenwesen, wurde ein gewaltiger Strahl des Lichtes auf die Erde gerichtet, das der Emotionalebene Leben gibt. Es umgab den ganzen Planeten und begann, seine Aura zu durchtränken. Dieser Lichtstrahl der Emotionalebene war der rosafarbene Strahl.

Als die Aura der Erde genügend von dem rosa Strahl enthielt, sammelte sich dessen Schwingung an den Kraftpunkten des Planeten. Dann wurde sie vom Quarz durch die Venen und Arterien der Erde an viele Orte getragen, an denen sich Quarzkristalle bildeten und entwickelten. Als gewisse Quarzkristalle die Energie des rosa Strahles aufnahmen, ließ dieser sich nieder und begann sich in ihnen auszubreiten.

So kam der Rosenquarz ins Dasein, der es sowohl der Erde als auch ihren menschlichen Bewohnern erlaubt, sich mit der emotionalen Ebene des Lebens zu verbinden. Die sich entwickelnden Menschenwesen erhielten die Möglichkeit, ihre Emotionen zu erkennen und ihrer bewusst und gewahr zu werden, was die Tiere nicht können.

Übrigens reagieren, fühlen und denken die meisten Tiere auch heute noch allein auf der Instinktebene. Doch Tiere, die mit Menschen in Kontakt kommen, von diesen geliebt werden und in menschlicher Gesellschaft aufwachsen, erhalten dadurch ein besonderes Geschenk, dessen sich ihre Besitzer meist gar nicht bewusst sind. Weil diese mit ihren eigenen Gefühlen verbunden sind, gelangen auch die Tiere in nähere Verbindung mit den ihren. Haustiere sind tatsächlich eine Anregung zu einer tieferen emotionalen Verbindung mit ihren Besitzern. Sie ermutigen diese, ihr Herz zu öffnen und sie zu lieben, und richten dadurch einen Strom von Liebe und Gefühl auf sie. Diese Liebe erhebt das Bewusstsein des Tieres und erlaubt ihm einen besseren Kontakt mit seinen eigenen Gefühlen.

Im Zeitalter Lemuriens wurde ich für nicht sehr wichtig gehalten. Damals hatte meine rosa Färbung jene Kristalle noch nicht ganz durchdrungen, die dazu bestimmt waren, Rosenquarze zu werden. Mit anderen Worten: die Kristalle waren noch nicht ganz rosa. Obwohl der rosafarbene Strahl vom klaren Bergkristall angenommen war, dauerte es Jahrtausende, bis durch und durch rosa gefärbte Kristalle von selbst wuchsen.

In der atlantischen Zeit waren meine Kristalle dann ganz rosa; sie zeigten sich klar und frisch. Wenn etwas neu ist, bedenkt man es oft mit vermehrter Energie und Aufmerksamkeit. Das gilt für alles Neue, sei es ein neues Buch, ein Film oder ein Baby.

In der frühen und mittleren Phase jenes Zeitalters wussten die Menschen nicht, dass der Rosenquarz ein verhältnismäßig junger Edelstein war. Wenn sie ihn hielten, waren sie entzückt, spürten Begeisterung und Lebensfreude. Warum? Weil sie fühlen konnten, dass der Rosenquarz den Planeten und die Atmosphäre um sie herum hob. Erhebung ist anregend, denn sie bringt eine größere Menge Energie mit sich. Deshalb waren Einzelne Rosenquarzkristalle, die man leicht in der Hand halten konnte, sehr begehrt. Damals wurde ich nicht in Kugelform gebracht oder auf andere Weise geschliffen; man spaltete mich lediglich, um einzelne Kristalle zu erhalten.

Gegen Ende der atlantischen Zeit wurde ich besonders geschätzt von jenen, die auf meine Hilfe vertrauten, um angesichts der in Atlantis zunehmenden Negativität eine positive Einstellung zu bewahren. Ich half jenen Menschen, eine stärkere Verbindung mit ihren wahren Gefühlen zu erhalten; das trug dazu bei, dass sie ausgeglichen blieben. Ich schützte sie auch vor einiger Negativität. Rosenquarzkristalle haben heute nicht mehr jene schützende Eigenschaft, die sie zu atlantischer Zeit noch besaßen.

Die im atlantischen Zeitalter erhältlichen Rosenquarzkristalle waren klar, rein, sehr schön und grundsätzlich frei von Einschlüssen. Als die Erde beim Untergang von Atlantis bebte, zersprangen oder zerbrachen natürlich fast alle kristallinen Strukturen auf dem Planeten.

Der Rosenquarz heute

Um meine Aufgabe zu verstehen, musst du etwas mehr über den Rosenquarz erfahren. Heutzutage findet man nur noch wenige klar begrenzte Rosenquarzkristalle; die meisten sind Bruchstücke von trüben Gesteinsbrocken.

Doch der Rosenquarz breitet sich auf eurem Planeten weiterhin aus. Seit atlantischen Zeiten wurde eine gewaltige Menge dieses Edelsteines auf der Erde geboren. Dieses wachsende Kontingent bereitet den Planeten für ein erweitertes Bewusstsein vor. Je mehr Rosenquarz verfügbar wird, desto deutlicher nimmt der magnetische Sog zur Emotionalebene und die Schwungkraft der nach oben wirbelnden Energiespirale auf dem Planeten zu. Die Verbreitung des Rosenquarzes dient auch als Gegengewicht zur nach unten gerichteten Entwicklungsspirale, die auf diesem Planeten zur Zeit zu beobachten ist.

Wir sehen Anzeichen dieser Bewegung im Zunehmen von Kriminalität, Korruption und Negativität.

Seit der Zeit von Atlantis haben die positiven und die negativen Kräfte – die aufwärts- und die abwärtsgerichteten Spiralen – gegeneinander gekämpft.

Diese Opposition ist auch der Grund, warum der Rosenquarz trübe wurde. Der ständige Kampf zwischen den beiden Kräften erzeugt einen Konflikt innerhalb der kristallinen Matrix und bewirkt eine Trübung.

Heute kann der Rosenquarz in kristalliner Form für die Menschen kaum mehr tun, als sie an ihre Gefühle zu erinnern. Wenn sich freilich jemand mit einem Rosenquarzkristall verbunden fühlt und ihn gerne berührt, da er ihm gleichsam ein Freund geworden ist, möchte ich dies nur unterstützen.

Wenn der Rosenquarz jedoch in Kugelform geschliffen ist, kann er den Menschen sehr zu Diensten sein. In dieser Gestalt kann er helfen, die Pforten zur Emotionalebene zu öffnen, die dem Einzelnen den Weg zu tieferer Spiritualität, Selbstbewusstheit und Selbsterkenntnis verwehrt hatten. Man erkennt häufig an unterdrückten, versteckten oder verleugneten Emotionen, dass solche Türen verschlossen sind. Oft geben die Menschen gewissen Gefühlen keinen Ausdruck, weil diese nicht zu ihrer Vorstellung von Spiritualität oder Moral passen, die sie gerne verkörpern möchten, oder weil sie nicht mit den religiösen, sozialen oder politischen Werten harmonieren, die man ihnen schon im Kindesalter vermittelt hatte.

Gefühle, die nicht zum Ausdruck gelangen, halten den Menschen davon ab, den Strom der geistigen Kraft, der Lebens-, der schöpferischen oder Heilungskraft zu empfangen – nenne sie, wie du magst –, und in ihren physischen Körper einzulassen.

Wenn die Unterdrückung von Emotionen zu körperlicher Erkrankung führt, kann ich die Heilung der Ursache unterstützen. Natürlich sollten zur Behandlung der physischen Symptome andere Therapien eingesetzt werden. Ich kann auch helfen, wenn die Heilung auf körperlicher Ebene durch verdrängte Gefühle behindert wird.

Es ist meine Aufgabe, unterdrückte Emotionen zu wecken, und dies geschieht in zwei Schritten: In der ersten Phase wühle ich unterdrückte Emotionen auf und gebe dem Individuum die Möglichkeit, diese Gefühle anzuerkennen, zu verstehen und dann zu spüren. In der zweiten Phase rege ich den Einzelnen an, diesen Emotionen Ausdruck zu geben, sie loszulassen, aufzulösen und weiterzugehen.

Hast du erkannt, welche Rolle die Zahlen in diesem Prozess spielen? Es sind zwei Phasen, und in jeder Phase vier Stufen. Die Zahl Zwei steht für die Emotionen, die Zahl Vier für das Physische. Dass diese beiden Zahlen in dieser Formel miteinander verbunden sind, bedeutet, dass die Emotionen eine stärkere Verbindung zum Physischen erhalten. So fällt es ihnen leichter, zum Ausdruck zu finden.

In der Regel wirst du feststellen, dass ich Frauen in den beiden genannten Phasen wirkungsvoller helfen kann als Männern. Dies liegt allein daran, dass es Männern schwerer als Frauen fällt, sich von unterdrückten Gefühlen zu lösen. Natürlich ist es für die meisten Menschen einfach, Gefühle zu äußern und loszulassen, die sie spontan empfinden und nicht unterdrücken wollen.

Wenn man aber die Hilfe von Roselle wünscht, muss man gänzlich bereit sein, seine unterdrückten Gefühle anzuerkennen und von Neuem zu erleben. Dies fällt Männern oft sehr schwer.

Meine Wirkung ist nicht heftig. Sie ist subtil, aber weitreichend. Ich gebe nur so viel, wie der Einzelne bewältigen kann. Da Frauen in emotionaler Hinsicht eine stärkere Konstitution besitzen als Männer, können sie größere Mengen Roselle tragen, ohne aus dem Gleichgewicht zu geraten. Man meint vielleicht, Frauen seien emotional schwach, da sie häufiger weinen; aber sich gehenzulassen und zu weinen, setzt eine große emotionale Stärke voraus.

Bereits nachdem man mich nur wenige Stunden getragen hat, beginne ich, im Gefühlsleben des Einzelnen zu wirken. Wenn ich abgenommen werde, hält mein Einfluss spürbar an, bis die Kraft nachlässt oder die Roselle-Kette wieder angelegt wird. Trägt man mich einige Tage lang ununterbrochen – diese Zeit genügt, um die Aura mit meiner Schwingung zu sättigen –, wirke ich auch danach noch auf meinen Träger ein. Doch dies ist mir nur möglich, wenn der Mensch sich im selben Raum aufhält, in dem ich mich befinde.

Manche sagen, ich erinnerte die Menschen an positive emotionale Qualitäten und förderte Gefühle wie Wohlwollen, Freundschaft und Liebe. Das ist die Wirkung meiner Farbe. Doch es kann irreführend sein, einen Edelstein allein nach den Eigenschaften seiner Farbe zu beurteilen. Ein Stein ist nicht nur seine Farbe. Er besitzt auch Energien außer den Attributen seiner Färbung. Ich habe eine klare, spezifische Aufgabe, die nicht durch die Schwingung meiner Farbe bestimmt ist. Es traf sich eben so, dass der rosafarbene Strahl das geeignetste Mittel für meine Aufgabe ist.

Oft müssen Menschen von ihrem Verstand Gebrauch machen, um gewisse Emotionen zu erkennen, bevor sie sie auflösen und loslassen können, um weiter zu gelangen. Wer verstehen will, warum er auf eine bestimmte Weise fühlt, wenn es keinen logischen Grund dafür gibt, kann durch das Tragen von Roselle Hilfe erlangen. Da ich gleich einem Magneten wirke, um die Energie der physischen Ebene emporzuheben, wirke ich auch wie ein Magnet, um die mentale Energie herabzuziehen. Wenn mentale Energie auf die Emotionalebene gelangt, sind die Gefühle leichter zu verstehen.

Roselle wirkt also auch auf das Mentale, aber nur im unmittelbaren Zusammenhang mit meiner Aufgabe.

Behandlungen mit Roselle

Um den Menschenwesen helfen zu können, muss ich zur Kugelform gerundet sein und am besten um den Hals getragen werden. So fällt es mir am leichtesten, die Aura mit meiner Energie zu erfüllen. Wenn die Aura gesättigt ist, kann der ganze Körper in seiner Schwingung erhoben werden – ähnlich, wie der Rosenquarz-Kristall das physische Bewusstsein der Erde hebt.

Der Lavendelquarz ist für die Menschen ein idealer Stein für die Zeit vor einem Arztbesuch. Während sie Lavendelquarz tragen, treten alle Nebensymptome, die das eigentliche Problem verschleiern oder verbergen, in den Hintergrund zurück oder lösen sich auf. So kann der Behandler die wirkliche Erkrankung leichter diagnostizieren. Doch wenn er feststellt, dass die Ursache für den Krankheitszustand in unterdrückten Emotionen zu finden sei, ist Roselle der ideale Stein zur Vorbereitung der Therapie.

Im Großen und Ganzen gesunde Personen, die Hilfe suchen, um bestimmte emotionale Blockaden zu überwinden, können vom Einfluss Roselles profitieren. Sie haben die Wahl zwischen Roselle-Perlen von sechs, acht oder zehn Millimetern Durchmesser und fühlen sich von der Größe angezogen, die für sie am geeignetsten ist. Wenn du spontan von den Steinen mit sechs Millimeter Durchmesser angesprochen wirst, solltest du, nachdem du diese einige Monate getragen hast, zur nächsten Größe (8 mm) übergehen. Nach einigen weiteren Monaten solltest du dann zu einer Kette von zehn Millimeter großen Roselle-Steinen wechseln, denn je größer die Kugeln sind, desto stärker ist auch ihre Wirkung.

Es ist wichtig, dass du deiner Intuition folgst. Wenn die Kugeln von sechs Millimeter Durchmesser sich gut für dich anfühlen, so trage sie. Wenn du das Empfinden hast, dass die kleineren Perlen dir im Emotionalen zu tieferem Verständnis und Klarheit verholfen haben, dass aber noch einige Blockaden übrig sind, die nach einer stärkeren Kraft verlangen, so gehe zu Steinen von acht Millimeter Durchmesser weiter. Wenn du an einen Punkt gelangst, an dem du zu noch intensiverer Arbeit an deinen Emotionen bereit bist, so trage die Roselle-Kugeln von zehn Millimetern Durchmesser.

Noch größere Perlen sind nur für Menschen geeignet, die bereits etliche Monate lang die Kette mit Rosellen von zehn Millimeter Durchmesser getragen haben und nach wie vor Schwierigkeiten mit besonders hartnäckigen Emotionen haben, die nicht zum Ausdruck gelangen wollen.

Wenn Menschen Probleme haben, ihre Emotionen zu äußern und/oder loszulassen, könnten sie Hilfe erfahren, indem sie neben den Rosellen auch Rubine trügen. Die mächtige Liebe des Rubins schenkt ihnen das Vertrauen, das sie benötigen. Sie wissen, dass sie auch dann noch Liebe erhalten und empfinden, wenn sie den Gefühlen Ausdruck geben, die sie bisher verdrängt hatten.

Ich kann Menschen helfen, die von ihren emotionalen Problemen wissen oder deren Gefühle so disharmonisch sind, dass sie nach den Maßstäben der Gesellschaft für emotional krank gehalten werden. Ich helfe ihnen, emotionale Stärke zurückzugewinnen. Ich bereite sie auch auf die Wirkung eines Steines wie des Rhodochrositen vor, der eine starke Fähigkeit besitzt, emotionale Gewohnheitsmuster aufzubrechen und den Emotionalkörper zu reinigen und wiederaufzubauen.

Die Behandlung sieht folgendermaßen aus: Lege täglich mindestens eine Stunde lang eine kleine Zahl von Roselle-Kugeln in einer sauberen Spirale über jedes der sieben Hauptchakren. Möglicherweise schläfst du während der Behandlung ein. Weil Roselle die gleiche kristalline Matrix hat wie der Bergkristall, wirkt sie im Sinne eines Ausgleichs der Chakren. Doch sie wird sich in erster Linie damit befassen, wie ein Magnet die Schwingungsrate deines physischen Körpers anzuheben, damit er in größere Harmonie mit den Emotionen gelangt. Dies trägt auch zu einer Harmonisierung der Verbindung zwischen dem physischen und dem Emotionalkörper bei. Oft kommt es zu den deutlichsten und damit kritischsten emotionalen Disharmonien, wenn diese Verbindung gestört ist.

Auf mentaler Ebene hilft diese Behandlung dem Menschen, seine Emotionen besser zu verstehen. Auf emotionaler Ebene lässt sie unterdrückte oder verborgene Gefühle, die Disharmonie verursachen, deutlicher erkennbar werden. Auf der physisch-körperlichen Ebene hilft sie dem Einzelnen, diese Emotionen auszudrücken und die Disharmonie aufzulösen, die durch ihre Verdrängung entstanden ist.

Acht oder zehn Millimeter große Roselle-Kugeln sind für diese Art der Behandlung am besten geeignet; die Sechs-Millimeter-Perlen sind möglicherweise zu schwach. Du brauchst nur je eine dreißig Zentimeter lange Kette solcher Roselle-Kugeln über jedem Chakra. Es spielt keine Rolle, ob die Steine durch Knoten voneinander getrennt sind oder nicht.

Wenn du nur ein oder zwei solcher Ketten besitzt, solltest du sie jedoch nicht in einer geraden Linie über mehrere Chakren hinweg auslegen. Jedes Chakra sollte seine eigene Roselle-Kette bekommen. Wenn du nur einige Ketten hast, kannst du über jedes Chakra – beginnend beim Basis-Zentrum – zehn Minuten lang eine spiralig aufgehäufte Kette legen. Es wird wirken, wenngleich nicht so stark, als legtest du eine Stunde lang über alle Chakren gleichzeitig je eine Roselle-Kette. Denn die Steine werden auf jedes Chakra nur zehn Minuten lang einwirken.

Um den stärksten Einfluss freizusetzen, kannst du zwischen solchen Behandlungen eine Kette mit zehn Millimeter großen Roselle-Kugeln um den Hals tragen; sie sollte lang, aber bequem sein. Trage darüber hinaus noch eine kürzere Kette von acht Millimeter großen Roselle-Perlen. Die Steine von zehn Millimeter Durchmesser sind aufgrund ihrer größeren Kraft zu empfehlen, können jedoch für sich allein sehr mächtig wirken. Bergkristall sorgt dafür, dass die Erfolge der Behandlung im ausgewogenen Maße bleiben. Da er den Menschen ausgleicht, bringt er Heilungsenergie auf alle Ebenen und trägt damit zur Auflösung der Situation bei.

Wenn unterdrückte Emotionen eine körperliche Disharmonie verursacht haben, kann man eine Roselle-Kette auch zusammen mit Smaragd und Aventurin tragen.

Wenn die körperliche Disharmonie der kritischste Aspekt deiner Verfassung ist, sollte die Aventurin-Kette länger, die Smaragd-Kette kürzer als die Roselle-Kette sein. Wenn der körperliche Zustand klar ist, die emotionale Disharmonie aber kritisch (weil ihre Energie die physische Disharmonie ›ernährt‹), sollten Roselle-Kugeln von zehn Millimeter Durchmesser die längste Kette bilden, die Aventurin-Kette jedoch von mittlerer Länge sein.

Wenn Menschen emotional aufgeregt sind, spüren sie manchmal einen Druck in der Magengrube. Sie können dieses Gefühl lindern, indem sie Roselle vor den Magen halten. Diese Behandlung wird in vielen Fällen emotional bedingter Herzbeklemmungen erfolgreicher sein, als die Roselle-Kette über das Herz zu halten.

Wenn du das nächste Mal deinen Emotionen freien Lauf lässt – sei es als Folge des Roselle-Einflusses oder nicht –, dürfte es beruhigend sein, die Roselle-Halskette abzunehmen, in den Händen zu halten und zu weinen. Lass deine Gefühle aus dir hinausfließen und umklammere dabei die Roselle-Steine. Wenn Menschen beim

Weinen Roselle in der Hand halten, drücken sie die Hände meist auch über eines der folgenden vier Chakren: die Magengegend, die Brust, den Hals (man fasst oder stützt sich am Kinn), oder in der Nähe des Brauen-Chakras bei den Augen. Damit halten sie auch Roselle an den Ort, an dem die Steine am beruhigendsten wirken. Der Körper nämlich weiß, welches dieser Chakren die Roselle-Schwingung am nötigsten braucht, damit man Hilfe zur Bewältigung der Situation empfängt.

Eine Sache musst du ganz richtig verstehen: wenn die Hüter der Edelsteine sagen: »Edelsteine helfen den Menschen in ihren Wandlungsphasen«, so heißt dies, dass die Steine Veränderungen einleiten. Doch sie unterstützen den Menschen auch im Lauf der Veränderung und tragen dazu bei, dass sein Gleichgewicht gewahrt bleibt. Edelsteine können Veränderungen auch erzwingen. Wenn Menschen, die sich notwendigen Veränderungen widersetzen, gewisse Steine tragen, erklären sie damit effektiv: »Ich gebe den Steinen die Erlaubnis, die Wandlung herbeizuführen, weil ich sie will. Ich kann es einfach nicht selbst erreichen. Ich stecke fest und brauche Hilfe.«

Selbst wenn der Träger von der Wirkung seiner Edelsteine überhaupt nichts weiß, macht sich deren Einfluss bemerkbar.

»Mehr als fünfundneunzig Prozent der auf der Erde heutzutage erhältlichen Roselle-Kugeln sind eingefärbt. Welche Folgen hat das für deine Arbeit?«, fragte Michael.

Durch die Färbung erscheint der Rosaton von Roselle intensiver, aber die Schwingung des Steines wird dadurch nicht kräftiger. Tatsächlich ist mein Wirken durch die Färbung behindert. Wenn du gefärbten Roselle für eine der genannten Behandlungsmethoden verwendest, wirst du damit keine Resultate erzielen. Es ist nicht gefährlich, aber es funktioniert einfach nicht und erfüllt nicht meine Aufgabe. Doch zur Linderung und Beruhigung von Emotionen kann man gefärbten Roselle hinzuziehen.

Lasst den Rosenquarz, den die Menschen färben wollen, in der Erde, denn dort kann er seine größte Wirkung entfalten. Rosenquarz, dem ihr nur mindere Qualität zusprecht, weil er nicht die gewünschte intensive Rosafärbung aufweist, ist für die Erde dennoch nützlich. Lasst ihn also in der Erde. Erntet nur jene Kristalle, die ihr nicht zu färben braucht, und die den Menschen wirklich zu helfen vermögen. Erntet Rosenquarz, wie ihr auch Heilpflanzen sammeln würdet: Wählt nur die besten aus.

Ich weiß, dass die Erdenmenschen viele wirtschaftliche und geschäftliche Einwände gegen diese Empfehlung haben werden. Aber mein Rat ist für die Ohren jener bestimmt, die reiner Gesinnung sind. Leider sind dies wohl nur wenige. Obwohl ich wirtschaftliche Überlegungen nicht in Betracht ziehe, wäre die von mir skizzierte Vorgehensweise der ideale Weg zur Gewinnung von Roselle.

Wer Roselle als therapeutisches Mittel tragen möchte, sollte nur die beste, natürliche, ungefärbte Qualität nehmen, auf gute Farbe und ein gewisses Maß an Transparenz achten.

Roselle sollte, wenn man ihn trägt, nie mit Gold in Berührung kommen.

Die Kombination von Roselle und Gold wirkt zerstörerisch auf den Träger. Weißt du warum? Es ist wichtig, dies zu verstehen. Wenn du eine Eigenschaft eines Edelsteines entdeckt hast, bedeutet sie nur wenig, solange du nicht weißt, wozu diese Eigenschaft vorhanden ist.

Gold hat die Neigung, den Menschen in seinem oder ihrem derzeitigen Bewusstseinszustand festzuhalten und sein Herz zu verschließen. Diese Wirkungen stehen in direktem Gegensatz zur Aufgabe Roselles.

Wenn man Gold zusammen mit Roselle trägt, werden die Gefühle stimuliert und nehmen überproportional zu. Ist beispielsweise das Maß deiner unterdrückten Wut einem Vogel von der Größe eines Spatzen vergleichbar, und du trägst Gold und Roselle gleichzeitig, wächst deine unterdrückte Wut zur Größe eines Elefanten heran.

Ja, die Wirkung ist so stark, weil meine Schwingung die des Goldes noch anregt und kräftigt. Darüber hinaus mache ich die Auswirkungen der Gold-Schwingung wechselhaft und unberechenbar. Wenn Emotionen aufgrund des Einflusses von Gold und Roselle außer Kontrolle geraten, umgeben diese Gefühle den Menschen wie ein Kräftefeld, in dem er verlorengehen kann.

Gold hat natürlich auch positive Eigenschaften, aber in der Verbindung mit Roselle verwandle ich das edle Metall in ein Ungeheuer.

Bevor die Roselle-Steine oder -Kette von einem anderen Menschen getragen werden, sollte man sie reinigen, da die Schwingung des Individuums an Roselle haften bleibt. Am besten lässt der Stein sich reinigen, indem man ihn etwa eine halbe Minute unter fließendes kühles Wasser hält und danach etwa eine Stunde lang in die Sonne legt.

Roselle morgen

Roselle ist kein besonders starker Edelstein, wenn du ihn beispielsweise mit der Kraft jener Steine vergleichst, die als Träger bestimmter Farbstrahlen dienen. Doch er ist ein Werkzeug, das man nicht übersehen sollte, gerade wenn es um irgendeine Art von emotionaler Disharmonie geht.

Roselle kann man auch einfach verwenden, um sich selbst besser kennenzulernen. Es dürfte recht erhellend sein herauszufinden, welche Emotionen du selbst unterdrückst. Es kann zum interessanten Erlebnis auf dem Weg zu Selbstgewahrsein und Selbsterkenntnis sein, Roselle zu tragen und zu beobachten, welche Emotionen an die Oberfläche aufsteigen und welche du zu unterdrücken versuchst. Vielleicht ist dir gar nicht bewusst, dass du etwas verdrängt hattest. Diese Übung wird dir auch helfen festzustellen, welche deiner Denkeinstellungen dich veranlassen, gewisse Gefühle zu unterdrücken. Deshalb sollte Roselle bei keinem Selbsthilfe-Seminar fehlen – und sei es nur, weil dieser Stein den Menschen so viel über sich selbst mitzuteilen vermag.

Meine Aufgabe wird in die Zukunft fortbestehen. Rosenquarz wird weiterhin wachsen und sich ausbreiten, weil der Planet ihn braucht. Die Erde bedarf einer Kraft, die der nach unten gerichteten Spirale entgegenwirkt, die eine so starke Sogwirkung ausübt. Roselle wird auch benötigt, damit der Planet die Kraft der nach oben ziehenden Spirale intensiver erlebt. Roselle in Kugelform wird auch in Zukunft jenen Menschen zur Verfügung stehen, die die verschlossenen Pforten ihres Emotionalkörpers zu öffnen wünschen. Dadurch schaffen sie die

Voraussetzung, dass mehr Lebenskraft in den physischen Körper einströmen kann.

Ich sehe keine Veränderungen im Erscheinungsbild meines Kristalls, in der Verfügbarkeit hochwertiger Kristalle oder in meiner Art des Einflusses auf die Menschen. Die einzigen Veränderungen, die ich voraussehen kann, betreffen die Art, wie die Menschen mich einsetzen; sie werden die Folge einer Öffnung für die Intuition sein. Diese wird den Menschen andere Möglichkeiten zeigen, von dem Werkzeug Roselle Gebrauch zu machen.

Ihr werdet merken, dass manche Edelsteine kräftiger sind als andere. Darum müssen sich manche Hüter der Edelsteine ihrer Aufgabe rund um die Uhr und vollkommen widmen. Vielleicht ist es mir, Roselle, deshalb möglich, sowohl die Verantwortung als Hüterin auf mich zu nehmen, als auch eine Familie zu haben und ein mehr oder weniger normales Leben zu führen.

Es mag sein, dass ihr nie wissen werdet, ob euer Nachbar ein Meister der Lebenskraft ist oder ein Schüler der Lehren des Lichtes und des Klanges. Aber wenn ihr nachsinnt über diese Möglichkeit, wird euer Fragen und Wundern euch ein wenig Demut vermitteln. Neben so manchen Edelsteinen können wir alle bescheiden werden – gleichgültig, wie groß sie im Verhältnis zu unserer Statur sind.

Morgen werde ich euch einer besonderen Freundin vorstellen. Ich sehe sie selbst nicht allzu häufig. Sie ist die Hüterin des Rubins. Die Edelsteine, die ihrer und meiner Obhut anvertraut sind, können wunderbare Dinge für den Menschen bewirken, wenn sie gemeinsam getragen werden.

Zögert nicht, Rubin mit Roselle zu tragen, denn er wird meinem Einfluss Licht und Leben verleihen. Er wird helfen, den Menschen in größere Höhen zu erheben, als ich sie allein erreichen könnte.

Roselle lächelte kurz. Dann stand sie auf und trat wieder in die Hülle rosafarbener, wirbelnder Energie zurück. Wir sahen zu, staunend über diese Fähigkeit der Hüterin. Dann legte sie ihre Hände aneinander, beugte das Haupt vor der Gruppe und entfernte sich.

Kapitel 6

Rubin

Wir saßen im Wohnzimmer und bereiteten uns auf die Begegnung mit der Hüterin des Rubins vor. Ihre Anwesenheit war intensiv spürbar. Der Raum begann sich mit Empfindungen der Liebe und Freude zu füllen. Es war, als würden alle Moleküle in der Luft um uns verwandelt in Teilchen größerer und machtvoller Energie, und diese Energie war Liebe.

Ich schloss die Augen, um mich auf diese Gefühle der Liebe tiefer einzustellen; ich wusste, dass sie mit dem Rubin in Verbindung stehen mussten. Und so war es in der Tat. Vor meinem inneren Auge erschien eine Frau, die ich als Hüterin des Rubins erkannte. Sie stand in der rosafarbenen Nebelhülle, in der uns schon Roselle sichtbar geworden war.

Rote Energie wirbelte und wogte um die Hüterin und bildete ein bodenlanges Gewand. Ihr Haar war dunkel, fast purpurrot. Ein roter Strahl ging von ihren Augen aus oder wurde von ihnen reflektiert – ich konnte es nicht mit Gewissheit ausmachen. Lange Handschuhe verhüllten ihre Arme. Nur Gesicht und Hals waren meinem Blick nicht verborgen; die Haut war ungewöhnlich weiß.

Sie streckte die eine Hand Michael, die andere mir entgegen, und wir gingen gemeinsam durch den Nebel und den rosa Niederschlag zur Hüterin Roselle.

Als die beiden Hüterinnen einander begegneten, begrüßten sie einander mit zusammengelegten Händen und einer leichten Verbeugung. Dann wandte sich Roselle zu uns und sagte: »Wie ich sehe, habt ihr die Hüterin des Rubins bereits kennengelernt. Folgt ihr. Vielleicht werden wir uns irgendwann einmal wiedersehen. Doch nun: Lebt wohl!«

Ruby, die Hüterin des Rubins führte uns an den Rand eines Felsvorsprungs, wo bereits etwa fünfzehn Zuhörer versammelt waren und auf ihre Unterweisung warteten. Der Wind war kräftig, ich sah die Wolken unter uns, und Tausende von Metern darunter den Meeresspiegel. Trotz der fernen Tiefe konnte man deutlich hören, wie die Wellen sich an den Felsen brachen. Doch unsere Aufmerksamkeit galt Ruby.

Sie setzte sich nahe an den Rand der Klippen, und wir Zuhörer scharten uns im Halbkreis um sie. Sie begann zu sprechen, und ich besann mich auf meine Pflicht. Mit dem Empfinden, mich auffällig zu verhalten, erhob ich mich und trat auf sie zu. Sie schien mein Ansinnen zu verstehen und zog mich an. Dann tauchte ich ein in ihr Bewusstsein.

Als ihr zum ersten Mal meine Anwesenheit spürtet, habt ihr erlebt, was der Wesensart des Rubins entspricht: Er verändert die Moleküle in der Atmosphäre. Er wendet sie gewissermaßen, um die Liebe zu offenbaren, die sie erschaffen hat. Und was ist diese Liebe? Sie ist die göttliche Liebe, die alle Moleküle und Atome erschuf. Ihr könnt sie die Liebe Gottes nennen.

Wer den Rubin in seiner facettierten Form trägt, wird feststellen, dass der rote Strahl, den ich in die Aura bringe, ihm hilft, seine Emotionen aufmerksamer zu beachten und sich mit der Schwingung des roten Strahls vertraut zu machen.

In Kugelform stelle ich eine direkte Verbindung zwischen den Emotionen und dem physischen Körper her. Ich ermögliche meinen Trägern, die Realität des Emotionalkörpers umfassender zu erleben.

Die frühen Jahre des Rubins

Der Korund, die chemische Grundstruktur meiner Kristalle, bildete sich, als die Erde Gestalt annahm. Er konzentrierte sich in Gesteinsvertiefungen an zahlreichen Stellen der Erde. Diese Einbuchtungen standen in einer bestimmten geographischen Beziehung zu den Kraftpunkten des Planeten, so wie diese in der Entstehungszeit der Erde existierten. Die Korund-Lagerstätten befanden sich in genau festgelegtem Abstand von den Kraftpunkten.

Der Korund – in welcher Farbe er sich auch ausbildet – will unbedingt in einer bestimmten Distanz von Kraftpunkten wachsen, die nicht zu groß und nicht zu gering sein darf. Um diese Entfernung sicherzustellen, kann er sogar Verschiebungen der Erdoberfläche verursachen.

Seit der Geburt des Planeten Erde haben sich die Kraftpunkte mehrere Male verlagert. Jedesmal, wenn die Kraftpunkte ihren Ort wechseln, werden die Minerale und Kristalle, die einen bestimmten Abstand von den Kraftzentren brauchen, wie von magnetischer Kraft in den ursprünglichen Abstand gezogen. Diese Kraft ist es, die die tektonischen Platten der Erdkruste zur Fortbewegung zwingt, damit die Kristalle sich wieder in der für sie idealen Entfernung von den Kraftpunkten einfinden können.

Ich sagte, dass der Korund die Macht besitzt, die Anordnung der Erdoberfläche zur Veränderung zu zwingen. Glaubt ihr, dass die festgefahrenen Gewohnheitsmuster eines Menschen schwer zu ändern sind? Liebe Freunde, es gibt nichts, das schwerer zu verändern ist als die grobstoffliche Materie eines Planeten. Wenn der Korund dies bewirken kann, ist es ihm ein Leichtes, auch die festen Muster eines Menschen zu wandeln. Es geht nur darum, das passende Werkzeug richtig einzusetzen.

Als die Erde geboren wurde, war der Korund farblos. Der rote Korund, der Rubin, entstand, als die Schwingung des roten Strahls auf die Erde kam und sich mit der kristallinen Matrix des Korunds verband. Wie ihr wisst, erhält ein Planet die Farbstrahlen erst dann, wenn er bereit ist, Leben zu tragen. Obwohl es also den Korund bereits gab, empfing er das Leben der farbigen Lichtstrahlen erst, als der Planet bereit für sie war.

Der Rubin ist nicht nur der rote Strahl oder die Schwingung des Korunds, sondern die Kombination beider Elemente. Aufgrund der Art, wie die Rubin-Schwingung den roten Strahl gebraucht und ihn in die Aura des Menschen wirft, unterscheidet sich die Wirkung dieses Steines von der jeder anderen Quelle des roten Strahls, roter Farbe oder roten Lichtes.

Erst im Zeitalter von Atlantis brauchten die Erdenmenschen die starke Schwingung des Korunds hinter dem roten Strahl. Vorher gab es einen anderen Träger des roten Strahls. Die Herrschaft jenes anderen Trägers erlebte einen raschen Niedergang. Er hatte dankenswerterweise die Verantwortung übernommen, den roten Strahl zu verbreiten; doch er geriet ins Wanken, als er die Verantwortung langfristig nicht zu tragen vermochte.

Seine Kristallstruktur war zu schwach, um die Schwingung des reinen roten Strahls über lange Zeit hinweg zu vermitteln, und seine Schwäche zog Störungen nach sich. Durch die Unregelmäßigkeiten wurden der Edelstein und sein Hüter verdorben, und beide übten einen negativen Einfluss auf die Menschen von Atlantis aus.

Aufgrund dieses Niedergangs musste rasch ein neuer Träger des roten Strahl gefunden werden. Also richteten der Hüter des Planeten, der Hüter des Universums und alle, die bei solchen Entscheidungen hinzugezogen wurden, den roten Strahl wie einen Laser auf bestimmte Lagerstätten farblosen Korunds.

Die Übertragung vom früheren Träger des roten Strahls auf den neuen geschah fast augenblicklich (nach irdischen Maßstäben innerhalb von hundert bis zweihundert Jahren). Mehr Zeit brauchte der farblose Korund nicht, um über ein zartes Rosa zum tiefen Rubinrot zu gelangen. Falls eure nächste Frage also ist, ob ein rosafarbener Korund ein noch nicht ausgereifter Rubin sei, so lautet die Antwort Ja.

Auf den meisten anderen Planeten wurde der rote Strahl zu der Zeit in den Korund imprägniert, als auch die anderen sechs Farbstrahlen-Träger festgesetzt wurden. Ich weiß nicht, warum die Erde in dieser Hinsicht eine Ausnahme bildete.

Als ich die Verantwortung übertragen bekam, das rote Licht zu vermitteln, widersprach der frühere Träger dieses Strahls. Er wollte die Verantwortung, die er eigentlich verwirkt hatte, nicht abgeben. Deshalb musste ich mir eine Maske der Macht zulegen, um meine Aufgabe zu schützen und zu bewahren. Dies war notwendig, um meinen Vorgänger davon abzuhalten, mein Wirken zu beeinflussen.

Leider bemerkten die Menschen schon bald diese Maske der Macht. Sie bezeichneten den Rubin als einen Stein der Macht und missbrauchten Kraft bald für egoistische Zwecke. Ich sollte als Edelstein die Kraft der Liebe vermitteln. Es war nie meine Absicht, die Macht zu predigen.

Zu den schlimmsten Missbräuchen des Rubins kam es gegen Ende des atlantischen Zeitalters. Zum Glück ging der größte Teil des Wissens über die missbräuchliche Nutzung meiner Macht zusammen mit dem Kontinent Atlantis in den Wellen unter.

Nach der Zerstörung von Atlantis wurde ich in Königs- und Adelshäusern sehr geschätzt, weil die edelsten Exemplare meiner Art selten und kostbar waren und noch einen Rest der früheren Macht in sich trugen.

Ihr seht also: Solange ich die Maske der Macht trug, konnte ich meine Mission als Kraft für die Liebe nicht erfüllen; sie ist der positive Aspekt des roten Strahls. Heute gibt es andere Edelsteine und Erdsteine, die das Macht-Element in sich tragen. Sie stehen zur Verfügung, um das Bedürfnis nach Macht zu befriedigen, das Menschen in einem gewissen Bewusstseinszustand haben. Die Energie meines Vorgängers war weitgehend erloschen und passt nicht zu dem sich weitenden Bewusstsein der meisten Menschen in unserer Zeit. Weil sich die Energie jenes Steines abschwächte, ist meine Maske der Macht nicht länger mehr notwendig. Ein Zyklus scheint an sein Ende gekommen zu sein, und ich kann meine Regentschaft von neuem antreten. Dieses Mal kann ich es wirklich tun, denn ich brauche keine Maske mehr, um mich selbst oder meine Mission abzuschirmen. Jetzt ist das Bewusstsein der Menschen reif für den Rubin.

Weil ich den Konflikt zwischen Macht und Liebe erlebt und im Innern meines Wesens gelöst habe, kann ich anderen helfen, die diesen Widerstreit ebenfalls erfahren. Ich kann ihnen die Stärke geben, diesen Konflikt zu überwinden.

Die Farbe Rot wird vielleicht immer ein Symbol der Macht sein, doch sie ist auch ein Symbol der Liebe. Mein Vorgänger ließ den roten Strahl vor allem durch das Basis-Chakra in den Körper fließen. Ihr könnt euch vorstellen, welcher Bewusstseinsgrad dies zulassen würde und zu welchen Resultaten es führte.

Ich leite den roten Strahl durch das Herz-Chakra. Oft ist das Herz so dankbar für meine Anwesenheit und die Liebe, die ich mitbringe, dass es seine Pforten weit öffnet und meiner Schwingung und dem roten Strahl bereitwillig Einlass gewährt.

Ich könnte noch weiter über meine Vergangenheit sprechen, aber es ist das Wissen über meine Bedeutung für die Gegenwart, was ihr wirklich braucht.

Der Rubin heute

Wenn es beim Gespräch über Emotionen zu Spannungen im Körper kommt, ist dies ein sicheres Zeichen für einen Mangel an Energie des roten Strahls. Man sagt vielleicht: »Ich bin bereit, etwas über Emotionen zu lernen«, aber die Augen verraten: »Ich fürchte mich. Ich bin nicht bereit. Ich will nichts davon wissen.«

Wenn du Spannung empfindest, so versuche, jegliche Aspekte von Unausgeglichenheit zu erkennen, die du vielleicht auch bemerkst. Dann bemühe dich, das Wesen dieser Abweichungen im Lichte dessen festzustellen, was ich gerade sagte.

Meisterung der Emotionen bedeutet zwar Kontrolle über sie; doch die Kontrolle der Emotionen setzt Ausgeglichenheit der Gefühle voraus, Verständnis sowie die Fähigkeit zu regulieren, wieviel Emotion man in einer bestimmten Situation zeigen will. Aber das ist nicht die Art von Meisterung, die der Rubin vermittelt; es ist nur die Folge dieser Meisterung.

Die emotionelle Meisterschaft, die der Rubin lehrt, bedeutet ein vollkommenes Gewahrsein des Emotionalkörpers. Dieser existiert in einer emotionalen Welt, wie euer physischer Körper in einer physischen, materiellen Welt existiert. Die emotionale Welt ist ganz anders als die physische Welt, doch in mancher Hinsicht ist sie auch sehr ähnlich. Es gibt Bäume, Berge, Meere, Wüsten, Dschungel, Vögel, Blumen, Städte und Häuser. Es gibt auch gute Menschen, schlechte Menschen und Probleme – wie man sie von der physischen Welt kennt.

Die emotionale Welt ist schöner als die physische. Das Licht ist mächtiger, die Farben leuchtender, der Tonstrom der Lebenskraft ist leichter zu erlauschen, Energie oder Schwingung sind einfacher wahrzunehmen. Da ist es verständlich, dass manche Religionsgründer, die einen Blick in diese Welt werfen durften, sie als Himmel bezeichnet haben.

Je bewusster und wissender man in Bezug auf diese innere Welt ist, desto besser kann man in der physischen Welt von seinen Werkzeugen, Gesetzen und Prinzipien Gebrauch machen. Wenn du mit Rubin arbeitest, brauchst du nicht bewusst zu ›reisen‹ oder dich auf irgendeine Weise in diese Welt zu projizieren, um sie zu beherrschen.

Ich möchte eine Analogie anführen, damit du die Möglichkeiten der emotionellen Meisterschaft besser begreifen kannst, denn ich weiß, dass diese Vorstellung vielen Menschen wohl schwer verständlich ist.

Sagen wir, die physische Welt ist wie ein Gymnasium, und die emotionale Welt ist wie eine Universität. Nehmen wir ferner an, dass du das Gymnasium besuchst und Freude am Fach Chemie hast. Eines Tages beginnst du, Rubin in seiner Kugelform zu tragen. Bald darauf führt dich jeden Tag auf dem Nachhauseweg ein innerer Impuls zur nahen Universität. Dort setzt du dich in den Hörsaal, in dem Vorlesungen in Chemie für das erste Semester gegeben werden. Dabei wird dir klar, dass der Chemie-Unterricht am Gymnasium viel elementarer war, als du ihn bisher eingeschätzt hattest.

Du besuchst weiterhin jeden Tag das Gymnasium. Aber je mehr Universitäts-Chemie du lernst, und je weiter dein Wissen und Gewahrsein zunehmen, desto leichter kommt dir die Schul-Chemie vor, weil du dieses Wissensgebiet nun aus einer umfassenderen Perspektive sehen konntest. Nun wird dir auch klar, wozu du den Unterricht im Gymnasium besuchst: als Vorbereitung für die Universität.

Bei diesem Vergleich hat die Macht des Rubins dein Gewahrsein und Verständnis geöffnet, sodass du die Informationen auf Universitäts-Ebene aufnehmen konntest. Ohne den Rubin wärst du für solche Informationen erst nach Beendigung des Gymnasiums bereit gewesen. Der Rubin beschleunigt also den Prozess. Er ermöglicht, dass Information vom ›Universitäts-Niveau‹ bereits von ›Gymnasiasten‹ verstanden wird.

Solange du noch die Schule besuchst, wird es dir aufgrund der Vorlesungen an der Universität leichter fallen, im Chemie-Unterricht mitzukommen. Und darum geht es in unserem Vergleichsbild: Solange du noch in der physischen Welt bist, wird dir mit dem Wissen aus der emotionalen Welt das Leben viel leichter fallen. Du kannst es aus einer umfassenderen Perspektive betrachten. Um den Rubin zu verstehen, musst du die Art der Liebe verstehen, die der Rubin seinen Trägern vermittelt. Es ist nicht menschliche Liebe, denn menschliche Liebe ist immer mit Bedürfnissen und Erwartungen verbunden. Meine Liebe aber bedeutet Freiheit. Meine Liebe ist eine edle und mächtige Liebe. Sie richtet die Aufmerksamkeit des Menschen auf das, was größer ist als er selbst.

Die Menschen brauchen Liebe. Sie brauchen menschliche Liebe; doch menschliche Liebe allein ist nicht ausreichend, denn sie gibt ihrem Emotionalkörper oder ihren zwischenmenschlichen Beziehungen nicht genügend Nahrung. Die Menschen bedürfen auch der göttlichen Liebe.

Die menschliche Liebe sagt: »Ich brauche deine Wärme. Ich brauche es, dass du mich hältst und küsst. Ich brauche es, dass du mir sagst, wohin du gehst, damit ich weiß, wo du bist, und mir keine Sorgen machen muss.« Die göttliche Liebe sagt: »Ich liebe dich, gleichgültig, was du tust. Ich liebe dich, gleichgültig, wer du bist. Ich liebe dich sogar, wenn du irgendwo hingehst und vergisst, mir zu sagen, wo du bist. Und ich werde dich lieben, wenn du zurückkehrst. Ich liebe die Seele, die in deinem materiellen Körper lebt. Ich liebe das, was dir Leben gibt. Ich liebe den Teil von dir, der Gott ist.«

Göttliche Liebe gibt den Menschen die Freiheit zu sein, wer sie wirklich sein wollen. Diese Freiheit ist Nahrung für sie und ihre Beziehungen. Sie gibt ihnen Raum zum Wachsen. Idealerweise sollten die Menschen in einer Beziehung sowohl menschliche als auch göttliche Liebe miteinander teilen.

Leider verstehen die meisten Menschen heute nicht den Unterschied zwischen menschlicher und göttlicher Liebe. Selbst jene, die mit dem Gedanken vertraut sind, haben oft keine rechte Vorstellung, wie sie ihre Herzen öffnen und göttliche Liebe geben können. Die Notwendigkeit göttlicher Liebe erscheint ihrem Denken sinnvoll, aber wenn es gilt, der göttlichen Liebe im Emotionalen Ausdruck zu geben, wissen nur wenige Menschen, was zu tun ist.

Dies lehrt der Rubin. Er wird dein Herz öffnen und dir einen Begriff davon geben, was göttliche Liebe ist. Dann wird er dir zeigen, wie du ein Gefäß sein kannst, durch das göttliche Liebe in dein Leben kommen kann. Diese Liebe wird dann auch andere Menschen in deinem Umkreis berühren, sogar wenn sie selbst nicht Rubin tragen. Sie werden von deinem lebendigen Beispiel lernen.

Die Liebe des Rubins ist mächtig. Die göttliche Liebe ist mächtig. Vielleicht kann ein Vergleich zeigen, was ich meine: Ein Mann sagt vom Standpunkt der menschlichen Liebe aus zu seiner Frau: »Bitte, höre auf zu rauchen, weil es schlecht ist für deine, für meine und unserer Kinder Gesundheit.« Um die menschliche Liebe zu erwidern, wird die Frau den Wunsch haben, das Rauchen aufzugeben und versucht dies auch zu bewerkstelligen. Aber weil es schwer ist, sich von einer Gewohnheit zu trennen, stößt sie auf ein Hindernis nach dem anderen. Obwohl sie aufhören will und gedanklich weiß, dass es nicht gut ist für die Gesundheit der Kinder, ist der Kampf ums Aufhören vielleicht zu groß.

Wenn der Mann göttliche Liebe aus seinem Herzen fließen lässt und seine Frau vom Standpunkt der göttlichen Liebe aus bittet, mit dem Rauchen aufzuhören, sind seine Worte möglicherweise genau die gleichen. Aber zwischen den Zeilen wird er sagen: »Bitte höre auf zu rauchen. Doch ich werde dich auch lieben, wenn du weiterhin rauchst, und ich werde dich lieben, wenn du es aufgibst.« Wenn der Mann wirklich ein Werkzeug der göttlichen Liebe ist und die Frau aufrichtig wünscht, das Rauchen zu beenden, wird die göttliche Liebe, die durch ihren Mann fließt, ihr die Kraft geben, die Gewohnheit zu durchbrechen. Liebe ist Macht. Doch natürlich ist Macht nicht in jedem Falle Liebe.

Meine unmittelbare Wirkung auf den physischen Körper gilt der Unterstützung aller Chakren. Insbesondere kräftige ich das Herz-Zentrum und die unterhalb liegenden Chakren.

Meinen stärksten Einfluss übe ich auf der emotionalen Ebene aus. Der rote Strahl existiert auf der unterbewussten, der mentalen, der Erinnerungs-, der Emotional- und der physischen Ebene. Doch er scheint sich auf der Emotionalebene zu sammeln und von dort aus eine Brücke zur physischen zu schlagen. Deshalb führt der Rubin den Menschen von der physischen zur emotionalen Ebene. Es liegt am Einzelnen zu entscheiden, ob er auf dieser Ebene bleiben oder ob er weiterschreiten möchte in Zustände größeren Bewusstseins.

Ein Teil des roten Strahls wird auf der emotionalen Ebene ›verdünnt‹ und lässt diesen Bereich rosarot erscheinen. Die Farbe Rosa rührt die Emotionen an. Das ist wichtig zur Aufrechterhaltung der emotionalen Gesundheit – wie unser Blutkreislauf wichtig ist zur Aufrechterhaltung unserer körperlichen Gesundheit. Tatsächlich enthält die Emotionalaura, die den physischen Körper umgibt, kleine, etwa fünf Zentimeter lange haarfeine Linien, die man mit den Blutgefäßen des materiellen Körpers vergleichen könnte. Längs dieser Linien fließt die Emotionalenergie.

Wenn jemand Rubin trägt, beeinflusse ich behutsam diese Linien, damit sie in Richtung Herz zeigen. Damit ermögliche ich dem roten Strahl, der Liebe-Empfindung und einer emotionellen Achtsamkeit, durch das Herz-Chakra zu fließen und in den physischen Körper weiterzugelangen.

Im Gegensatz zu den Vorstellungen mancher Menschen über den Sinn und die Symbolik verschiedener Farben, ist jede Farbe ein geistiger Strahl. Jede Farbe nämlich ist eine Schwingung, die von Gott kommt. Wenn Farbstrahlen in den Körper gelangen, bringen sie spirituelle Veredelung. Sie bilden eine Brücke zwischen den inneren, spirituellen Welten und der grobstofflichen Welt.

Jeder Mensch schwingt mit einem bestimmten Farbstrahl in größerer Harmonie als mit jedem anderen. Diese Farbe kann man als den ›Primärstrahl‹ des Einzelnen bezeichnen. Menschen, die den Edelstein tragen, der ihren Primärstrahl vermittelt, fällt es leichter, ihr Bewusstsein zu weiten, zu heben und Gott näher zu kommen. Mit anderen Worten: Den Edelstein deines Primärstrahls zu tragen, ist ein bedeutender Schritt auf deinem Weg zu größerer Spiritualität. Auf der ganzen Erde mangelt es an Vermittlern des roten Strahls. Menschen, deren Primärstrahl der rote ist, bekommen also nicht soviel Energie dieses Strahles, wie sie benötigen. Wenn dieser Mangel einmal ausgeglichen ist, werden viele von ihnen ihren persönlichen Weg zur spirituellen Entfaltung finden können.

Der Rubin gibt deinem menschlichen Geist die Kraft, eine stärkere Beziehung zwischen materiellem und Emotionalkörper herzustellen. Er befähigt ihn, die Chancen in deinem Leben zu arrangieren, die dir Gelegenheit geben, dich mehr auf deine Emotionen einzustellen. Denn vor allem der menschliche Geist ist dafür verantwortlich, dass Dinge und Situationen in dein Leben eingeführt oder aus ihm entfernt werden. Anders ausgedrückt: Es sind hauptsächlich deine Denkvorgänge, die dich dazu führen, dich für einen Berufs- oder Stellenwechsel zu entscheiden, für einen Umzug – oder vielleicht zum Besuch von Chemie-Vorlesungen an der Universität, während du noch Schüler des Gymnasiums bist.

Wenn du anfängst, Rubin zu tragen, wird dein menschlicher Geist merken, dass dein Herz sich öffnet. Er erkennt, dass du dich anschickst, das Wissen deiner emotionalen Welt aufzunehmen. Wenn du dazu bereit bist, könnte der Rubin dich beispielsweise zu dem Entschluss leiten, eine bestimmte Vorlesung zu besuchen. Vielleicht lernst du dort Techniken kennen, mit deren Hilfe du deiner Emotionen bewusster werden kannst; oder du erfährst von einer Behandlungsweise, die dein Geist für notwendig hält, damit die Verbindung zwischen deinen emotionalen und den körperlichen Aspekten geklärt wird.

Wie der rote Korund (Rubin) die emotionale Ebene dem physischen Bewusstsein näherbringt, so führt der blaue Korund (Saphir) die mentale Ebene der physischen entgegen.

Der facettierte Rubin verhält sich anders als die Kugelform. Ein facettierter Rubin reflektiert den roten Strahl, und so erscheint diese Form des Rubins weitaus schöner als eine Rubinkugel. Doch der von ihm reflektierte rote Strahl kann nicht direkt ins Herz eingehen. Er muss zuerst über die Augen in das Bewusstsein gelangen.

Zum Glück können sich nur wenige Menschen einen Rubin mit Facettenschliff leisten, und im Grunde ist er nur ein teures Spielzeug. In seiner Kugelform ist der Rubin kein Spielzeug, sondern lebensspendend. Jene meiner Kinder, die geschliffen und als teurer, billiger Tand getragen werden, bedaure ich zutiefst. Doch sie dienen dem einfachen Zweck, die Augen mit dem roten Strahl vertraut zu machen. Letzten Endes tragen sie den roten Strahl durch die Hintertür ins Bewusstsein. Wenn der Einzelne dann bereit ist, kann er auch Rubin-Kugeln tragen, die es mir gestatten, durch das Herz ins Bewusstsein einzugehen.

Die kristalline Form des Rubins hat die gleiche Fähigkeit wie der kristalline Smaragd: seine Energie in den Körper zu senden. Das ist möglich, wenn der Kristall dergestalt auf den Körper zeigt, dass die Energie in diesen fließt. Deshalb sollte man Rubin-Kristalle nur im Rahmen einer speziellen, hochentwickelten Behandlungsform gebrauchen.

Ich würde dir nicht empfehlen, mit Rubinkristallen auf irgendeine Stelle des Körpers zu zeigen, solange du kein Behandler bist, der sich in Edelstein- und Farbstrahl-Therapien bestens auskennt und genau weiß, was er tut. Denn der rote Strahl ist im Vergleich mit den anderen Strahlen in der physischen Welt sehr stark. Wird zu viel von seiner Energie auf ein Organ gerichtet, gerät dieses leicht aus dem Gleichgewicht, weil der rote Strahl auf Kosten der anderen Farbstrahlen das Organ überflutet. Was die Gesundheit ausmacht, ist ein ausgewogenes Verhältnis aller Farbstrahlen.

Rubinkristalle können recht effektiv bei der Wiederherstellung des Gleichgewichts in Organen oder an Körperbereichen sein, bei denen ein Mangel des roten Strahls vorliegt. Doch musst du genau erkennen können, wann der Mangel ausgeglichen ist, d. h. in welchem Augenblick der Rubin entfernt werden muss.

Beim gegenwärtigen Stand eurer Technik könnt ihr die Wirkungen von Kristallen auf den physischen Körper nicht genau messen. Diese Messungen sind besonders wichtig, wenn man mit den Steinen arbeitet, die Träger der Farbstrahlen sind. Ihr müsst erst noch Instrumente entwickeln, die ganz präzise messen können, wieviel von einem Farbstrahl ein bestimmtes Organ hat, und wieviel es zur Ergänzung benötigt. Wenn ihr solche Instrumente einmal entwickelt habt, kann man jeden, der mit ihnen umzugehen weiß, mit der Anwendung von Farbstrahl-tragenden Kristallen am Körper betrauen.

Behandlungen mit Rubin

Trägt man mich in meiner Kugelform, öffne ich zuerst das Herz. Dies ist meine erste Wirkung, ganz unabhängig davon, an welcher Stelle man mich trägt. Die Rubinkugeln breiten ihre Energie über die Aura aus und lokalisieren das Herz-Chakra. Diese Information wird zum

Rubin zurückgeleitet. Dann wird der Strom des roten Strahls direkt zum Herz-Zentrum gelenkt, das sich nun öffnet.

Wenn das Herz-Chakra sich auftut, identifiziert der rote Strahl jeden disharmonischen Bereich im Emotionalkörper, der Disharmonie im physischen Körper verursacht, und sammelt sich an solchen Stellen. Darüber hinaus wendet er sich dem entsprechenden Ort der Disharmonie im physischen Körper zu.

Dabei kann der menschliche Geist den Zusammenhang zwischen der emotionalen Ursache und den körperlichen Symptomen erkennen und beginnen, die Beziehung zwischen Ursache und Symptomatik zu verstehen. Wenn er hier Klarheit gewinnt, ist der erste Schritt auf dem Weg der Auflösung von Disharmonien bereits bewältigt. Denn wenn du erst einmal die Ursache eines Zustandes kennst, weißt du besser, worauf du achten musst, um ihn aufzulösen.

Aufmerksamkeit bringt Lebenskraft mit sich, und Lebenskraft besteht aus einem ausgewogenen Verhältnis aller Farbstrahlen. Wenn deine Aufmerksamkeit auf eine Situation gerichtet ist, lenkst du praktisch die sieben Strahlen auf diese Situation. Das Ergebnis wird ganz natürlich eine Wiederherstellung des Gleichgewichts sein.

Häufig führt eine Stauung im Emotionalkörper zu Disharmonie im Fühlen. Wenn das Herz geöffnet ist – und die Gefühle zu fließen beginnen, wahrgenommen und ausgedrückt werden –, lässt eine solche Stauung nach. Dann kann mehr Lebenskraft – und somit größere Harmonie und Ausgeglichenheit – durch den Emotionalkörper strömen. Mit anderen Worten: der Rubin heilt Disharmonien im Emotionalkörper.

Wenn die Stauung im Emotionalkörper einmal aufgelöst ist, erhalten auch die aus ihr resultierenden Zustände oder Symptome im physischen Körper keine Nahrung mehr. Angenommen, du hast eine Stauung im Emotionalkörper, die sich im materiellen Körper als chronische Magenbeschwerden manifestiert. Der Stauungszustand im Emotionalkörper nährt das Symptom im grobstofflichen Körper mit disharmonischer Energie. Dies wird solange gehen, bis die Stauung im Emotionalkörper aufgelöst ist. Dann ist keine disharmonische Energie mehr da, die den Magen krank hält.

Nun, die Stauung im Emotionalkörper wird nicht der einzige Faktor sein, der zu der körperlichen Symptomatik beiträgt. Es gibt noch zwei weitere Aspekte, die zu lösen sind, wenn die körperlichen Beschwerden geheilt werden sollen. Die Stauung im Emotionalkörper ist umgeben von emotionellen Gewohnheitsmustern, der Ort der körperlichen Symptomatik von physischen Gewohnheitsmustern. Diese Muster haben sich aus Einflüssen – Handlungsweisen, Reaktionsarten oder Gefühlen – gebildet, die über lange Zeit hinweg wirksam waren. Ähnlich der Stauung im Emotionalkörper werden die emotionellen Gewohnheitsmuster die physischen weiterhin mit Energie versorgen, solange nicht der ganze Zusammenhang aufgelöst ist.

Der Rubin bemüht sich zuerst um die Zerstreuung des Stauungszustands. Dann arbeitet er an einer Veränderung der Muster im Emotionalkörper, die die Stauung umgeben. Gleichzeitig sollte der Mensch sich anstrengen, die körperlichen Gewohnheitsmuster umzuwandeln.

Zu den erfolgreichsten Methoden zur Wandlung körperlicher Muster gehört eine Veränderung der Ernährungs- und Bewegungsgewohnheiten. Du hast die bewusste Kontrolle über deine Ernährung und körperliche Bewegung. Indem du sie veränderst, kannst du leicht auch deine anderen körperlichen Muster wandeln. Je radikaler du deine Ernährungs- und Bewegungsgewohnheiten änderst, desto leichter werden auch die anderen körperlichen Muster verändert.

Doch wenn du dich allein auf eine Veränderung deiner Ernährung und der Bewegungsübungen für deinen Körper verlässt, erreichst du entweder überhaupt nichts, oder du gelangst sehr rasch recht weit, bis du zu einem Punkt kommst, an dem es nicht mehr weitergeht. Du kannst die Magenbeschwerden – oder jedes andere körperliche Symptom, das durch emotionelle Faktoren verursacht ist – nur dann völlig auflösen, wenn du sowohl deine emotionellen Verhaltensmuster als auch deine Lebensweise wandelst.

»Meinst du damit, dass Menschen, die sich allein auf Ernährung, Lebensweise und Körperübungen konzentrieren und keinen Rubin tragen, die Ursache ihrer körperlichen Beschwerden nicht auflösen können, wie radikal sie sich auch ändern?«, fragte Michael.

In den meisten Fällen, allerdings. Sie lösen die Ursache ihres Zustandes nicht auf, auch wenn eine andere Ernährung, eine veränderte Lebensweise und ein Programm von Bewegungsübungen zu körperlichen Veränderungen führt. Doch die innere Einstellung ist ebenfalls ein wichtiger Faktor. Wenn du zu einem der seltenen Menschen gehörst, deren Wunsch nach Veränderungen seinen Ursprung im Herzen hat, im Innern der Seele, dann steht die Macht der göttlichen Liebe hinter deiner Veränderung. Solange dieser Strom der göttlichen Liebe existiert, kann er deine Gewohnheitsmuster auflösen und dir in deinen Wandlungsprozessen auf allen Ebenen helfen. In diesem Falle brauchst du keinen Rubin zu tragen.

Wenn du dich wirklich ändern und die Mühe dazu auf dich nehmen willst, kann der Rubin ein gutes Werkzeug sein. Wie ich bereits sagte, öffnet er dein Herz und verbindet dich mit der Quelle der göttlichen Liebe. Der Rubin ist so stark, dass er den Menschen zur Öffnung bewegen kann. Selbst wenn dieser nicht will oder sich der Wirkung des Rubins nicht bewusst ist, schenkt ihm der Edelstein dennoch machtvolle Liebe. Liebe ist die Kraft und die Macht hinter der Stärke, der Bereitwilligkeit und dem Vermögen des Einzelnen, Veränderungen durchzuführen.

Es gibt noch einen weiteren Aspekt des Rubins, den ich kurz streifen möchte. Die Wärme des Rubinrots neigt dazu, den festen Griff zu lockern, mit dem man an seinen Gewohnheitsmustern festhält. Das Feuer dieser Farbe hellt Disharmonie auf. Es brennt alles heraus, was der Veränderung im Wege steht. Nach einem Brand ist das Land kahl und zerstört, aber neues Leben wird aus der Asche erstehen. Der Rubin jedoch hinterlässt weder Asche noch verkohlte Emotionen; er wirkt anders, obwohl der Vergleich mit dem Feuer in anderer Hinsicht passend schien.

Es gibt nur eine Situation, in der der Rubin das Herz nicht leicht zu öffnen vermag: wenn der Körper so krank und aus dem Gleichgewicht geraten ist, dass diese Störung sogar von den Menschen der Umgebung leicht erkannt wird. In diesem Falle würde das Herz die Energie des Rubins fortstoßen. Hier wäre zuerst eine andere Behandlungsweise nötig, um das Gleichgewicht zu ermöglichen. Dann kann ich das Herz heilen und trösten, wie ich jedes Herz pflege, das mich annimmt.

Größe und Menge des verwendeten Rubins entscheiden, mit wieviel Kraft er die von ihm eingeleiteten Veränderungen unterstützt.

Viertel- bis drittelkarätige Rubinperlen im Gesamtgewicht von fünf oder sechs Karat werden das Herz augenblicklich öffnen. Innerhalb von Sekunden wird es den roten Strahl in Stauungszustände des Emotionalkörpers reflektieren. Diese Menge ist gut für sanfte, aber wirkungsvolle Arbeit.

Zehn oder zwölf Karat solcher Rubin-Perlen wären sehr kräftig und für therapeutische Zwecke gut geeignet. Binnen Minuten erfüllt diese Menge den Menschen mit starker Liebe-Energie. Sie beginnt sehr rasch, die disharmonischen emotionellen Gewohnheitsmuster zu verwandeln. Gleichzeitig geht der rote Strahl daran, die Aura zu sättigen, und veranlasst dadurch diese emotionalen Muster sich aufzulösen und ihren Einfluss auf den körperlichen Zustand des Menschen zurückzunehmen. Diese Wirkung ist wichtig, weil solche physischen Muster die körperliche Krankheit an der Auflösung hindern.

Hüte dich davor, fünfzig oder mehr Karat Rubin zu tragen. Eine solche Menge könnte zu einer Störung des Gleichgewichts führen. Die Kraft des roten Strahls hinter so viel Rubin dürfte für die meisten Erdenmenschen zu stark sein, wenn sie diesen Stein nicht schon lange Zeit getragen haben und nun ein zusätzliches Quantum brauchen, um weitere Veränderungen zu ermöglichen.

Manche Menschen widersetzen sich dem Einfluss des Rubins, obwohl sie einen Mangel an rotem Strahl zeigen. Teil ihrer Ablehnung kann auf unbewussten Erinnerungen aus früheren Leben beruhen, als der Rubin auf negative Weise verwendet wurde. Wie gesagt, waren jene Missbräuche die unmittelbare Folge des Konflikts zwischen dem Rubin und dem früheren Träger des roten Strahls. Nachdem diese Angelegenheit endlich geklärt ist, kann ich meiner Aufgabe ungehindert nachgehen.

Diese Personen könnten davon profitieren, entweder eine kleine Menge (etwa ein Karat) des Rubins oder den Stein zu tragen, der ihren individuellen Primärstrahl vermittelt. Auf diese Weise können sie sich darauf vorbereiten, größere Mengen Rubin zu tragen, wie man sie für eine Behandlung benötigt.

Der Rubin löst Veränderungen binnen Minuten ein. Je mehr Liebe in den Menschen eingeht (und je mehr dieser sich an die Liebe gewöhnt und sie annimmt), desto mehr Liebe wird gegeben, und desto weiter wird das Herz sich öffnen.

Der Rubin kann auch jenen helfen, die sich für gesund halten, aber noch gesünder werden und sich weniger von ihren emotionellen Gewohnheitsmustern einschränken lassen wollen. Dazu gehören auch solche Personen, die wissen, dass sie Stauungen und Disharmonien in ihrem Emotionalkörper haben, ferner jene, die noch nicht die Meisterung ihrer Emotionen erreicht haben, die sie sich wünschen.

Denke daran: Der rote Strahl oder das Rot eines anderen Edelsteins allein haben nicht die Wirkungen, die der rote Strahl des Rubins zeitigt. Der Rubin nämlich ist der Träger des reinen roten Strahls der Lebenskraft, und dieser rote Strahl wird unterstützt von der Schwingungsrate des Rubins.

Der Rubin morgen

Wenn die Menschen mit dem Rubin als einem Werkzeug vertraut sind und sich mit der Schwingung dieses Steines wohl fühlen, können sie noch viel größere Mengen des Rubins verwenden. Sie lassen sich kurzfristig für spezifische, radikalere und wesentlich leichtere Änderungen von Gewohnheitsmustern einsetzen, die zur Auflösung von physischen und emotionellen Disharmonien führen.

Leider wird dies zumindest während der nächsten zwei bis drei Generationen nicht möglich sein. Dann aber werden eure Leute sich mehr an die Schwingung der Steine gewöhnt haben und mit großen Mengen binnen Minuten oder wenigen Stunden tiefgreifende Wirkungen erzielen können.

Der nächste Hüter, den ihr kennenlernen werdet, ist der Hüter des Rhodochrosit. Auch der Rhodochrosit beeinflusst Muster, indem er sie aufbricht, reinigt und neue, harmonischere erzeugt. Der Rubin beeinflusst Muster, indem er mehr Beweglichkeit und Durchlässigkeit in den Emotionalkörper bringt, Gewohnheitsmuster löst und ihre Macht vermindert.

Der Rubin gibt den Menschen Liebe und Stärke und öffnet sie der unendlichen Quelle der Liebe, dem Geiste. Dadurch wird es den Menschen möglich, die Veränderungen durchzuführen, die sie wünschen. Er erlaubt ihnen, zu den Individuen heranzuwachsen, die sie sein möchten, denn meine Liebe bedeutet auch Freiheit.

»Danke für deine Unterweisung. Sei gesegnet«, sagte Michael.

Als ich mich von Ruby trennte, hatte ich plötzlich das Gefühl, als würde ich sie nicht mehr kennen, während ich noch einen Augenblick zuvor alles an ihr zu verstehen schien. Ruby schenkte weder mir noch den anderen Zuhörern weitere Beachtung. Sie wandte sich von uns ab und blickte in die Ferne übers Meer. Irgend etwas draußen über dem Wasser hatte ihre Aufmerksamkeit gefesselt.

Kapitel 7

Rhodochrosit

Rubys Blick war in die Ferne gerichtet, wo sich ein Wirbelsturm zusammenbraute. Die anderen Zuhörer und ich hatten ihn noch nicht gesehen. Unsere Aufmerksamkeit war noch bei Ruby und wir fragten uns, ob sie ihre Unterweisung fortsetzen würde.

Dann hörten auch wir das ferne Brausen. Ein solches Donnern hatte man auf der Erde noch nicht vernommen, und es wuchs noch an, als der Tornado näherkam.

Ich hatte das Gefühl, dass dieser Wirbelsturm die Manifestation eines Hüters der Edelsteine sein könnte, und rätselte, wie es mir möglich wäre, in sein Bewusstsein einzutreten. Wie kommuniziert man mit einem Tornado? Ich dachte, ich würde mich ängstigen; doch mein Herz war noch erfüllt von der Liebe des Rubins, sodass kein Platz blieb, an dem sich Furcht hätte halten können. Also beobachtete ich, wie auch die anderen Zuhörer, geduldig die Szene.

Als der Wirbelsturm näherkam, vermochten wir zu erkennen, dass es sich in Wirklichkeit um eine wirbelnde Masse rosa-durchscheinender Energie handelte. Sie wurde immer größer und mächtiger, bis sie den ganzen Horizont verdeckte. Plötzlich war sie über uns und hüllte uns ein. Das Tosen und Donnern war ohrenbetäubend. Weiße Lichtblitze inmitten des rosa Wirbelwinds blendeten mich, ich musste die Augen schließen. Dennoch ließen Wind und Sturm meine Kleidung und mein

Haar unberührt. Der Wirbel durchdrang mich und beeindruckte mich nur auf den inneren Ebenen.

Dann hatte uns das ›Auge des Sturms‹ erreicht. Die Wirkung seiner Stille und Ruhe traf mich noch stärker als das wilde Tosen des vorausgegangenen Sturmes. Hinter dieser tiefen Stille konnte man den fernen Klang eines einzelnen Tones vernehmen. Dieser Klang war kein Summen, kein Flöten, kein Singen – und doch zugleich von jedem etwas.

Eine Stimme im Innern bat mich, die Augen zu öffnen. Da sah ich, dass das rosa-weiße Chaos aus Donnern und Blitzen jetzt um uns her wirbelte. Neben Ruby, im innersten Zentrum der Stille, gewahrte ich einen Mann mit dunklem Haar und olivfarbener Haut. Seine Kleidung war in Weiß und Rosa gehalten.

»Jetzt stelle ich euch den Hüter des Rhodochrosit vor«, *erklärte Ruby und deutete auf die neue Gestalt. Beide Hüter fassten einander kurz an der Hand.*

»Er kann eingehender über die Muster sprechen, die den physischen und den Emotionalkörper bilden«, *erläuterte sie.* »Während der Rubin dem Menschen die Kraft, Liebe und Sehnsucht schenkt, Gewohnheitsmuster zu wandeln, führt der Rhodochrosit die Veränderung tatsächlich herbei.«

Ganz unvermittelt verwandelte Ruby sich in einen Wirbel roter Energie und verschwand kurz darauf.

Der Hüter des Rhodochrosit wartete, bis unsere Überraschung über Rubys plötzlichen Abgang sich gelegt hatte. Stille breitete sich wieder unter den Zuhörern aus. Dann blickte der Hüter mich an und sprach: Du weißt, was du tun musst, um meine Worte den Menschen auf deinem Planeten zu überbringen.

Ich zögerte etwas, in seine machtvolle Aura einzutreten. Dann traf mich sein Blick, und ich spürte eine Woge der Sicherheit, ähnlich der Ruhe, die sich in unserer kleinen Schar breitgemacht hatte.

Es wird schon in Ordnung sein, *sagte er. Ich gab all mein Vertrauen in den Geist und erfuhr, dass es wirklich in Ordnung war. Ich nahm meinen Mut zusammen, trat auf den Hüter zu und schlüpfte in seine Aura. Dann wandte ich mich um, und konnte so in die gleiche Richtung blicken wie der Rhodochrosit. Meine Aufmerksamkeit richtete ich auf den Klang des Geistes, dem ich vollkommen zu vertrauen gelernt hatte.*

Seid gegrüßt und willkommen, *begann Rhodochrosit. Dann wandte er sich Michael zu.* Ich glaube, wir haben eine besondere Aufgabe gemeinsam. Ich will mein Bestes geben, um deine Fragen zu beantworten. Du kannst beginnen.

»Kannst du uns einen kurzen Überblick über deine Wirkung vermitteln?«, fragte Michael.

Veränderung. Ich bewirke Veränderung. Aber die Änderungen, die ich hervorbringe, zielen nicht auf den physischen Aspekt. ich bin verantwortlich für die Durchführung von Veränderungen im emotionalen Aspekt der Menschen. Diese Wandlungen führen zu Veränderungen im körperlichen Aspekt jener, die mich tragen.

Dann folgte ein ausgedehntes Schweigen. Wir fragten uns, ob der Rhodochrosit weitersprechen würde.

Hattest du nicht um einen ›kurzen‹ Überblick gebeten? *fragte der Hüter.*

»Ja, in der Tat«, antwortete Michael entschuldigend. »Würdest du uns bitte mehr Einzelheiten mitteilen?«

Ja, gerne. Wenn der Mensch mich trägt, bewirke ich

Veränderungen. Ich warte nicht, bis er kräftig genug wird, um mit mir umzugehen. Wenn eine Veränderung notwendig ist, führe ich sie herbei. Ich warte nicht, bis mein Träger einen Schirm aufgespannt hat, bevor ich es regnen lasse.

Die Schwingung meines Klanges ist der eine Faktor, die Schwingung des Rhodochrosit selbst ist der andere. Der Klang des Donners, den ich mit mir führe, zerstört die Gewohnheitsmuster, die den Einzelnen am Wachstum hindern. Er reinigt auch jegliche Disharmonie, die durch die Zerstörung verursacht wird. Dann kommt die Schwingungsrate des Rhodochrosits und baut wieder auf. Diese drei Funktionen – Zerstörung der Muster, Reinigung und Wiederaufbau – gehen Hand in Hand. Ich lasse nicht zu, dass etwas ungetan bleibt.

Meine Arbeit könnte man vergleichen mit einem Puzzlespiel. Wenn ein Puzzle, das nicht richtig zusammengefügt wurde, erschüttert wird, fliegt der Staub in die Luft, der sich zwischen den Teilchen absetzen konnte. Emotionale Gewohnheitsmuster verhalten sich ähnlich. ›Staub‹ oder die Ablagerungen von nicht richtig gebildeten emotionalen Mustern verstopfen die Emotionen und verhindern, dass sie zum Ausdruck gelangen. Mein Donnern erschüttert diese Muster und bläst den Staub aus den Fugen. Dann baue ich das Puzzlebild von neuem auf, sodass alle Teile korrekt zusammenpassen.

»Kannst du uns etwas über deine Entstehung sagen?«, bat Michael. »Bist du bei der Geburt der Erde entstanden, hast du dich spontan entwickelt oder wurdest du von anderen auf die Erde gebracht?«

Ich stand der Erde erst kurz nach der Zeit zur Verfügung, als ich von den Wesen benötigt wurde, die hier lebten. Unter kurz verstehe ich zwei- bis dreitausend Jahre eurer Zeitrechnung. Ich brauchte so lange, damit meine Schwingung sich in eine physische Matrix einsenken und in Kristallformen wachsen konnte, die groß und reichlich genug waren, um von den Menschen gefunden und gesammelt zu werden.

»Aber wie kam es dazu? Hat die Erde dich manifestiert?«, drängte Michael.

Der Hüter lachte. Ich überlegte mir schon, wie ich dir das erklären sollte. Deine Vorstellung ist richtig, aber bevor du ganz begreifen kannst, wie sich dies vollzog, muss ich dir noch einiges über euren Planeten erklären. Die Erde hat verborgene Geheimnisse, Kräfte und Fähigkeiten, derer ihr euch nicht bewusst seid.

Menschen sind der Erde sehr ähnlich. Wenn sie diesen Zusammenhang einmal begreifen, werden sie die Kräfte ihres Planeten verstehen und beherrschen können.

Die Erde ist ein lebendiges Wesen, ein Lebewesen. Edelsteine sind ebenfalls Lebewesen, aber ein Edelstein besteht aus nur einem homogenen Muster, ich möchte sagen: aus einer Art von ›Zellen‹. Wie die Menschen, die auf ihr leben, besteht auch die Erde aus Millionen verschiedener Zellen. Die Zellen der Erde sind die Edelsteine, Gesteine und anderen Elemente, aus denen sie aufgebaut ist.

Warum sind die Menschen dem Planeten so ähnlich, auf dem sie leben? Weil sie auf dem Planeten geboren werden und seit Tausenden und Abertausenden von Jahren auf ihm gelebt haben. Menschenwesen und die Erde leben so symbiotisch miteinander, dass es unheimlich ist. Als aber Menschen anfingen, gewisse Verhaltensweisen an den Tag zu legen, die selbstzerstörerisch waren, wusste die Erde, dass dieses Verhalten eines Tages auch für den Planeten selbst destruktiv würde.

Alles, was die Menschheit erlebt, spiegelt sich im Planeten wider – und umgekehrt. Wenn du eine bestimmte Krankheit zu verstehen und zu heilen hast, so achte zuerst darauf, was auf dem Planeten geschieht. Die Ärzte der Zukunft, die ihr Leben der Entdeckung von Heilmethoden für Krankheiten widmen, werden viele Stunden der Beschäftigung mit der Natur und der Geist-Natur des Planeten verbringen müssen. Ja, ich spreche hier von einer neuen Wissenschaft: der ›Geistes-Naturwissenschaft‹.

Sie werden sie erforschen, denn jede menschliche Krankheit spiegelt sich auf dem Planeten wider. Weil der Planet so groß ist, kann man hier leichter erkennen, welche Wege freigeräumt werden müssen, damit eine bestimmte Krankheit aufgelöst werden kann. Es ist einfach, den Zusammenhang dieser Prozesse mit jenen im Menschen zu erkennen.

»Kannst du uns ein spezifisches Beispiel des Zusammenhangs zwischen Menschen und Erde nennen?«, fragte Michael.

Ich scheue mich etwas, darüber zu sprechen. Doch ich blicke auf den Geist, und der Geist stimmt zu, in gewissem Maße. Also werde ich – in gewissem Maße – darüber sprechen.

Die Krankheit AIDS ist ein Beispiel. Wenn ihr nicht weiterkommt in eurem Bemühen, diese Krankheit besser zu verstehen, müsst ihr euren Blick auf weitere Horizonte als die der grobstofflichen Chemie richten. Seht, was aus spiritueller Sicht auf dem Planeten geschieht. Wenn ihr die Erde so betrachtet, könnt ihr nicht umhin, das

Gruppenbewusstsein der Menschen zu sehen. Ihr könnt erkennen, wie Menschen und die Erde zusammenhängen und in welche Richtung beide gehen.

Ihr könnt auch nicht umhin, gewisse Muster zu sehen. Krankheiten ›passieren‹ nicht ›zufällig‹. Sie sind das Ergebnis von Mustern. Jede Einzelne – vom einfachen Schnupfen bis hin zu AIDS und dem kompliziertesten Krebs – ist ein Resultat von Mustern.

Viele Muster sind vom einzelnen Menschen zu verantworten; deshalb lehrt die ›New Age-Philosophie‹, dass man alles selbst erzeugt und für alles selbst verantwortlich ist, das einem im Leben begegnet. Doch es gibt auch viele Muster, die nicht unmittelbare Folgen des individuellen Handelns sind. Sie sind das Ergebnis der Beziehungen zwischen dem Menschen und der Erde, der Gesellschaft und anderen Faktoren, die sich unserer direkten Kontrolle entziehen.

Wenn bestimmte Stellen im Körper zu den Müllkippen für die Giftstoffe des Organismus werden, bilden sich Tumore. Geschwülste sind isolierte Einkapselungen von Giftstoffen; der übrige Körper scheint dabei oft recht gesund. Deshalb könnt ihr die Toxizität oder Krebsgeschwulst operativ entfernen und der Körper wird wieder gesund.

Sieh die Erde an, wie sie heute ist. Gibt es Stellen auf der Erde, die krebsartigen Tumoren ähnlich sind?

»Ja: Giftmüll- und Nuklearabfall-Lagerstätten.«

Ich dachte eigentlich an manche Städte, in denen die Einkapselung von Giftstoffen eine Schmutzwolke bildet, die wie eine Giftglocke über dem ganzen Gebiet hängt. Wenn du die Erde von oben betrachtest, siehst du, dass die Großstädte abgegrenzten Bereichen stark erhöhter

Giftigkeit gleichen, die man an der Wolke oder Glocke toxisch verschmutzter Atmosphäre erkennen kann, die sie umgibt.

Lagerstätten von radioaktivem oder giftigem Müll sind etwas anderes, weil ihre Wirkung auf die Erde eine andere ist. Anstatt eine Glocke giftiger Luft zu erzeugen, haben sie einen Effekt, als injizierte man schädliche Stoffe in den Leib der Erde. Die Schwingung radioaktiver oder giftiger Abfälle nämlich lässt sich durch die schützenden Behälter nicht einsperren, ganz gleich, aus welchem Material sie auch bestehen. Die toxischen Schwingungen sickern in die Erde hinein. Es ist ganz ähnlich, als wenn Menschen sich giftige chemische Substanzen in die Venen spritzten.

Wenn Menschen dies tun, fühlen sie sich im ersten Augenblick meist ganz wohl und erreichen sogar ein gesteigertes Gewahrsein. Was aber geschieht dann? Sie stürzen ab. Oft ist dieser Sturz schlimmer, als ihnen bewusst ist. Manchmal denken sie nicht einmal daran, dass sie abgesackt sind. Doch ihre Schwingung sinkt ab, und das ist verheerend, denn es ist überaus wichtig, eine hohe Schwingungsebene aufrechtzuerhalten. Es ist deshalb so wichtig, weil die Schwingungsrate das Leben ist.

Wenn man radioaktives Gift in ein bestimmtes Gebiet ablädt, wirkt die radioaktive Energie eine kurze Zeitlang wie ein Halluzinogen* für die Erde. Das beruht auf der Art der Schwingung des radioaktiven Materials. Diese Schwingung wird in die Zellen der Erdhülle geschüttet.

---

* Substanz, die Sinnestäuschungen bewirkt oder Sinneswahrnehmungen verändert; *Anm. d. Ü.*

Darüber wollte ich eigentlich nicht sprechen. Aber da du es erwähntest, muss ich sagen, dass Giftmülldeponien für die Menschen auf der Erde gefährlicher sind als die am schlimmsten verschmutzte Stadt. Warum? Ein Drogensüchtiger ist unberechenbar. Ein Krebs-Patient erlaubt eher eine Prognose als ein Drogenabhängiger.

Wenn ihr erst einmal angefangen habt, Halluzinogene in einen Planeten zu spritzen, könnt ihr nicht mehr wissen, wie dieser Planet sich verhalten wird. Ist euch denn klar, welche Auswirkungen auch nur die geringste Abweichung von der Umlaufbahn eines Planeten von der Neigung seiner Rotationsachse für das Klima des Planeten hätte?

Das kleinste Wanken oder Fehlen im Rhythmus der Erde wird zur planetaren Verheerung führen.

Vielleicht kam ich auf dieses Thema nur aus einem Grund zu sprechen: Damit die Menschen wissen, was sie tun, wenn sie den Planeten mit ihrem giftigen Müll belasten. Vielleicht ging es nur darum. Wenn ich euch dieses erschreckende Szenario vor Augen stelle, damit ihr darüber nachdenken könnt, werden vielleicht Veränderungen eingeleitet, um die Verseuchung der Erde mit Halluzinogenen zu stoppen.

Jedenfalls sind Krankheiten von Gewohnheitsmustern verursacht. Meine Aufgabe ist es, jene Muster zu ändern, die schließlich Krankheit hervorrufen. Es ist gewiss ein kranker Mensch oder eine Gruppe kranker Menschen, wer seinen Planeten mit Halluzinogenen vollpumpt.

Wenn dein Körper eine gewisse chemische Substanz benötigt und genügend Ingredienzen, Werkzeug und Energie besitzt, um diese Substanz selbst herzustellen, dann tut er dies auch. Wenn du beispielsweise etwas isst, produzieren die Zellen in deinem Verdauungssystem Säuren und Verdauungsenzyme, die vor der Nahrungsaufnahme nicht vorhanden waren.

Die Erde hat ebenfalls die Macht, jene chemischen Substanzen oder Schwingungen zu erzeugen, die sie einsetzt, wann und wo sie sie benötigt. Deshalb wurde der Rhodochrosit nicht auf die Erde gebracht. Er wurde auch nicht gebildet, als die Erde Gestalt annahm, und er entwickelte sich nicht mit dem Planeten. Vielmehr manifestierte die Erde ihn, wie ein Mensch gewisse Verdauungsenzyme manifestiert, wenn sie notwendig sind. Als man seiner bedurfte, wurde der Rhodochrosit geboren.

»Noch etwas: Hat die Erde die Fähigkeit, die Auswirkungen der Nuklearmüll-Deponien auszugleichen?«, fragte Michael hoffnungsvoll.

Sieh dir den drogensüchtigen Menschen an, empfahl Rhodochrosit.

»Drogenabhängige müssen oft tief sinken, bevor sie ihre Situation wirklich in den Griff bekommen«, bemerkte Michael.

Oder jene, die den Süchtigen lieben, helfen ihm, bevor er zu tief abstürzt. Wenn ein Drogenabhängiger fällt, weißt du nicht, ob es nur ein Absinken ist oder ob es den Tod bedeuten wird.

Es gibt viele Kräfte, die den Erdenplaneten stark genug lieben, um das Risiko seines Absturzes zu verhindern. Viele Menschen sind sogar bereit, ihr Leben zu opfern, um die Nutzung radioaktiver Substanzen zu stoppen. Abgesehen davon basiert die Nutzung solchen Materials auf primitiver Technik. Tatsächlich ist sie töricht, ist sie dumm und ein Zeichen von Ignoranz.

Menschen können sterben oder ihr Leben riskieren in

dem Versuch, Veränderungen zu bewirken. Doch damit ihre Anstrengungen tatsächlich effektiv sind, müssen sie an der eigentlichen Ursache des Problems arbeiten. Sie müssen sich mit jenen Mustern befassen, die den Einzelnen dazu bringen, die Nutzung radioaktiver Substanzen und der Nukleartechnik fördern zu wollen.

Spirituelle oder positive Kräfte, die eine tiefergreifende Veränderung herbeiführen wollen, müssen behutsam vorgehen. Sie müssen schon präsent und an der Arbeit sein, bevor jene es merken, die sich ändern sollen. Solche Kräfte müssen ihre Brückenköpfe im Denken des Einzelnen ausbauen, bevor dieser merkt, dass er Widerstand leisten sollte.

Dies gilt auch für die Wandlung jeglicher Krankheit oder für eine Richtungsänderung jedes Weges, der in eine Krankheit führt.

Die frühen Jahre des Rhodochrosits

Meine Aufgaben und Wirkungen in der frühen Zeit meines Daseins auf dem Planeten Erde waren genau dieselben wie heute. Ich hatte immer die gleiche Aufgabe, Funktion und Wirkung.

Der Rhodochrosit nahm im Kleinen seinen Anfang gegen Ende des lemurischen Zeitalters. Kleine Kristalle fand man in der frühen atlantischen Zeit. Sie wuchsen, wurden größer und reichlicher, da der Bedarf an Rhodochrosit zunahm.

Die meisten Menschen von Atlantis erkannten diesen wachsenden Bedarf nicht. Sie weigerten sich zuzugeben oder anzuerkennen, dass sie destruktive Verhaltensmuster entwickelten, und ich die Macht besaß, solche Muster zu wandeln. Hätten sie diese Dinge begriffen, hätte dies Auswirkungen auf die Zukunft ihrer Zivilisation haben können.

Vielleicht ist das nicht überraschend, da der Rhodochrosit zu jener Zeit noch jung war und der Weisheit ermangelte. Mir fehlte das Verständnis, dass positive Aufgaben auf subtilen Ebenen ausgeführt werden sollten, damit ihre Wirkung möglichst weit reicht. Statt dessen machte ich Gebrauch vom Klang meines Donners, um Aufmerksamkeit zu erhalten, da ich meinte, die Menschen würden den Wunsch entwickeln, sich zu ändern. Diese Methode funktionierte nicht, weil die Menschen sich nicht ändern wollen. Deshalb trug man mich nicht.

Natürlich gab es Weise, deren Blick über die Beschränkungen durch Gewohnheitsmuster hinausreichte. Sie wussten, wie wichtig Veränderung ist; sie trugen mich, und es half ihnen sehr.

Nach der Zerstörung des Kontinents Atlantis schützten die Zivilisationen den Rhodochrosit aufgrund seiner Schönheit. Die Menschen schnitzten Kunstwerke aus ihm. Doch es gab noch einige wenige Weise, die meine Mission kannten. Wenn es ihnen möglich war, machten sie heimlich ihren Einfluss geltend, damit Rhodochrosite höchster Qualität in die Kronjuwelen der Regenten Eingang fanden.

Heute ist das Bewusstsein der Menschen bei weitem über das der Atlanter hinausgewachsen. Doch finde ich es interessant, dass die Menschen heute mental wissen, was für sie gut ist, dessen ungeachtet aber reagieren, wie seinerzeit die Atlanter reagierten. Sie widersetzen sich der Veränderung. Obwohl die Menschen wissen, dass eine bestimme Gewohnheit nicht gut für sie ist, fällt es ihnen äußerst schwer, sich zu ändern. Lasst euch vom Rhodochrosit helfen!

Heute kann die Information über meine Wirkung den Massen zugänglich gemacht werden. Ich hoffe, dass die Menschen bereit werden, Rhodochrosit zu tragen. Wie du siehst, ist es wichtig für das Wachstum der Menschen, dass ihr Emotionalkörper gut arbeitet, frei ist von Behinderungen aus der Vergangenheit, von Ablagerungen oder emotionalen Geschwülsten. Ich kann dem Einzelnen helfen, die notwendigen Veränderungen durchzuführen und eine solide, effiziente emotionale Basis wiederaufzubauen.

Es gibt noch etwas, das du wissen sollst. Eure Wissenschaftler sagen wohl, die Erde sei soundso viele Millionen Jahre alt, denn sie messen die Zeit als gleichbleibende Größe. In Wirklichkeit hat sich die Zeit seit der Kindheit des Planeten verlangsamt.

Heute dauert es vielleicht einige Jahrtausende, bis ein Kristall von Punkt A bis Punkt B wächst. Vor hunderttausend Jahren verstrich gewissermaßen die Zeit auf dem Planeten Erde viel rascher. Kristalle brauchten damals nicht die gleiche Zahl heutiger Jahre, um von Punkt A bis Punkt B zu wachsen. Was heute ein Jahr dauert, geschah damals in einem Tag.

Bald nach der Zerstörung von Atlantis begann sich der Zeitstrom auf der Erde zu verlangsamen. Das Jahr fing an, etwa ein Jahr heutiger Zeitrechnung zu dauern. Das heißt, die Erde ist viel jünger, als ihr denkt. Aber Zeit ist ohnehin eine Illusion; der Unterschied spielt also letzten Endes keine Rolle.

»Was kannst du uns sagen, das uns hilft, deine Aufgabe zu verstehen? Bitte sprich frei«, bat Michael.

Ich denke, ich spreche ohnehin schon frei, *erwiderte der Hüter.*

Auch wenn ich sagte, dass ich im Stillen und Subtilen arbeite, habe ich doch einen Donner, der ohrenbetäubend ist, und ein Licht, das die Augen blendet. Sie sind meine Werkzeuge. Sie sind die Kräfte, die der Rhodochrosit gebraucht, um Gewohnheitsmuster aufzubrechen.

Es ist übrigens kein Zufall, dass der Erdstein Rhodonit und ich ähnliche Namen tragen. Der Rhodonit wurde vom Planeten hervorgebracht, um zum Ausgleich meiner Macht beizutragen. Während ein Mensch die gewaltigen Veränderungen erlebt, die ich herbeiführen kann, kann der Rhodonit eine feste Basis emotionaler und körperlicher Stabilität gewähren.

Um zu verstehen, wie ich arbeite, solltest du zuerst einiges über die Muster erfahren. Muster manifestieren sich im physischen Körper als Aktionen und Reaktionen. Sie manifestieren sich auch in den inneren Körpern und erscheinen dort als sehr feine Linien. Wenn du diese Linien näher betrachtest, kannst du sehen, dass sie aus Blöcken bestehen, die hintereinander angeordnet sind.

Ein Block ist eine bestimmte Ursache, der nächste Block eine Antwort darauf. Dann folgt wieder ein Ursachen-Block, darauf eine Reaktion usw. Je öfter du auf die gleiche Weise auf eine bestimmte Ursache reagierst, desto länger wird die betreffende Muster-Linie.

Sobald du aufhörst, auf eine bestimmte Ursache zu reagieren, beginnen sich die Umstände zu formieren, die

die nächste Ursache umgeben, bis ein vollständiger Block gebildet ist. Sobald ein Ursachen-Block fertig ist, entwickelt er eine magnetische Ladung, die die Antwort anzieht, die für die jeweilige Musterlinie typisch ist. Je öfter du auf diese typische Weise reagierst, desto länger wird deine Musterlinie. Je länger deine Musterlinien sind, desto tiefgreifender können sie sich auf den physischen Körper auswirken.

Der Rhodochrosit beeinflusst die magnetische Ladung am Ende jeder Musterlinie und fügt eine kleine Energiekugel daran, die einer winzigen Wunderkerze ähnlich sieht. Wenn die magnetische Ladung des Ursachenblocks sich einmal geändert hat, zieht sie – im Idealfall – eine andere Art von Reaktion an.

In der Regel wird diese neue Reaktion nicht augenblicklich vom Ursachen-Block angezogen. Vielmehr stellst du, wenn du das nächste Mal auf eine bestimmte Ursache reagierst, vermutlich fest, dass du dir deines Handelns bewusster bist. Du erkennst, dass dein Tun dir nicht mehr das Gefühl vermittelt, die bestmögliche Reaktion in dieser Situation zu sein. Es ist, als ob du über diese Art der Antwort auf die bewusste Situation hinausgewachsen seist. Dennoch wirst du auf die altgewohnte Weise handeln, ungeachtet dieses neuen Gewahrseins – wie du einen etwas zu eng gewordenen Schuh weiterhin trägst, weil du dir noch nicht die Mühe gemacht hast, neues Schuhwerk zu kaufen.

Vielleicht handelst du sogar noch ein weiteres Mal auf diese Weise, aber dabei wird dir der Schuh noch enger vorkommen, und dein Verhalten erscheint dir noch weniger angemessen. Es ist zu hoffen, dass du dieses Mal bereit bist, dir neue Schuhe zu kaufen. ›Ein neues Paar

Schuhe zu kaufen‹, bedeutet zu beschließen, wie du beim nächsten Mal gerne handeln möchtest, und diese neue Verhaltensweise in Gedanken immer wieder durchzuspielen.

Hier ein Beispiel: Dein Vater hat jahrelang etwas Bestimmtes getan, und jedesmal hast du auf eine bestimmte Weise darauf reagiert. Jetzt beabsichtigst du, dich anders zu verhalten. Denke an das, was dein Vater tut, und übe in Gedanken deine neue Reaktionsweise ein. Wenn du dich und deine Beziehung zu ihm heilen willst, sollte deine neue Reaktionsweise mehr in Harmonie sein – nicht nur mit dir selbst, sondern auch in Bezug auf die Verbindung zwischen dir und deinem Vater, dir und dem Geist, dir und dem Leben allgemein. Du solltest ständig darauf hinarbeiten, bessere und höhere Verhaltensmuster zu entwickeln.

Wenn du anfängst, auf eine bestimmte Ursache anders anzusprechen, beginnst du, neue Musterlinien zu bilden, die hoffentlich edler und harmonischer sind. Ich beeinflusse nicht alle Muster, weil manche so banal und unbedeutend sind – z. B. die Art, wie du die letzten sechsunddreißig Jahre morgens die Zähne geputzt hast. Bevor du dann etwas anderes unternahmst, hast du dein Gesicht gewaschen und das Haar gebürstet. Dieses immer gleiche Muster, das du tagtäglich wiederholst, beeinträchtigt deine Gesundheit nicht.

Der Rhodochrosit richtet seine Energie nur auf solche Muster, die vom menschlichen Geist signalisiert wurden. Dieser weiß, welche Muster eine schädliche Wirkung auf dich haben, denn er betrachtet sie aus einer höheren Perspektive. Er kann den Emotional- und den physischen Körper prüfen und ihre Bedürfnisse erkennen.

Der Rhodochrosit ist ein Werkzeug, das man einsetzen kann, um sein Leben zu verändern. Natürlich tragen bewusste Kenntnisse über den Gebrauch dieses Werkzeugs zu einer tiefergreifenden Wirkung bei. Je mehr man zur Veränderung bereit ist, desto leichter kann man zudem in den Genuss der Hilfen gelangen, die der Rhodochrosit zu bieten hat. Doch Edelsteine wirken immer, gleichgültig, wie bewusst der Einzelne sich ihrer Wirkung ist oder wie bereitwillig er sie annimmt.

Emotionale Muster schicken wie Laserkanonen Energie in emotionale und körperliche Zustände. Die Menge der Energie hängt ab von der Intensität des Gefühls, das den Ursachen-Block mit dem Reaktions-Block verbindet. Ob diese Energie positiv oder negativ ist, liegt an der Einstellung, die Ursache und Reaktion verbindet.

In dem Handlungsmuster »Aufwachen – Zähne putzen – Gesicht waschen – Haar bürsten« steckt nur wenig Gefühlsenergie. Deshalb wird von ihm nur wenig oder gar keine Energie in den physischen Körper weitergehen.

Wenn die Einstellung zu einem Muster harmonisch, entspannt und glücklich ist, gelangt positive Energie in den physischen Körper. Wenn deine Mutter dich jedesmal in den Arm genommen hat, wenn du als Kind deine Pflichten erledigt hattest, bildete sich daraus ein starkes Muster mit angenehmen Gefühlsassoziationen. Die so entstandene Musterlinie und die mit ihr verknüpfte Aktivität sendet jetzt also angenehmes Wohlgefühl in den physischen Körper. Es hat einen erhebenden Einfluss auf dich.

Wenn jedoch die Eindrücke, die den Reaktions-Block mit dem Ursachen-Block verbinden, Verletzung, Wut, Angst oder etwas anderes Negatives sind, dann werden eben solche Energien in den physischen Körper gestrahlt. Sie manifestieren sich als disharmonische Energien.

Wenn genügend disharmonische Energie in eine Schwachstelle des Körpers gegeben wird, ruft sie körperliche Disharmonie hervor. Natürlich wird diese physische Disharmonie nicht weiter genährt, wenn du die Musterlinien auflöst und -hebst und dann neue aufbaust, die mit harmonischer Energie verbunden sind, guten Gefühlen und positiven Denkhaltungen.

Um eine körperliche Heilung zu erreichen, sollte man auch geeignete physische Behandlungsformen auswählen und zur Anwendung bringen. Effektive physische Therapien lösen die materiellen Überbleibsel der disharmonischen, kranken Schwingung auf.

Ein guter, durchscheinender Rhodochrosit übt einen gewissen Reinigungseffekt auf den Körper aus. Doch man sollte sich nicht auf ihn allein verlassen, wenn man eine physische Heilung wünscht. Nimm den Rhodochrosit-Einfluss zu Hilfe, um die Muster aufzulösen, die die physische Disharmonie nähren.

Der Rhodochrosit zeigt noch eine weitere Wirkung. Er macht Musterlinien flexibler und erreicht, dass sie nicht an gewissen Stellen im Emotionalkörper festhaften. Wenn Musterlinien verhaftet sind, hemmen sie den Strom der Lebenskraft in den entsprechenden Bereich des physischen Körpers und schwächen diesen damit. Wenn jemand Rhodochrosit trägt, beginnen sich seine Musterlinien zu lockern, bis sie sich schließlich im Rhythmus der Atmung bewegen wie die Rippen.

Die Musterlinien einer schwangeren Frau beeinflussen auch das Kind, das sie trägt. Der Fötus befindet sich in einer prägbaren Phase und ist deshalb sehr empfindlich gegenüber Veränderung und anderen Einflüssen. Alles, was eine Frau unternehmen kann, um mehr positive Einflüsse in ihr Leben zu lenken, wird auch ihrem Baby zugute kommen.

Wenn die Musterlinien einer Frau an Starrheit verlieren, wird auch das Baby im Mutterleib flexibler und empfänglicher für Veränderungen werden und besser mit den Mustern umgehen können, die es im späteren Leben selbst bilden wird.

Behandlungen mit Rhodochrosit

Es ist einfach, mit dem Rhodochrosit zu arbeiten. Man braucht nur eine Kette mit Rhodochrosit-Perlen um den Hals zu tragen. Dann strahlt die Energie des Steines in die ganze Aura. Es gibt keine spezifischen Behandlungsmethoden, bei denen der Rhodochrosit etwa an bestimmten Stellen des Körpers aufgelegt wird. Man trägt ihn am besten um den Hals, da man auf diese Weise am effektivsten die ganze Aura berührt.

Die in Facetten geschliffene Form des Rhodochrosits vermag Muster zu beleuchten und Energie auf sie zu richten. Doch sollte man den facettierten Rhodochrosit nur gebrauchen, um Energie auf bestimmte Muster zu lenken, wenn man sensitiv genug ist, um Musterlinien zu sehen und sich als Meister der Behandlung mit Edelsteinen bewährt hat. Der facettierte Rhodochrosit ist kein Mittel, das man einsetzen darf, wenn man nicht genau weiß, was man tut. Die Kugelform dieses Steines dagegen kann ohne Bedenken von jedermann verwendet werden.

Die Rhodochrosit-Kette sollte am besten so lang sein, dass sie bis in Herznähe hängt. Weitere Faktoren, die einen Einfluss darauf haben, wie rasch, effektiv und tiefgreifend ich wirke, sind konzentrierte gedankliche Aufmerksamkeit sowie Qualität und Größe der Rhodochrosite.

Was die Qualität betrifft, so sind Rhodochrosite umso stärker in ihrer Wirkung, je leuchtender ihre rosa Farbe und je durchscheinender die Steine insgesamt sind.

Je größer ein Rhodochrosit ist, desto mehr Kraft besitzt er auch. Eine Kette mit Rhodochrosit-Perlen von sechs Millimeter Durchmesser würde einem Menschen helfen, der relativ geringfügige Beschwerden hat, etwa Verdauungsprobleme oder ein Organ, das nicht so optimal funktioniert, wie man es wünschen würde. Zu therapeutischen Zwecken wäre eine etwa sechzig bis achtundsechzig Zentimeter lange Kette guter Rhodochrosit-Kugeln von acht oder zehn Millimeter Durchmesser angemessen. Ich verstehe unter einem behandlungsbedürftigen Menschen eine Person, deren Muster zu lebensbedrohenden Situationen führen.

Wenn du in Gedanken klar formulierst, dass du Rhodochrosit zu einem bestimmten Zweck trägst – etwa, um die Muster zu ändern, die dein Verdauungssystem beeinträchtigen –, wird dies die Aktivität des Rhodochrosits stark auf die betreffenden Muster konzentrieren.

Wenn er keine mentale Ausrichtung erhält, wirkt der Rhodochrosit auf allgemeinere, ganzheitliche Weise. Er identifiziert die längsten Musterlinien, die mit dem höchsten Maß an Gefühlen und negativen Denkhaltungen verknüpft sind, und bearbeitet sie zuerst. Doch sein Wirken hat dabei keinen bestimmten Schwerpunkt, und da er mehrere Musterlinien bearbeitet, sind auch die erzielten Veränderungen weniger auffällig.

Doch wenn du dich entschließt, Rhodochrosit zu tragen, um einem bestimmten körperlichen Problem – zum Beispiel Schulter-Beschwerden – zu helfen, das nur von einigen Musterlinien beeinflusst wird, konzentriert sich die ganze Energie des Rhodochrosits auf diese wenigen Musterlinien, die deine Schulter betreffen. Die herbeigeführten Veränderungen werden sich dabei viel rascher bemerkbar machen.

Ein Leiden, mit dem beispielsweise drei oder vier Musterlinien verbunden sind, verwandelt sich schneller als ein Krankheitszustand, der von zehn oder mehr Musterlinien unterstützt wird.

Eine Reinigung habe ich eigentlich nicht nötig. Doch es ist ratsam, jegliche Energiereste zu entleeren, die vielleicht auf feinstofflicher Ebene an einem Edelstein haften, bevor dieser von einer anderen Person getragen wird. Auch Hautöl oder Feuchtigkeit, die auf materieller Ebene auf einem Stein übriggeblieben sind, sollten beseitigt werden. Der Rhodochrosit braucht hierzu nur kurz unter fließendem heißen und kalten Wasser gespült zu werden und danach eine Stunde in der Sonne zu liegen.

Wenn sich ihre Gewohnheitsmuster zu verändern beginnen, werden die Menschen stärker. Sie erkennen die große Kraft, die sie im Innern tragen. Vielleicht erkennen sie auch, dass der Rhodochrosit nur ein Werkzeug ist. Er ist die Kraft, die in Bewegung setzt, ermutigt und motiviert. Doch es ist der Mensch selbst, der die Verändeungen zugelassen hat. Wenn ihm klar wird, dass er die Macht besitzt, sein Leben zu verwandeln und seine Emotionen, Gewohnheitsmuster und Reaktionsweisen zu ändern, fühlt er ein gewaltiges Selbstvertrauen. Er wird erfüllt von der überwältigenden Gewissheit: »Ich kann es! Ich habe die Kraft! Ich besitze die Fähigkeit, mein Gefühlsleben und meinen Körper zu meistern!«

Wenn neue emotionale Verhaltensmuster zum Ausdruck gelangen, reagieren andere Menschen vielleicht auf unvorhergesehene Weise in ihrer Überraschung angesichts dieses neuen Verhaltens. Wenn sich der Rhodochrosit-Träger von dem Verhalten anderer beeinträchtigen lässt, wird meine Arbeit gestört. Deshalb muss ich den Träger vor diesen äußeren Einflüssen schützen, die mein Wirken unterbrechen oder stören. Das ist notwendig, damit die neuen emotionalen Muster im Physischen Ausdruck finden können – ohne die Angst, das Gleichgewicht zu verlieren, geschwächt oder verletzt zu werden.

Wenn ein Wirbelsturm kommt, zerschmettert er viel und wirbelt Staub auf. Wenn Menschen anfangen, sich mit ihren Gewohnheitsmustern zu befassen, beginnt sich auch ihr Leben zu verändern. Sie lernen, anders zu reagieren. Außerdem gibt ihnen das neue Selbstvertrauen, das sie aus diesen Veränderungen gewinnen, den Mut, Dinge zu tun und zu sagen, die sie nie zuvor gedacht oder gesagt hatten.

Dadurch kann einige Disharmonie entstehen – deshalb der Vergleich mit dem emporwirbelnden Staub. Doch der Rhodochrosit bringt auch eine harmonische Kraft in die Aura der Menschen, die mich tragen. Diese Kraft berührt ihre Familien, die Menschen, mit denen sie arbeiten, und alle anderen, die ihnen so nahe sind, dass sie auch in die Wolke wirbelnden Staubes geraten könnten. Doch diese harmonische Kraft lässt den Staubsturm überhaupt nicht aufkommen, da sie allen Staub beseitigt, der aufwirbeln könnte. Dann trägt sie zum Wiederaufbau des Lebens bei, indem sie dem Einzelnen hilft, harmonischere und edlere Muster zu formen.

Manche Menschen, die Rhodochrosit tragen, fühlen fast augenblicklich ein größeres Selbstvertrauen. Dieses gesteigerte Selbstvertrauen gibt ihnen unter Umständen den Mut, sich auf neue, ungewohnte Weise zu verhalten. Andere, die den Rhodochrosit tragen, fangen mit ihren neuen Verhaltensweisen vielleicht schon an, bevor sie dieses neue Selbstvertrauen fühlen. Sie sind sich deshalb vielleicht nicht ganz sicher, wenn sie nicht fortfahren, den Rhodochrosit zu tragen. Schließlich aber baut der Stein ihr Selbstvertrauen auf, indem er sie mit der Lebenskraft in ihrem Innern verbunden hält.

Du wirst es merken, wenn diese kritische Phase abgeschlossen ist. Doch vorher solltest du tagsüber ständig Rhodochrosit tragen. Nachts kannst du ihn entweder anbehalten oder nahe am Körper im Bett aufbewahren. Dann arbeitet er weiter, weil er innerhalb deines Aura-Feldes liegt.

Diese kritische Phase dauert zwei bis drei Monate. Wenn sie vorüber sind, hast du ein stabileres Gleichgewicht erlangt. Dann sind genügend Musterlinien aufgelöst und neue Linien gebildet, sodass du gewissermaßen ein neues Leben beginnen kannst. Du hast das Gefühl, eine ganz neue Verhaltens- und Reaktions-Ausrüstung zu besitzen, eine neue Einstellung zu dir selbst und deinem körperlichen Zustand.

Darüber hinaus – wenn andere Therapien mittlerweile deinen physischen Körper gut unterstützten – fühlst du dich vermutlich sehr wohl und hast auch auf dem Wege zur körperlichen Gesundung gute Fortschritte gemacht.

In der nächsten Phase solltest du den Rhodochrosit täglich mindestens einige Stunden lang tragen. Wenn dies nicht durchführbar ist, so lege die Kette wenigstens nachts unters Kopfkissen oder trage sie im Bett, damit sie während der Schlafenszeit wirken kann.

Wenn man Rhodochrosit als therapeutische Maßnahme einsetzt oder um große Veränderungen herbeizuführen, sollte man ihn über eine lange Zeit hinweg tragen.

Der Rhodochrosit morgen

»Kannst du über deine Zukunft auf dem Planeten Erde sprechen und darüber, wie du den Menschen helfen wirst? Kannst du uns dies ausführlicher skizzieren?«, bat Michael.

Ausführlicher skizzieren? *Der Hüter lachte.* Das klingt in der Tat etwas widersprüchlich. Aber man könnte sagen, dass man vom höchsten Punkt eines Tornados aus ein größeres Blickfeld besitzt und deshalb mehr skizzieren kann.

Auch wenn die Menschen vielleicht verstehen und wissen, dass sie einer Veränderung bedürfen und der Rhodochrosit ihnen dabei hilft, wird er doch nicht für viele arbeiten. Es wird für jene da sein, die ehrlich und ernsthaft bereit sind, sich zu ändern. Oft sind dies Leute, die eine ganz spezielle Verbindung mit dem Geist und der Seele besitzen. Dies gibt ihnen eine höhere Sicht, als sie das menschliche Denken bietet. Sie sehen den ganzen Sinn von Veränderungen und erkennen, warum die Meisterung des Physischen und Emotionalen so wichtig ist. Es sind diese Menschen, die den Schritt tun werden, Rhodochrosit zu tragen und ihn als das Werkzeug zu gebrauchen, das er darstellt.

Es ist nicht meine Entscheidung, dass der Rhodochrosit für wenige Auserwählte bestimmt ist. Jeder Einzelne wird selbst wählen müssen, ob er oder sie zu diesen wenigen Auserwählten gehört. Denn es bedarf großer Stärke, um durch Veränderungen zu gehen; diese Stärke muss oft vom Geist oder der Seele selbst kommen.

»Gibt es – bevor wir schließen – noch irgendeine weitere Information, die du uns gerne mitteilen möchtest?«, fragte Michael.

Ich bedaure, aber mir kommt nichts Inhaltsschweres mehr in den Sinn. Wenn du besonders auf das achtest, was geschieht, wenn ich euch verlasse, gewinnst du vielleicht eine Einsicht.

Ich habe über die Macht des Rhodochrosits gesprochen. Lasst es bekannt werden, dass ich diese Macht mit großer Liebe ausübe, mit einer Liebe zur Freiheit der Seele. Gewohnheitsmuster können das Individuum versklaven. Doch wenn man die Muster bearbeitet, erhellt und vom Rhodochrosit zur Ordnung führen lässt, können sie dem Menschen die Lektionen vermitteln, die er braucht, um Meister zu werden.

Es gibt noch einen anderen, der ebenfalls die Aufgabe hat, große Veränderungen zu bewirken. Wir arbeiten nicht gemeinsam, doch geht unser Weg parallel. Es handelt sich um den Hüter des purpurnen Regenbogen-Fluorits. Damit ihr die Mission dieses Edelsteins versteht, solltet ihr jetzt am besten mit dem Hüter des Amethysts sprechen. Amethyst pflegt zu seiner eigenen Zeit und auf ihm eigene Weise zu kommen, deshalb verlasse ich euch jetzt.

Es war mir eine Ehre, zu der Reihe dieser Gespräche beizutragen.

»Sei gesegnet«, sagte Michael.

Seid auch ihr gesegnet, antwortete Rhodochrosit.

Ich schlüpfte so sanft und leicht aus seinem Bewusstsein, als hielte mir jemand die Hand, mich zu stützen. Doch wollte ich an seinem hohen Bewusstsein festhalten. Ich hatte deutlich die Musterlinien gesehen, von denen Rhodochrosit sprach. Ich hatte den Schmerz der Erde gespürt, als er die Nuklearmüll-Deponien erwähnte. Und ich hatte die tiefe Verbundenheit von Menschen und dem Planeten gesehen. Sie passen tatsächlich zusammen wie zwei vollendet gestaltete Puzzle-Teile.

Die andere Seite des Tornados zog durch uns hindurch. Ich wusste, dass dieses gesteigerte Gewahrsein vorüber wäre, wenn der Einfluss des Tornados sich verzogen hätte, und ich war voll Traurigkeit. Dann erinnerte mich der Geist daran, dass ich, wenn ich dem Geist folgte sowie seinem Licht und Ton in meinem Innern, diese Bewusstseinszustände wiederfinden könnte und sogar noch höhere zu erreichen vermöchte.

Dann zog der Wirbelsturm schließlich ab. Das Licht der Sonne kehrte zurück; das Tosen der Wellen und der Gesang der Vögel waren von neuem zu hören.

»Wir wollen sehen, ob der Amethyst dieses Schauspiel überbieten kann«, sagte einer der Zuhörer. Wir alle lachten und fühlten uns jetzt entspannter. Das gemeinsame Erlebnis hatte unser Gruppenbewusstsein gestärkt. Irgendwie hatte uns die Anwesenheit von Rhodochrosit das Empfinden zurückgelassen, dass wir alle Teil eines Teams waren, das zur Suche nach tieferem Wissen aufgebrochen war.

KAPITEL 8

Amethyst

Als die Gruppe sich setzte und diskutierte, wann und wie der Amethyst wohl erschiene, wurde die Luft um uns kalt. Wolken begannen aus der Tiefe vom Meer über die Klippen emporzusteigen, und bald waren wir in kalten Nebel gehüllt. Auch der Ton, der die Luft erfüllte, hatte sich gewandelt. Der vorher einzelne Ton wurde nun alle Töne, vom tiefsten bis zum höchsten, die gleichzeitig erklangen. Lieblich und machtvoll zugleich wehte der neue Klang heran.

Angesichts dieser Veränderung der Szenerie war mir zunächst nicht ganz wohl zumute. Aber bald begann mich eine gelassene Ruhe zu erfüllen, die aus einer Quelle tief im Innern meines Herzens aufstieg. Meine Besorgnis schmolz hinweg wie Schnee in der Sonne. Nun wusste ich, dass alles seinen Sinn hatte, dass alles angebracht war und zur rechten Zeit geschehen würde. Ich wusste: über allem wachte eine Ordnung.

Auch meine Zeitwahrnehmung wandelte sich. Ich hatte das Empfinden, bereits erlebt zu haben, was nun folgen würde. Es kam mir vor, als säße ich in einem Kino und schickte mich an, einen wohlvertrauten Film anzusehen.

Ich spürte, wie sich hinter mir jemand näherte. Ich konnte diese neue Anwesenheit nur schwer von den Empfindungen in meinem Herzen unterscheiden. Ich glaube, die anderen erlebten es auf ähnliche Weise, denn als ich die Augen öffnete, waren auch sie gerade dabei aufzusehen. Ich blickte hinter mich: Da stand der Hüter des Amethyst.

Ich erkannte ihn wieder nach unserer ersten Begegnung mit den Hütern der Edelsteine. Er war ein alter Mann mit weißem Haar und langem weißen Bart, der seine Brust bedeckte. Sein Gewand war von dunklem, edlem Purpur. Er stützte sich auf einen langen Stab aus weißem Holz. Seine Augen waren ebenfalls purpurn, und als er seinen Blick auf uns richtete, strömte eine intensive Lebendigkeit aus ihnen hervor, die uns alle liebevoll berührte.

Ich bin gekommen, um über die Weisheit des Amethysts mit euch zu sprechen, denn über mich selbst gibt es nicht viel zu sagen.

Ich brauchte nicht um Erlaubnis zu bitten, in die Aura des Hüters einzutreten. Ich wusste, dass der Amethyst im Herzen meines Wesens existierte. Alles, was ich tun musste, war meine ganze Aufmerksamkeit auf jenen Teil von mir selbst zu richten, und die Worte von Amethyst würden frei fließen.

Kommt, lasst uns diesen Ort verlassen und eine Stelle finden, die für uns alle angenehmer sein wird, schlug der Hüter vor.

Während wir durch den kühlen Nebel gingen, spielte uns die Illusion erneut einen Streich, denn binnen weniger Augenblicke brachten wir weite Entfernungen hinter uns. Wir fanden uns ein in einem Park, in dem die Sonne warm auf üppiges, grünes Gras fiel, das weich war wie ein Kissen. In der Ferne konnte man spielende Kinder hören. Unsere kleine Ecke des Parks war still und friedlich, und wir setzten uns unter eine mächtige Eiche.

Sobald Amethyst sich niedergelassen hatte, sah er jeden von uns an; er schien uns bis tief in die Seele zu blicken.

Ich kenne jeden von euch, wie auch jeder von euch mich bereits kennt. Es ist nicht nötig, dass ihr an frühere Leben glaubt. Wenn ihr erst die Grenzen des physischen Körpers hinter euch lasst, braucht ihr nicht mehr zu glauben. Dann wisst ihr, dass das Leben mit dem Tode des materiellen Körpers nicht aufhört. In einer anderen Zeit, an einem anderen Ort und in einem anderen physischen Körper trug jeder von euch bereits den Amethyst. Ihr kanntet mich, als meine Kraft in ihrer Blüte stand, als die Macht des Amethysts am stärksten war. Das ereignete sich im Zeitalter von Atlantis. Jetzt seid ihr zurückgekehrt, um mehr über den Amethyst zu erfahren. Die Zeiten sind jetzt anders. Ich bin nicht mehr jung, und meine Wirkungen haben sich mit zunehmendem Alter verändert.

Nun habt ihr die Gelegenheit, mich von neuem kennenzulernen.

Die frühen Jahre des Amethysts

Als die Erde bereit war, Leben zu tragen, wurden alle sieben Farbstrahlen auf den Planeten gebracht. Es war kein Zufall, dass der purpurne Strahl in den Bergkristall geflößt wurde, den auf der Erde am reichlichsten vertretenen Edelstein. Dass der purpurne Strahl im Bergkristall untergebracht und damit weit verbreitet wurde, geschah im Hinblick auf die Bestimmung des Planeten und seiner Bewohner: Ihr Ziel würde ein spirituelles sein – zumindest aber besaßen sie das Potential, eine hohe Spiritualität zu erreichen. Was die Menschen mit ihrem Potential anfangen, ist freilich ihre eigene Angelegenheit.

Heute fließen nicht alle Farbstrahlen zu gleichen Teilen in die Erdatmosphäre. Der Indigo-Strahl beispielsweise leuchtet schwächer als die anderen. Als ich geboren wurde, war der purpurne Strahl der schwächste. Der purpurne Strahl nahm im Laufe der Entwicklung der Menschen an Stärke zu.

Im Zeitalter von Lemurien war ich sehr beliebt. Die Menschen jener Zeit sahen in meiner Farbe nämlich das Symbol ihrer höchsten spirituellen Anlagen. Ich erinnerte die Menschen daran, dass sie eines Tages in ihre wahre Heimat in den inneren Welten zurückkehren würden. Ich erinnerte sie zudem an alle Aspekte des Geistes, einschließlich Leben, Gesundheit und Weisheit. Sie trugen mich als Ausdruck ihrer Liebe zu diesen Dingen.

Während der Zeit von Atlantis fanden Männer und Frauen, dass ich für die spirituelle Entfaltung brauchbar war. Doch sie entdeckten auch, dass man große Macht ausüben konnte, wenn man mich trug. Je nach den Absichten des Trägers konnte dies die Kraft von Wissen und Weisheit sein, die Kraft der Heilung oder die Macht über andere Menschen. Allmählich setzte sich die Verwendung des Amethysts zum Zwecke der Beherrschung anderer immer mehr durch. Gegen Ende jenes Zeitalters war meine Fähigkeit, dem Einzelnen zu helfen, mit seinem höheren Selbst Kontakt herzustellen, fast völlig in Vergessenheit geraten. Nur wenige Weise wussten noch davon.

Seit der Zeit von Atlantis wurde der Amethyst von Königs- und Adelshäusern, von mächtigen Geschäftsleuten, Kirchenfürsten und Begüterten geschätzt. Sie sorgten dafür, dass ich für die Masse nur schwer erreichbar war – der ich das Mittel in die Hand gegeben hätte, über die Grenzen hinauszublicken, die ihre Führer errichtet hatten. Mit meiner Hilfe hätte das Bewusstsein des Volkes sich geweitet bis zu einem Punkt, an dem seine Führer die Macht über es verloren hätten.

Der Amethyst heute

Heute fühlen sich viele Menschen vom Amethyst stark angezogen. Sie spüren, dass der purpurne Strahl, den ich trage, ihnen in ihrem geistigen Wachsen und Entfalten helfen wird. Doch die Zeiten haben sich gewandelt. Meine Macht hat seit dem Untergang von Atlantis allmählich nachgelassen. Besonders in den beiden letzten Jahrhunderten ist sie stark zurückgegangen.

Jetzt besteht meine Hauptaufgabe darin, dem Menschen den purpurnen Strahl zu vermitteln. Der purpurne Strahl öffnet – gemeinsam mit der hinter ihm stehenden Schwingung des Amethysts – den Energiekreislauf, der durch das Kehl-Chakra hereinkommt und durch das Brauen-Chakra den Körper verlässt. Dabei erlangen die Menschen die Fähigkeit, in ihre inneren Welten zu schauen. Diese wiederum zieht spirituelle Entfaltung nach sich.

Ich muss jedoch warnen. Wenn ein Mensch Amethyst trägt, dessen Brauen-Chakra geschlossen ist, kann es zu einem Energiestau im Kopf kommen. Daraus können Störungen im Ego erwachsen, die sich zum Beispiel in Machtgier äußern. Letztlich führen solche Erfahrungen zu spirituellem Wachstum, da sie dem Individuum eine

Gelegenheit geben, die Beherrschung seines menschlichen Geistes zu lernen. Aber setzt mich nicht ein, um diese Erfahrungen bewusst herbeizuführen. Ganz gewiss stößt man im täglichen Leben auf genügend solcher Lektionen. Um sicher zu sein, dass das Brauen-Chakra geöffnet ist, bevor man den Amethyst anlegt, könnt ihr einfach etwa dreißig bis sechzig Sekunden lang den Amethyst auf euren Scheitel legen.

Die Menschen von Atlantis verwendeten mich in Form von Kristallen. Sie wussten, wie sie sich die Energie des Amethyst-Kristalls zunutze machen konnten. Heute – im Vergleich zur atlantischen Zeit – ist die Kraft des Amethyst-Kristalls sehr schwach. Jetzt sind Kugeln für die Menschen die beste und effektivste Form des Amethysts.

Das Bewusstsein der Menschen von heute ist anders als das der Bewohner von Atlantis. Überall auf dem Planeten entfaltet es sich. Die Menschen werden spiritueller, und ihre Verbindung mit der Erde und mit grobstofflichen, materiellen Dingen ist nicht mehr so stark. Natürlich sind sie nach wie vor mit der Erde verbunden. Doch zur Zeit von Atlantis waren die Menschen materieller orientiert als jetzt. Die Kristalle entsprachen mit ihrer Schwingungsrate den Bedürfnissen der Atlanter besser. Nun ist die Situation eine andere. Die Menschen harmonieren jetzt mehr mit der Schwingung der Kugelform eines Kristalls.

Ich habe bereits gesagt, dass der purpurne Strahl zur Zeit meiner Entstehung auf der Erde nur schwach war, und dass sich der Amethyst im atlantischen Zeitalter in der Blüte seiner Jahre befand. Heute seht ihr mich als einen alten Mann, und mir ist bewusst, dass meine Eigenschaften sich abgeschwächt haben. Heißt dies, dass der purpurne Strahl auf eurem Planeten wieder schwach ist? Nein, denn die Farbstrahlen stehen jedermann zur Verfügung.

Jeder Farbstrahl braucht einen Edelstein, der seine Energie auf einem belebten Planeten vermittelt. Edelsteine sind wie Fanghandschuhe beim Baseball. Sie fangen und halten den ›Ball‹ aus Licht, der vom ›Werfer‹ ausgesendet wird. Der Werfer entspricht dem Kristall auf dem Berg in der mentalen Welt, in dem die Farbstrahlen aus dem reinweißen Licht des Geistes entstehen. Edelsteine, die Farbstrahlen-Träger sind, halten die Verbindung zwischen diesem Ort in der mentalen Welt und dem Planeten aufrecht. Sie sorgen dafür, dass die Farbstrahlen für den Planeten rein gehalten werden.

Die kristalline Matrix des Amethysts hat sich im Laufe der Jahrtausende nicht verändert, seit dieser Stein auf der Erde vertreten ist, und auch der purpurne Strahl ist der gleiche geblieben. Was sich aber verändert hat, sind die Menschen auf diesem Planeten. Mit ihrem Wandeln und Wachsen änderten sich auch ihre Bedürfnisse. Es ist Aufgabe der Erde, den Menschen, die auf ihr leben, alles zur Verfügung zu stellen, was sie zur Unterstützung ihres Wachstumsprozesses benötigen. Ihr wisst: Wenn die Bedürfnisse der Menschen erfüllt werden, werden auch die Bedürfnisse der Erde erfüllt.

Damit ich die Bedürfnisse der Menschen erfüllen kann, verändert sich die Schwingungsrate des Amethysts, das Leben im Steine. Meine Energie lässt nach, weil die kristalline Matrix des Amethysts nicht stark genug ist, um den steigenden Zustrom des purpurnen Strahls zu unterstützen, der bald von den Erdenmenschen benötigt werden wird. Wenn ich nicht zugunsten eines kräftigeren Trägers zurücktrete, könnte eine ähnliche Situation entstehen wie jene, zu der es zwischen dem Rubin und dem früheren Träger des roten Strahls kam. Die kristalline Matrix des alten Trägers konnte den zunehmenden Fluss des roten Strahls nicht mehr handhaben, nach dem die Menschen verlangten. Der Rubin war dazu in der Lage. Es entstand ein großer Konflikt, weil der frühere Träger des Strahls seinen Platz nicht räumen wollte.

Gott hat mich mit Alter und Weisheit gesegnet; nicht immer sind beide vereint anzutreffen. Für mich war es ein Segen. Ich weiß selbst nun, da meine Kraft im Schwinden ist, dass das Leben nicht mit dem Tode des physischen Körpers aufhört. Ich weiß, dass auch in den kommenden Jahrhunderten – wenn der Amethyst nur noch ein Ausstellungsstück, eine Erinnerung oder einfach ein hübscher Kristall geworden ist –, mein Leben nicht zu Ende sein wird. Das Leben geht immer weiter.

Der neue Träger des purpurnen Strahls wird eine sehr kräftige kristalline Matrix besitzen, sodass er soviel vom purpurnen Strahl tragen kann, wie die Menschen bis ans Lebensende ihres Planeten benötigen werden. Dieser neue Träger wird die Bedürfnisse der Menschen erfüllen können, ganz gleich, wie groß ihr spirituelles Wachstum sein wird und wieviel vom purpurnen Strahl sie dazu brauchen.

Es wird ein sehr großer Unterschied sein zwischen der Menge des purpurnen Strahls, die ich auf diesen Planeten gebracht habe, und der, die mein Nachfolger vermitteln wird. Deshalb hat die Erde einen Edelstein bereitgestellt, den ihr den purpurnen Regenbogen-Fluorit nennt. Er soll den Menschen helfen, die Übergangszeit zwischen dem alten Träger und dem neuen Träger des purpurnen Strahls zu bewältigen.

Doch neben der gerade skizzierten Entwicklung findet noch eine weitere, große Veränderung statt.

Seit langer Zeit waren die Menschen sehr verschlossen. Ihre Kommunikationsmethoden ließen nur einen beschränkten Informationsaustausch von einer Stadt zur nächsten zu, und praktisch keinen zwischen verschiedenen Ländern. Zugleich aber standen die Menschen einer Veränderung nur sehr zurückhaltend gegenüber. Sie hatten verhärtete Denkweisen und Meinungen, weil ihr Leben hart war. In vieler Hinsicht spiegelten die Menschen die Eigenschaften und Eigentümlichkeiten von Metallen wider. Selbst die Edelsteine, die sie trugen, waren immer in Metall gefasst.

Die Macht von Kristallen und Edelsteinen wird von jedem Metall begrenzt, das sie trägt oder berührt. Metall schränkt die Möglichkeiten eines Edelsteines ein. Selbst Steine, die mit Metall harmonieren, werden durch die Wechselwirkung behindert.

Seit Jahrhunderten lebt ihr in einem Metall-Zeitalter. Indem ihr einen größeren Bedarf an purpurnem Strahl entwickelt, entfernt ihr euch von dem, was man als ›Metall-Bewusstsein‹ bezeichnen könnte; ihr nähert euch einem ›Edelstein-Bewusstsein‹.

Charakteristisch für das Metall-Bewusstsein ist Starre, Engstirnigkeit, Widerwillen gegenüber Veränderung, gegen neue Ideen und Dinge.

Menschen mit Edelstein-Bewusstsein reflektieren die Eigenschaften und Attribute der Edelsteine. Sie sind leichter imstande, Licht und Klang der Lebenskraft anzunehmen. Sie sind Gebende, wie auch Edelsteine gebend sind. Sie sind sich aller Aspekte ihrer selbst intensiver gewahr, da Edelsteine sich nicht nur mit dem physischen Körper befassen, sondern auch mit den Emotionen, Gedanken und dem Geist. Deshalb erlangen Menschen mit Edelstein-Bewusstsein ein umfassenderes Selbstgewahrsein. Darüber hinaus besitzen sie ein besseres Gespür für die Bedürfnisse ihrer Umgebung sowie für die Harmonie, die zwischen allen herrschen muss.

Wenn eine Veränderung bevorsteht, neigen die Menschen naturgemäß dazu, sich mehr denn je an dem festzuhalten, was sich ändern soll. In den vergangenen Jahrzehnten wurden Gold und Silber besonders viel getragen. Doch man sollte jene, die sich mit Gold und Silber behängen, nicht in jedem Falle für ›im Metall-Bewusstsein Verhaftete‹ halten. Habt Mitgefühl, denn gerade diese Menschen sind der Veränderung am nächsten, die sie von den Grenzen befreien wird, die Gold und andere Metalle symbolisieren. Diese Menschen hängen am meisten an dem, von dem sie sich entfernen, wie sie in ihrer Seele wissen.

Gleichzeitig findet auch eine Entwicklung statt, die von der begrenzten Technik zu einer umfassenderen Technik führen soll. Sie unterstützt die beiden anderen Entwicklungen, die ich gerade erwähnte: das Hervortreten des neuen Trägers für den purpurnen Strahl und der Übergang vom Metall-Bewusstsein zum Edelstein-Bewusstsein. Diese Expansion der Technik ist am deutlichsten an der Entwicklung der Kommunikationsmittel zu erkennen. Nicht nur zwischen den Städten und Ländern, sondern auch unter den inneren Körpern des Menschen nimmt der Austausch zu. Schon bald wird die interplanetare Kommunikation möglich sein.

Meine Aufgabe für die Menschen heute ist es, ihnen zu helfen, sich vom Amethyst zu lösen, vom Metall-Bewusstsein und von ihrem Denken in Bezug auf ihre begrenzte Technik und Kommunikation.

Es ist nicht meine Pflicht – noch liegt es in meiner Macht –, den Menschen zu helfen, sich zu verändern. Doch ich kann ihnen helfen, sich von allem Alten zu lösen, von allem, was sie zurückhält, von allem, von dem sie sich nach ihrer Bestimmung entfernen sollen. Ich kann diese Hilfe auf jeder Ebene und in jedem Aspekt des Lebens geben.

Leider verleiten ihre Erinnerungen an mich als den, der ich war, die Menschen dazu, sich noch fester an den Amethyst zu klammern. Manche Menschen nämlich haben noch eine klare Erinnerung an den Amethyst, weil ich dereinst so mächtig war und eine wesentliche Rolle gespielt habe. Andererseits kann diese Verbindung auch von Vorteil sein. Denkt an das spirituelle Prinzip, das ich euch nannte: Je näher eine Veränderung bevorsteht, desto mehr neigen die Menschen naturgemäß dazu, sich an dem festzuhalten, von dem sich zu entfernen ihnen – wie sie, vielleicht unbewusst, wissen – bestimmt ist.

Meine Aufgabe für den Planeten heute ist einfach die des Trägers für den purpurnen Strahl. Ich werde so lange Träger sein, bis mein Nachfolger reif genug ist, um das Szepter der Macht des purpurnen Strahls zu übernehmen und diese auf verantwortungsvolle Weise zu repräsentieren.

Ja, mein Nachfolger ist auf der Erde bereits vorhanden. Er birgt ein großes Potential. Doch er muss noch das Recht verdienen, den purpurnen Strahl zu vermitteln, denn dies ist eine gewaltige Verantwortung. Es wird nicht meine Entscheidung sein, wann dieser Nachfolger bereit ist. Darüber werden mehrere Hüter in der Hierarchie befinden.

Ihr seht, das Leben eines Edelsteins spiegelt sich in seinem Hüter wieder, da der Hüter die Verantwortung trägt, die Lebenskraft des Edelsteins zu bergen. Die Seele, die die Verantwortung übertragen bekam, Hüter meines Nachfolgers zu werden, muss geistige Prüfungen bestehen, um genügend zu erstarken, dieser Aufgabe gerecht zu werden.

Wenn er seine Prüfungen bestanden, Stärke und Durchhaltevermögen gewonnen hat, wird dieser Hüter bereit sein, sich der Zeremonie zu unterziehen, durch die ihm der purpurne Strahl übertragen wird. Wenn er den purpurnen Strahl annimmt, wird er zum Verteilungspunkt für jeden seiner Kristalle oder Edelsteine auf dem Planeten, oder wo der Edelstein sonst zu finden sein mag.

»Wird dieser Nachfolger auch den Massen zur Verfügung stehen?«, fragte Michael.

Zur gegebenen Zeit. Zuerst wird er für jene erreichbar sein, die das Recht erworben oder sich weit genug entwickelt haben, ihn auf verantwortungsvolle Weise zu gebrauchen.

Jene, die das Recht verdient haben, werden sich von diesem neuen Edelstein stark angezogen fühlen. Sie werden im Herzen wissen, dass sie ihn besitzen müssen, und er ihnen hohes Bewusstsein und große Möglichkeiten erschließt. Diesen Edelstein sollte man ohne Metall tragen; denn warum sollte man etwas begrenzen, das so reinen Edelstein-Bewusstseins ist?

Der purpurne Strahl richtet die Aufmerksamkeit auf den Geist. Deshalb muss der Edelstein, der den purpurnen Strahl trägt, alles in seiner Macht Stehende tun, um seinen Trägern zu helfen, ihre Aufmerksamkeit auf den Geist zu richten.

Aus diesem Grunde habe ich auch eine stark ausgleichende Wirkung auf die Ebenen Emotional-, Erinnerungs-, Mentalkörper, Unterbewusstsein und physischer Leib des Menschen. Wenn diese ausgeglichen und aufeinander eingestimmt sind, kann ein größerer Strom der Geistkraft in den physischen Körper fließen. Geistkraft ist Lebenskraft und Heilkraft. Wenn diese Kraft einmal in den physischen Körper geflossen ist, muss sie zu ihrem Ursprung, zu Gott, zurückkehren. Bei ihrer Rückkehr soll sie die Aufmerksamkeit und Ausrichtung ihres Trägers mitbringen.

Wenn man mich über dem Herzen trägt, kann ich eine Verbindung mit dem Emotionalkörper herstellen. Ohne diese Verbindung würde meine Energie direkt in Kopf und Denken des Trägers fließen. Mit der Verbindung zum Emotionalkörper übe ich eine allgemein ausgleichende Wirkung auf die Gefühle aus.

Insbesondere rege ich den Bereich an, in dem Emotionen entstehen. Dadurch wird er in seinem Bewusstheitsgrad gehoben. Diese Anhebung führt zu einer weiteren Perspektive, die wiederum dem Einzelnen gestattet, seine Emotionen besser zu überblicken. Ferner hat die höhere Perspektive eine beruhigende oder ausgleichende Wirkung auf emotionale Extreme.

Weil alles, was wir aussenden, zu uns zurückkehrt, schütze ich Menschen vor ihren eigenen negativen Ausstrahlungen. Da ich die Balance im einzelnen fördere, werden die Emotionen, die er aussendet, weniger leidenschaftlich. Folglich kehrt auch eine weniger heftige Energie zu ihm zurück.

Wenn du eines Menschen negative Emotionen empfängst, bist du besser geschützt. Du bist vor den emotionalen Unausgeglichenheiten anderer besser behütet, weil dein Emotionalkörper selbst ausgeglichener ist.

Die stärkende Wirkung des Amethysts ist kumulativ. Wer sich also durch andere leicht aus dem Gleichgewicht bringen lässt, sollte Amethyst ständig tragen, damit seine Widerstandskraft wachsen und zunehmen kann. Dann wird er vor weiteren Störungen aufgrund seiner eigenen inneren Stärke besser geschützt sein.

Meine Farbe reflektiert den höchsten Aspekt des menschlichen Geistes, der auch als Unterbewusstsein bezeichnet wird, das dem Bewusstsein nicht zugänglich ist. Ich rege diesen Bereich des Unbewussten an und bringe den menschlichen Geist dazu, seine Aufmerksamkeit auf ihn zu richten und sich seiner bewusst zu werden. Im Idealfalle kann der Geist des Menschen über das Unterbewusstsein hinweg bis in den Bereich der Seele blicken.

Wenn die Aufmerksamkeit des menschlichen Geistes sich auf ihren höchsten Aspekt richtet, wird die Energie, die er einst in seine Verirrungen investierte, zurückgeholt. Dies geschieht nur in dem Maße, in dem die Aufmerksamkeit auf das höhere Selbst gerichtet wird. Befasst sie sich lange genug mit dem höheren Selbst, werden jene alten Verirrungen sich auflösen.

Behandlungen mit Amethyst

Vielleicht die wichtigste Therapie, die ich anbieten kann, ist Menschen zu helfen, von allem loszulassen, was sie an einen Zustand gebunden hält. Dazu genügt es, wenn man mich in Form von Kugeln trägt. Dergestalt geschliffen, kann ich auf alle inneren Körper einwirken. Dies ist von besonderer Bedeutung, wenn es gilt, von irdendetwas loszulassen.

Wer gerne Gold trägt, kann durchaus auch Amethyst-Perlen mit seinem Gold kombinieren. Es sieht nicht nur schön aus; auch gewährt der Amethyst Einsicht und einen unterstützenden Einfluss. Es hilft diesen Menschen zu begreifen, warum sie soviel Gold tragen oder warum sie an gewissen Denkgewohnheiten, Gefühlen oder Umständen so hängen. Solches zu verstehen ist wichtig, denn es bildet die Grundlage, von der aus diese Menschen weitere Schritte in ihrer Entwicklung unternehmen können. Ich dränge niemanden. Ich öffne lediglich das Verständnis des Menschen.

Wenn ich zur Kugelform geschliffen bin, beeinflusst meine Schwingung jedes Chakra auf andere Weise.

Mache dir nicht die Mühe, mich über den beiden untersten Chakren zu tragen. Dort habe ich keine Wirkung, solange du nicht schwanger bist. Lege dich in diesem Falle auf den Rücken und lege die Amethyst-Kugeln an die Stelle, unter der die Gebärmutter ihren höchsten Punkt erreicht. Es wird eine belebende Wirkung auf das Kind ausüben und eine stärkere Verbindung zwischen dem Fötus und der Seele herstellen, die bald in den kleinen Körper hineinschlüpfen wird. Wenn das Baby schließlich geboren wird, trägt diese gestärkte Verbindung dazu bei, dass die Seele vom Körper mit größerer Vitalität Besitz ergreift. Legt man mich über das Magen-Chakra, zieht meine Schwingung die Energie des Körpers an diesen Punkt. Ich beziehe auch Kraft aus anderen, stärkeren Bereichen des Körpers, um dem Magengebiet zu helfen, wenn es geschwächt ist oder schmerzhaft ist. Du wirst merken, dass Amethyst-Kugeln eine große Hilfe zur Linderung von Leibschmerzen, besonders bei Kindern, leisten.

Trägt man mich über dem Herzen – zum Beispiel in Form einer Halskette –, wirke ich ausgleichend auf die inneren Körper. Ich helfe den Menschen, von allem Alten loszulassen. Ich helfe ihnen zu verstehen, warum sie an gewissen Dingen und Umständen haften. Darüber hinaus sammle ich einen Teil der Energie des Herz-Zentrums und verwende sie, um jene Energie zu unterstützen, die von Natur aus durch das Kehl-Chakra hereinund durch das Brauen-Chakra hinausfließt.

Wenn man mich um den Hals trägt, steigere ich die Menge der Energie, die durch das Kehl-Chakra einströmt. Damit erhält die Stimme mehr Kraft. Wer sich also ein wenig ängstigt, weil er vor einer Gruppe von Zuhörern sprechen muss, kann sehr von einer Amethyst-Kette um den Hals profitieren. Dies gilt auch für Menschen, denen das Selbstvertrauen fehlt, sich zu Wort zu melden, die zu leise sprechen oder unsicher sind.

Legt man mich über das Brauen-Chakra, helfe ich dem Kopf, überschüssige Energie loszulassen, die sich vielleicht angestaut hat und Kopfschmerzen verursachte. Um solchen Druck zu lösen, solltest du den Amethyst entweder mit der Hand über der Stirn halten oder dich einfach auf den Rücken legen und den Amethyst auf die Stirn plazieren. Er wird die Tür des Brauen-Chakras öffnen, durch die die überschüssige Energie dann von selbst hinausfließen kann.

Solange dieser Energiestrom seine Vitalität behält, wird das Brauen-Chakra offen bleiben. Wenn das Brauen-

Chakra offen ist, kann sich keine Energie ansammeln und aufstauen. Stagnierende mentale Energie verursacht häufig mentale Verwirrung.

Wer nach einer Technik sucht, um geistige Verwirrung zu überwinden, kann mich auf den Scheitel (also über das Scheitel-Chakra) legen. Diese Methode unterstützt den Energiestrom (durch das Kehl-Chakra herein und über das Brauen-Chakra hinaus). Die gleiche Wirkung erzielt man, indem man den Amethyst als Halskette trägt.

Unterschiedliche Formen des Amethysts haben erheblich differierende Wirkungen. Es ist geradezu typisch für meine Schwingung, dass sie sehr stark darauf reagiert, wie der Amethyst geformt ist. Mit anderen Worten: der Amethyst reagiert unterschiedlich, je nachdem, wie das Leben im Innern des Kristalls die Möglichkeit hat, sich in die Aura des Trägers mitzuteilen.

Die Kugelform ist die sanfteste und harmonischste. Darüber hinaus ist es die stärkste Form, wenn es darum geht, dass der Träger des Amethysts vom purpurnen Strahl beeinflusst wird. Diese Wirkung ist am deutlichsten, wenn die Amethyst-Kugeln um den Hals getragen werden, denn dann wird die ganze Aura vom purpurnen Strahl berührt.

Die Amethyst-Rondellen üben auch einen tiefen reinigenden Einfluss auf die Körperorgane aus, über die der Stein gelegt oder gehalten wird.

Wenn jemand jahrelang Speisen zu sich genommen hat, die seinen Magen reizen, kommt es zu Narben und Verwachsungen, mit denen der Magen sich zu schützen versucht. Leider kann ein dergestalt vernarbter Magen die Nahrung nicht so gut verdauen wie ein gesunder. Wenn die Veränderungen umfangreich genug sind, kann der Magen seine Verdauungsfunktion überhaupt nicht mehr erfüllen.

Amethyst-Rondellen kann man über den Magen legen, um diese Verwachsungen aufzulösen. Die Wirkung einer solchen Behandlung ist zwar Disharmonie, aber diese Disharmonie ist notwendig, um die Vernarbungen der Magenwand aufzulösen.

Hell-purpurne Amethyst-Kugeln kommen der Funktion des lösenden Skalpells näher als dunklere Steine, aber die dunklen Amethyste verätzen die Verletzungen, die sie schneiden.

Wer sich im allgemeinen gesund fühlt, kann eine Schnur Amethyst-Rondellen etwa fünfzehn bis zwanzig Minuten pro Behandlung über den Magen legen. Wer sehr krank ist und sofortige Behandlung der Verwachsungen im Magen als lebensrettende Maßnahme benötigt, sollte den Amethyst nur etwa fünf bis zehn Minuten pro Behandlung einsetzen. Ein erfahrener Edelstein-Therapeut wird zu entscheiden haben, ob bei dem Kranken die stärkere, hellere oder die sanftere, dunkle Varietät des Edelsteins angebracht ist.

Die Häufigkeit und Gesamtzahl der nötigen Behandlungen ist von Fall zu Fall verschieden.

Personen, die ihre Ernährung umgestellt haben und nur Speisen zu sich nehmen, die den Magen nicht provozieren – nachdem sie ihn jahrelang gereizt hatten –, können ebenfalls von dieser Behandlung profitieren. Die Basis, auf der die neuen Zellen sich bilden sollen, ist nach wie vor verwachsen und narbig; deshalb kann sie immer noch Verdauungsprobleme verursachen. Obwohl die Wissenschaft sagt, dass binnen maximal sieben Jahren alle Zellen des Körpers ausgetauscht seien, wächst doch jede neue

Zelle aus einer alten hervor. Darum beeinflusst der Zustand der alten Zellen weitgehend die Qualität der neuen.

Die Stärke dieser Behandlung kann ebenfalls variieren, je nachdem wie die Rondellen auf den Körper gelegt werden. Wenn sie so plaziert sind, dass die Amethyst-Ketten parallele Linien bilden, bezieht sich die schneidend-lösende Wirkung nur auf eine Richtung. Selbstverständlich kann man die Richtung der parallelen Linien bei jeder Behandlung wechseln. Wenn die Amethyst-Kugeln jedoch über dem Magen spiralig aufgeschichtet werden (wie man Spaghetti aufwickelt), manifestiert sich die Wirkung in allen Richtungen und reicht weiter. Dies ist die wirksamste Methode, mit Amethyst-Rondellen zu behandeln. Weil die dunklen Amethyst-Kugeln so sanft Einfluss nehmen, braucht man sie nur selten in parallelen Reihen auszulegen.

Die Variablen dieser Therapie-Anweisung kannst du je nach den Bedürfnissen des Einzelfalles variieren. Vielleicht ist jemand kräftig genug für die hell-purpurnen Amethyst-Rondellen, aber nicht stark genug, sie spiralig aufgeschichtet zu verwenden.

Wenn du eine Behandlung abschließt, ist es wichtig, den behandelten Bereich mit Amethyst in Kugelform zu beruhigen. Legt man die Amethyst-Kugeln über den Magenbereich, rufen sie die Körperenergien herbei und fördern so den Heilungsprozess. Natürlich kann man auch andere beruhigende Edelsteine verwenden.

Diese Behandlung wirkt beim Magen sehr stark, kann aber auch für Auflösungen von Stauungszuständen in Milz, Pankreas, Leber und anderen Organen in der Umgebung des Magens eingesetzt werden. Die Wirkung auf die Nieren ist abgemildert.

Die Menschen haben sich Jahrtausendelang um Weisheit an den Amethyst gewandt. Ich aber sage euch: Sucht nirgends nach Weisheit als in euch selbst, denn im Kern eures Wesens sind Quelle und Ursprung der größten Weisheit, die euch je zuteil werden kann.

Wir, die Edelsteine, sind nur die Werkzeuge. Viele von uns sind Werkzeuge, die euch helfen können, den Blick nach innen zu richten, auf den Kern eures Wesens. Wir können euch helfen, Wahrheit zu erkennen und zu akzeptieren, dass das, was ihr aus dem Innern lernt, tatsächlich wahr ist.

Nun ist es an der Zeit, dass ihr euch ausruht. Wer morgen Abend bei Sonnenuntergang wiederkehren möchte, wird dem begegnen, der als Bindeglied, als Brücke zwischen mir und meinem Nachfolger dient. Man nennt ihn den Hüter des purpurnen Regenbogen-Fluorits.

Amethyst erhob sich und blickte wieder tief in Augen und Seele jedes seiner Zuhörer. Dann ging er den Weg entlang, der sich durch den Park schlängelte.

Kapitel 9

Purpurner Regenbogen-Fluorit

Die Sonne war gerade hinter dem Horizont versunken, als ich meine Aufmerksamkeit auf den purpurnen Regenbogen-Fluorit richtete.

Der Hüter des Amethysts hatte uns mitgeteilt, dass wir, um den Hüter des purpurnen Regenbogen-Fluorits zu treffen, in den Park zurückkehren sollten, in dem Amethyst seine Unterweisung gegeben hatte. Dorthin, so erwartete ich, würde der Geist mich leiten; aber es sollte anders kommen.

Stattdessen wurde ich an einen Ort gut hundert Meter über einem weiten Ozean geführt. Unter mir konnte ich, so weit das Auge reichte, nichts als Wasser sehen. Oben am sich verdunkelnden Himmel begannen die Sterne zu funkeln. Michaels strahlende spirituelle Gestalt erschien neben mir, und wir warteten, dass der Hüter des purpurnen Regenbogen-Fluorits sich zu uns gesellte.

Er kam uns durch die Luft entgegen. Leuchtende Strahlen weißen und purpurnen Lichtes wirbelten um ihn herum und bildeten eine Spirale. Dazwischen blitzten alle Farben des Regenbogens. Das Licht schmerzte meine Augen und zwang mich, den Blick abzuwenden:, aber ich konnte den lauten Ton nicht ignorieren, der auf meine Trommelfelle drückte.

Wir sind uns schon einmal begegnet. Ihr kennt mich als den Hüter des purpurnen Regenbogen-Fluorits.

Seine Stimme war tief und sanft, doch klang und echote

sie in meinem Kopf. Ich öffnete die Augen und sah, dass die Lichtstrahlen jetzt um mich herum blitzten und wirbelten. Irgendwie musste ich in seine Aura gelangt sein, aber so sanft und rasch, dass ich es gar nicht bemerkt hatte.

Meine Wirkung auf die Erdenmenschen dieser Zeit ist, ihnen bei einer grundlegenden Veränderung zu helfen. Es handelt sich um eine Veränderung der Art und Weise, wie der physische Körper die Lebenskraft annimmt, besonders den purpur- und den indigofarbenen Strahl. Ich bereite den physischen Körper darauf vor, einen größeren und mächtigeren Strom dieser beiden Strahlen aufzunehmen.

Meine Mission ist eine zweifache. Sie wird durch die Schwingung des purpurnen Regenbogen-Fluorits sowie durch die Schwingung meiner Farbe erreicht. Die Schwingung des Fluorits erlaubt dem physischen Körper, einen größeren Strom des indigo Strahles aufzunehmen. Das ermöglichen meine Schwingungen auf Kehl- und Brauen-Chakra.

Die Schwingung meiner Farbe lässt mich den Menschen helfen, von alten Mustern loszulassen. So können sie neuere, weniger begrenzte Muster annehmen und damit größere Freiheit und spirituelle Verantwortlichkeit gewinnen. Dieser Teil meiner Mission betrifft direkt den purpurnen Strahl und den Übergang vom Amethyst zu seinem Nachfolger.

Meine Aufgabe ist es, den alten, ausgetretenen Pfad zu stören, den der purpurne Strahl dereinst wählte. So wird es dem neuen Träger des purpurnen Strahls möglich, seinen eigenen Weg zu bahnen, ohne den gleichen Spuren zu folgen, die der Amethyst, der frühere Träger, gegraben hat. Stelle dir einen Sandhügel vor, in den der purpurne Strahl, der durch Amethyst fließt, tiefe Rinnen gegraben hat. Der neue Träger des purpurnen Strahls wird nicht imstande sein, diesen gleichen Rinnen zu folgen, weil er viel größere Kräfte und Fähigkeiten besitzt. Ich komme als der Wirbelwind, um den Sand durcheinanderzuwirbeln und die Spuren des Amethysts zu verwischen, sodass sein Nachfolger leichter einen eigenen Weg bahnen kann.

Die frühen Jahre des purpurnen Regenbogen-Fluorits

Meine Vergangenheit zu kennen, sollte für euch kaum von Bedeutung sein, da es meine Aufgabe in der Gegenwart ist, um die es hier geht.

Als die Erde sich bildete, wurde ein bestimmtes Schicksal für sie skizziert. Natürlich war dieser Schicksalsplan variabel, aber er bot eine Orientierung, nach der die Lebenskraft sich richten konnte. Es ist sehr wichtig, dass solche Pläne gestaltet werden.

Das Schicksal hatte einen gewissen zeitlichen Rahmen bestimmt, innerhalb dessen der purpurne Regenbogen-Fluorit in den Fluorit eingepflanzt werden sollte, der auf dem Planeten bereits vorhanden war. Die genaue Zeit der Einpflanzung hinge von dem Stand der menschlichen Entwicklung ab. Als die richtige Zeit gekommen war, wurde dem Fluorit die Schwingung des purpurnen Strahls eingeflößt. Dies geschah auf ähnliche Weise, wie der Lavendelquarz in Bergkristall gegeben wurde.

Ich werde nur für eine kurze Zeit der Erdgeschichte verfügbar sein. Wenn andere Rassen auf anderen Planeten für die Entwicklungsstufen bereit sind, die die Erdenmenschen jetzt vor sich haben, werde ich auch ihnen zur Verfügung stehen.

Um das Verhältnis zeitlicher Dimensionen anzudeuten, nehmen wir an, dass die Regentschaft des Amethysts etwa zehn Jahre dauerte, meine Zeit vielleicht sechs Wochen. Die Herrschaft des Amethyst-Nachfolgers jedoch wird Jahrtausende bestehen. Wenn ich durch diesen Nachfolger abgelöst bin, werde ich immer weniger vorhanden sein, bis man mich nicht mehr finden kann.

Der purpurne Regenbogen-Fluorit heute

Damit ihr meine Aufgabe besser verstehen könnt, müssen wir über das Thema Veränderung sprechen und darüber, wie die Farbstrahlen sich wandeln.

Menschen leisten der Veränderung Widerstand. So sehr sie die Veränderung wollen – in der Hoffnung, sie möge etwas Besseres oder Angenehmeres bringen –, haben sie doch auch Angst, es werde vielleicht trotzdem nichts Besseres sein, das Leben werde vielmehr schwieriger und unbequemer.

Wenn die Menschen mit einer Veränderung konfrontiert sind – ob sie sie herbeisehnten oder überhaupt nicht haben wollen –, jammern und klagen sie. Selbst wenn der Wechsel im Interesse ihres eigenen Wachstums und Wohles ist, finden sie – bewusst oder unbewusst – Ausreden, der Veränderung aus dem Wege zu gehen. Das liegt in der menschlichen Natur, und aus diesem Grund bin ich hier.

Ich werde den Übergang zwischen Amethyst und seinem Nachfolger sanfter und unauffälliger gestalten. Eine subtil herbeigeführte Veränderung wird als solche nicht erkannt, und deshalb leistet man ihr keinen Widerstand. Ich werde die Phase des Übergangs zum neuen Träger des purpurnen Strahls ›glätten‹. Sie ist zu wichtig, um wegen des Widerstandes der Menschen einen Kompromiss eingehen zu dürfen.

Soweit im Großen. Was den individuellen Maßstab angeht, so erzeugt der purpurne Regenbogen-Fluorit tiefgreifende Veränderungen im Körper.

Im gesunden Körper fließt Energie naturgemäß durch das Kehl-Chakra herein und durch das Brauen-Chakra hinaus. Der Regenbogen-Fluorit stärkt diesen Strom. Er hebt auch die Schwingungsrate des Kehl-Chakras, sodass dieses Energien höherer Schwingung annehmen kann.

Damit erhöht sich auch die Schwingung der Energien, die das Brauen-Chakra verlassen. Das heißt, der potentielle Erlebnisbereich jenseits des Brauen-Chakras oder des geistigen Auges wird ebenfalls erweitert. Mit anderen Worten: man erhält Zugang zu einem größeren Spektrum von Verständnis, Wissen und Weisheit. Auf diese Weise empfängt man die Entwürfe und Pläne für weiterführende spirituelle Erlebnisse, sei es in Träumen, Meditationen, kontemplativen spirituellen Übungen oder im täglichen Leben.

Diese Wirkung ist grundlegend und sehr wichtig. Deshalb setzen gewisse spirituelle Meister die Kugelform des purpurnen Regenbogen-Fluorits bei ihren Schülern ein. Sie legen sie in kurzen Ketten um den Hals ihrer Schüler, um Veränderungen zu bewirken oder klare innere Erlebnisse hervorzurufen, an die sie sich erinnern können.

Mit Kugeln aus gutem purpurnen Regenbogen-Fluorit muss man sehr sorgfältig umgehen. Zum Glück sind diese Kugeln selten, denn sie sind außerordentlich mächtig. Wenn Menschen sie tragen, wird ihr Bewusstsein auf so hohe Schwingungsebenen gehoben, dass die Wahrheiten, die sie in diesem Bewusstseinszustand erschauen, sie erschüttern und aus dem Gleichgewicht bringen könnten. Deshalb ist es am besten, dass eine Kette aus purpurnen Regenbogen-Fluorit-Perlen nur von spirituellen Meistern oder von jenen eingesetzt wird, die Störungen des Gleichgewichts verstehen und sehen können, bevor sie sich manifestieren. Der Regenbogen-Fluorit in zylindrischer Form wirkt sanfter. Er ist besser zu beherrschen und für den durchschnittlichen Menschen geeigneter.

In der Vergangenheit trat der indigo Strahl durch das Kehl-Chakra in den physischen Körper ein. Diesen Weg nahm er aus mehreren Gründen. Zum einen ist der indigo Strahl auf diesem Planeten extrem schwach ausgeprägt. Deshalb konnte er den Körper leichter durch ein Chakra betreten, das von Natur aus eine Energieflussrichtung nach innen (statt nach außen) aufweist.

Der zweite Grund hat mit Saphir und Sodalith zu tun. Bis vor kurzem wurde der indigo Strahl vom Erdstein Sodalith vermittelt. Doch weil einige Menschen mehr vom indigo Strahl benötigten, als der Sodalith vermitteln konnte, nahm auch der Saphir etwas von der Verantwortung an, den indigo Strahl in seinen dunkleren, fast indigofarbenen Exemplaren zu tragen. Die Saphir-Energie tritt von Natur aus durch das Kehl-Chakra in den Körper ein. Jene, die bereit waren, mehr vom indigo Strahl aufzunehmen, konnten ihn durch das Kehl-Chakra empfangen, indem sie diese dunklere Varietät des

Saphirs trugen. Doch ich will den Hüter des Saphirs seine Geschichte selbst erzählen lassen.

Wenn ich getragen werde, ermöglicht meine Schwingungsrate dem physischen Körper, einen größeren Fluss des indigo Strahles anzunehmen. Ich komme jetzt in die ›Blüte meiner Jahre‹, und die Menschen sind bereit, die Veränderung anzunehmen. Zur gleichen Zeit beginnt jetzt der indigo Strahl durch seinen eigenen Edelstein zu fließen und wird deshalb reichlicher zur Verfügung stehen.

Die Menschen sind heute bereit oder bereiten sich darauf vor, den indigo Strahl durch das Brauen-Chakra anzunehmen. Diese Veränderung kündigt eine Übergangsphase an, die der indigo Strahl selbst erlebt. Es ist ein Wechsel von einem Erdstein-Träger, einer physischen Gesteins-Manifestation, zu einem Edelstein-Träger, einer lichttragenden, lichtgebenden und geistigeren Manifestation.

Menschen, die den indigo Strahl durch das Kehl-Chakra aufnehmen, sind mehr auf das Physische und die Erde ausgerichtet. Jene, die den indigo Strahl durch das Brauen-Chakra aufnehmen, sind eher spirituell ausgerichtet und hängen weniger am Physischen. Wer den indigo Strahl sowohl durch das Kehl- als auch durch das Brauen-Chakra aufnimmt, befindet sich in der Übergangsphase, in der der indigo Strahl durch beide Chakren einfließt.

Ich möchte gerne etwas klarstellen, das ich vorhin erwähnt habe. Ich sagte, dass die Energie von Natur aus durch das Brauen-Chakra ausfließt. Dabei stellt sich die Frage: Wie kann ein Farbstrahl ins Brauen-Chakra eindringen? Die Antwort lautet: In einem gesunden Körper

›atmen‹ die Chakren. Sie lassen gewisse Energien ein, und sie lassen gewisse Energien hinaus.

Viele der Energien, die aus einem Chakra hinausfließen, sind vom Körper verbraucht worden, der sie nicht länger benötigt. Sie sind überflüssig. Es ist ganz ähnlich wie bei der Atmung. Wenn du einatmest, gibst du Sauerstoff und Kohlendioxid von dir – das heißt, Anteile von noch brauchbarer Luft und Anteile, denen alle oder die meiste Lebenskraft entzogen ist.

Unter den Energien, die durch das Brauen-Chakra ein- oder ausfließen, ist immer noch etwas brauchbare Energie. Doch der Körper hat alles davon genommen, was er verwenden kann. Er ist nun bereit, sie loszulassen und Raum zu schaffen für frischere Energie. Beim ›Einatmen‹ nimmt das Chakra dann die Energien an, mit denen es besser harmoniert, und die ihm Leben und Nahrung geben. Es sind übrigens die Farbstrahlen, die die Chakren nähren, stärken und zur effektiveren Funktion anregen.

Ich vermittle nicht den indigo Strahl, sondern meine Schwingungsrate bereitet den physischen Körper darauf vor, eine größere Menge und höhere Schwingung dieses Strahles aufzunehmen. Ich mache den Körper bereit, den Einfluss des indigo Strahles anzunehmen, der den Menschen von einer physischen, materialistischen Ausrichtung zu einer geistigeren führen soll.

Wenn du die Wirkungen des Regenbogen-Fluorits studierst, gewinnst du einen Eindruck von den Möglichkeiten des neuen Trägers des purpurnen Strahles. Der Regenbogen-Fluorit lenkt auf jeden Fall die Aufmerksamkeit vom physischen Körper ab. Das bedeutet, dass er deine Konzentration von deinem körperlichen Selbst abzieht, bis sie ganz auf die Welten gerichtet ist, die in deinem Inneren existieren.

Diese inneren Welten wurden von manchen Religionen *Himmel* genannt, doch sie setzen deinem Erleben noch keine Grenzen. Du kannst dich auf dem purpurnen Strahl über diese Bereiche hinaustragen lassen, weil der purpurne von allen Farbstrahlen die höchste Schwingung besitzt. Er ist dem weißen Licht am nächsten, das die Quelle allen Lebens ist und direkt von Gott ausstrahlt. Wenn du dem purpurnen Strahl in diese höheren Zustände des Gewahrseins folgen kannst, vergisst du deinen physischen Körper vorübergehend und trennst dich in gewissem Sinne von ihm.

Weil er so mächtig ist, wird der neue Träger des purpurnen Strahles in den ersten Jahrhunderten seiner Existenz sehr selten sein. Deshalb wird man selbst kleine Steine zu hohen Preisen handeln. Später, wenn die Menschen seine Wirkungen besser aufnehmen können, ohne aus dem Gleichgewicht zu geraten, wird mehr von diesem Edelstein verfügbar sein. Dann werden die Menschen für den Stein bereit sein. Sie werden die Kraft der Edelsteine erkennen, und besonders die Macht dieses neuen Trägers des purpurnen Strahles.

Meine ›Amtszeit‹ auf der Erde ist sehr kurz, aber das ist in Ordnung. Ich habe meine Aufgabe auf so vielen verschiedenen Planeten übernommen. Wenn ich mit meiner Aufmerksamkeit die Erde verlassen habe, werde ich sie einem anderen Planeten zuwenden.

»Warum sprechen die Hüter der Edelsteine so viel über Spiritualität und spirituelles Wachstum?«, fragte Michael.

Du stellst eine gute Frage. Wenn der Regenbogen-

Fluorit nichts weiter tun kann, als dich anzuregen, Fragen wie diese zu stellen, dann erfülle ich meine Aufgabe bestens.

Doch um sie nun zu beantworten: Die Menschen entwickeln sich weiter. Der nächste Schritt in eurer Evolution wird das Physisch-Materielle übersteigen. Diese Stufe muss genommen werden, denn im Physischen seid ihr auf Grenzen gestoßen. Ihr habt die Fähigkeit, physisch weiter zu wachsen. Aber euer Mangel an Verständnis erschwert diese physische Evolution. Die Nahrung der Menschen und die Luft, die sie atmen, enthalten wenig wirkliche Nahrung bzw. Lebensenergie. Infolge dessen kann man beobachten, dass die Körper der Menschen in gewissem Sinne degenerieren.

Doch nach wie vor ist es eure Bestimmung, euch weiterzuentwickeln; wenn ihr euch also nicht körperlich weiterentwickeln könnt, müsst ihr euch spirituell entfalten.

Deshalb sind Edelsteine so wichtig. Edelsteine können den Menschen bei ihrer spirituellen Evolution behilflich sein. Zunehmende geistige Entwicklung kann die physische Evolution steigern, indem sie einen kräftigeren, gesünderen physischen Körper hervorbringt. Edelsteine führen dem Menschen vor Augen, welche Grenzen seiner physischen Evolution und ihm als biologischer Art auferlegt sind.

Der Regenbogen-Fluorit bereitet euch darauf vor, mehr vom indigo Strahl aufzunehmen, der euch zu einer geistigeren Ausrichtung verhelfen kann. Er macht euch ferner bereit, mehr vom purpurnen Strahl aufzunehmen, der euch größere Weisheit, Göttlichkeit und spirituelle Inspiration bringen wird.

Wenn du wünschst, dass ich den physischen Körper auf die erwähnte Weise beeinflusse, musst du meinen Kristall so formen, dass die Energie ihn umfließen und dreihundertsechzig Grad der Aura gleichmäßig berühren kann.

Die Kristall-Form gewährleistet das nicht. Sie kann die Energie nur in die Richtungen reflektieren, die von den Flächen des Kristalls vorgegeben sind.

»Welches ist deine Aufgabe für den Planeten Erde?«, fragte Michael.

Der Planet ist ein lebendiges Wesen. Wie die Menschen hat auch der Planet eine Aura. Auch er befindet sich wie ihr – in der Übergangsphase vom indigo zum purpurnen Strahl.

Aus meiner Sicht gibt es keinen Unterschied zwischen physischen Formen – seien es Planeten oder Menschen –, die von einer Seele bewohnt sind. Ihr alle geht durch die gleichen Übergangsphasen. Nur durch eure körperliche Gestalt unterscheidet ihr euch. Ich aber sehe hinter die physische Form. Ich sehe die Energien, die Auren und die Veränderungen, die ihr erlebt. Ich sehe, wie ich euch in diesen Veränderungen helfen kann.

Der Planet braucht mich in kristalliner Form, weil diese mit der Schwingungsrate des Bewusstseins eines Planeten besser harmoniert. Die runde Kugelform jedoch harmoniert besser mit der Schwingung des Menschen.

Jegliche Einflüsse, die ich auf die Emotionen oder das Denken ausübe, sind nur ein Nebenprodukt meiner eigentlichen Aufgabe.

Wenn man Veränderungen im Physischen erlebt, werden auch Fühlen und Denken beeinflusst. Das Denken reagiert darauf mit einem endlosen Strom von Fragen;

die Emotionen geraten vielleicht durcheinander, und der physische Körper wird häufig nervös und reizbar.

Deshalb trägt man den Regenbogen-Fluorit nicht allein – es sei denn, man erhält ihn von einem spirituellen Meister. Der Regenbogen-Fluorit muss mit anderen, ausgleichenden und/oder erhebenden Edelsteinen kombiniert werden. Solche Kombinationen machen seine Wirkung ausgeglichener, sodass sie weniger traumatisch für die emotionalen, mentalen und körperlichen Aspekte des Trägers sind.

Behandlungen mit purpurnem Regenbogen-Fluorit

Damit ich meine zweifache Aufgabe erfüllen kann, trägt man mich am besten um den Hals.

Ich kann auch vorteilhaft wirken, wenn ich an jede Stelle des physischen Körpers gelegt werde, die nicht so rasch heilt oder genest, wie es deines Erachtens sein sollte. Es spielt dabei keine Rolle, ob es sich um einen Knochenbruch, eine schlecht heilende Wunde oder einen ›hartnäckigen‹ Verdauungstrakt handelt, der sich weigert, die Nahrung ordnungsgemäß zu verarbeiten.

Ich helfe bei allen Beschwerden, die auf andere Behandlungen – einschließlich medikamentöser, Edelstein- oder sonstiger Therapien – nicht ansprechen. Heilmethoden sind oft nicht so wirkungsvoll, wie es möglich sein könnte, weil der physische Körper im Heilungsprozess stehenbleibt. In manchen Fällen scheint es endlos lange keine weiteren Fortschritte zu geben. Unter solchen Umständen ist eine Anhebung der Schwingungsrate notwendig, damit die Person zu größerer Gesundheit gelangen kann.

Um die besten Resultate zu erzielen, sollte der Regenbogen-Fluorit über den Bereich der Beschwerden gelegt werden. Dies ist die einzige Methode der Selbstbehandlung, bei der der Regenbogen-Fluorit allein verwendet werden sollte. Lass ihn nur so lange liegen, wie er dir ein angenehmes Gefühl vermittelt. Weitere Zeitangaben erhältst du von mir nicht. Denke an meine Warnung bezüglich der Wirkungen des allein verwendeten Regenbogen-Fluorits. Der Körper wird nervös und zappelig; er wird verlangen, dass man den Fluorit entfernt, denn er widersetzt sich den Veränderungen, die der Regenbogen-Fluorit einleitet.

Oft glaubt man, die Heilung seiner Beschwerden zu wünschen; ein anderer Wesensaspekt ist jedoch dagegen. Das ist der Teil, der ein Fortbestehen des derzeitigen Zustandes wünscht, vielleicht weil er den Vorteil der Liebe und Zuwendung schätzt, die man aufgrund seines Leidens erhält. Weil du im Innern weißt, dass du eine Heilung wünschst, wirst du den Impuls spüren, den Regenbogen-Fluorit über die kranke Stelle zu legen, um die Veränderungen herbeizuführen; deine Emotionen aber werden dagegen ankämpfen. Deshalb solltest du die Behandlungen kurz halten und häufig wiederholen.

Die Verwendung von Halsketten, die sowohl Regenbogen-Fluorit als auch andere ausgleichende und/oder harmonisierende Steine enthalten, wird sich bei dieser Behandlung ebenfalls bewähren. Doch ihre Wirkung ist nicht so stark.

»Gibt es noch andere Behandlungsmethoden, die du uns vorstellen möchtest?«, fragte Michael.

Weitere Behandlungsmethoden? Mein Freund, was ich gerade geschildert habe, behandelt praktisch alles –

das heißt, sämtliche Zustände, die nicht gut oder rasch genug heilen wollen, werden damit in die nächste Phase geführt. Alle anderen Behandlungsweisen, die jemand in Bezug auf seinen Zustand bereits anwendet, sollte er fortführen, während er den Fluorit zu Hilfe nimmt.

Wie lange der Fluorit braucht, um die Blockaden zu durchbrechen, die eine Heilung und Lösung des Zustandes verhindern, hängt vom Einzelnen ab und von seiner Bereitschaft auf allen Ebenen, sich auf eine Veränderung einzulassen. Es ist darüber hinaus vom Grad der Disharmonie oder Blockierung in dem erkrankten Organ oder Bereich abhängig.

Wieviel purpurnen Regenbogen-Fluorit man benötigt, kommt auch auf den betroffenen Körperbereich an. Zwölf zylinderförmige Steine von sieben mal achtzehn Millimetern sollten ausreichen. Zwanzig Zylinder dieser Größe wären natürlich viel effektiver. Legt sie dergestalt über die betroffene Stelle, dass ein Fluorit den anderen berührt und ein möglichst großes Gebiet von den Steinen bedeckt wird.

Ihr braucht mich nur zu reinigen, wenn mein Träger wechselt. Spült und wischt den Fluorit unter fließendem Wasser ab; die Einwirkung des reinigenden Sonnenlichtes ist vielleicht gar nicht notwendig.

Der purpurne Regenbogen-Fluorit morgen

Der purpurne Regenbogen-Fluorit wird wohl noch in ferner Zukunft zur Verfügung stehen, aber von der konzentrierten Aufmerksamkeit des Hüters nicht mehr sehr lange belebt sein. Wenn der Regenbogen-Fluorit nicht länger benötigt wird und der indigo Strahl sowie der neue Vermittler des purpurnen Strahles sich wohl eingerichtet haben, werde ich meine Aufmerksamkeit von diesem Planeten abziehen.

Dann wird mein Einfluss auf der Erde nicht länger gebraucht. Die kristalline Form des Regenbogen-Fluorits wird es zwar weiterhin geben, aber da ich dem Stein meine Aufmerksamkeit entzogen habe, wird die Energie des Kristalls sehr reduziert sein. Er wird keine Wirkung mehr haben, da seine Wirkung nicht mehr benötigt wird. Ich möchte diesen Vorgang mit folgendem Bild vergleichen: Ein Fünftklässler kann mit den Schulbüchern aus der ersten Klasse nicht mehr viel anfangen; sie sind für ihn nicht mehr notwendig.

Ich werde diesen Planeten erst dann verlassen, wenn man mich nicht mehr braucht; dies wird in den nächsten drei- bis vierhundert Jahren wohl kaum der Fall sein.

Der Regenbogen-Fluorit ist für jene tapferen und unternehmenden Menschen gedacht, die über die Kraft und Ausdauer verfügen, Veränderungen durchzuführen. Er ist für jene, die sich der Wichtigkeit von Veränderungen bewusst sind, denn ich leite sie mit Macht ein.

Wenn ihr euch in Übergangsphasen befindet, solltet ihr nicht zögern, Fragen zu stellen. Scheut euch auch nicht, die Emotionen zu fühlen, die sich ebenfalls wandeln können, und wehrt euch nicht gegen die Nervosität oder Unsicherheit eures physischen Körpers. Je mehr ihr auf den verschiedenen Ebenen Widerstand leistet, desto schwerer wird es für die Veränderungen, sich durchzusetzen. Flexibilität auf allen Ebenen wird euch ein reibungsloses Vorankommen ermöglichen.

Denkt daran, Fragen zu stellen und soweit wie möglich eigene Antworten zu finden. Die Antworten, die ein anderer gibt, sind begrenzt vom Bewusstseinsgrad des Befragten. Findet eure Antworten in der unendlichen Quelle der Weisheit in eurem Inneren. Dann wisst ihr, dass die Antwort, die ihr erhaltet, wahr ist, denn ihr lernt auch, Wahrheit zu erkennen.

Den meisten Menschen fällt es wohl nicht schwer zu begreifen, dass es einen Aspekt Gottes gibt, in dem rein weißes Licht und Klang wohnen. Es ist auch einfach, sich einen einzelnen Lichtstrahl vorzustellen, der auf einen Kristall auf dem Gipfel eines Berges gerichtet ist und von diesem in sieben Farbstrahlen gebeugt wird.

Die Menschen vermögen sich dies leicht auszumalen, denn sie wissen, welche Lichteffekte ein ins Fenster gehängter Kristall zeigt, wenn die Sonne hindurchscheint: Er teilt das weiße Licht in die Farben des Regenbogens, die je nach seiner Bewegung über Fußboden und Wände tanzen.

Es ist unschwer vorstellbar, wie jenes große kosmische Licht in die sieben Strahlen von Farbe und Klang aufgeteilt wird. Man kann sich ausmalen, wie diese Strahlen die Welten unter sich bescheinen und alles in ihnen hervorbringen: die mentalen, die Erinnerungs-, die emotionalen und physischen Welten, Ebenen oder Körper – wie auch immer ihr sie bezeichnen möchtet.

Doch um eine tiefere Erklärung dieses Phänomens zu verstehen, muss man mit seinem Bewusstsein an einen ›Ort‹ gelangen, an dem man erleben kann, dass Zeit und Raum Illusionen sind.

Auf dieser Bewusstseinsebene würdet ihr sehen, dass es keinen Raum gibt. Ihr würdet auch sehen, dass keine

Trennung existiert zwischen den Farbstrahlen und der Quelle des reinen weißen Lichtes und Klanges. Alles ist genau hier und jetzt. Und wenn die Illusionen von Zeit und Raum vergangen sind, bleiben nur noch Lebenskraft und unterschiedliche Schwingungsraten.

Seid nicht betrübt, wenn ihr diese Erklärung nicht versteht. Der Regenbogen-Fluorit wird euch helfen, tiefere Gedanken über das Leben anzustellen. Er wird euch veranlassen, das infrage zu stellen, was ihr vielleicht schon seit Lebensaltern für heilig gehalten habt. Er wird euch an den Punkt führen, an dem ihr für eine größere Wahrheit bereit werdet.

»Was meinst du, warum die anderen Hüter der Edelsteine vom Kristall auf dem Berg sprachen? Dient diese Vorstellung lediglich der Vereinfachung oder bietet sie einen Anhaltspunkt für tieferes Verständnis?«, fragte Michael.

Es ist ein einfaches Bild, aber es wird euch gegeben, weil ihr es leicht versteht. Und in einer Hinsicht existiert dieser Berg mit dem Kristall auf seiner Spitze tatsächlich.

Haltet euch einmal vor Augen: Wenn es eine Milliarde verschiedener Seelen gibt, dann gibt es eine Milliarde unterschiedlicher Ansichten und eine Milliarde verschiedener Arten, die Wahrheit zu sehen.

Alles, was ich euch biete, ist die Gelegenheit, etwas weitaus Größeres zu werden, als was ihr jetzt seid. Vielleicht betrachtet ihr den Regenbogen-Fluorit als eine Herausforderung oder als ein Geschenk, worauf ihr schon seit Jahren gewartet habt.

Der Hüter des Saphirs wird euch in einem weniger ›raumlosen Raum‹ als diesem hier begegnen. Es fällt mir schwer, mich an einem bestimmten Ort wohl zu fühlen, weil ich zu sehr in ständiger Veränderung begriffen bin. Wenn meine Umgebung leer ist, gibt es keine – illusorischen oder nicht illusorischen – Manifestationen irgendeiner Art, die sich meinen Veränderungen widersetzen können. Dieser Bereich der Leere über dem Meer mag euch zuerst als ein sehr ungewöhnlicher Treffpunkt erschienen sein, aber vielleicht versteht ihr jetzt, wie geeignet er für mich und die Aufgabe des purpurnen Regenbogen-Fluorits war.

»Ich danke dir, dass du dich uns mitgeteilt hast. Sei gesegnet«, sagte Michael.

Eine Welle von Dankbarkeit strömte uns von diesem Hüter entgegen. Als ich diese mächtigen und doch unausgesprochenen, gestaltlosen Worte des Dankes spürte, fragte ich mich, ob die Gestaltlosigkeit nicht mehr Kraft berge als das Gestaltete, da alles Gestaltete doch aufgrund seiner Wesensart begrenzt ist.

Auf diesem Strom der Dankbarkeit schlüpfte ich ebenso leicht aus seiner Aura, wie ich unmerklich in sie eingetreten war. Dann zog sich die formlose Gestalt der wirbelnden purpur-weißen Energie in die Ferne zurück.

Als ich nichts um mich herum hatte, auf das ich meine Aufmerksamkeit richten konnte, erkannte ich, wie allein ich mich dort fühlte, obwohl Michael bei mir war. Also beschloss ich, in meinen physischen Körper zurückzukehren, um die Anwesenheit und Geborgenheit in meiner Familie zu genießen.

Kapitel 10

Saphir

Ein sanfter Strudel von Energie hob uns an einen Ort, an dem wir in Nebel gehüllt waren. Dieser löste sich bald auf und gab den Blick auf unsere Umgebung frei: Wir befanden uns in einem saftig begrünten Tal zwischen hohen Bergen. Ich sah mich um. Es schien nicht einfach zu sein, dieses schmale Tal zu Fuß zu verlassen.

Mehrere andere Personen hatten sich mit uns hier versammelt. Während wir auf den Hüter des Saphirs warteten, lauschten wir erfreut dem Murmeln und Plätschern aus zahlreichen Bächen und Flüsschen, die zu Tale eilten.

Wir standen im Kreis und fühlten schweigend die Energie jedes anderen. Wir schienen ein Gruppen-Bewusstsein zu entwickeln, eine gemeinsame Energie, die von Augenblick zu Augenblick kräftiger und deutlicher wurde. Dann nahm dieses Bewusstsein ein eigenes Leben an und wurde zu einer schützenden Glocke, die sich über und um uns legte.

Das Geräusch der Gebirgsbäche schwoll an, und wir bemerkten eine männliche Gestalt, die mit forschem Schritt einen Weg herunterkam. Er hatte ein mehrschichtiges Gewand an und trug einen hölzernen Stab. Als wir ihn näherschreiten sahen, vermittelte er uns einen Eindruck von Entschlossenheit.

Wir wussten, dass er der Hüter des Saphirs war. Trotz seiner vielen Kleidungsstücke verbreitete er den blauen Strahl.

Als er unseren Kreis erreichte, blickte der Hüter jeden von uns an. Dann legte er seinen äußersten Kapuzenmantel ab. Der Mann, der hier vor uns stand, schien in den Vierzigern oder Fünfzigern zu sein. Sein Haar war noch dunkel, doch sein Antlitz zeigte feine Linien, die auf große Lebenserfahrung schließen ließen. Es waren nicht nur die Falten des Alters, sondern Züge innerer Schönheit, die verdient war.

Weil er soviel Energie ausstrahlte, war ich nicht sicher wie ich in seine Aura gelangen sollte. Ich ging auf ihn zu, neigte den Kopf zum Gruß und bat in Gedanken um Hilfe. Er verstand und forderte mich telepathisch auf, die Augen zu schließen. Ich hatte meinen physischen Körper bereits verlassen, um in dieses Gebirgstal zu gelangen. Doch jetzt legte ich noch einen weiteren Körper ab. Ich begegnete Saphir in einer strahlenden Welt, in der unsere Gestalten fast durchsichtig und aus reiner Energie zu bestehen schienen.

Wir umarmten einander, und das nächste, woran ich mich erinnere, war, dass ich die übrigen Zuschauer wie durch die Augen Saphirs wahrnahm.

Es ist an der Zeit, dass ihr mehr über den Saphir erfahrt.

Meine Wirkung richtet sich nicht direkt auf den physischen Körper. Alle Individuen auf allen Planeten, die eine beliebige Gestalt annehmen, sehen etwa gleich aus, wenn sie ihre physischen, emotionalen und mentalen Körper abgelegt haben. Ihr alle seid Seele. Ihr alle seid Verdichtungen spiritueller Energie. Doch ihr seid auch Individuen, Person geworden durch euer Erleben.

Meine Aufgabe ist es, den menschlichen Geist zu

nähren. Selbst das brillanteste Denken bedarf der Nahrung, um nicht an Vitalität zu verlieren. Ich wirke auch ausgleichend auf den menschlichen Geist. Das heißt, dass ich Ordnung und Richtung in seine Gedanken bringe. Wenn die Gedanken der Menschen in Ordnung und klar gedacht sind, kommt auch das Leben der Menschen in Ordnung. Denn die Ordnung des Denkens spiegelt sich im Emotionalen und Physischen wider.

Wenn einmal Ordnung und Disziplin herrschen, tun sich Türen auf, bieten sich Gelegenheiten. Diese Chancen werden zu noch größerer Ordnung und Disziplin führen, aber auch zu größeren Erlebnissen im spirituellen und im täglichen Leben.

Die frühen Jahre des Saphirs

Ich wurde zusammen mit den anderen Farbstrahl-tragenden Edelsteinen von jenen überlegenen Wesen auf die Erde gepflanzt, über die ihr bereits etwas gehört habt. Das Einpflanzen von Edelsteinen ist mit ehrfurchtgebietender Verantwortung verbunden. Doch die Erfahrungen und Freiheiten, derer sich jene Wesen erfreuen, sind gleichfalls ehrfurchtgebietend.

Die Bewohner Lemuriens machten sich nicht viel aus dem Saphir. Nur wenige große, klare und helle Exemplare wurden geachtet. Doch ich glaube, dass die Menschen damals einfach noch nicht soweit waren, um die Geschenke zu schätzen, die ich zu geben hatte. Die Lemurier bedurften der Gaben des Saphirs nicht.

Den Menschen von Atlantis war ich kostbarer. Weil

ich immer noch einigermaßen selten war, erfreuten sich fast ausschließlich die Wohlhabenden meiner Schönheit. Die Atlanter blickten in den klaren, hellblauen Saphir. Die Visionen, Gedanken und Träume, die dadurch ausgelöst wurden, gaben ihnen klare Bilder ihrer selbst. Jene, die Macht und Verantwortung über viele besaßen, konnten in den Spiegel des Saphirs blicken und die Wahrheit dessen sehen, was im Volke geschah.

Ich diente wohl als Spiegel für die Menschen von Atlantis, weil der mentale Aspekt der Atlanter nicht besonders stark entwickelt war. Ihr Mangel an mentaler Entwicklung ist vielleicht schwer zu verstehen angesichts der Vermutung, dass die Atlanter eine so hoch entwickelte Technik besaßen. Doch ging es ihnen vor allem um die Entwicklung emotionaler Reife.

Heute bemühen sich die Menschen um mentales Wachsen und Reifen. Die Lektionen, denen sie heute begegnen, scheinen wohl emotionale Probleme zu sein, aber in der Regel wurzeln sie im Denken. Obwohl man mich noch immer als Spiegel benutzen kann, ist die reflektierte Information nicht so klar. Sie ist nicht mehr so deutlich, weil die mentale Aktivität der Menschen von heute leicht zerstreut ist. Deshalb mag ein besseres Verständnis von der Funktion des Denkens ganz hilfreich sein.

»Entschuldige bitte«, unterbrach ein Zuhörer. »Hat der Blick in einen Saphir eine ähnliche Wirkung wie das Starren in eine Kristallkugel?«

Das ist ganz anders. Der Bergkristall ist von der Erde. Durch ihn sieht man die Dinge aus einer begrenzten, physischen Perspektive. Der Saphir hat seinen Ursprung nicht auf dem Planeten Erde. Deshalb kann man durch ihn aus viel höherer Perspektive schauen und einen größeren Umkreis der Wahrheit überblicken.

Die Atlanter hätten ihren Verstand verlieren können, wenn ihnen bekannt gewesen wäre, dass der feste Boden, auf dem sie lebten, bald nicht mehr bestehen würde. Zu jener Zeit nämlich hielten die Menschen an ihren materiellen Dingen sehr fest. Jene, die den Untergang von Atlantis überlebten, waren von einem anderen Schlag. Diese Überlebenden kannten den Saphir. Ihre spirituellen Führer erlaubten ihnen dieses Wissen und forderten sie auf, Saphire zu sammeln und zu tragen. Sie veranlassten sie auch, den Saphir als Geheimnis zu bewahren.

Der Saphir wurde nach Bedarf unter jenen verteilt, die vom Kontinent Atlantis auswanderten und seinen Untergang überlebten. Wer sich den Stein nicht leisten konnte, erhielt die nötige Hilfe, um ihn für seine Reise zu erlangen, und bezahlte, was seinen Möglichkeiten entsprach.

Der Saphir heute

Nun ist die Zeit gekommen, dass Einzelne die Wahrheit über den Saphir erfahren, das Wissen über meine Aufgabe, meine Wirkung und das, was ich für den Menschen tun kann.

Ich nütze der Erde durch den blauen Farbstrahl, dessen Träger ich bin. Der blaue Strahl ist für das Leben der Erde so notwendig wie für das Leben der Menschen. Denkt daran: die Erde ist ein lebendiges Wesen. Sie bedarf ebenfalls der Anwesenheit aller sieben Farbstrahlen, um zu existieren.

Für den Menschen, der mich trägt, habe ich zwei Aufgaben: Die eine hängt direkt mit meiner Funktion als Vermittler des blauen Strahls zusammen, die andere ist das Ergebnis meiner Schwingungsrate. Man kann zwar sagen, dass meine beiden Aufgaben parallel sind. Andererseits sind sie miteinander verflochten wie Weinreben, die sich um einander winden.

Bevor ich ausführlicher auf meine Eigenschaften und Wirkungen zu sprechen komme, solltet ihr etwas über das Wesen des menschlichen Geistes verstehen, denn auf diesen Aspekt des Einzelnen habe ich den größten Einfluss.

Das Denken beeinflusst die Emotionen und den grobstofflichen Körper mehr, als ihr euch vielleicht klarmacht. Der menschliche Geist ist sehr komplex. Er umfasst zahlreiche Ebenen oder Bereiche, darunter höhere und niedere. Gedanken werden an der Grenze der höchsten Ebene des menschlichen Geistes gebildet, in dem Bereich, der den rein spirituellen Aspekt des Menschen berührt.

Gedanken entstehen ständig. Es gibt keinen Augenblick, in dem nicht ein neuer Gedanke geboren wird. Deshalb ist es wichtig, die Unterscheidung der Gedanken zu lernen. Dabei handelt es sich um die Fähigkeit zu wählen, welche Gedanken du gerne äußerst, beachtest oder unterstützt. Darüber hinaus ist es die Fähigkeit zu wählen, welche Gedanken du gerne ignorierst, damit sie einfach in den Äther hinaustreiben und sich nie manifestieren oder etwas beeinflussen.

Wenn ich »du« sage, meine ich dich als Seele. Als Seele bist du der Inhaber deines Denkens. Als Seele hast du die Fähigkeit und Macht, zu unterscheiden und zu wählen, welche Gedanken du gerne hegst. Das ist eine wichtige Entscheidung, da deine Gedanken deinen Emotionen und deinem physischen Körper als Nahrung dienen.

Das Unterscheiden ist möglicherweise schwer zu lernen. Doch man braucht nicht lange zu überlegen, um die Vorteile von Gedanken-Selbstkontrolle und mentaler Ausgeglichenheit zu erkennen. Weil das gedankliche Unterscheidungsvermögen viel Macht mit sich bringt, übernimmt man mit ihr große Verantwortung. Wenn man nämlich mentales Unterscheidungsvermögen besitzt, ist die Kontrolle über den körperlichen und den emotionalen Zustand ein leichter nächster Schritt. Hier kann der Saphir sehr wirkungsvoll und hilfreich sein. Ich lehre das Unterscheiden auf sehr individuelle Weise, das ist mein Ziel und meine Absicht. Ich bin ein Werkzeug, das dem Einzelnen helfen kann, die Meisterung seiner selbst zu erlangen.

Natürlich kann man diese Meisterschaft auch ohne den Saphir erreichen. Man kann auch einen Ziegelstein hernehmen, um den Nagel ins Brett zu treiben. Aber mit einem Hammer geht das viel einfacher. Der Saphir ist ein Werkzeug, das einem die Meisterung der Aspekte des eigenen Selbst leichter macht.

Darunter verstehe ich die Meisterung des Denkens, des Fühlens und des physischen Körpers. Um sie zu erlangen, muss der Teil von dir, der von deinem physischen Körper gebunden und geknechtet ist, mit jenem Aspekt deines Wesens kommunikationsfähig sein, der durch deinen materiellen Körper, deine Gefühle und Gedanken nicht begrenzt wird. Dieser Teil ist die Seele, dein wirkliches Ich.

Wenn man beschließt, den Saphir als Werkzeug zu

gebrauchen, um die Selbst-Meisterung anzustreben, bringe ich zunächst etwas Ordnung in das Denken des Menschen. Erst wenn die Gedanken geordnet und einigermaßen unter Kontrolle sind, kann man beginnen, mit seinen Emotionen oder dem physischen Körper zu arbeiten.

Dein Denken kann man mit vielen tausend Quadratkilometern offenen Weidelandes vergleichen, auf dem die Gedanken sich wie eine Herde Rinder zur Winterzeit frei umherbewegen. Wenn nun der Frühling kommt, sollen die Tiere zusammengetrieben werden. Also machen sich die ›Saphir-Cowboys‹ an die Arbeit, treiben die Gedanken zusammen und zwingen sie in einen riesigen Pferch. Jetzt herrscht zwar noch einiges Durcheinander innerhalb der Herde, aber sie ist wenigstens geborgen. Eine gewisse Ordnung wurde ihr auferlegt, und sie ist nicht mehr über das weite Land zerstreut.

Ich trage den blauen Strahl, und mit ihm nähre ich den menschlichen Geist. Der blaue Strahl hilft den Menschen, ihre Aufmerksamkeit auf ihr Denken und ihren Kopf zu richten. Der blaue Strahl dringt durch das Kehl-Chakra in den physischen Körper ein. Dann steigt er auf, erfüllt den Kopf und nährt dort Gehirn und Denken.

In der Regel gebraucht das Denken alles, was es an Nahrung durch den blauen Strahl erhält. Was es nicht benötigt, fließt durch das Brauen-Chakra hinaus. Je mehr Nahrung ihm zugeführt wird, desto stärker nimmt der menschliche Geist zu und wächst in der Bewusstheit seiner selbst. Je größer er aber wird, desto mehr Nahrung benötigt er.

Ich meine, ich habe noch nicht deutlich genug hervorgehoben, wie wichtig es ist, die Gedanken zu ordnen und welche Auswirkungen geordnete Gedanken auf den physischen und den Emotionalkörper haben können.

Wenn die Gedanken geordnet sind, wird das Denken klarer. Auch das Gedächtnis wird besser, weil Gedanken aus der Vergangenheit leichter zugänglich sind. Darüber hinaus wird den wichtigsten Gedanken größere Aufmerksamkeit geschenkt. Es ist verblüffend, wieviel unnütze Gedanken man im Laufe des Tages hat. Der Saphir fördert nützliche Gedanken und sinnvolles Denken. Wenn die Gedanken in Ordnung sind, ist es auch einfacher, zwischen reinen und unreinen, zwischen vollständigen und unvollständigen, zwischen ausgeglichenen und unausgeglichenen Gedanken zu unterscheiden – bei sich selbst und bei anderen.

Wenn das Denken ausgeglichen ist, spiegelt sich dieser Zustand im Emotional- und im physischen Körper wider, denn es hat die Funktion, diese Aspekte zu regieren. Wenn eine Fehlfunktion im Denken besteht, wird es unvermeidbar auch zu einer Fehlfunktion irgendwo im Bereich des Emotional- oder des physischen Körpers kommen.

Du hast schon von dem Prinzip gehört, dass Gedanken heilen können. Das ist kein Ammenmärchen, sondern basiert auf Wahrheit. Der Schlüssel liegt in der Fähigkeit festzustellen, welche Gedanken bei einem bestimmten Zustand der Disharmonie als Medizin wirken, und welche Gedanken ihm disharmonische Energie zugeführt haben.

Um dieses Prinzip zur Nutzanwendung zu bringen, musst du ferner wissen, welche Gedanken du hervorbringen musst, um den Strom der disharmonischen Gedanken zum Stillstand zu bringen und auszulöschen. Du musst auch wissen, welche Gedanken den vorliegenden Zustand aufzulösen und auf die nächste Ebene des Verstehens oder der Gesundheit zu führen vermögen.

Wenn ein materieller Körper stirbt, bleiben der Emotional- und der Mentalkörper des Menschen in den meisten Fällen am Leben. Mein Wirken geht davon aus, dass das Leben nicht aufhört, wenn der physische Körper nicht mehr existiert. Deshalb – und vielleicht: leider – steht mein Wirken nicht in allen Fällen in unmittelbarem Zusammenhang mit der Erhaltung des physischen Körpers. Da ich sein Verstehen erweitere, kann der Mensch unter meinem Einfluss zu der Erkenntnis gelangen, dass der physische Körper ihm nur noch eine Bürde oder Belastung ist. Andererseits erkennt er vielleicht, was notwendig ist, um ihn zu heilen, oder was zu seiner Erkrankung führte. Er merkt, welche Lektionen er lernen muss, und dass er sich diese Lektionen vielleicht nicht unbedingt in der grobstofflichen Welt anzueignen hat. Oder es wird ihn klar, dass man den physischen Körper behalten und die notwendigen Lektionen auf einer inneren Ebene erwerben kann.

Dein Geist ist ein fundamentaler Bestandteil dessen, was du bist. Deine Gedanken, Denkhaltungen, Vorstellungen und Ideen formen nicht nur deinen physischen Körper und alles in ihm, sondern auch deine physische Umgebung.

Der Saphir kann dir alle Verständnisebenen öffnen, die ich gerade nannte. Das Verstehen, das ich mitbringe, kann grundlegende Veränderungen in Denkweise, Lebensanschauung und Bewusstsein nach sich ziehen.

Der Mental- und der Emotionalkörper existieren nebeneinander. Manche Quellen haben einen Bereich beschrieben, der zwischen beiden anzusiedeln ist, und ihn Erinnerung genannt. Es liegt nahe, das Gedächtnis als eine Ebene darzustellen, die anders als und getrennt vom Denken ist, weil seine Funktion so verschieden von anderen mentalen Funktionen ist. Doch in Wirklichkeit ist das Gedächtnis ein Teil des menschlichen Geistes. Dies gilt auch für die unterbewusste Ebene. Laut einiger Definitionen ist das Unterbewusste jene Ebene, die den menschlichen Geist von der Seele trennt. Doch ist das Unterbewusste eine weitere Ebene des menschlichen Geistes; es liegt in dessen höchstem Bereich, an der Grenze zur Seele.

Gedanken und Denkhaltungen formen Emotionen und emotionale Äußerungen. Wenn du denkst, dass eine bestimmte Situation so beschaffen sei, dass sie dich fürchten machen werde, wirst du dich fürchten. Wenn es deinem Denken sinnvoll erscheint, dass du in einer bestimmten Situation liebevoll bist, dann wirst du Liebe empfinden.

Der Saphir übt einen direkten Einfluss auf den menschlichen Geist und den Denkprozess aus. Er ordnet die Gedanken und gibt ihnen Klarheit. Das Denken wiederum beeinflusst die Emotionen (vielleicht mehr noch als den physischen Körper). Wenn der Saphir also das Denken in Ordnung bringt, werden natürlich auch die Emotionen geordneter und leichter verständlich. Es fällt dir leichter, den Emotionen Ausdruck zu geben, die du tatsächlich äußern willst. Mit anderen Worten: Du kommst der Meisterung deiner Emotionen näher.

Der Saphir-Rohkristall, der in Facetten geschliffene und der zur Kugel gerundete Saphir – sie alle richten ihre Energie auf den Mentalkörper. Doch dies ist schon ihre einzige Gemeinsamkeit. Das blaue Licht, das vom geschliffenen und kristallinen Saphir reflektiert wird, dient dem mentalen Aspekt als Nahrung. Doch damit man sich der daraus resultierenden Vorteile auch auf physischer Ebene erfreuen kann, muss die Energie zwischen dem Mentalkörper und dem Saphir hin- und herfließen können. In unbearbeiteter oder zu Facetten geschliffener Form kann der Stein diese Wirkung nicht erzielen. Der Rückfluss der Energie ist nur zu erreichen, wenn der Saphir zur Kugel gerundet wurde.

Facettierte Steine geben ihre Energie ewig und unterschiedslos ab. Die massive Licht- und Klang-Energie, die die kristalline Matrix des Saphirs birgt, muss sich in die von den Facetten oder Kristallflächen diktierten Richtungen verstrahlen. Es gibt keinen Weg, auf dem die Energie zurückkehren kann, sei es zum Stein oder zu dem Aura-Feld, in dem er getragen wird. Dies gilt ebenso für den rohen Kristall.

Facettierte Steine gehören zum Zeitalter des Metall-Bewusstseins. Doch es gibt mindestens eine Ausnahme, über die du zu gegebener Zeit noch erfahren wirst.

Wenn du einen Saphir-Kristall dein Eigen nennen darfst, kann er ein sehr persönlicher Besitz sein, denn er vermag mit seinem Besitzer sehr eng zusammenzuwachsen. Die Energie eines Saphir-Kristalls fühlt sich oft sehr gut an, weil er eine irdische, physische Form ist und das Bewusstsein des Physischen wohl ansprechen kann. Der Saphir-Kristall hilft dem Menschen sogar, aus physischer Sicht zu verstehen, was der Stein in Kugelform seinem Träger geben und ihn auf den inneren Ebenen lehren kann.

Die Saphir-Rondelle ist sogar noch vollkommener als

eine exakte Kugelform. Wenn die Energie um diese Form wirbelt, gewinnt sie an Schwung. Sie gleitet über die Seite der Rondelle und rechnet damit, einer Kugelform zu folgen; statt dessen trifft sie auf die Abweichung von der Kugelgestalt und wird in die Aura hinausgeschleudert.

Jetzt möchte ich meine Aufgabe im Hinblick auf den blauen Strahl und dessen Art erklären, den mentalen Aspekt des Menschen zu nähren.

Angesichts all des ›Gedanken-Mülls‹, den die Menschen ihrem physischen Körper zumuten, ist es ein Wunder, dass sie nicht noch kränker sind, als es ohnehin bereits der Fall ist. Unter Gedanken-Müll verstehe ich unkonstruktive, negative Gedanken, negative Einstellungen, Meinungen und Vorurteile. Ich nennen sie deshalb Müll, weil sie nicht aufbauend sind. Sie erzeugen nur Impulse, die zur Abwärts-Entwicklung beitragen.

Wenn ein Mensch sich auf der Spirale nach unten befindet, geht er einem physischen Tod entgegen. Der Tod braucht nicht auf der Stelle einzutreten. Doch während man der Spirale nach unten folgt, gerät man in immer ungesündere Umstände und entfernt sich immer weiter vom Quell der Wahrheit, der Lebens- und der Heilungskraft.

Andererseits kann man sehr krank sein und sich dabei auf einer nach oben gerichteten Entwicklungsspirale befinden. Auf diesem Wege nähert man sich der Lebenskraft und somit einer Heilung.

Leider kann es sein, dass eine vollständige Heilung im derzeitigen physischen Körper eines Menschen nicht zustande kommt. Doch dieser wird sich der Heilung zumindest nähern, und darauf kommt es an.

Wenn Menschen zulassen, dass Gedanken-Müll durch ihren Mentalkörper fließt und sich in ihrem Kopf sammelt, werden ihr physisches Gehirn und alle Funktionen im Bereich des Kopfes unterernährt, überbelastet und geraten unter Spannung.

Es ist nicht überraschend, dass man allgemein eine Verschlechterung von Seh- und Hörvermögen der Menschen beobachten kann. Obwohl es sich dabei nicht um die unmittelbare Auswirkung von Gedanken-Müll handelt, ist es doch das Ergebnis einer durch Müll-Gedanken verursachten mentalen Verarmung und Stauung. Zu viele Müll-Gedanken schütten den Kopf im Physischen zu und behindern die Denkfunktionen.

Der blaue Strahl ist Nahrung für den Kopf. Darüber hinaus wirkt er auflösend auf jegliche Negativität oder Disharmonie (mit anderen Worten: Müll), die er im Kopf vorfindet. In dieser Hinsicht kann man ihn mit dem grünen Strahl des Smaragds vergleichen, der Disharmonie im physischen Körper auflöst.

Auf die Augen gelegt, wirkt der Saphir herrlich beruhigend. Doch du solltest niemals Saphir-Kristalle oder facettierte Saphire auf die Augen legen. Zu diesem Zweck darf der Stein *nur* in Form von Kugeln verwendet werden.

Am besten trägt man Saphir als kurze Kette mit Perlen von drei bis vier Millimetern Durchmesser. Eine kurze Kette ist etwa achtunddreißig bis fünfundvierzig Zentimeter lang. Diese Menge Saphir wird nicht zuviel sein.

Größere Saphire in längeren Ketten (die etwa bis zum Herzen reichen) werden große mentale Verwirrung verursachen. Zuviel Saphir bringt den menschlichen Geist aus dem Gleichgewicht, denn die Veränderungen treten zu plötzlich ein. Soviel Saphir kann einen wunderbaren

Einfluss auf den mentalen Aspekt ausüben; doch weil die Veränderungen zu rasch kommen, werden Emotionen und physischer Körper sich widersetzen. Sie lehnen sich auf und führen Situationen herbei, in denen das Mentale zerstreut reagieren muss.

Eine kurze Kette von Saphiren der genannten Größe sollte eine starke Wirkung entfalten. Der blaue Strahl fließt durch das Kehl-Chakra in den Körper ein. Die Schwingungsrate des Saphirs gleitet gewissermaßen auf dem Rücken des blauen Strahls über das Kehl-Chakra in den Kopf. Weil eine kurze Kette eng um den Hals und damit in Kopfnähe getragen wird, richtet sich ihre Wirkung nicht nur auf den mentalen Bereich, sondern auch auf den materiellen Kopf.

Diese Menge Saphir geht sofort ans Werk und beseitigt Disharmonien aus dem Bereich des Kopfes. Schließlich können deine Augen schärfer sehen und deine Ohren genauer hören; dazu ist soviel Saphir mehr als ausreichend. Er wird sogar mehr Energie zur Verfügung stellen, als der physische Kopf benötigt. Deshalb wird ein Teil der Saphir-Energie durch das Brauen-Chakra wieder hinausfließen.

Wenn ein Farbstrahl durch das Brauen-Chakra fließt, geht die Aufmerksamkeit mit ihm, und man kann sich Dingen bewusst werden, die jenseits des Physisch-Materiellen sind. Wenn das körperliche Seh- und Hörvermögen klarer werden, öffnen sich auch inneres Schauen und Hören. Mit anderen Worten: Licht und Klang der Lebenskraft, von der die Hüter der Edelsteine sprechen, werden für dich an Realität zunehmen, denn du wirst sie selbst wahrnehmen. Du wirst das Licht selbst schauen und den Klang selbst vernehmen. Dann wirst du wissen, dass es Wahrheit und Wirklichkeit ist, wovon die Hüter sprachen, auch wenn es die Grenzen des physischen Sehens und Hörens übersteigt. Wenn der Saphir zu diesem Zweck um den Hals getragen wird, genügen kleine Perlen des edlen Steines, denn in einer Halskette ergeben sie immer noch eine ausreichend große Menge.

Je klarer der Saphir ist, desto besser. Doch sollte man einen Kompromiss zwischen Klarheit und Verfügbarkeit anstreben. Kümmere oder sorge dich nicht um kleine Einschlüsse oder Unregelmäßigkeiten oder andere Dinge, die den Saphir nicht in vollendet klarem Blau erscheinen lassen. Es ist wahr: der vollkommene, klare blaue Saphir ist schöner; er kann die inneren Körper berühren und einen deutlicheren, reineren Einfluss ausüben. Doch die Saphir-Menge, von der ich spreche, ist trotzdem sehr stark. Sie wird Wunder für dich wirken, auch wenn sie Einschlüsse aufweist. Nur wenn die Einschlüsse die Fähigkeit des Saphirs blockieren, den blauen Strahl zu vermitteln, solltest du von der Verwendung des betreffenden Steines Abstand nehmen.

Je mehr die Farbe des Saphirs dem Blau des Regenbogens entspricht, desto besser kann der jeweilige Stein den blauen Strahl vermitteln – das heißt auch: desto effektiver wird er in der Lage sein, Seh- und Hörvermögen zu steigern und jegliche Disharmonie oder Bestände von Gedanken-Müll aus dem physischen Gehirn zu beseitigen.

Ich verwende weiterhin das Wort Müll, weil ich es für eine sehr gute Analogie halte. Wenn du zu viel Müll im Abfluss hast, verstopft dieser. Wenn sich zu viel Müll in der Tonne sammelt, fließt sie über, der Inhalt verrottet, fängt an zu riechen und zieht Parasiten an. Überall, wo man zu viel Müll lange genug liegen lässt, zieht er Krankheit an.

Bis vor kurzem war die Schwingungsrate der Menschen auf deinem Planeten noch nicht bereit für die Aufnahme des indigo Strahls. Deshalb wurde dieser nicht von einem Edelstein (wie die anderen Farbstrahlen), sondern von dem Erdstein Sodalith vermittelt. Weil der indigo Strahl eine der sieben Farben verkörpert, die für das Leben des Planeten und seiner Bewohner notwendig sind, trug ich dazu bei, diesen Strahl zu vermitteln. Um eure Worte zu gebrauchen: Ich übernahm diese Aufgabe als eine Art ›Teilzeit-Job‹.

Dies ist ein Grund, warum der indigo Strahl bei den einen durch das Kehl-Chakra, bei den anderen durch das Brauen-Chakra einzufließen scheint. Menschen, deren Schwingung oder Bewusstsein mehr mit dem Weg harmoniert, auf dem der Saphir den indigo Strahl überbringt, nehmen diesen Strahl durch das Kehl-Chakra auf.

Eine ständig wachsende Zahl von Menschen besitzt eine persönliche Schwingungsrate, die es ihnen erlaubt, den indigo Strahl durch das Brauen-Chakra aufzunehmen. Noch vor einigen Jahrzehnten waren solche Menschen nur selten zu finden. Angesichts des Bewusstseinswachstums der heutigen Zeit und des in den vergangenen zwanzig bis dreißig Jahren weiter um sich greifenden ›Edelstein-Bewusstseins‹, werden immer mehr Menschen darauf vorbereitet, den indigo Strahl durch das Brauen-Chakra aufzunehmen. Dies bedeutet auch, dass das Kehl-Chakra dieser Personen den blauen Strahl in größerer Reinheit und Klarheit aufnehmen kann. Infolgedessen kann der blaue Strahl effektiver wirken und die geschilderten Resultate hervorbringen.

Es gibt Saphire, die den indigo Strahl stärker reflektieren als andere. Diese Saphire erscheinen in dunklerem Blau. Dunkelblaue Saphire sind Träger des indigo und des blauen Strahls.

Wenn die Saphir-Halskette, die du tragen möchtest, aus Steinen dieser dunkleren Varietät besteht, wird ihr Einfluss stärker dazu beitragen, dass du Veränderungen durchführen kannst. Er hilft dir, deine Aufmerksamkeit von einer materialistischen zur einer spirituelleren Perspektive zu verlagern. Der dunklere Saphir zeigt jedoch keine tiefgreifende Wirkung auf das Seh- oder Hörvermögen und das Gehirn, wie ich sie geschildert habe.

Wenn du Saphir trägst, um Disharmonien im Kopfbereich zu beseitigen, um dein Seh- und Hörvermögen zu verbessern oder um Unausgeglichenheiten im Gehirn aufzulösen, solltest du den Stein dauernd tragen.

»Wie lange dauert es, bis die Saphir-Behandlung abgeschlossen ist?«, fragte Michael.

Bei der Behandlung mit Saphir wird man nie an einen Punkt gelangen, an dem man sagen könnte, die Therapie sei abgeschlossen. Es gibt immer noch einen weiteren Schritt hin zu größerer Gesundheit und Sehschärfe. Je tüchtiger und klarer dein Gehirn wird, desto deutlicher wirst du bemerken, dass du mehr und mehr tun kannst. Das Gehirn besitzt eine enorme Kapazität, die von den Menschen der heutigen Zeit bei weitem noch nicht ausgeschöpft wird; abgesehen davon wird es wohl jederzeit möglich sein, die Gedanken besser zu ordnen.

Die Meisterung des Physischen, des Emotionalen und des Mentalen ist keine Errungenschaft, die man erwirbt wie die Reifeprüfung beim Schulabgang. Die Selbst-Meisterung, die ich meine, muss immer wieder neu gewonnen werden. Es gibt keine Grenzen, kein Ende des Wissens und der Weisheit, die hier zu erlangen ist. Deshalb gibt es in jeder Gruppe echter geistiger Meister eine hierarchische Ordnung.

Wenn du den Saphir nur kurze Zeit trägst und dann wieder ablegst, wirst du doch von seinem Einfluss profitieren können. Wenn du ihn dann eines Tages wieder zu tragen beginnst, setzt er seine Arbeit an der Stelle fort, an der er sie früher abgebrochen hatte.

Wenn du den Saphir jedoch verwendest, um den Müll aus dem Bereich deines Denkens zu entfernen, solltest du ihn ständig tragen. Es ist wie beim Hausmüll: Wenn du die Mülleimer einmal hinausgetragen und geleert hast, sind sie bald wieder voll, und die Müllabfuhr muss immer wieder kommen.

Der Saphir in Kugelform wird übrigens nicht viel nützen, wenn du ihn anders trägst als um den Hals. Die einzige Ausnahme – ich schilderte sie bereits – ist, dass du ihn auf die Augen legen kannst.

Der Saphir bearbeitet alles, was das Gehirn daran hindert, gut zu funktionieren. Ich weiß nicht genug über körperliche Krankheiten und deren Bezeichnungen, um dir spezifische Indikationen nennen zu können.

»Tumore, nervöse Leiden, blockierte Arterien, Schlaganfälle«, bot Michael an.

Diese Wörter sagen mir nichts. Denke an Müll und verschmutztes Wasser. Denke an die Flüssigkeiten in deinem Kopf und Gehirn, und welche Krankheiten sie beeinträchtigen; oder denke daran, wie sie fließen und zirkulieren, und welche Krankheiten aus der Verschmutzung oder Blockierung dieser ›Wasserstraßen‹ im Kopf entstehen können.

»Grundsätzlich könnte man sagen: Wenn das Gehirn des Menschen verschmutzt ist, wird die Verschmutzung sich über den ganzen Körper ausbreiten«, bemerkte Michael.

Ja, aber ich beschäftige mich vor allem mit der Ursache der Verschmutzung. Edelsteine befassen sich mit den Ursachen. Was also ist die Ursache, dass das Gehirn oder der Körper eines Menschen ›verschmutzt‹ wurden?

»Mentaler Müll«, schlug Michael vor.

Mentaler Müll, in der Tat. Die Gedanken, Einstellungen und Vorstellungen des Menschen haben seinen Organismus vergiftet und verunreinigt.

Jedesmal, wenn ihr Gedanken hegt wie: »Oh, ich bin so häßlich, ich bin so dick, ich kann das nicht tun, ich fühle mich so schlecht, ich habe eine so schreckliche Krankheit, ich werde wohl nie wieder gesund«, verseucht ihr euren Organismus mit Müll. Damit sichert ihr das Fortbestehen eurer Krankheit und entfernt euch weiter von der Heilungskraft.

Dazu trägt auch jeder negative Gedanke über andere Menschen bei. Jedesmal, wenn du etwas Negatives über jemanden denkst, bist du selbst der Betroffene, denn der negative Gedanke muss von deinem Denken durch deinen physischen Körper fließen. Dabei trägt er seine ganze negative Ladung mit sich, und diese Negativität ist Müll. Er sammelt sich zuerst im Kopf und zirkuliert später durch den ganzen Organismus. Er sammelt sich deshalb zunächst im Kopfbereich, weil dein Gehirn die Gedanken durch deinen physischen Körper aussendet, wie das Herz die Emotionen aussendet.

In deinem nächsten Körper – ob du an Reinkarnation glaubst oder nicht – wirst du der Heilungskraft keinen

Schritt näher sein als zum Zeitpunkt deines Todes. Der Tod ist also kein Ausweg. Er nimmt dir nur vorübergehend die Schmerzen. Am Ende musst du dich dem stellen, was du selbst erschaffen hast.

Der Saphir morgen

Meine Aufgabe für die Zukunft überschneidet sich in gewissem Sinne mit meiner Aufgabe in der Gegenwart. Meine künftige Mission erwächst möglicherweise aus einer anderen, noch unbekannten Wirkung des blauen Strahls, oder sie leitet sich aus einem anderen Aspekt meiner eigenen Schwingung ab. Im Augenblick bin ich noch nicht sicher, worum es sich handeln wird.

Der Regenbogen-Fluorit sprach über die vielen Übergangsphasen, die die Menschen heute auf verschiedenen Ebenen erleben. Der Saphir wird ihnen helfen, diese Veränderungen durchzuführen. Ich beeinflusse den mentalen Aspekt des Menschen. Ich lockere Vorstellungen und Ideen, die verhärtet, verkrustet und versteinert sind. Weil sie so fest wurzeln, halten solche Gedanken und Einstellungen den Menschen in einem bestimmten Bewusstseinszustand fest. Wenn sie nicht gelockert und gelöst werden, bewirken sie, dass die anstehenden Veränderungen unnötig traumatisch erlebt werden. Personen, die darauf bestehen, an ihren verhärteten Denkweisen und Vorstellungen festzuhalten, werden nicht flexibel genug sein, diese Veränderungen anzunehmen.

Die Energie des Saphirs lockert und löst die verhärteten Vorstellungen und Denkhaltungen. Damit bewirkt sie größere mentale Flexibilität. Wenn dann die Veränderung eintritt, helfe ich den Menschen, sich ihr mit Leichtigkeit zu beugen. Natürlich geschehen diese Veränderungen auf jeden Fall, ob der Einzelne dafür bereit ist oder nicht, denn das Schicksal hat sie angeordnet.

Ich helfe den Menschen auch deshalb bei solchen Übergängen, weil ich viel von der Energie trage, die notwendig ist, um den Sprung oder Schritt zu bewältigen. Die Veränderungen, von denen der Hüter des purpurnen Regenbogen-Fluorits sprach, und der Übergang vom Metall- zum Edelstein-Bewusstsein, das Amethyst erwähnte, sind im Grunde eine totale Neuordnung oder Transformation der Schwingungsrate des Planeten.

Wenn diese Veränderungen abgeschlossen sind und die Gesellschaft wieder auf die Füße gefunden hat, werde ich von einem anderen Träger des blauen Strahls abgelöst. Danach werde ich den blauen Strahl nicht länger mehr in die physische Welt vermitteln. Diese Verantwortung ist dann abgegeben. Doch ich werde ein tieferes Verständnis des Ganzen erlangt haben und zu einer Quelle der Stabilität werden.

Ich helfe den Menschen auch bei Veränderungen, indem ich ihr Denken ›nähre‹. Diese Unterstützung ermöglicht es ihnen, die Veränderungen besser zu verstehen.

Obwohl ich zur Kugelform geschliffen sein muss, um den Menschen in Übergangsphasen zu helfen, ist es nicht nötig, mich in so großen Mengen einzusetzen, wie sie vorhin geschildert wurden. Die Saphir-Perlen müssen den Hals nicht lückenlos umgeben. Es dürfte bereits genügen, anderthalb bis zwei Karat innerhalb des Aura-Feldes zu tragen. Diese Menge ist relativ klein, aber wirkungsvoll.

Für die nächsten Jahrtausende braucht ihr mit dem

neuen Träger des blauen Strahls nicht zu rechnen. Die einzige Bedeutung, die dieser Amtswechsel heute hat, ist ein Ereignis in der Zukunft, auf das ich in Kürze zu sprechen kommen werde. Jene unter euch, deren inneres Sehvermögen klar ist, mögen vielleicht ihr Bewusstsein öffnen, um jenes Ereignis eventuell wahrnehmen zu können.

Aufgrund der Veränderungen, die jetzt geschehen, ist die Zeit gekommen, dass jene Wesen, die Edelstein-Samen auf Planeten einpflanzen, herbeikommen und bei der Verankerung der Samen des neuen Trägers für den blauen Strahl helfen. Dieser Träger selbst wird in den nächsten etwa drei- bis fünftausend Jahren wohl nicht benötigt werden. Ich weiß nicht mit Sicherheit, wann die Einpflanzung geschehen wird, da sich dies meiner Kontrolle entzieht. Aber ich denke, die geeignete Zeit wird in diesem oder einem der beiden nächsten Jahrzehnte sein.

Aller Wahrscheinlichkeit nach wird dieses Ereignis nicht durch die Schlagzeilen der Weltpresse gehen. Wer das Recht und die Fähigkeit dazu erworben hat, eine Bewusstseinsreise über die Grenzen der Erdatmosphäre hinaus zu unternehmen, und eingeladen werden möchte, um Zeuge des Geschehens zu werden, darf die Zeremonie von oben betrachten.

Dieser Vorgang wird nicht in einem kurzen Augenblick stattfinden. Es wird nach irdischer Zeitrechnung einige Wochen dauern, weil jene hochentwickelten Wesen den Planeten erst untersuchen müssen. Sie müssen noch weitere Daten sammeln und die Kanäle, Adern und Kraftpunkte der Erde erforschen. Dies werden sie durchführen, während sie die Erde in ihrem Raumschiff umkreisen und mit speziellen Instrumenten durchleuchten.

Dann werden sie die Schwingungsrate des neuen Edelsteines einpflanzen. Ich weiß nicht, ob sie in einen bereits vorhandenen Stein eingesetzt wird, oder ob man eine neue Mutterkristall-Matrix einpflanzen wird. In diesem Falle könnte ein geheimnisvoller Meteorit die Erde treffen und sich selbst im Erdreich verankern.

Wie auch immer diese Einpflanzung vonstatten geht, wird die Erde irgendwie darauf reagieren. Sie muss darauf ansprechen, um einen Ausgleich zu schaffen für die neue Schwingungsrate, die ihr hinzugefügt wurde. Vermutlich wird die Erde auf einzigartige Weise reagieren. Es wird sich dabei also nicht um einen ›gewöhnlichen‹ Vulkanausbruch, einen ›normalen‹ Wirbelsturm oder ungewöhnliche Wetterbedingungen handeln.

Meine Funktion und Aufgabe ist einfach und grundlegend. Eigentlich könnte man sie wohl auf einer einzigen Seite darstellen. Doch ich hielt es für wichtig, dir die Erklärungen und das Wissen mitzuteilen, die sich mit meiner Aufgabe verknüpfen. Es ist wichtig, dass du meinen Zweck, meine Mission und meine Wirkungen als Heilmittel für den menschlichen Körper besser verstehst.

»Es war mir eine Ehre«, erklärte Michael.

Da ist noch jemand, den ich euch gerne vorstellen möchte. Ihr müsst mir dazu etwas weiter ins Tal hinab folgen, denn er spielt dort mit den anderen Kindern. Obwohl ich sicher bin, dass er sich seiner Mission bewusst ist, weiß ich nicht, was er sagen wird. Er genießt zur Zeit seine Kindheit, wie jeder andere Knabe auch. Ihr werdet ihn als den Hüter des Indigo kennenlernen.

Wenn ihr ihn bei diesem Titel ruft, wird er euch natürlich nicht antworten. Er hört auf einen gewöhnlichen Namen. Er mag für eure Ohren vielleicht fremd klingen, aber im Land seiner Ahnen ist er gebräuchlich.

Doch nun: gute Nacht!

Mit Leichtigkeit glitt ich zurück in die Bewusstheit meines physischen Körpers. Dabei hatte ich den deutlichen Eindruck, die Zeit würde stillstehen, bis wir in dieses Tal zurückkehrten. Dann nähme sie ihren gewohnten Gang wieder auf und wir würden dem Hüter des Indigo begegnen.

Kapitel 11

Indigo

Der Hüter des Saphirs führte uns die grünen Hänge zu einem Spielplatz hinunter, auf dem zahlreiche Kinder Ball spielten. Wir konnten keine bestimmte Spielordnung erkennen, und es schien weder Regeln noch Ziel zu geben. Doch jedes Kind spielte mit vollem Engagement.

Als die Sonne sich am späten Nachmittag anschickte unterzugehen, begannen wir uns zu fragen, warum wir soviel Zeit damit verbrachten, Kinder beim Spiel zu beobachten. Es dämmerte bereits, und ein Kind nach dem anderen folgte dem Ruf, der es aufforderte, zum Abendessen nach Hause zu kommen.

Als das Spiel schließlich zu Ende war, blickte ein Knabe auf und lief Saphir entgegen. Er schien etwa zwölf Jahre alt, hatte dunkles Haar und hellbraune Haut. Saphir klopfte dem Jungen wohlwollend auf die Schulter. Ich meinte, einen gewissen Stolz in dieser Geste zu bemerken, wie ihn ein Vater in Bezug auf seinen Sohn empfindet. Dann wandte der Knabe sich mit einem fragenden Blick seiner vollendet indigoblauen Augen zu Saphir.

»Sie sind gekommen, um etwas über deine Aufgabe zu erfahren«, erklärte dieser.

Ich weiß. Ich habe es mir gedacht, *antwortete der Junge und stapfte dann rasch den Hang hinauf. Wir folgten ihm, bis wir gleich außerhalb des Dorfes an einem Platz haltmachten, an dem uns die Geräusche von Töpfen,*

Pfannen und Geschirr aus den benachbarten Häusern nicht stören würden.

Also, was wollt ihr wissen?, *fragte der Junge, nachdem wir uns alle auf großen Steinen niedergelassen hatten.*

»Kannst du uns sagen, welche Wirkung du auf Menschen hast, und in welcher Beziehung du zum Sodalith stehst?«, fragte Michael.

Saphir drehte sich zu Michael um. Schweigend, aber mit unmissverständlichem Blick erinnerte er ihn daran, dass Indigo noch ein Knabe war, und dass Fragen entsprechend formuliert werden sollten. Michael verstand.

Ich glaube, ich weiß, was du meinst. Du scheinst viele Fragen zu haben. Wir wollen versuchen, sie, eine nach der anderen, zu klären.

Man nennt mich Indigo (durchscheinender Sodalith). In der Nacht träume ich, im Weltraum zu stehen. Unter mir ist die Erde. Dann fließt ein Licht durch mich und berührt die Felsen und Kristalle im Innern des Planeten. In meinem Traum lauschen mir die Steine, und ich erkläre ihnen, wie sie Kristalle werden können.

Wenn ich erwache, erinnere ich mich nicht an alles, was ich ihnen gesagt habe. Ich weiß noch, dass sie zuhören, dass sie lernen und sich bewegen. Ja, unter meiner Anweisung bewegen sich tatsächlich ihre Moleküle.

Darüber hinaus erinnere ich mich an das wunderbare Licht, das durch mich fließt. Ich bin nicht sicher, woher es kommt. Es kommt aber nicht aus mir heraus. Es scheint von irgendwo oberhalb und außerhalb von mir zu kommen, von einem unbekannten Ort, den ich noch herausfinden muss. Es fließt durch meinen ganzen Körper, aber besonders durch Augen und Herz.

Das tue ich, während ich schlafe. Doch manchmal brauche ich nur die Augen zu schließen, und schon befinde ich mich an jenem Ort außerhalb der Erde.

Ich habe von Sodalith gehört. Saphir unterrichtet mich über alle Edelsteine auf dem Planeten. Ich weiß, dass ich viel lernen muss. Ich weiß, dass ich etwas Besonderes bin, weil keines der anderen Kinder den Unterweisungen Saphirs zuhören darf. Aber ich spreche lieber nicht darüber, damit die Leute nicht denken, ich sei anders. Ich glaube, ihr versteht mich.

»Triffst du auch mit anderen zusammen, die dich über Edelsteine unterrichten?«, fragte Michael.

Ja, es sind noch andere. Ich werde zu einem nahegelegenen Tempel mitgenommen, der auf einem sehr hohen Berg steht. In dem Tempel ist ein von einer Kuppel überwölbter Raum. In dessen Mitte befindet sich der schönste geschliffene Indigo, den ich je gesehen habe. Ich habe das Gefühl, diesen Edelstein zu kennen. Er ist mir wie ein Freund, und ich beschäftige mich mit ihm. Von ihm geht eine sehr dunkle blaue Farbe aus, die man Indigo nennt. Sie erfüllt den ganzen Raum und fließt weiter in die Atmosphäre der Erde hinaus. Dort ist auch ein Meister mit weißem Haar, weißem Bart und weißem Gewand. Er ist bestimmt ein Meister, weil er der Hüter des Tempels ist. Er steht neben mir vor diesem Edelstein und lenkt meine Aufmerksamkeit auf bestimmte Aspekte des Kristalls. Er zeigt mir, wie ich mich mit ihm beschäftigen soll.

Während ich träume, vermittle ich das Wissen, das ich aus dieser Arbeit lerne, dem Gestein. Ich halte mir dabei das Bild jenes vollkommenen Indigos vor Augen, damit das Gestein dieses Bild sehen und erfahren kann, was das Ziel seines Wachstums sein soll.

»Handeln deine Träume ausschließlich vom Planeten Erde?«, fragte Michael.

Ja, denn die Erde ist mein Zuhause.

»Wie gelangst du zu jenem Tempel?«, wollte Michael wissen. »Die Berge, die dein Dorf umgeben, sehen steil und unüberwindbar aus.«

Darüber habe ich noch gar nicht nachgedacht. Ich bin einfach dort! Im einen Augenblick bin ich hier, blicke zu den Bergen hoch oder liege im Bett und schaue zur Decke. Im nächsten Moment bin ich dann dort. Es ist nichts Eigenartiges oder Schwieriges. Es geschieht einfach. Manchmal brauche ich nur an den Tempel zu denken, und schon bin ich dort.

»Kannst du uns etwas von den Informationen weitergeben, die du bei deinen Besuchen im Tempel erfährst – zum Beispiel, was du dann dem Gestein vermittelst?«

Ich erinnere mich nicht genau an das, was ich den Steinen sage. Ich weiß nur, dass es etwas Bestimmtes ist und von Mustern, Zahlen, Folgen und anderen Dingen handelt, die ich noch nicht verstehe.

Wenn ich mich mit dem Edelstein Indigo befasse, erfahre ich Dinge, die ich selbst kaum glauben kann. Ich kann sie deshalb schwer glauben, weil ich im Herzen weiß, dass sie auch mich betreffen. Ich weiß, dass ich mit diesem Edelstein irgendwie enger verbunden bin, als es mir wohl lieb wäre. Aber sie sagen, dass mit viel Freiheit auch Verantwortung verbunden sei. Ich nehme an, dass ich das verstehen werde, wenn ich älter bin.

»Kannst du uns etwas von den Dingen sagen, die dir unglaublich vorkommen?«, bat Michael.

Der Junge hielt einen Augenblick inne und schien

nachzudenken. Ihr seid hier fremd. Wir haben nicht oft Fremde hier. Ich weiß, dass ihr bald wieder gehen werdet, denn das Leben der Leute in diesem Tale ist hart. Fremde bleiben hier nicht lange.

Obgleich man mir gesagt hat, dass ich früher oder später Besucher haben werde, ist mir doch noch keiner hier begegnet. Ich habe im Tempel an Klassen teilgenommen, bei denen jeder einmal an die Reihe kommt, die Gruppe zu leiten; ich habe also schon vor anderen gesprochen.

Unglaublich scheint mir etwa, sprach Indigo und wandte sich wieder seinen Zuhörern zu, dass sie sagen, ich würde bestimmten Steinen in der Erde helfen, Edelsteine zu werden. Es heißt, dass dies der Erde und ihren Menschen helfe. Da fühle ich mich sehr stolz. Es bedeutet, dass ich den ganzen Planeten und jeden seiner Bewohner berühren könne, obwohl ich hier in diesem Tal zwischen den Bergen stecke.

Natürlich bin ich hier nicht angebunden, denn ich brauche ja nur meine Aufmerksamkeit auf den Tempel oder irgendeinen anderen Ort zu richten, und schon bin ich dort. Ich weiß nicht, wieviele meiner Freunde dies auch können. Ich habe sie noch nicht gefragt.

»Wie denken deine Eltern über deine Erlebnisse?«, fragte Michael.

Ich lebe mit dem Hüter des Saphirs zusammen. Ihn nenne ich Vater. Ich glaube nicht, dass er wirklich mein Vater ist, aber er teilt sein Heim mit mir. Ich denke, die Dorfbewohner wissen, dass er in Wirklichkeit nicht mein Vater ist. Doch es ist schön, einen Vater zu haben, und er sorgt gut für mich.

Die Dorfbewohner nennen ihn nicht Saphir; aber ihr

braucht seinen Namen nicht zu kennen. Ihr braucht auch meinen Namen nicht zu wissen. Die Unterweisungen bleiben reiner, wenn nichts Persönliches hinzukommt.

»Wie alt bist du?«

Zwölf, bald dreizehn.

»Gibt es etwas, was du gerne tun würdest, wenn du älter bist?«

In einigen Jahren werde ich alt genug sein, um mit anderen Erwachsenen auf weite Reise außerhalb dieses Tales zu gehen. Wenn wir zu Fuß unterwegs sind, dauert es mehrere Wochen, bis man zum nächsten Dorf gelangt. Alle, die von solchen Reisen zurückgekehrt sind, haben wunderbare Geschichten und Erlebnisse zu erzählen. So etwas möchte ich auch tun, und ich freue mich schon darauf.

Meine erste Pflicht als Indigo gilt dem Planeten. Mir wurde gezeigt, was geschehen kann, wenn der Planet mehr vom indigo Strahl erhält. Er macht die Luft reiner und erneuert das Leben. Er lässt die Erde träumen von dem, was sie gerne werden würde. Dann lässt er den Traum Wirklichkeit werden.

Erst jetzt sind genügend positive Einflüsse auf der Erde, sodass man diese ermutigen kann, davon zu träumen, etwas Größeres zu werden. Wenn die Träume dann wahr werden, wird die Erde zu etwas Größerem. Auf diese Weise kann der indigo Strahl sehr verjüngend wirken.

Ich denke, das ist es, was ich als Indigo auch für die Menschen tun darf. Ich habe die Vorstellung, dass ich – nachdem ich den Stein gelehrt habe, zum Edelstein zu werden – die Menschen lehren darf, wie Edelsteine zu werden. Ich mag ihnen zeigen, wie man das Licht strahlen lässt, das man bereits im Innern birgt.

Je mehr Indigo-Kristall sich auf dem Planeten befindet, desto stärker kann der indigo Strahl jeden beeinflussen, der auf dem Planeten lebt. Die Menschen sollten den Indigo-Kristall in einer Form tragen, die für sie geeignet ist und die ganze Aura beeinflussen kann. Ich stelle mir vor, dass der Indigo-Kristall dies in Kugelform zu erreichen vermag.

Wenn genügend vom indigo Strahl in die Auren der Menschen einfließt, werden diese deutlicher sehen können, wer sie wirklich sein wollen und was ihre wahren Träume sind. Wenn sie den Indigo weiter tragen, werden Kräfte in ihrem Leben mobilisiert, um diese Träume wahr zu machen.

»Meinst du Tagträume oder nächtliche Träume?«, fragte Michael.

Indigo stand auf wie um seine Antwort zu unterstreichen: Ich meine die Träume der Menschen: ihre Ideale und Ziele und die Fähigkeit, ihr Leben in die Hand zu nehmen und zu sagen: »Dies ist, wer und was ich sein will, und das ist, was ich wissen und wie ich mir Ausdruck geben will.«

Wenn Menschen den Indigo tragen, wird der indigo Strahl in ihre Aura übergehen und ihnen vermitteln, wie diese Ideale aussehen können, und welche Ideale ihnen zugänglich sind. Ich glaube, dieser lehrende Aspekt ist der wichtigste Teil meiner Mission. Gerade jetzt scheine ich dafür üben zu können.

Ich bin ein Lehrender. Ich unterweise das Gestein. Und ich werde auch in Zukunft ein Lehrender sein. Ich habe das Gefühl, dass ich in der Zukunft nicht nur in meinen Träumen unterrichten werde. Bald werde ich beginnen, direkt mit den Menschen zu arbeiten und sie ihre eigenen Möglichkeiten und Potentiale zu lehren. Wenn sie dann den Indigo tragen, können sie lernen, ihr Potential zu verwirklichen.

Einmal wurde ich sehr enttäuscht, weil ich mehr wissen wollte. Ich wurde sofort zum Tempel in den Bergen gebracht. Irgendwie fand ich mich im Innern jenes großen Indigos wieder. Plötzlich wusste ich alles über mich selbst, über die inneren Welten und über das Universum und alles über den indigo Strahl. Ich wusste alles über das weiße Licht, den Ursprung und das Ziel des indigo Strahles. Doch ich war noch nicht bereit für dieses Wissen. Die Information war so überwältigend, dass ich danach zwei Wochen lang krank im Bett lag.

Der Junge lachte. Das werde ich nie wieder tun! Aber es hat mich Geduld gelehrt.

Es gibt noch so viel, was ich lernen muss, aber von nun an werde ich gerade das lernen, was sie mir beibringen. Es scheint ihnen sehr daran gelegen zu sein, mich zu unterrichten.

Offensichtlich kann ich Informationen ganz gut aufnehmen. Sie werden wie ein Teil von mir selbst. Ich weiß nicht ganz genau, wo das Wissen gespeichert wird, aber es ist nicht alles in meinem Denken. Man prüft mich immer wieder, um sicher zu sein, dass mein Herz offen genug ist, um die Information an einem Ort zu speichern, von dem man es ewig abrufen kann.

Du fragtest mich nach Sodalith. Man hat mir sehr viel über Sodalith beigebracht, und ich habe diesen Hüter bereits kennengelernt. Mir ist bewusst, dass ich diesem Gesprächsthema ausgewichen bin. Sodalith ist eben eine Person, die ich gerne wieder vergessen würde. Aus irgendeinem Grund kollidieren unsere Persönlichkeiten miteinander, und ich fühle mich in seiner Gesellschaft nicht wohl. Saphir sagt, dies rühre daher, dass wir in vieler Hinsicht so ähnlich seien.

Als ich mit dem Hüter des Sodaliths zusammen war, hatte ich den starken Wunsch mich aufzulehnen. Ich fühlte mich wie ein rebellischer Jüngling, der einfach nicht bereit war zur Zusammenarbeit und allem widersprach, was der andere sagte. Saphir gegenüber habe ich mich niemals so verhalten. Er ist mehr ein Freund als ein Vater, und wir kommen sehr gut miteinander aus.

Ich verstehe immer noch nicht, warum ich gegen Sodalith so gehandelt habe. Hinterher fühlte ich mich wie ein Narr und wollte mich entschuldigen. Irgendwie, glaube ich, hat er es verstanden, denn mein Verhalten schien ihn nicht sehr zu überraschen. Ich denke, er ist im Grunde sehr gut damit klargekommen.

Zu dem, was unsere Edelsteine gemeinsam haben, gehört unsere Fähigkeit aufzunehmen. Die Art, wie ich aufnehme, wird sich noch wandeln, da die Indigo-Kristalle sich im Laufe ihrer Entwicklung noch weiter vom Sodalith entfernen. Wie du nun siehst, sind die Steine, die ich des Nachts unterweise, Sodalithe.

Indigo versank wieder in Gedanken und sagte dann: Vielleicht haben wir uns deshalb persönlich nicht so gut verstanden. Es ist etwas anderes, wenn man träumt, denn da ist die Persönlichkeit nicht beteiligt.

»Ist es wahr, dass der Sodalith Verschmutzung und jede Art von Negativität aus der Erdatmosphäre aufnimmt?«, fragte Michael.

Ja. Doch wenn der Sodalith erst imstande ist, sich vollkommener zu Kristallformen zu bilden, werden seine Kristalle etwas anderes aufnehmen. Sie werden ihr ganzes Augenmerk darauf richten, den Zweck und die Aufgabe des indigo Strahls zu unterstützen. Deshalb wird der Indigo-Edelstein solche Dinge aufnehmen, die die Menschen daran hindern, ihr Potential und ihre Träume zu verwirklichen.

Dann werde ich als Indigo verwendet, um den Menschen im Körperlichen, Emotionalen und Mentalen zu helfen. Ich weiß, dass ich in der Zukunft auf diese Weise gebraucht werde; im Augenblick besitze ich noch nicht die Voraussetzungen für diese Aufgaben.

Man sagte mir, dass ich zu einem sehr kräftigen Mann heranwachsen und der Indigo als Edelstein ebenfalls sehr stark sein werde. In der Zukunft werdet ihr ihn einen heilenden Stein nennen, weil er jegliche Disharmonie im physischen, emotionalen und mentalen Bereich absorbieren wird. Er wird alles aufnehmen, das seinen Träger daran hindert, sein Potential zu erreichen, und alles, was ihn zurückhält.

Ich denke, es ist die Schwingungsrate des Edelsteins, die bewirkt, dass ein disharmonischer Zustand sich lockert. Dann kann mehr Lebenskraft durch den Bereich der Disharmonie fließen und um ihn rotieren. Dadurch wird die Disharmonie offenkundiger und ermöglicht dir, sie aufzulösen und dich von ihr zu befreien. Weder der Indigo noch die Lebenskraft wird die Dinge für dich auflösen. Das musst du selbst tun; aber sie werden dir gewiss helfen.

Das ist es, was mich fasziniert. Ich freue mich darauf, den Menschen direkter helfen zu können.

Natürlich werde ich persönlich wohl nie in der Lage sein, ihnen unmittelbar zu helfen, da ich dieses Tal vielleicht nie verlasse. Es wird vielleicht so sein, wie ich es aus meinen Träumen kenne, wenn ich die Erde unterweise – und jene eigenartige, mächtige und herrliche Kraft fließt durch mich und berührt alle potentiellen Edelsteine. Ich bin sicher, dass die gleiche Kraft in künftigen Jahren durch mich fließen wird, um jene zu berühren, die den Indigo tragen.

»Und wie steht es mit dem Indigo-Kristall, der heute bereits existiert?«, fragte Michael. »Ist dieser Indigo anders als der Indigo der Zukunft?«

Der heute bereits vorhandene Indigo ist noch nicht transparent genug. Der Farbstrahl hat sich noch nicht ganz darin verankert. Der Kristall hat noch viel mehr zu lernen, mein Freund.

Gibt es noch etwas, das du wissen wolltest?

»Ja, bitte«, antwortete Michael, der immer gerne Fragen stellte. »Weißt du etwas über spezifische Behandlungsweisen, die von den derzeit erhältlichen Indigo Gebrauch machen?«

Ich kenne keine solchen Behandlungen.

Ich besitze selbst einen Indigo-Kristall. Ich halte ihn immer dann, wenn ich zum Tempel gehe. Ich weiß nicht, ob er mir hilft, dorthin zu gelangen. Man sagte mir, dass ich ihn immer bei mir haben und auf seine Veränderungen achten solle.

»Gibt es noch etwas über dich oder deine Träume, das du uns gerne mitteilen würdest?«

Nur eines: Wenn Leute etwas Neues und ganz Besonderes lernen, sollte man am besten ganz still sein; so habe ich gehört. Wenn die neue Information Teil von ihnen wird und sie ihre Wahrheit erkennen, wird sie auch die Menschen in ihrer Umgebung anrühren. Das neue Wissen wird die Menschen berühren, ob die Informationen in Form von Worten ausgesprochen werden oder nicht. Wenn du die Worte aussprichst, haben andere eine Möglichkeit zu widersprechen. Wenn du die Information mitteilst, ohne Worte zu gebrauchen, wird kein Raum mehr sein für bewusstes oder unbewusstes Leugnen oder Ablehnen. Die anderen werden denken, dass sie die Information selbst erfahren haben, die dadurch zu ihrer eigenen Wahrheit werden kann.

»Vielleicht wirst du auf diese Weise mit den Menschen arbeiten«, schlug Michael vor.

Möglicherweise. Ihr werdet mehr über den Indigo erfahren, indem ihr ihn tragt. Diese Informationen werdet ihr nicht verbal erhalten; dann werdet ihr wissen, dass sie wahr ist.

Über den Indigo etwas von mir zu hören, gibt euch eine Chance abzulehnen, was ich sage, zu widersprechen oder meinen begrenzten Bewusstseinsgrad zu erkennen. Ich gebe zu, dass ich noch ein Kind bin, aber ich wachse auch noch. Ich weiß, dass ich einen langen Weg hinter mir habe, und ich weiß, dass ich noch einen langen Weg vor mir habe. Ich weiß, was ich weiß. Wenn ihr wissen wollt, was ihr tief in eurem Innern wisst, könnt ihr tun, was ich tue. Ich halte einfach mein Stückchen Indigo und träume im Wachzustand. Vielleicht funktioniert diese Methode auch bei euch.

»Welche Form hat der Indigo, den du bei dir trägst?«

Mein Indigo sieht etwa wie ein Kristall aus. Es ist kein echter Kristall, weil der Indigo noch kein regelrechter Kristall geworden ist.

Wenn ihr der Erde helfen wollt, ihre Träume zu verwirklichen, dann arbeitet mit der kristallinen Form. Wenn ihr euch selbst helfen wollt, eure Träume zu realisieren, müsst ihr mit einem Kristall arbeiten, der so geschliffen wurde, dass er die Form der Erde oder der Sonne angenommen hat. Dann wird der Kristall wie die Sonne und strahlt seine Energie in eure Aura und berührt jeden Teil eures Wesens.

»Danke, dass du uns diese Informationen mitgeteilt hast«, sagte Michael.

Ich tat mein Bestes. Ich hoffe, ihr habt auf diese Weise erfahren, was ihr wissen wolltet.

»Ja, und es war sehr gut dargeboten.«

Danke.

»Bis wir uns wiedersehen: Sei gesegnet.«

Lebt wohl. Seid gesegnet, *antwortete der Junge. Ohne zu zögern, drehte er sich um. Er trat seinen Rückweg an und ging im Mondschein bergauf.*

Saphir blickte dem Knaben einen Augenblick nach und bemerkte dann: »Ich hoffe, diese Information wird euch helfen, den Indigo besser zu verstehen. Ich hoffe, sie wird euch die Kräfte – vielleicht sogar die unbekannten – bewußter machen, die auf eurem Planeten wirken.«

»Sie hilft uns sehr«, bestätigte Michael. »So gelangen wir zu einer Sichtweise, die uns nicht bekannt war.«

»Morgen Abend werdet ihr euch mit dem Hüter des Karneols treffen«, sprach Saphir weiter. Dann hüllte er sich wieder in seinen äußeren Umhang und bedeckte das Haupt mit der Kapuze.

»Gute Nacht«, sagte er, »und seid gesegnet.«

»Sei auch du gesegnet«, antworteten wir einstimmig.

Saphir winkte uns noch zum Abschied zu und folgte dann dem Jungen den Berg hinauf.

In der Gruppe diskutierten wir, wo wir Karneol wohl

begegnen würden. Dann beschlossen wir zu warten und uns vom Geist führen zu lassen, da wir nur mutmaßen konnten, wo der Treffpunkt wohl sein würde.

Wir wünschten einander eine gute Nacht, und eine Gestalt nach der anderen verschwand aus dem Gebirgstal. Ich kehrte zu meinem physischen Körper zurück, der friedlich zu Hause im Schlafzimmer ruhte.

KAPITEL 12

Karneol

Ich schloss die Augen und stellte mir das orange Licht des Karneols vor und schon im nächsten Augenblick vernahm ich Musik, die wirbelte und brauste wie ein mächtiger Wind

Als ich die Augen öffnete, saß mir die Hüterin des Karneols gegenüber. Sie trug ein langes, orangefarbenes Tuch, das sie wie ein indischer Sari einhüllte.

Die Hüterin schien in den Dreißigern zu sein. Ihre schimmernde Haut erinnerte mich an feines weißes Porzellan. Die Augen waren dunkelbraun, doch strahlten sie unverkennbar den orangen Farbstrahl aus.

Michael und zwei weitere Zuhörer gesellten sich zu uns, und wir erhoben uns, um sie willkommen zu heißen. Die Hüterin schien etwas zurückhaltend, und ich fühlte mich sehr wohl in ihrer Gegenwart. Ich spürte bei ihr Züge des Einzelgängers, die ich von meiner eigenen Persönlichkeit her kannte. Bald bemerkte auch die Hüterin unsere Gemeinsamkeiten, und es war, als öffnete sich eine Tür zwischen uns.

Sie forderte mich auf, mich neben sie zu stellen und von der Seite in ihre Aura zu schlüpfen. Dieser Vorgang hatte noch nie soviel Überlegung und Berechnung bedurft wie jetzt. Trotzdem konnte ich den Schritt nicht tun.

Dann änderte sich die Schwingung der Hüterin; sie war jetzt weniger greifbar, dafür ›mehr Energie‹. Auch mein Körper wurde dieser Verwandlung unterzogen. Dann verbanden wir uns miteinander wie zwei Magnete, die sich anziehen, und ich befand mich in ihrer Aura.

Ihr wünscht, mehr über den Karneol zu wissen. Da gibt es nicht viel zu sagen, denn ich bin ein einfacher Edelstein. Auch die Arbeit, die ich leiste, ist einfach. Meine Aufgabe ist es, den Menschen auf der Erde als Übermittler und Träger des orangen Strahles zu dienen. Der Karneol ist für die Menschen gedacht und hat kaum oder gar keinen Einfluss auf den Planeten. Die Erde bezieht die Schwingung des orangen Strahles auf eigene Weise.

Die frühen Jahre des Karneols

Im Zeitalter von Atlantis bemerkten einige Weise, dass der damalige Träger des orangen Strahls den Bedarf der Menschen nicht angemessen befriedigen konnte. Sie sahen, dass ein neuer Edelstein als Vermittler dieses Farbstrahls notwendig war.

Damals erhielt ich die Aufgabe, Hüterin des neuen Steines zu sein, der den orangen Strahl bergen würde. Es ist ein einzigartiger Auftrag. Es war nicht so, dass man mir einen Edelstein zeigte und mitteilte: »Hier, dafür bist du jetzt verantwortlich.« Vielmehr musste ich mit dem Denken gewisser Menschen arbeiten, um diese zu inspirieren, einen Träger-Stein für den orangen Strahl zu definieren.

Jener erste Karneol war wie ein Mutterkristall. Er wurde gebildet, als der Geist, der Hüter der Erde und ich mit gewissen Individuen in deren Träumen und Inspirationen zusammenarbeiteten. Da der orange Strahl für das Leben so überaus wichtig ist, kam es darauf an, dass sein Träger mit den Menschen absolut harmonierte. Welche Methode wäre besser geeignet, dies zu gewährleisten, als dem Menschen zu ermöglichen, bei der Einrichtung selbst mitzuwirken? Es kam also zu Vorgängen, die ihr kleine ›Wunder‹ nennen könntet. Es war, als würde ein oranges Bild gemalt; doch erst als ich, die Hüterin des Karneols, es mit meinem orangen Strahl berührte, erwachte es zum Leben. Da war es kein gemaltes Bild mehr, sondern ein lebendiges Bild. Gleich ihm wurde der Karneol ein lebendiger Träger des orangen Strahls.

Die Atlanter bewunderten diesen ersten Karneol und trieben rund um den Planeten Handel mit ihm. Als die Erde sich veränderte und Atlantis vernichtet wurde, vergrub man den frühen Karneol an vielen Orten. Als der Planet wieder zur Ruhe kam, ›verwurzelten‹ sich die Steine, sie begannen zu wachsen und sich zu vermehren.

Der Umstand, dass die Menschen den Karneol heute künstlich herstellen, ist gewissermaßen ein kurioses Zerrbild des ursprünglichen Entstehungsprozesses dieses Steines.

Ich wirke auch auf anderen Planeten. Ich lehre die Menschen dort, Edelsteine zu gestalten, die den orangen Strahl vermitteln. Manche Planeten bergen Steine, die von Natur aus Träger des orangen Strahles sind. Da diese Edelsteine mit den Bewohnern der Planeten bereits harmonieren, werde ich auf diesen Himmelskörpern nicht gebraucht.

Der Karneol heute

Um den Zweck des Karneols zu verstehen, sollte man etwas über die Farbstrahlen wissen. Der Hüter des Smaragds stellte euch die Farbstrahlen vor. Ich möchte seine Unterweisung jetzt durch eingehendere Informationen ergänzen.

Da die Summe aller Farbstrahlen die Lebenskraft bildet, wird alles Leben von den Farbstrahlen ernährt.

Alle Individuen haben einen Farbstrahl, mit dem sie am stärksten verbunden sind. Dieser Strahl lässt sich nutzen, um Mängel im Bereich der anderen Farbstrahlen auszugleichen und die Leiden zu heilen, die durch solche Mängel entstanden sind.

Diesen Strahl kannst du als Primärstrahl bezeichnen. Er ist deine Stärke. Er gibt dir Energie. Er stellt eine bestimmte Licht- und Ton-Frequenz zur Verfügung, die es dir ermöglicht, über deine derzeitigen Grenzen hinauszuwachsen. Dein derzeitiger Primärstrahl gibt dir Erhebung und Kraft, die du brauchst, um alle Unausgewogenheiten aufzulösen.

Michael, dein Primärstrahl ist der blaue. Deshalb ist der blaue Strahl bei dir stark vertreten; er ist dein Heilungsstrahl. Du kannst ihn einsetzen, um die Pforten zu allen anderen Farbstrahlen zu öffnen, damit diese in jeden Aspekt deines physischen und inneren Wesens eintreten können.

Jeder besitzt ein bestimmtes Attribut, das dem jeweiligen Primärstrahl entspricht. Dieses Attribut ist eines der mächtigsten Werkzeuge, die dem Menschen zur Verfügung stehen. Es kann jedoch auch eine schlimme Falle sein.

Da dein Primärstrahl der blaue ist, ist das Denken dein stärkstes Attribut und eines deiner mächtigsten Werkzeuge. Mit anderen Worten: Du kannst von deinem Denken Gebrauch machen und dich auf seine Kraft berufen, um jedes Hindernis im Leben zu überwinden. Wenn du andererseits nur dein Denken gebrauchst und deinen anderen Wesensaspekten kaum Beachtung zukommen lässt, kann es leicht zum größten Hindernis für dich werden.

Wenn du den Edelstein trägst, der den blauen Strahl vermittelt, wird dieser dein Denken erhellen. Er wird dir zeigen, unter welchen Umständen es zum Hindernis werden kann. Die Nahrung und Unterstützung, die er ihm dabei gibt, wird deinen Geist kräftigen und die Wahrscheinlichkeit reduzieren, dass du in diese Falle tappst.

Der Edelstein, der den Primärstrahl vermittelt, kann einem zeigen, wie man mit seinem stärksten Attribut arbeiten und seine Kraft ausgleichen kann. Dann kannst du deine mentale Stärke einsetzen, um zur Karma-Auflösung beizutragen und die Lektionen zu lernen, die sich aus dem Mangel im Bereich der anderen Farbstrahlen ergeben.

Wer den roten Strahl als Primärstrahl besitzt, bezieht seine Kraft, bewusst oder unbewusst, aus dem Herz-Chakra. Sein Herz-Zentrum und seine Emotionen können ihm aber auch zum größten Hindernis werden.

Wer den orangen Strahl als Primärstrahl besitzt, stützt sich auf eine gewisse Vitalität oder Energie und belebt Ideen und den Zyklus von Ursache und Wirkung. Der orange Strahl ist eine sehr mächtige, lebenspendende Energie. Er lehrt die Balance zwischen den positiven, negativen und neutralen Kräften im Leben. Zum Verhängnis wird es, wenn man diese Energie nicht anwendet, die einem von Natur aus zur Verfügung gestellt ist, oder wenn man diese Energie auf unausgeglichene Weise einsetzt.

Wer den gelben Strahl als Primärstrahl besitzt, bezieht seine Kraft aus seinem spirituellen Reservoir. Wenn beispielsweise Schwierigkeiten im Leben eines Menschen unter dem gelben Strahl aufkommen, kann er sich auf sein spirituelles Potential besinnen. Diese Erinnerung wird die Stärke oder magnetisierende Kraft sein, die er braucht, um durch die Schwierigkeiten zu gelangen. Je klarer der Strom des gelben Strahles wird, desto kräftiger wird auch seine magnetisierende Kraft. Doch gibt es auch hier eine Kehrseite. Das Streben nach Spiritualität ist die Stärke; die Anziehungskraft der Welt der Begrenztheit ist die Falle.

Wer den grünen Strahl als Primärstrahl besitzt, bezieht seine Kraft aus dem Wissen, dass es in der physischen Welt ebensoviel Gott oder Geist gibt wie in jeder der inneren, ›spirituelleren‹ Welten. Anders ausgedrückt: Man weiß bewusst oder unbewusst, dass Gott hier und jetzt existiert. Die Kraft des Menschen unter dem grünen Strahl liegt in dem Wissen, dass der einzige Unterschied zwischen der physischen und den geistigen Welten ihr Grad der Illusion, der Materialität ist. Die Gefahr liegt in der Annahme, dass diese Welten voneinander getrennt seien.

Wer den indigo Strahl als Primärstrahl besitzt, bezieht seine Kraft aus der Intuition, seinem angeborenen Wissen, seinem Gespür für die Dinge. Oft ist er selbst verblüfft über solches Wissen, weil er nicht genau ausmachen kann, woher es stammt. Er weiß einfach, dass das, was er weiß, für ihn die Wahrheit ist. Dieser Mensch läuft

Gefahr, zu leugnen oder nicht zu glauben, was seine Intuition ihm sagt, oder gar zu leugnen, dass seine Intuition oder sein inneres Wissen überhaupt existieren. Eine solche Fehleinschätzung kann zu Verwirrung führen.

Wer den purpurnen Strahl als Primärstrahl besitzt, bezieht seine Kraft aus dem Strom der Weisheit, die durch ihn und durch alles Leben fließt. Seine Stärke nimmt besonders dann zu, wenn er sich dieses Stromes bewusst ist. Der purpurne Strahl besitzt eine höhere Frequenz als die anderen Farbstrahlen. Die größte Chance zu lernen ist für Menschen mit purpurnem Primärstrahl zugleich die gefährlichste Falle, in die sie dann treten, wenn sie meinen, größer als andere zu sein oder über anderen zu stehen. Diese Haltung ist eine Unausgeglichenheit im Denken und kann zu ernsten mentalen Abweichungen führen.

Es gibt viele Vorstellungen über Farben. Daher ist es wichtig zu verstehen, dass Menschen, deren Primärstrahl der purpurne ist, nicht zwangsläufig ›spiritueller‹ sind als andere; Menschen mit dem blauen Primärstrahl sind nicht unbedingt ›mentaler‹ als andere, und Personen mit dem roten Primärstrahl sind nicht auf jeden Fall ›emotioneller‹.

Ich sage lediglich, in welchem Bereich die Stärken eines Menschen liegen können, wenn der Weg für das Durchfließen des jeweiligen Primärstrahles geöffnet ist. Edelsteine sind machtvolle Werkzeuge, die man nutzen kann, um die Wege zu öffnen und zu gestalten.

Solange du den Edelstein deines Primärstrahles trägst, erhältst du eine anhaltende, reine, lebhafte Anregung. In manchen Fällen besteht diese Anregung, solange der Stein sich innerhalb deines Aura-Feldes befindet. Weil die von ihnen ausgeübte Stimulation so lebendig und konstant ist, hat das Tragen von Edelsteinen eine wesentlich stärkere Wirkung, als trüge man zum Beispiel Kleidung oder äße Speisen von der Farbe des Primärstrahles. Es ist wahr, dass Nahrung – wie Edelsteine – Leben besitzt. Aber wenn die Speisen einmal verzehrt werden, verändert sich rasch ihre Farbe.

Es gibt auch Menschen, deren Hauptfarbe Weiß ist. Alle sieben Farbstrahlen können ihnen Kraft verleihen. Schwierig ist hier die Verwirrung, die oft entsteht, wenn sie versuchen, den Einfluss aller sieben Strahlen festzustellen und auszugleichen. Diese Menschen haben ihre Wurzeln auf höheren Ebenen. Sie besitzen ihren physischen Körper nur, um bestimmte Missionen durchzuführen. Erst wenn sie gelernt haben, das Gleichgewicht der sieben Farbstrahlen zu beherrschen, erlangen sie die Fähigkeit, die Welt der Verwirrung zu verlassen. Zu diesem Zeitpunkt ist auch ihre Mission oder Aufgabe zu erkennen. Es ist wichtig zu wissen, dass es viele Erdenleben dauern kann, bis die Verwirrung sich auflöst und die Mission zum Vorschein kommt und von ihnen erkannt wird.

Solche Menschen findet man überall auf der Welt. Die größte Gruppe von ihnen (wenn es auch nur ein kleiner Prozentsatz ist), lebt in den Vereinigten Staaten. Die Bevölkerung dieses Landes nämlich erfährt heute die schnellste spirituelle Entfaltung auf dem Planeten Erde.

Zur Zeit ist der Rubin Träger des roten Strahles; der Karneol trägt den orangen und der Zitrin den gelben Strahl. Der Smaragd vermittelt den grünen, der Saphir den blauen, der Indigo den indigo und der Amethyst den purpurnen Strahl.

»Wie kann der Mensch herausfinden, welches sein Primärstrahl ist?«, fragte Michael.

Das ist eine wichtige Frage. Du wirst darin bald unterwiesen, damit du andere ausbilden kannst, den Primärstrahl zu identifizieren.

»Welche Wirkung wäre mit farbigem Papier oder farbigem Licht anstelle von Edelsteinen zu erzielen?«

Farbiges Papier oder Licht wird nicht so gut wirken wie Edelsteine, denn es ist nicht lebendig wie diese. Edelsteine tragen Leben in sich. Es ist ihre Schwingungsrate, ihre Lebensenergie, die es den Farbstrahlen ermöglicht, den Körper so tiefgreifend zu beeinflussen.

Auf farbiges Papier zu starren oder seinen Körper mit buntem Licht bestrahlen zu lassen, wird diesen lehren, Farben zu erkennen. Die Farben existieren überall, und solche Therapien trainieren den Körper, sie aus der Umgebung aufzunehmen. Doch wenn du ein starkes, wirkungsvolles Instrument suchst, das wirklich Veränderungen in deinem Leben auslösen kann, solltest du den Edelstein tragen, der deinen Primärstrahl vermittelt.

»Ich stellte diese Frage, weil manche Menschen sich vorstellen, dass die Farbe die eigentliche Essenz eines Edelsteines sei. Die Schwingungsrate des Steines wird dabei kaum oder gar nicht beachtet.«

Wenn die Farbe eines Steines dessen ganze Essenz ausmachte, würden orange Plastikperlen ebenso gut wirken wie Karneol-Kugeln; das trifft natürlich nicht zu.

Erinnere dich: in der kristallinen Matrix von Edelsteinen ist eine sehr stark konzentrierte Licht- und Klang-Kraft geborgen. Im Falle der Farbstrahl-Träger besitzen Licht und Klang die Schwingungsrate eines bestimmten Farbstrahls. Der Karneol birgt beispielsweise die konzentrierte Schwingung des orangen Strahles und des Klanges, den der orange Strahl singt.

Ich möchte noch einen weiteren Punkt klarstellen: Wenn ein Hüter der Edelsteine von einem Farbstrahl spricht, meint er damit sowohl dessen Licht- als auch seinen Klang-Aspekt. Wenn ich beispielsweise den orangen Strahl erwähne, denke ich dabei also nicht nur an seine Farbe, sondern auch an seinen spezifischen Klang.

Der Gedanke hinter den sogenannten Sternzeichen-Steinen war, den Kleinkindern etwas von dem Edelstein zu geben, der ihren Primärstrahl trägt. Kinder bestimmter Geburtsdaten erhielten Edelsteine, die keinen Farbstrahl trugen, aber in irgendeinem anderen Zusammenhang mit ihrem Schicksal standen. Oft wurden diese Geschenke von weisen Personen ausgewählt, die Meister des Edelstein-Wissens waren. Die Sternzeichen-Steine, die heute von der Schmuckindustrie verbreitet werden, stehen nicht unbedingt in irgendeinem Zusammenhang mit dem Primärstrahl oder Schicksalsweg eines Menschen.

Der Edelstein, der seinen Primärstrahl trägt, ist eines der größten Geschenke, die du einem Kleinkind, einem Kind oder einem Erwachsenen machen kannst. Es wäre auch für dich selbst ein sehr wichtiges Geschenk. Am wirkungsvollsten wäre freilich eine Halskette geschliffener Kugeln desselben Steines.

»Du erwähntest, dass manche der heutigen Karneole nicht natürlichen Ursprungs seien. Sind die Lebenskraft und der orange Strahl auch in diesen Steinen zu finden?«, fragte Michael.

Ja. Der orange Strahl fließt in diesen Karneol ein, sobald er getragen wird. Genauer gesagt: er geht in den

Karneol ein, wenn dieser eine angemessene Zeit im Aura-Feld eines Menschen belebt wurde. Es kommt zu einer subtilen chemischen Reaktion zwischen dem Edelstein und der Aura des Menschen. Diese Reaktion ermöglicht es mir, den Karneol mit dem lebenspendenden orangen Strahl zu durchtränken. Es gehört zu meiner Aufgabe zu gewährleisten, dass dies geschieht.

Der orange Strahl ist ein unverzichtbarer Bestandteil für das Leben, besonders für das Leben der Zellen. Jede einzelne Zelle fühlt sich großartig, wenn sie Energie vom orangen Strahl erhält. Die Zellen brauchen zum Leben alle sieben Farbstrahlen. Doch wenn sie zusätzlich noch etwas vom orangen Strahl bekommen, reagieren sie etwa so wie du, wenn du dich nach einem harten anstrengenden Arbeitstag in einem duftenden heißen Bad entspannen darfst. Du erquickst und erholst dich und kannst eine Zeitlang alle Schwierigkeiten und Probleme loslassen.

Wenn du mit dem orangen Strahl harmonierst oder dich vom Karneol angesprochen fühlst, wird der orange Strahl, den dieser Stein vermittelt, deinen Zellen helfen, ihre Disharmonie und Krankheit loszulassen. Du musst nicht unbedingt den orangen Strahl als Primärstrahl haben, um mit dem Karneol zu harmonieren. Es ist auch nicht notwendig, dass dein Teint oder deine Haarfarbe mit der Farbe Orange zu harmonieren scheinen, damit du selbst mit dem Edelstein Karneol harmonierst. Wenn du das Empfinden hast, mit dem Karneol zu harmonieren, dann wird dies vermutlich zutreffen.

Ich kann jenen Menschen am besten helfen, die sich in Harmonie mit dem Karneol fühlen, ob ihr Primärstrahl der orange Strahl ist oder nicht.

Doch nur wenige Menschen werden sich vom Karneol angezogen fühlen, wenn sie sich nicht mit dessen Schwingungsrate vertragen. Es ist auch keine gute Idee, jemand einen Karneol zu schenken, ohne zu wissen, dass der Karneol mit dieser Person harmoniert. Der Karneol wird fast immer mit solchen Menschen harmonieren, die Orange in ihrer Haut-, Augen- oder Haarfarbe haben. Das liegt auf der Hand. Wenn sich jedoch jemand, vor die Wahl gestellt, für den Karneol entscheidet, wird er/sie ohne Zweifel mit diesem Stein harmonieren.

Behandlungen mit Karneol

Wenn der orange Strahl in der Aura kreist, wird seine Schwingung in die Lungen eingeatmet und von Herz und Blutkreislauf über den ganzen Körper verteilt.

Außer seiner Funktion als Vermittler, der es dem orangen Strahl ermöglicht, in den Körper zu gelangen, kann der Karneol bei jedem physischen Zustand helfen, der anhaltend, hartnäckig und durch andere Behandlungsformen anscheinend nicht zu kurieren ist.

Der Karneol hilft, wenn die betroffenen Zellen ihre Disharmonie nicht loslassen wollen. Dann sage ich zu den Zellen: »Entspannt euch und vergesst eure Probleme. Lasst eure Disharmonie los. Genießt das warme Bad des orangen Strahles und habt Freude am Leben!« Meine Wirkung wird noch verstärkt, wenn die Sonne durch mich auf die disharmonische Stelle scheinen kann.

Edelsteine mit der Aufgabe, die Schwingung der Menschen zu heben, arbeiten im Bereich aller Energiezentren, um ein Gleichgewicht herzustellen. Ich befasse mich vor allem mit den höheren Energiezentren. Doch um beste Arbeit zu leisten, muss ich zunächst Abweichungen im Energiefluss durch die unteren Chakren korrigieren.

Dazu gehört die Einrichtung eines geschlossenen Kreislaufs, in dem die Energie durch das Basis-Chakra in den Körper eindringt und ihn durch das Sexual-Chakra wieder verlässt. Dieser Energiestrom wird stark genug, um das Leben in diesen Chakren zu unterstützen und aufrechtzuerhalten. Dann kann man sich einer Öffnung und Kräftigung der höheren Chakren zuwenden.

Die unteren Chakren sind nicht ›schlecht‹, denn jedes Chakra hat seine Aufgabe. Kein Chakra hat eine größere oder wichtigere Aufgabe als ein anderes. Alle sind sie sehr wichtig im Leben. Doch wenn deine Ziele und Bestrebungen spiritueller Natur sind, wirst du dich natürlich mehr mit den höheren Chakren befassen.

Bevor Therapeuten anfangen, die starken Schwingungen von Edelsteinen einzusetzen, um Krankheiten zu behandeln, die durch Störungen im Gleichgewicht der Energiezentren hervorgerufen wurden, sollten sie ein umfassendes und vollständiges Wissen über die Edelsteine besitzen. Die Ärzte sollten ferner die Gesetze der Farbstrahlen kennen, ihre Wirkung auf die Chakren und die Möglichkeiten, Primärstrahlen einzusetzen, um die anderen Strahlen auszugleichen.

Toxizität ist Disharmonie. Der Karneol rührt Disharmonie auf und lockert sie; dann absorbiert er die Disharmonie, die der Körper freigegeben hat. Deshalb ist der Karneol hervorragend geeignet, wenn du eine reinigende Therapie beginnen und dich dabei auf bestimmte Organe konzentrieren möchtest.

Du kannst den Zellen eines bestimmten Organs folgendermaßen helfen, ihre Disharmonie, Toxizität oder Krankheit loszulassen: Lege einfach zwei oder drei Karneol-Ketten (oder genügend Steine, um den betroffenen Bereich zu bedecken) über das Organ und achte darauf, dass sie etwa eine halbe Stunde lang dem direkten Sonnenlicht ausgesetzt bleiben.

Je tiefer die Wirkung des Karneols in das gewünschte Organ eindringen soll, desto mehr Karneole musst du verwenden.

»Würde diese Behandlung – da der Karneol den Zellen hilft zu entspannen – auch jemandem Linderung bringen, der einen steifen Nacken oder Verspannungen in anderen Bereichen des Körpers hat?«, fragte Michael.

Mein Einfluss richtet sich auf einzelne Zellen. Deshalb werde ich wohl nicht viel Hilfe bringen, wenn ein steifer Nacken allein auf mangelnder Kooperation oder Kommunikation zwischen den betreffenden Zellen und nicht auf einem zell-internen Problem beruht. Doch solche Beschwerden rühren in der Regel von Zellen her, die sowohl individuell als auch kollektiv verspannt sind. In diesen Fällen kann ich ihnen helfen, zur Entspannung zu finden.

Auch im Emotionalen ermöglicht der orange Strahl Entspannung, die sich als eine Beruhigung der Gefühle und tiefere Ausgeglichenheit manifestiert. Wer den Karneol trägt, wird diese Wirkung im Gefühlsleben spüren, auch wenn sein Primärstrahl nicht der orange ist.

Negative Emotionen harmonieren nicht mit dem orangen Strahl. Deshalb werden sie unter dem Einfluss des Karneols entweder reduziert, zerstreut oder aufgelöst, je nachdem, wie stark sie sind und wie kräftig der orange Strahl durch den Menschen fließen kann.

Man kann den orangen Strahl mit einer Schiene vergleichen, auf der positive Emotionen leicht in den physischen Körper gleiten können. Er ermöglicht dir auch, positive Emotionen besser auszudrücken.

Der Karneol schärft, steigert und stimuliert die mentalen Funktionen. Er erhöht die Klarheit, Genauigkeit, das Erinnerungsvermögen sowie die Fähigkeit, Dinge aus einer anderen, übergeordneten Perspektive zu betrachten. Doch diese Wirkungen stellen sich nicht augenblicklich ein. Zuerst rühre ich auf, was die mentale Klarheit behindert; dabei entstehen Trübungen, wie wenn man in einem Teich das Wasser aufwühlt. Doch dann lehre ich den Körper, diese Wolken umzuwandeln. Je mehr Wolken dabei verarbeitet werden, desto größer und stärker wird die mentale Klarheit.

Das Individuum gewinnt an Energie, während der Körper diese Wolken und Trübungen umwandelt. Die neue Stärke ist nötig, bevor man die mentale Klarheit annehmen kann. Denn wenn sie erst einmal Fuß gefasst hat, kann sie das Leben eines Menschen verwandeln.

Manchmal, wenn Wolken von Verunreinigungen im Mentalen aufgewühlt werden, hat es den Eindruck, als würde die gedankliche Klarheit zunächst reduziert. Im Laufe diese Prozesses kann es geschehen, dass auch die Nebenhöhlen verstopfen und die Lymphknoten vermehrt arbeiten müssen; doch diese Wirkung wird nicht lange anhalten. Sie kommt vor, wenn alle Körperprozesse mobilisiert und eingespannt werden, um das umzuwandeln und zu verarbeiten, was die erwünschte mentale Klarheit behindert.

Den Karneol sollte man am besten ständig tragen, besonders wenn man das Ziel mentaler Klarheit im Sinne hat. Der Stein wird den Strom der Lebenskraft neu freisetzen. Je länger man ihn trägt, desto kräftiger und hilfreicher kann dieser Strom werden.

Darüber hinaus sollte man den Karneol in einer Halskette nicht mit anderen Edelsteinen mischen. Wenn man Steine kombiniert, wirken ihre Energien besonders konzentriert, wie ein Laserstrahl, um bestimmte Aufgaben zu erfüllen. Deshalb solltest du sehr vorsichtig sein, wenn du unterschiedliche Edelsteine zu einer Halskette verbindest. Die Kombination von Steinen ist eine Kunst und eine Wissenschaft zugleich, da nicht alle Mischungen wohltuende Wirkungen zeitigen. Manche ungeeignete Verbindungen rauben und zerstreuen deine Energie; andere Steine heben sich in ihrer Wirkung gegenseitig auf wieder andere verursachen sogar Disharmonie beim Träger.

Der Karneol wirkt am besten, wenn man ihn um den Hals trägt. Verwendet man mich in Gestalt einer Kette ums Handgelenk, habe ich zwar keinen Zugang zu den Energiezentren, kann aber trotzdem Disharmonien absorbieren. Gleichgültig, wo ich mich innerhalb des Aura-Feldes befinde, bewirke ich ein Aufrühren und Vertreiben von physischer, emotionaler und mentaler Disharmonie. Nachdem die Disharmonie herausgelöst wurde, absorbiere ich sie. Deshalb sollte man mich hin und wieder unter fließendem heißen, dann kaltem Wasser spülen. Anschließend lege man mich drei bis vier Stunden in die Sonne. Wenn ich täglich getragen werde, sollte eine solche Reinigung alle zwei Wochen erfolgen. Wenn mein Träger sehr krank ist, wäre eine Reinigung jeden oder jeden zweiten Tag nötig.

Ich werde jedem wohltun, der einen Mangel des orangen Strahles zeigt. Ein solcher Mangel manifestiert sich häufig als ein gestörtes oder fehlendes Gleichgewicht zwischen den niederen und den höheren Energien. Man erkennt es daran, dass die Träume, Gedanken und Bestrebungen eines Menschen in eine Richtung weisen, ihr Leben und Handeln aber in eine andere.

Wenn man den Karneol trägt, werden die niederen und die höheren Energien im Körper ausgeglichen. Schließlich nähern sich die unterschiedlichen Richtungen im Leben einander an und zeigen mehr Übereinstimmung. Dann steht dem Menschen viel mehr Energie zur Verfügung, weil man sich in die Richtung seiner Wahl bewegt und nur einem Pfad folgt, anstatt seine Kräfte zu zersplittern.

Der Karneol morgen

Meine Aufgabe jetzt und in der Zukunft ist einfach: Solange der Karneol getragen wird, unterstütze ich ihn mit dem orangen Strahl.

Bevor wir dieses Gespräch beenden, möchte ich gerne noch einmal betonen, wie wichtig es für jeden Aspekt des menschlichen Lebens ist, Steine zu tragen, die den orangen Strahl vermitteln. Wenn du den Stein deines Primärstrahls trägst, werden deine physischen, emotionalen, Erinnerungs- und mentalen Aspekte mit dem Licht und Klang aller sieben Farbstrahlen genährt. Solange du einen physischen Körper besitzt, kann der Edelstein deines Primärstrahles eines deiner besten Mittel sein, denn die Farbstrahlen sind Leben, und Leben ist Geist, ist Heilungsenergie.

Wenn du den Edelstein deines Primärstrahles trägst,

werden sich dir die Pforten zur Heilung und Erhebung auf allen Ebenen öffnen, und du wirst einen stärkeren Strom schöpferischer Kraft in allen Bereichen erfahren. Welche herrlichen Auswirkungen dies nach sich ziehen kann, vermagst du dir selbst auszumalen.

Ich bin sicher, dass es euch nicht überraschen wird, wenn ich den Hüter des Zitrins als euren nächsten Gesprächspartner nenne.

»Bis wir uns wiedersehen: sei gesegnet«, grüßte Michael.

Danke, dass ihr mir zugehört habt.

»Es war uns eine Ehre und ein großes Privileg«, antwortete Michael.

Auch für mich. Seid gesegnet.

Ich verließ ihre Aura auf die gleiche Weise, wie ich sie betreten hatte. Unmittelbar darauf löste die Gestalt der Hüterin sich auf und ließ nichts zurück als einen Wirbel reiner oranger Energie.

Wir lauschten dem entspannenden Ton des orangen Strahles und warteten darauf, dass die wirbelnde Energie sich auflöste. Dann teilte eine innere Stimme mir mit, dass dies die Welt des orangen Strahles sei, und die Energie nie nachlassen oder verschwinden werde. Wir könnten diesen Ort verlassen, wann immer wir es wünschten.

Kapitel 13

Zitrin

Die Energie des Zitrins war überwältigend. Ich spürte seine Schwingung in Wellen durch den Scheitel eindringen, meine Wirbelsäule hinab- und seitlich davon wieder emporfließen. Diese Energie schien die Knochen meines Kopfes, alle Wirbel und die Muskeln in ihrer Umgebung neu einzurichten und zu ordnen.

Als die Energie durch meinen Körper emporstieg, wurde sie zu einem Strom reinen, gelben Lichtes. Durch das Scheitel-Chakra verließ sie den Körper wieder. Meine Aufmerksamkeit folgte diesem Strom, der die Erdatmosphäre hinter sich ließ und in die Weite des Raumes hinaus floss.

Bald merkte ich, dass ich auf diesem gelben Fluß zu ›reiten‹ begann, der mit ungeheurer Lautstärke auf einen dunklen Tunnel zueilte, der Tausende von Meilen entfernt schien. Dieser Tunnel war offenbar sowohl der Ursprung als auch das Ziel des gelben Stromes, denn ich bemerkte einen gleichen Fluss, der parallel, aber in entgegengesetzter Richtung rauschte.

Ich konnte es kaum erwarten, zum Tunnel zu gelangen. Ein spirituelles Gesetz kam mir in den Sinn, das besagt, dass man dahin gelange, wohin man seine Aufmerksamkeit richte. Also schloss ich die Augen und stellte mir vor, am Eingang des Tunnels zu stehen. Sekunden später sah ich auf und entdeckte, dass der vermeintliche Tunnel in Wirklichkeit ein gewaltiges Loch im

Raum war; sein Durchmesser betrug wohl etliche Kilometer. Das gelbe Tosen, das mich hierher getragen hatte, war kein kleiner Fluß, sondern ein gewaltiger Strom, auf dem ich wie ein winziges Stäubchen trieb.

Er trug mich durch den Tunnel in eine Welt gleißend gelben Lichtes. Ich sprang vom Fluss ab, der ohne mich weiterfloss, höher und höher zum Himmel empor.

Ein Wesen in gelbem Gewand hieß mich willkommen. Im Innern wusste ich, dass dies der Hüter des Zitrins war. Sein Haupt war fast ganz verhüllt durch die übergroße Kapuze seines Umhangs. Ich konnte zwar nicht erkennen, ob ich einen männlichen oder weiblichen Hüter vor mir hatte, doch erhaschte ich einen Blick auf braune Haut, die sich hinter der gelben Kapuze verbarg.

Zitrin führte mich an einigen goldenen Kuppeln vorbei. Sie waren wunderschön, und ich fragte mich, was sich unter ihnen befinde.

Das sind Fallen, *warnte mich Zitrin telepathisch.* Schenke ihnen keine Beachtung! *Doch die Kuppelbauten waren so schön und einladend, dass ich zu überlegen begann, was hier Illusion, und was Wirklichkeit war. Mein Herz hieß mich, dem Pfad zu folgen, auf dem Licht und Ton am reinsten und intensivsten wahrzunehmen sind; auf diesem Weg wäre ich in Sicherheit.*

Mein neugieriges Interesse an den Kuppeln schwand, als ich die Herausforderung dieser Übung erkannte: Der Weg des intensivsten Lichtes und Klanges war nicht breiter als eines Messers Schneide.

Als wir die Kuppelbauten schließlich hinter uns gelassen hatten, begegneten Zitrin und ich meinem geistigen Meister, der unter vielen Namen bekannt ist, im allge-

meinen aber ›Harold‹ genannt wird. Ich war nicht überrascht, ihn hier zu treffen. Ich begrüßte ihn in diesem Land, in dem der Grat zwischen Illusion und Wirklichkeit so schmal war. Aufgrund der Helligkeit und Brillanz des reinen gelben Lichtes konnte man leicht meinen, sich hier in der höchsten aller Welten, im Himmel, zu befinden. Aber ich wusste, dass es sich nur um eine Reflexion handelte.

Harold lud uns ein, mit mehreren weiteren Personen im Kreis Platz zu nehmen. Dann trat er zurück und schloss sich zwei anderen Gestalten an, die schweigend etwas außerhalb des Kreises standen. Obwohl ihr Antlitz durch Kapuzen verborgen war, ließ sich der Lichtschein nicht verbergen, der von ihnen ausging; er schien durch alle Nähte ihrer Kleidung zu dringen. Es hatte den Anschein, als wollten sie unerkannt bleiben, aber ich konnte nicht umhin, mich zu fragen, wer sie waren.

Sie sind Meister der Edelsteine, *erklärte der Hüter des Zitrins telepathisch, als er meinen fragenden Blick bemerkte.* Du wirst später mehr über sie erfahren.

Dann traf Michael ein und nahm im Kreis Platz; ich selbst glitt mühelos in die Aura Zitrins.

Dieses Gespräch hat ein Ziel, nämlich die Menschen auf der Erde über mein Wesen zu informieren. Michael, ich glaube, du hast mehrere Fragen.

»Würdest du zu Beginn in Kürze deine Wirkung auf den Erdenmenschen darstellen?«, bat Michael.

Es wird vielleicht schwierig sein, dies kurz zu fassen.

Ich versichere als Zitrin dem physischen – und jedem anderen – Körper, dass es in Ordnung ist, den gelben Strahl anzunehmen. Das heißt, ich bereite alle Aspekte des Menschen darauf vor, eine größere Menge vom gelben Strahl aufzunehmen. Das ist wichtig, denn der gelbe Strahl ist in größeren Mengen für den physischen Körper etwas Fremdes.

Wenn der Körper einmal auf den gelben Strahl vorbereitet ist, wirke ich wie ein Magnet und ziehe den gelben Strahl an. Dieser fließt von dem Ort, an dem das reine weiße Licht sich in die sieben Strahlen aufspaltet, durch alle inneren Körper in den physischen Leib. Der ganze Einfluss des Zitrins dient diesem Zweck der Vorbereitung des Menschen für den gelben Strahl.

Der Zitrin ist im Grunde nicht der Träger des gelben Strahls. Ich wirke vielmehr wie ein Magnet, der diesen Strahl in den Körper zieht. Die kristalline Matrix des Zitrins ist nicht kräftig genug, um tatsächlich die hohe Schwingung des gelben Strahles zu tragen. Sie ist nicht kräftig genug, um den Strahl vor der groben Schwingung der irdisch-physischen Welt zu schützen. Zum Ausgleich dafür berge ich mehr von dem Klang- und Licht-Aspekt des gelben Strahles.

Der Zitrin ist kein sehr mächtiger Edelstein, aber er ist reichlich verbreitet. Er existiert einfach, um Licht und Klang des gelben Strahles der Masse zur Verfügung zu stellen.

Die frühen Jahre des Zitrins

Zitrin gehört zu den Schwingungen, die zusammen mit den anderen ursprünglichen Farbstrahl-tragenden Kristallen auf den Planeten Erde gebracht wurden. Damals war die Erde mit ihrer Schwingung noch nicht in der Lage, den gelben Strahl in einer Menge aufzunehmen, die der der anderen Farbstrahlen entsprochen hätte. Deshalb wurde von dem Edelstein, der als Träger des gelben Strahles fungierte, nur wenig auf diesen Planeten gepflanzt.

Du siehst also: Meine Mission war – und ist –, die Erde und ihre Bewohner auf die Kraft des Steines vorzubereiten, der den gelben Strahl vermittelt. Dieser Edelstein ist zur Zeit sehr selten.

Im Zeitalter von Lemurien wuchs der Zitrin aus der Erde hervor wie seinerzeit auch der Bergkristall, wenngleich er nicht so reichlich vertreten war wie dieser. Die Menschen hatten Zitrin im Hause, aber sie trugen ihn nicht.

Im Zeitalter von Atlantis wurde der Zitrin hauptsächlich wegen seiner Eignung als Kommunikationsmittel und Suchlicht verwendet.

Wenn man ihn richtig einsetzte, vermochte der Zitrin einen Kontakt mit Außerirdischen herzustellen. Plazierte man Zitrin-Kristalle in einer bestimmten Anordnung, schickten sie Impulse ins All hinaus. Zweck dieser Impulse war es, eine Verbindung mit jenen Wesen herzustellen, die ihre Identifikationscodes in einen oder mehrere Zitrin-Kristalle eingegeben hatten.

Darüber hinaus wurde der Zitrin von Außerirdischen verwendet, um Aufzeichnungen ihrer Besuche zu speichern. Sie legten Muster aus Zitrin-Kristallen in die Erde, um die Orte zu markieren, an denen sie gelandet waren und zu denen sie zurückkehren sollten. Mit solchen Zitrin-Mustern wurden also Plätze markiert, an denen die Reisenden willkommen waren. Sie bargen außerdem Informationen darüber, was man in einem bestimmten Gebiet getan hatte und wie die Menschen dort auf die

Besucher reagierten. Der Zitrin erfüllte dabei auch die Funktion eines Suchscheinwerfers oder Leuchtturms – ähnlich wie die Landebefeuerung eines Flughafens, die auf die Rollbahn hinweist.

Obwohl die breite Öffentlichkeit in Atlantis von diesen Dingen nichts wusste, entdeckten doch einige Atlanter die von den Außerirdischen arrangierten Zitrin-Muster. Sie legten daraufhin ihre eigenen Muster an und konnten damit erfolgreich Raumschiffe an die von ihnen markierten Orte lotsen.

Ich erwähne dies nur, weil ich denke, dass es eure Leute faszinieren wird. Ich möchte dabei hervorheben, dass Kristalle Werkzeuge sind, deren Funktionen weit über den offensichtlichen Umstand ihrer Schönheit hinausreichen.

Schon im Zeitalter von Atlantis bereitete ich die Menschen auf den gelben Strahl vor, denn dies war meine Aufgabe von Anbeginn. Der gelbe Strahl wiederum bereitet den Menschen für eine größere und tiefere Spiritualität vor.

Jede meiner Wirkungen trägt zu dieser wichtigen Aufgabe bei. Meine kommunikativen Möglichkeiten zum Beispiel halfen den Menschen zu erkennen, dass auch außerhalb des Planeten Erde Lebewesen existieren. Auf diese Weise lernten sie anzuerkennen, dass es noch etwas Größeres gibt.

Als Atlantis vernichtet wurde, trat eine Störung im Bewusstseinszustand auf dem Planeten ein. Die Macht des Zitrins wurde verwandelt. Jetzt diene ich nicht mehr als Landefeuer oder Kommunikationsmittel wie früher. Heute forsche ich nach Disharmonien im Körper und erhelle sie wie ein Leuchtfeuer.

Doch auch heute noch besitzt die Schwingung des Zitrins etwas Besonderes, wodurch der Stein auch von außerhalb der Erdatmosphäre leicht zu erkennen ist, Aber es braucht niemand zu erwarten, dass Außerirdische mit ihm Kontakt aufnehmen, nur weil er ein oder zwei Halsketten aus Zitrin trägt – oder womöglich einen Hügel Zitrin-Kristalle in seinen Garten häuft und die ganze Nacht auf Besuch wartet. Meine Kraft als Leuchtfeuer ist drastisch zurückgegangen. Wenn Menschen aber experimentieren möchten, können sie acht oder zehn Zitrin-Ketten tragen und ihre Aufmerksamkeit auf ihr Hörvermögen richten. Am besten geeignet ist dafür die Zeit der Abend- oder Morgendämmerung, wenn die Energie der Sonne nicht stört. Möglicherweise können sie auf diese Weise eine Kommunikations-Verbindung mit Wesen außerhalb des Planeten Erde aufnehmen.

Ihr könnt dabei übrigens selbst bestimmen, welche Besucher ihr wünscht, indem ihr erklärt, dass nur Wesen mit ehrenwerten Absichten bei euch willkommen sind.

Der Zitrin heute

Meine Funktion für den Planeten ist dieselbe wie für den Menschen: Ich bereite die Aura des Planeten für ein stärkeres Einströmen des gelben Strahles vor. Die Erde und ihre Bewohner werden bald eine größere Intensität des gelben Strahles aufnehmen müssen, weil dies in ihrer Entwicklung so vorgesehen ist. Das heißt, irgendwann in eurer Entwicklung müsst ihr mehr vom gelben Strahl aufnehmen, und der Zitrin kann euch bei der Vorbereitung auf diese Zeit helfen.

Die Farbstrahlen sind auf der Erde nicht zu gleichen Teilen vertreten. Auf keinem Planeten sind sie gleichmäßig verteilt, doch auf einem anderen Himmelskörper ist vielleicht ein anderer Strahl unterrepräsentiert. Auf einem anderen Planeten herrscht beispielsweise ein Mangel beim roten Strahl, und ein bestimmter Edelstein hat dort die Aufgabe, die Bewohner auf ein in Zukunft stärkeres Einströmen des roten Strahles vorzubereiten. Die jeweilige Verteilung der Farbstrahlen auf einem bestimmten Planeten entspricht den Bedürfnissen seiner Bewohner. Sie wird beeinflusst von den Lektionen, die diese lernen, von den Stärken, die sie entfalten, und von der Bewusstseinsebene, die sie erreichen müssen.

Wenn sich beim Tode die körperlichen Augen zum letzten Mal schließen, tun sich die inneren Augen auf, um eine Welt strahlenden Lichtes zu schauen. Wenn sie nicht gewohnt sind, bewusst über die Grenzen ihres grobstofflichen Körpers hinaus zu reisen, sind sie von diesem Licht oft so überwältigt, dass sie den mit ihm verbundenen Klang gar nicht vernehmen.

Die Angst der Menschen vor dem Tode ließe sich weitgehend vermeiden, auflösen oder gar ausschalten, wenn sie hinter den Schleier des Todes schauen könnten. Dann nähmen sie den inneren Ton und das innere Licht wahr, die ihnen auf diese Weise vertraut würden. Der Zitrin kann dem Einzelnen helfen, zuerst mit dem Klang, dann mit dem Licht der inneren Welt vertraut zu werden.

Die kristalline Matrix des Zitrins ist dafür bestimmt, den Klang des gelben Strahles dergestalt zu vermitteln, dass er leichter zu vernehmen ist als die Töne, die von anderen Farbstrahlen-tragenden Edelsteinen verkörpert werden. Klang und Ton sind für das Leben ebenso wichtig wie Licht; aber sie sind oft schwer zu hören hinter den Geräuschen des täglichen Lebens. Wer Zitrin ständig trägt, wird feststellen, dass seine Ohren sich mit dem Ton der Lebenskraft vertraut machen. Für sie wird dieser lebenspendende Klang an Realität gewinnen.

Je mehr man dem Klang lauscht, desto mehr wird das innere Ohr gereinigt, und desto besser wird man den Klang vernehmen können. Dann mag sich das innere Ohr eines Tages den unterschiedlichen Tönen und Klängen aller Edelsteine öffnen. Jeder Stein birgt seine eigene Musik; sie ist einzigartig und bezaubernd schön. Wenn die Menschen einen Edelstein tragen und seinen Klang hören können oder sich vorstellen, ihn zu hören, wird die Kraft des Steines sich vielmals verstärken, denn dann stimmt der Träger sich mehr auf die Schwingungsrate des Edelsteines ein.

Der Zitrin bereitet dich also nicht nur für den gelben Strahl vor; er kann dich auch öffnen, die größten Vorzüge anzunehmen, die ein Edelstein dir zu schenken vermag.

Wenn man eine Zitrin-Kette zusammen mit einer Kette aus anderen Edelsteinen trägt, wird dies deren Kraft nicht verstärken. Aber der Zitrin erschließt das innere Seh- und Hörvermögen des Menschen und bereitet ihn darauf vor, sich auf den anderen Stein besser einzustellen. Dann kann dieser effektiver wirken und ihn stärker beeinflussen als ohne die Hilfe des Zitrins.

Ein gesteigertes Wahrnehmungsvermögen im Bereich des spirituellen Sehens und Hörens bringt eine gewisse Verantwortung mit sich. Bevor der Zitrin die geistigen Augen und Ohren der Menschen öffnet, führt sein Licht jene Lektionen in ihr Leben ein, die sie lernen müssen, um jene Verantwortung zu verdienen. Dazu muss der Zitrin jedoch irgendwie abgerundet sein. Die Kristallform besitzt nicht die Kraft, das geistige Seh- und Hörvermögen zu steigern.

Am meisten lernt der Mensch in der Regel, wenn die Lektionen aus allen Richtungen kommen und unberechenbar sind. Erwartet man die Lektionen, sinnt man oft nach ›Schleichwegen‹, ›Abkürzungen‹ oder Möglichkeiten, sie zu umgehen. Von regelmäßigen Zitrin-Kugeln wird das Licht auf vorhersagbare Weise reflektiert. Deshalb sind Kugeln nicht so wirkungsvoll wie unregelmäßige, aber abgerundete Formen, die das Licht ungleichmäßig reflektieren.

Der in Facetten geschliffene Zitrin kann zu diesem Zweck ebenfalls nützlich sein. Solche Edelsteine müssten jedoch in Gold gefasst sein und um den Hals getragen werden, einer neben dem anderen. Das wäre unpraktisch.

Trägt man Kristalle reinen gelben Zitrins, wird nur der physische Körper für die Aufnahme einer größeren Intensität des gelben Strahles vorbereitet. Doch du bist nicht nur dein physischer Körper. Wer die abgerundeten Zitrin-Steinchen trägt, hat sich von der Kristallform unabhängig erklärt. Er hat erkannt, dass er für mehr als nur seinen physischen Körper verantwortlich ist, und dass mehr als nur der physische Leib auf den gelben Strahl vorbereitet werden muss. Es ist nicht falsch, Zitrin-Kristalle zu tragen. Sie helfen einem zu der Erkenntnis, dass es etwas gibt, das mehr ist. Doch wenn diese Erkenntnis erst dämmert, ist es nur zu natürlich, dass der Bewusstseinszustand des Menschen von der Kristallform zur abgerundeten Form des Zitrins weiterschreiten will. Dann kann dieser Edelstein mit seinem Einfluss auch Ebenen jenseits des Physischen erreichen. Er vermittelt ihm etwas über die Welten, die in seinem Innern liegen. Kristalle zu tragen, ist ein notwendiger Schritt, aber nicht der letzte auf dem Wege. Der physisch-körperliche Zustand ist nicht die höchste Seinsebene. Es gibt noch mehr, noch Größeres. Ja, es gibt sogar noch sehr viel mehr.

Kristalle sind Trittsteine, Stufen auf dem Weg. Trägt man Edelsteine in ihrer gerundeten Form, wächst und weitet sich das Bewusstsein. Dieses erweiterte Gewahrsein führt den Menschen dahin, dass er auch andere Möglichkeiten schätzen lernt, die Kristallform zu gebrauchen. Er erkennt, wie wichtig die Kristallform im Grunde ist, und welch wunderbares Werkzeug sie für Anwendungen im Physischen bietet.

Wenn die Menschen unter dem Einfluss von Edelstein-Kugeln die Möglichkeiten der Kristallform erkennen, wird deren Einsatz sie zu weiteren Entwicklungen in der Technik führen. Diese neuen Techniken räumen den Menschen mehr Zeit ein oder schaffen die rechten Voraussetzungen, um noch höhere, weitere Bewusstseinszustände zu erarbeiten. Solche Stufen werden dann von der gerundeten Form des Edelsteins getragen. Ich finde die Beziehung zwischen der Kristall- und der gerundeten Form von Edelsteinen sehr interessant.

»Wie wirkt der Zitrin auf den physischen Körper?«

Ich kann Bereiche der Disharmonie im Körper erkennen und hervorheben. Trägt man allein Zitrin, lenke ich die Aufmerksamkeit des Körpers auf diese Stellen. Wird der Zitrin zusammen mit einer Kette anderer Edelsteine getragen, die die Disharmonien beeinflussen können, lenke ich die Energie des anderen Steines gezielt in die disharmonischen Bereiche.

Wird der Zitrin zu diesem Zweck eingesetzt, braucht man ihn nur einige Tage lang zusammen mit dem anderen Stein zu tragen. Danach kann man ihn alle zwei bis vier Wochen für ein bis zwei Tage tragen – je nachdem, wie rasch die Veränderungen eintreten, oder wie rasch sie erwünscht sind.

Wo man Zitrin auf den Körper legt, hat er eine aufwühlende Wirkung. Dies gilt besonders dann, wenn man ihn über Energiezentren plaziert. Der Zitrin hilft also jedem Chakra, das gespannt, verschlossen oder blockiert ist. Seine Schwingungsrate massiert den betroffenen Bereich sanft und öffnet ihn.

Hält man den Zitrin mit der linken Hand über den Körper, wirkt er beruhigender, entspannender. Hält man ihn mit der Rechten, verstärkt man seine öffnende Wirkung; der behandelte Bereich wird zur rechten, natürlichen Ordnung angeregt.

Der Körper ist ein lebendiger Organismus. Er will nicht aus der Ordnung geraten, denn Verschiebungen blockieren den Strom der Lebenskraft, die ihn am Leben erhält und ihm geistige Nahrung gibt.

Obwohl sie lebenswichtig sind, brauchst du doch mehr als nur Nahrung, Wasser und Luft. Dein Körper nimmt viele Energien durch die Chakren auf. Er kann ohne Nahrung, Wasser oder Luft nicht leben; doch er vermag auch ohne die Energien nicht am Leben zu bleiben, die in die Chakren einfließen. Wenn alle deine Chakren verschlossen wären, würdest du sterben.

Wenn der Körper altert, entfernt er sich von der gesunden Ordnung und nähert sich – wie wir alle wissen –

dem Tode. Der Zitrin kann dem Körper – jedes Alters – ermöglichen, so weit zu entspannen, dass die Lebenskraft einströmen, den Menschen unter ihre Kontrolle bringen und seinen physischen Körper im Sinne einer gesünderen Ordnung beeinflussen kann. Wenn diese Korrekturen erreicht sind, kann die Lebenskraft mit höherer Schwingungsrate in den Körper einfließen.

Besonders sensitive Menschen bemerken möglicherweise spontane Bewegungen oder entspannende Korrekturen im Körper, während dieser auf die Energie des Zitrins anspricht und sich der gesunden Ordnung nähert. Diese Bewegungen sind in der Regel nicht unangenehm. Wer weniger sensitiv ist, wird die Korrekturen dennoch fühlen, jedoch sanfter und langsamer.

Behandlungen mit Zitrin

Um eine Korrektur der Position von Kopf- und Wirbelsäulen-Knochen zu erreichen, solltest du folgendermaßen vorgehen: Lege dich auf den Rücken und halte den Zitrin mit der rechten Hand über das Scheitel-Chakra. Dann bewege den Kopf sanft und kreisförmig nach hinten und nach vorn. Dabei werden die Muskeln entspannt, gedehnt und geschmeidig. Lass auch in dein Denken Entspannung einkehren und deine Gedanken an dir vorüberziehen. Fühle in die Bewegung von Kopf und Nacken hinein und folge ihr. Dein Kopf soll sich bewegen, wie er selbst es wünscht.

Bald werden deine Bewegungen von der Energie des Zitrins geführt. Es mag den Anschein haben, als hätte der Edelstein die Kontrolle übernommen: Dein Kopf, der

Nacken, die Schultern und dein Rücken beginnen sich zu rühren, zu dehnen und zu drehen. Wenn sie sich von selbst zu bewegen scheinen, kannst du den Zitrin wieder vom Kopf nehmen. Behalte ihn aber am Körper, wenn du möchtest, dass die lösenden Spontanbewegungen anhalten.

Hält man den Zitrin über das Scheitel-Chakra, fließt seine Energie die Wirbelsäule hinab und dann seitlich wieder empor, um sich in Nacken, Hals und Kopf zu sammeln. Die spontanen Bewegungen von Kopf, Nacken, Schultern und Rücken setzen erst dann ein, wenn sich genügend Energie gesammelt hat. Dies sollte innerhalb einiger Minuten der Fall sein. Je schwächer der gelbe Strahl beim Einzelnen vertreten – oder je stärker er blockiert – ist, desto länger dauert die Energie-Akkumulation. Manche Personen werden zwei Zitrin-Ketten brauchen; doch am besten probiert man es zunächst mit einer.

Wenn du den Zitrin eine Zeitlang auf dem Kopf gehabt hast und dann entfernst, wird dir vielleicht auffallen, dass der Kopf sich schwerer anfühlt, obwohl das zusätzliche Gewicht der Steine abgenommen worden ist. Legst du den Zitrin zurück, fühlt der Kopf sich wieder leichter an. Dies bewirken meine Schwingung und der Einfluss des gelben Strahles auf den Körper.

Diese Behandlung wirkt noch besser und rascher, wenn du dich darauf vorbereitest, indem du den Zitrin schon vorher trägst, vielleicht sogar einige Tage lang. Doch bei sensitiveren oder flexibleren Menschen, die nicht so versteift oder unbeweglich sind, wird diese Vorbereitung nicht nötig sein.

Man kann diese Methode auch gegenseitig ausprobieren. Behandler mögen sie vielleicht in ihr Therapieangebot aufnehmen. Wenn du sie bei einer anderen Person durchführst, solltest du der obigen Beschreibung folgen. Halte den Kopf des Patienten ruhig mit den Händen. Nimm den Zitrin in die Rechte und bewege den Kopf des Patienten behutsam, bis die Zitrin-Energie deine Hände zu führen scheint. An diesem Punkt kannst du der Energie des Steines die übrige Arbeit überlassen.

Es ist wichtig, auf deine Empfindungen zu achten und dem Zitrin zu vertrauen. Da dieser von Natur aus die Begabung hat, Disharmonien im Körper wahrzunehmen und den Zustand des ganzen Körpers zu erkennen, löst er nur solche Veränderungen aus, die der Organismus bewältigen kann.

Trotzdem kannst du die Kraft des Zitrins regeln, indem du ihn immer dann in die linke Hand nimmst, wenn du die eintretenden Veränderungen und Korrekturen verlangsamen oder bremsen möchtest.

Wenn der Zitrin abgenommen wurde, zeigt der Körper die Tendenz, seinen alten Gewohnheitsmustern zu folgen – und damit letztlich wieder aus der gesunden Ordnung zu fallen. Diese Neigung lässt sich dämpfen, indem der Patient den Zitrin innerhalb seines Aura-Feldes behält, am besten in Form einer Kette um den Hals.

Wenn du unter chronischen strukturellen Problemen (›Gleitwirbel‹ etc.) im Kopf- und Halsbereich leidest, solltest du den Zitrin so lange wie möglich über dem Scheitelpunkt lassen. Du könntest ihn unter einem Hut tragen oder ins Haar winden.

Obwohl der gelbe Strahl zu den sieben Farbstrahlen gehört, die aus dem rein weißen Licht des Geistes hervorgehen, ist er die einzige Farbe, die die Bereiche Gottes und der Quelle allen Lebens widerspiegelt. Weil ich die Quelle des Lebens reflektiere, verstärke ich die Verbindung zwischen der Lebenskraft und dem physischen Körper, wenn man mich über das Scheitel-Chakra hält.

Eine andere Wirkung tritt ein, wenn der Zitrin über das Brauen-Chakra gehalten wird. Hier trifft der gelbe Strahl in seiner Reinform mit dem Bewusstsein des Individuums im Brauen-Chakra zusammen. Ich beseitige Hindernisse in diesem Energiezentrum und schenke dem Körper ein Gewahrsein des gelben Strahles. Außerdem wirke ich als Magnet: ich ziehe den gelben Strahl zum Körper, und ich ziehe das Gewahrsein des Individuums in dieses Chakra.

Wenn das Bewusstsein des Menschen und der gelbe Strahl in diesem Chakra zusammenkommen, erkennen sie einander. Dann wird der gelbe Strahl Teil des menschlichen Wesens.

Dies findet unabhängig vom Zustand des Brauen-Chakras statt. Wenn es verschlossen oder behindert ist, scheint der gelbe Strahl trotzdem durch das Tor, um die Verbindung in den physischen Körper herzustellen. Wenn es natürlich geöffnet ist und normal funktioniert, kann man ein weitaus stärkeres Gewahrsein des gelben Strahles erlangen.

Wenn du den Zitrin über dein Brauen-Chakra hältst, wirst du merken, dass dein Bewusstsein sich mit dem gelben Strahl verbunden hat, sobald du dir die Farbe Gelb leicht vorstellen und sie trotz geschlossener Augen vor deinem inneren Auge schauen kannst, oder wenn du deutlich den Tonstrom des gelben Strahles vernimmst.

Dein physischer Aspekt kann von dieser Behandlung sehr profitieren, wenn du mithilfe folgender Technik den gelben Strahl im ganzen Körper verteilst: Sobald du dir des gelben Strahles bewusst wirst, stelle dir vor, deine Aufmerksamkeit sei ein mit gelbem Licht beladener Güterzug. Dann lenke sie in jeden Teil des Körpers und lade überall etwas von der gelben Fracht ab.

Vielleicht fällt es dir leichter, wenn du dabei mit der Hand über den Körper fährst und deine Aufmerksamkeit jeweils auf die Stelle konzentrierst, über der sich die Hand gerade befindet. Solange der Zitrin sich über deinem Brauen-Chakra aufhält und dein Gewahrsein mit dem gelben Strahl verbunden bleibt, wird sich die Schwingung dieses Strahles überall dort im Körper niederlassen, wohin du deine Aufmerksamkeit lenkst.

»Wie wirkt der Zitrin auf die Emotionen?«, fragte Michael.

Alle Emotionen sind das Ergebnis von etwas, das ich als ›Ursachepunkt‹ bezeichnen möchte. Ein Ursachepunkt ist, was eine emotionelle Reaktion auslöst. Ich habe die Aufgabe, mein ›Scheinwerferlicht‹ nicht auf den Ursachepunkt, sondern auf den ›Wirkungspunkt‹ zu richten, besonders auf den ersten Wirkungspunkt. Der erste Wirkungspunkt ist die unmittelbare mentale Reaktion, der erst Gedanke, der dir kommt, noch bevor eine emotionelle Reaktion entsteht.

Ein Ursachepunkt könnte beispielsweise entstehen, wenn deine Frau/dein Mann das Waschbecken mit deiner Zahnbürste putzt. Der erste Wirkungspunkt wäre dein Gedanke: »He, damit putze ich mir normalerweise die Zähne!« Darauf folgt eine emotionelle Reaktion – vermutlich Ärger.

Ich richte mein Scheinwerferlicht auf diesen ersten Gedanken, auf den ersten Wirkungspunkt. Mein Licht lässt dich klarer sehen, was geschieht, bevor du emotionell reagierst.

Trägst du gerade Zitrin, wenn dieser Ursachepunkt entsteht, wird der erste Wirkungspunkt beleuchtet und effektiv erhellt. Anstatt einen negativen Gedanken zu hegen, würdest du dann etwa denken: »Gute Gelegenheit: entweder reinige ich jetzt die Zahnbürste, oder ich kaufe mir eine neue.« Du denkst möglicherweise auch: »Nun, vielleicht spürte sie/er ein überwältigendes Verlangen, das Waschbecken zu putzen, hatte aber keine Scheuerbürste zur Hand.« Solche Gedanken zerstreuen eine Ärger-Reaktion, bevor sie überhaupt entsteht.

Ich übernehme keine Verantwortung für die Emotionen oder die Stärke der Emotion, die du äußerst. Ich beleuchte lediglich deinen ersten Wirkungspunkt. Wenn dir bereits dieser erste Wirkungspunkt bewusst wird, bekommst du deine emotionelle Reaktion – besser unter Kontrolle.

Übrigens hast du immer noch die Wahl, dich zu ärgern, um deiner Frau deinen Wunsch klarzumachen, dass sie nie wieder deine Zahnbürste zur Reinigung des Waschbeckens missbraucht.

Die Emotionen geraten oft aus dem Gleichgewicht bei Menschen, denen es am gelben Strahl ermangelt. Wenn sie Zitrin tragen, werden sie – wenngleich wohl nur unterbewusst – eines Punktes emotioneller Ausgeglichenheit in ihrem Innern gewahr. Auf diese Weise kann der Zitrin für jene von großem Nutzen sein, die extreme emotionelle Reaktionen zeigen oder emotional unausgeglichen sind.

»Ich verstehe nicht, wie Mängel einzelner Farbstrah-

len vorkommen können, wenn die Farbstrahlen wirklich lebensnotwendig sind«, warf Michael ein.

Jeder deiner inneren Körper besitzt Energiezentren wie der physische Leib. Im Idealfalle sind alle Chakren in allen inneren Körpern, eines über dem anderen, über den Chakren des physischen Körpers aufgereiht. Die Farbstrahlen der Lebenskraft fließen von ihrer Quelle durch die Chakren der inneren Körper zum physischen Leib.

Leider ist niemand auf allen Ebenen vollkommen ausgeglichen. Ein Chakra ist vielleicht ein wenig nach links, ein anderes nach rechts verschoben. Zu solchen Verlagerungen kann es aus den verschiedensten Gründen kommen, nach bestimmten Erlebnissen, durch Störungen des Gleichgewichts, Gewohnheitsmustern, Blockaden oder Krankheiten. Wenn ein Chakra in einem inneren Körper zu weit von der geraden Linie abweicht, wird der Fluss der Farbstrahlen beeinträchtigt. Die entsprechenden Chakren auf den Ebenen ›unter‹ diesem inneren Körper leiden dann unter einem Mangel an Lebenskraft und Farbstrahl.

»Manche Leute auf meinem Planeten glauben, dass jeder Farbstrahl der Lebenskraft den Körper durch ein anderes Chakra betritt; Rot fließe durch das Basis-Chakra, die anderen Farbstrahlen nach der Reihenfolge im Regenbogen durch die höher liegenden Chakren«, bemerkte Michael.

Tatsächlich aber fließen alle Farben durch jedes Chakra. Doch bei jedem Chakra ist es eine Farbe, die stärker vertreten ist als die anderen. Es ist schwierig, dir in der derzeitigen Phase der Entwicklungsgeschichte eine allgemein gültige Antwort auf diese Frage zu geben. Die Farben nämlich, die in bestimmten Chakren dominieren, wechseln zur Zeit ihre Eintrittspforten. Mit anderen Worten: die Farbstrahlen, die früher in bestimmte Chakren besonders stark einflossen, tun dies nun nicht mehr. Diese Veränderungen sind ein Aspekt der Übergangszeit, in der sich die Menschheit heute befindet.

In dem Maße, in dem die Menschen sich auf eine größere Spiritualität hin entwickeln, heben sich die Energien aus den Bereichen von Basis- und Sexual-Chakra empor. Diese beiden Chakren sind nach wie vor von großer Bedeutung und für das menschliche Leben unverzichtbar; sie werden von den Licht- und Ton-Strahlen nicht ignoriert. Doch sie werden nur soweit ernährt, dass der Energiestrom aufrechterhalten wird, und sie die höheren Chakren unterstützen können.

Wenn ein Farbstrahl in ein Chakra einfließt, wird der entsprechende Teil des Körpers belebt. Das Basis-Chakra steht für den erdhaften oder physischen, grobstofflichen Bewusstseinszustand, von dem die Menschen sich allmählich entfernen.

Das Magen-Chakra hat den gelben Strahl schon immer als seinen Primärstrahl aufgenommen und wird dies auch weiterhin tun. Doch ist das Magen-Chakra nicht mehr so weit unten im Körper, wie es früher anzutreffen war. Bei manchen Menschen hat es sich bereits dem Magen genähert, bei anderen ist es gerade im Aufstieg begriffen; bei wieder anderen hat diese Verlagerung leider noch gar nicht begonnen.

Die Erde befindet sich in einer Übergangsphase gewaltiger Tragweite, Tiefe und Bedeutung. Damit dieser Übergang gut fundiert ist, müssen die notwendigen Veränderungen langsam vonstatten gehen.

Um den Zitrin zu reinigen, braucht man ihn nur einige Stunden in die Sonne zu legen, nachdem man ihn kurz unter fließendem warmem oder kaltem Wasser abgespült hat.

Der Zitrin morgen

Ich werde auch in den kommenden Jahrhunderten meine Aufgabe erfüllen, die Menschen auf den gelben Strahl vorzubereiten. Es hat den Anschein, als wäre sie nie abgeschlossen: Sobald die einen vorbereitet sind, werden andere Menschen geboren und bedürfen der gleichen Hilfe.

Meine Funktion wird also die gleiche bleiben. Doch da die Menschen sich verändern und wachsen, werden auch die Wirkungen des Zitrins sich wandeln, die meine Mission unterstützen. Wie meine Wirkungen sich ändern, ist schwer vorauszusagen, weil man kaum berechnen kann, in welche Richtung die Menschen sich entwickeln und wie rasch sie wachsen werden.

Bevor wir dieses Gespräch beenden, möchte ich noch sagen, dass du keinen Zitrin benötigst, um dich für den gelben Strahl vorzubereiten. Für nichts brauchst du Edelsteine. Doch wenn du ein Ziel hast und klug bist, wirst du von den Werkzeugen und Hilfen Gebrauch machen, auf die der Geist deine Aufmerksamkeit lenkt. Die Mittel, die der Geist dir zur Verfügung stellt, sind da, um dir zu helfen, dein Ziel zu erreichen.

Wenn du dein Ziel in diesem Leben erreichen willst, empfehle ich dir sehr, die Hilfen in Anspruch zu nehmen, mit denen du nach eigenem Empfinden am meisten harmonierst. Ich rate dir, von dem Gebrauch zu machen, was dir am angenehmsten scheint für den Punkt in Raum und Zeit, den du gerade einnimmst.

Ich, der Zitrin, stehe dir mit meiner Hilfe bei. Ich bin da, um zu helfen. Mein Geschenk brauchst du nur noch anzunehmen.

»Gibt es noch etwas, das du uns mitteilen möchtest?«, fragte Michael.

Es spielt keine Rolle, ob ich männlich oder weiblich bin, wer ich bin, woher ich komme, oder wie ich aussehe. Meine Aufgabe hat nichts mit meiner Persönlichkeit zu tun. Du solltest diesen Einzelheiten keine Beachtung schenken. Wenn mein Erleben als Hüter eines Edelsteins erfüllt ist und ich die Lektionen gelernt habe, die für mich damit verbunden sind, wird ein anderer meinen Platz einnehmen. Ein anderer wird der Hüter des Zitrins werden, weil die mit dieser Aufgabe verknüpften Lektionen und Erfahrungen für ihn angebracht sind.

Dieser Wechsel kann jederzeit eintreten. Deshalb ist es nicht von Belang, wer ich bin. Schließlich trägst du nicht einen Hüter: du trägst den Edelstein.

Der nächste Hüter, den ihr kennenlernen werdet, hat alle die Lektionen zu erfahren und zu lernen, die man von dem Hüter des Edelsteins Aquamarin verlangt.

Ich danke euch, dass wir uns hier begegnet sind.

Mit Leichtigkeit schlüpfte ich aus der Aura Zitrins. Der Hüter korrigierte sofort den Sitz der Kapuze, um sein oder ihr Haupt zu verbergen, in dem Wissen, dass ich vermutlich versuchen würde, einen Blick auf sein/ihr Antlitz zu erhaschen.

Harold trat in den Kreis und winkte uns, aufzustehen.

Dann ging er ohne zu zögern fort. Ich wusste, dass er in die Welt des Aquamarins oder zu dem Ort ging, an dem wir den Hüter dieses Edelsteins treffen würden. Harold blickte sich nicht um. Wir alle wussten: wenn wir dem Aquamarin begegnen wollten, mussten wir ihm unverzüglich folgen.

Kapitel 14
Aquamarin

Harold führte uns aus dem Land des strahlenden Gelbs zwischen riesigen, durchscheinenden Schleiern entlang, die im Licht schimmerten. Wir gelangten in eine Landschaft, die üppige Lebendigkeit ausstrahlte; die Farben des dichten Grases, der ausladenden Bäume, der Blumen und Bäche glühten intensiv.

Wir gingen über einen sanften Hügel und gelangten an einen kleinen Bach. Dort ließen wir uns im Halbkreis vor Harold nieder. Nach einigen Augenblicken schritt dieser an uns vorbei und war hinter uns bald außer Sicht. Ich konnte seine Anwesenheit noch spüren, aber jetzt wurde ich auf den melodischen Klang des Wassers aufmerksam, das über die Steine im Bachbett murmelte und plätscherte. Bald bemerkte ich, dass auch die Luft ihre Melodie besaß – ein lebhaftes, goldenes Summen. Je aufmerksamer ich lauschte, desto deutlicher wurde es vernehmbar.

Dann trat eine Frau auf uns zu. Ihre hellblaue Aura war so strahlend, dass sie aus Aquamarinen gemacht schien. Die Hüterin schien in den Zwanzigern zu sein; sie hatte schulterlanges, üppiges, hellblondes Haar. Ihre Augen waren blaßblau.

Sie blickte mich an und gab mir telepathisch zu verstehen, dass sie sprechen werde, wenn jedermann sie hören könnte. Ich verstand: Erst sollte ich in ihre Aura schlüpfen, damit meine körperliche Stimme Wort für Wort aussprechen konnte, was sie zu sagen wünschte.

Seid alle gegrüßt, die ihr gekommen seid, und die ihr in der Zukunft von dieser Begegnung lesen werdet. Jeder von euch kann jederzeit zu dieser Unterweisung hierher kommen. Die Zeit fließt hier anders, und jene, die hier leben, werden von ihr nicht gebunden.

Mein Wirken gilt den inneren Aspekten. Ich habe kaum direkten Einfluss auf den physischen Körper. Ich kenne die inneren Welten wohl, und meine Mission ist, diese Kenntnis mit jenen zu teilen, die mit dem Aquamarin harmonieren.

Jedes meiner Kinder, jeder Aquamarin-Kristall, spiegelt den inneren Ozean wider – das weite Reich des Fließenden, des Wissens und der Weisheit in jedem Einzelnen. Ich verbinde die Menschen mit diesem Meer im Innern, auf dass sie seines Wissens und seiner Weisheit gewahr werden.

Mein Wirken ist subtil und unauffällig. Nur selten erhebe ich mich zum Sturm: wenn der, der vom Aquamarin angezogen wird, geläutert werden muss vom Ballast, der meine Mission behindert und den Weg versperrt zwischen dem Menschen und dem Ozean in seinem Innern.

Ich wurde vom Geist als eine Quelle geistiger Nahrung manifestiert. Ich bringe Erhebung, aber auf andere Weise als der Lavendelquarz. Meine Wirkung tritt als direktes Ergebnis des von mir ermittelten Gewahrseins ein. Es ist dies ein Gewahrsein der Wahrheit und der Wirklichkeit jeder Daseinsebene: physisch, emotional, mental und spirituell.

Ich erschließe auch ein Gewahrsein für die Art, wie die Wirklichkeiten oder Wahrheiten dieser Ebenen in scheinbarem Gegensatz zueinander stehen. Ich bringe ein Gewahrsein dieser Paradoxa, die nur deshalb existieren, weil auf jeder dieser Ebenen andere Naturgesetze herrschen. Die Wirklichkeiten sind unterschiedlich, der Brennpunkt ist verschieden, und die Bewusstseinszustände unterscheiden sich auf jeder dieser Ebenen.

Die frühen Jahre des Aquamarins

Ich erschien auf dem Planeten Erde nicht als bloßer Teilaspekt der Evolution, sondern infolge einer gewaltigen Entwicklung, die auf allen Ebenen stattfindet.

Zuerst wurde ich im Land des reinen Geistes als ein Urbild geboren. Dann manifestierte ich mich auf der mentalen, danach auf der emotionalen Ebene und schließlich in der physisch-grobstofflichen Welt.

Das Reich des reinen Geistes ist der Quell der Lebenskraft. Es ist auch der Ursprung eines anderen Energiestroms, der ebenfalls durch die Mental- und die Emotionalwelten in die physische fließt.

Auf seinem Weg durch diese Welten wandeln sich seine Farbe und Dichte. In der Mentalwelt wird dieser Strom oft als heilendes Wasser, Nektar der Götter oder Quell der Jugend bezeichnet. Er verläuft zum Teil unterirdisch, an anderen Stellen kommt er sprudelnd an die Oberfläche; manche seiner Quellen werden heilig genannt.

In der Emotionalwelt wird er etwas materieller. Ihre Bewohner formen ihn zu Schalen, in denen sie Kostbarkeiten aufbewahren. Er wird auch als Schmuck getragen und zu Ornamenten gestaltet, die den Betrachter an die Quelle des Lebens erinnern.

Wenn dieser Strom schließlich die physische Welt erreicht, manifestiert er sich als der Edelstein, den ihr Aquamarin nennt. Ein Kristall oder Edelstein ist die einzige stoffliche Manifestation, die die intensive Licht- und Tonkraft bergen kann, die für meine Schwingungsrate charakteristisch ist.

Obwohl ich und die Lebenskraft unseren Ursprung im Land des reinen Geistes haben, entspringt letztere im innersten Herzen Gottes. Wenn die Lebenskraft durch die inneren Welten in die physische fließt, kann sie aus eigener Kraft zu ihrer Quelle zurückkehren. Ich habe nicht soviel Schwung. Ich kann zu meiner Quelle zurückkehren, wenn jene, die Aquamarin besitzen und tragen, erhoben werden, wachsen und sich entfalten.

Deshalb ist es wichtig, dass alle Menschen mich tragen, die mich akzeptieren. Ich werde in ihnen Erinnerungen an meinen Ursprung wachrufen. Diese Erinnerungen sind die ersten Schritte hin zu einem erweiterten, spirituellen Gewahrsein.

Obschon der Aquamarin sich bereits in anderen Bereichen der physischen Welt manifestiert hat, gab es ihn auf der Erde erst, als Menschen existierten, die seiner bedurften. Er manifestierte sich auf der Erde erst, als die Menschen ihre natürliche Verbindung mit ihren inneren Welten verloren hatten und daran erinnert werden mussten. Als der Aquamarin in die Erde gepflanzt werden sollte, lenkten bestimmte Boten aus der Emotionalwelt meine Schwingung auf die Erde; genau genommen, wurde sie wie ein Laserstrahl auf den Planeten geschossen.

Die Erde nahm den Aquamarin bereitwillig auf. Der Hüter der Erde erkannte die Wichtigkeit des Aquamarins, sah seine lebenspendenden Eigenschaften und seine Fähigkeit, das Gewahrsein aller Lebewesen zu steigern. Da die Erde den Aquamarin bereits trug, bevor ihre Bewohner ihn verwendeten, kam der Planet zuerst in den Vorteil dieses gesteigerten Gewahrseins.

Im Zeitalter von Lemurien trugen die Menschen den Aquamarin als Kristall. Aufgrund seines Mangels an Brillanz wurde er nicht für kostbar gehalten.

Im Zeitalter von Atlantis besaß ich starke Heilkräfte im Physischen und war weit verbreitet. Da meine Kraft subtil wirkte, betrachteten Königs- und Herrscherhäuser den Aquamarin als ein Schmuckstück, das für die Massen geeignet sei. Weil meine Farbe der des Meeres ähnelt, dankten die Menschen dem Ozean für meine Existenz, als ob ich dem Wasser entsprungen wäre. Sie trugen mich sogar auf ihren Seereisen als Gewähr für sichere und glückliche Fahrt. Sie verstanden nicht, dass meine Farbe sie an ihren eigenen, inneren Ozean erinnern sollte.

Als Atlantis zerstört wurde, gingen die meisten Aquamarine mit ihm unter. Im Laufe der Zeit entstanden Legenden, die sich auf Erinnerungen an die Macht und Verbreitung des Aquamarins stützten. Für jene, die Reichtümer anhäuften, wurde der Aquamarin ein geheimnisvoller, kostbarer und begehrter Stein.

Der Aquamarin heute

Im Laufe der Zeiten und Jahrtausende hat sich auch mein Wirkungsgebiet verändert. Statt direkt körperliche Heilung zu ermöglichen, fördere ich nun inneres Gewahrsein.

Um im Physischen gesünder und heil zu werden, müssen die Menschen heute sich auf ihre Innenwelt besinnen. Sie meinen oft, dass ihre körperlichen Krankheiten materielle Ursachen hätten, während physische Krankheiten in Wirklichkeit auf inneren Ursachen beruhen.

Obwohl mein Einfluss subtil wirkt, ist der Aquamarin doch mächtiger, als er scheint.

Dabei ist die Schwingungsrate des Aquamarins das wichtigste. Hat man die Schwingung dieses Steins in seinem Aura-Feld, öffnet sich das Gewahrsein auf allen Ebenen. Es stimmt auch, dass dunklere Färbung im Aquamarin seine Kraft zum Vielfachen erhöht.

Um die Wirkung des Aquamarins besser zu begreifen, wollen wir den Menschen mit einem Haus vergleichen, das viele Zimmer hat. Die Stockwerke des Hauses gleichen den inneren Ebenen des Menschen, und auf jedem Geschoss befinden sich zahlreiche Zimmer. Der Aquamarin bewirkt, dass mehr und mehr Fenster und Türen der Zimmer in diesem Hause geöffnet werden. (Die Türen und Fenster, die ich öffne, sind übrigens nicht die Chakren.)

Wenn die Türen sich auftun, schaltet meine Schwingung das Licht in den verschiedenen Räumen an. Dann gehe ich durch das Haus und bringe mehr und mehr Licht in immer weitere Räume. Mit anderen Worten: Mein Licht und Klang strahlen auf deine inneren Körper und bringen in immer weitere Bereiche ein gesteigertes Gewahrsein. Dieser Vergleich lässt dich besser verstehen und erfassen, wer du bist und welche Möglichkeiten in dir angelegt sind.

Wenn sich nun das Gewahrsein entfaltet, mag die Wahrheit, die sich offenbart, dem physisch-menschlichen Denken zuviel sein. Denn das bewusste Erinnerungsvermögen öffnet sich viel langsamer als das Unbewusste oder das innere Gewahrsein.

Weil ich das Gewahrsein so machtvoll erschließe, empfinden viele Menschen es als unangenehm, Aquamarin zu tragen. Dies geschieht vor allem bei Personen, die noch nicht bereit sind, mehr Wahrheit über sich selbst zu akzeptieren, als sie bereits zu verarbeiten versuchen. Sie werden den Wunsch haben, den Aquamarin wieder abzulegen. Wenn sie es nicht tun, werden sie nervös und zappelig.

Je mehr man mit dem erhöhten inneren Gewahrsein vertraut wird, desto rascher wird die Phase des Widerstandes und der Nervosität vorübergehen, denn das Gewahrsein bringt bessere Selbstkontrolle, Ausgeglichenheit und Selbsterkenntnis mit sich.

Wenn Menschen sich selbst besser verstehen, ist es, als öffneten sich ihnen Türen auf allen Ebenen. Sie bringen dem Leben mehr Verständnis entgegen und lernen, in größerer Harmonie mit sich selbst und allem Leben zu wirken. Zwischenmenschliche Beziehungen erstarken und werden harmonischer. Wenn man einen geistigen Weg verfolgt, wächst das Verstehen möglicherweise über die Grenzen der eigenen Religion hinaus. Man spürt den Impuls, auch in anderen Traditionen nach geistiger Nahrung und Weisheit zu suchen. Kurzum: man hält Ausschau nach einem Pfad, der immer einen weiteren Schritt, eine nächste Stufe bereithält.

Der Aquamarin wird jenen am meisten nützen, die einen spirituellen Weg beschreiten. Er hilft denen, die mehr wissen wollen über sich selbst, ihr Schicksal und ihre Möglichkeiten. Er hilft besonders jenen, die auf ihrem geistigen Pfad anscheinend nicht weitergelangen, denn ich kann ihnen einen neuen Ausblick schenken und den Weg zu viel höheren geistigen Ebenen weisen.

Ich habe Geduld; ich bin sanft, behutsam, ruhig und verständnisvoll. Dabei bin ich zugleich absolut ehrlich, aufrichtig und klar. Doch meine Geduld bestimmt meinen klaren, ehrlichen Blick. Wenn mich jemand trägt, zeige ich ihm beispielsweise nur soviel über sich, wie er als Ansporn zum Wachsen braucht. Wenn dieses Wachsen und Entwickeln seine Schwingungsrate erhöht, zeige ich ihm mehr. Er wird wieder ein Stück weiter gelangen, eine noch höhere Schwingungsebene erreichen und dann erneut mehr offenbart bekommen.

Diesen Prozess werde ich in Gang halten, so lange man mich trägt. Das Maß der Wahrheit, die ich einem Menschen auf seiner jeweiligen Stufe zeige, wird nur durch die Tiefe meiner wahren Farbe begrenzt. Je kräftiger meine Farbe also von Natur aus ist, desto mehr vermag ich zu geben.

Der Aquamarin ist in verschiedenen Farbtönungen von blaugrün bis hellblau zu finden. Die blaugrüne Varietät hat zusätzlich zu den bereits geschilderten Eigenschaften noch besondere Qualitäten.

Der blaugrüne Aquamarin übt auf der physischen Ebene eine stärkere Heilwirkung als der hellblaue aus. Allgemein wirkt die Schwingungsrate des Aquamarins erhebend. Wirkt meine Schwingung in Kombination mit der Farbe Grün – die die Heilung im Physischen unterstützt –, konzentriert sich ihr Einfluss auf den physischen Körper. Ihre Wirkung ist in jenen Organen am stärksten, die von Substanzen – insbesondere flüssigen – passiert werden. Solche Organe sind Herz, Leber, Milz und Blase. Trägt man den blaugrünen Aquamarin lange genug, wirkt die von ihm vermittelte Schwingungserhöhung transformierend auf das Organ.

Zu diesem Zweck sollte man den Aquamarin um den Hals tragen. Dann konzentriert er sich darauf, die Schwingung in dem Bereich des Körpers zu erhöhen, der die niedrigste Schwingungsrate zeigt.

Der blaugrüne Aquamarin kann darüber hinaus körperliche und emotionale Schmerzen – besonders Trauer – lindern. Dies geschieht durch eine Aufhellung der Aura. Wenn die Aura aufgehellt wird, erhellen sich auch die Aussichten, weil man durch seine Aura blickt.

»Die Farbe des Aquamarins wird oft manipuliert. Welche Wirkung hat diese Behandlung auf deine Eigenschaften?«, fragte Michael.

Die Farbe des Aquamarins wird manchmal durch Erhitzen oder durch Bestrahlen intensiviert.

An der Hitze-Behandlung gibt es nichts auszusetzen. Sie behindert mich in der Erfüllung meiner Aufgabe nicht, verstärkt allerdings auch nicht meine Schwingungsrate. Der wärmebehandelte Aquamarin sieht nur stärker aus, weil seine Farbe intensiver wirkt.

Die Bestrahlung von Aquamarinen ist eine bedauerliche Sache, denn sie führt zum Tode des Kristalls. Sie zerstört das Leben, die Schwingungsrate des Edelsteines, und ersetzt sie durch eine extrem disharmonische Schwingung.

Trägt man bestrahlten Aquamarin, teilt sich diese Disharmonie der Aura mit. Weil der Aquamarin sich mit den inneren Aspekten des Menschen befasst, beeinträchtigen die destruktiven Emanationen des bestrahlten Steines zuerst die mentale Ebene. Sie stören Gedankenprozesse, Ansichten und Vorstellungen und verzerren die Sicht der Wirklichkeit. Dann wird die Harmonie und Verbundenheit des Denkens gestört – zuerst im Bereich des Mentalen allein, dann in der Beziehung zu den Emotionen und zum physischen Körper. Später werden auch die Emotionen verzerrt und gestört.

Im Zeitalter von Atlantis galt der Aquamarin-Kristall als starkes Heilmittel für den physischen Körper. Man verwendete Exemplare von fünf bis etwa zwölf Zentimetern Länge.

Bei der Zerstörung des atlantischen Kontinents zerbrachen fast alle dieser Kristalle oder gingen unter. Die Aquamarine, die seitdem gewachsen und heute erhältlich sind, besitzen eine andere Schwingungsrate. Sie haben nicht mehr den starken heilenden Einfluss auf den physischen Körper wie der Aquamarin in atlantischer Zeit.

Heute bewahrt man Aquamarin-Kristalle am besten zu Hause auf. Er wirkt am günstigsten, wenn man ihn in dem Teil der Wohnung oder des Hauses hat, in dem man die meiste Zeit verbringt – zum Beispiel im Schlafzimmer oder im Arbeitsraum. Der Aquamarin hebt die Atmosphäre und macht die Luft lebendiger, reiner, sauberer. Er bringt Heilungsenergie in den Raum. Diese Heilungsenergie wirkt vornehmlich auf der physischen Ebene, weil der Aquamarin-Kristall – wie jeder andere Kristall – seinen Einfluss zum Wohle der Erde auf die physische Ebene richtet.

Die vom Aquamarin ausgestrahlte Energie wird spürbar sein und ihre positive Wirkung auf jeden Menschen ausüben, der sich einige Zeit im Kraftfeld des Kristalls aufhält. Ein Kristall von sieben bis acht Zentimetern

Länge verstrahlt seine Energie in einem Umkreis von gut einem Meter.

Wenn der Kristall geschliffen und gerundet wird, richtet sich sein Einfluss augenblicklich auf die inneren Aspekte seines Trägers. Es ist die runde Form, die meine Aufgabe an den Menschen unterstützt.

Der Schlüssel zur Wirksamkeit des Aquamarins ist seine Masse. Je mehr Aquamarin man trägt, desto stärker wird er wirken. Eine Halskette aus Aquamarin-Kugeln wirkt also viel stärker als ein einfacher Kristall oder geschliffener Stein. Denn um eine Halskette aufzufädeln, wird man natürlich viel mehr Steine verwenden.

Aquamarine mit Facettenschliff können dem Menschen heute nicht viel helfen. Damit man solche Steine tragen kann, müssen sie gefasst werden, das heißt sie werden von Metall umgeben. Wenn ein Edelstein oder Kristall von Metall – etwa Gold oder Silber – umgeben ist, schränkt dies seine Wirkung beträchtlich ein. Wenn die Schwingung des Aquamarins ihrem Träger ohne metallene Fassung zur Verfügung steht, ist ihre Wirkung ungeschmälert. Sie nutzt das volle Spektrum ihrer Möglichkeiten und berührt jeden Teil der inneren Aspekte dessen, der ihn trägt.

Doch ich möchte nicht versäumen zu erwähnen, auf welche Weise eine bestimmte Art facettierten Aquamarins auch wohltuend zu wirken vermag. Dazu benötigt man Steine sehr guter Qualität, die einen Smaragd- oder rechtwinkligen Schliff zeigen und mindestens zwei bis drei Karat wiegen. Achte jedoch darauf, dass der Aquamarin seine hochwertige Farbe nicht durch Hitze-Behandlung erhalten hat.

Trage zu Beginn einige Tage lang eine Halskette mit

Aquamarinen, die in ihrer Wirkung nicht durch Metall behindert werden. Blicke dann in die Tafel, d. h. die Schliffffläche oben auf dem facettierten Aquamarin, als schautest du in eine Kristallkugel. Lass deine Gedanken wandern. Mithilfe dieser Technik gewinnst du ein Bewusstsein und Verständnis für das, was auf emotionaler und mentaler Ebene in dir geschieht. Möglicherweise macht sie dir ganz bewusst, was die Schwingung des Aquamarins auf diesen Ebenen beleuchtet.

Bevor du diese Methode ausprobierst, solltest du darauf achten, offen zu sein, empfänglich und bereit, die Wahrheit anzunehmen. Die Technik wird funktionieren. Wenn du für diese Informationen nicht bereit bist, wirst du sie nicht akzeptieren oder glauben, dass sie wahr sind. Vielleicht leugnest du sogar, was der Aquamarin dir zeigt, oder du bestreitest, dass diese Methode funktioniert. Aber sie wirkt trotzdem, auch bei Menschen, die nicht hellsichtig sind.

Ich möchte die Wirkungsweise kurz erläutern.

Die Halskette erfüllt dein Gehirn und die inneren Ebenen mit der Schwingungsrate des Aquamarins von dem Augenblick an, in dem du sie anlegst. Die Flächen der geschliffenen Edelsteine lenken dessen Schwingung durch die Tafeln nach außen. Wenn du in den geschliffenen Aquamarin blickst, fließt seine Schwingung durch deine Augen und berührt das Gehirn. Dann verbindet sie sich mit der Schwingung, die von den um den Hals getragenen Steinen kommt. Wenn diese beiden Schwingungen sich verbunden haben, steigen dir die Wahrheiten ins Bewusstsein, die die Aquamarin-Halskette in deinen inneren Welten angerührt hat.

Ich erhelle und erfülle die inneren Aspekte der Menschen mit mehr Licht und Klang. Dies ermöglicht ihnen, solcher Dinge gewahr zu werden, die sich vielleicht in den dunklen Winkeln und Ecken des Denkens, des Fühlens oder der Erinnerung verborgen halten.

Wer mich trägt, kann selbst bestimmen, wieviel Wahrheit er erkennen möchte, indem er festlegt, wieviel Aquamarine er trägt, deren Wirkung nicht durch Metall geschmälert wird. Die Verschlüsse einer Halskette behindern den Stein übrigens nicht, weil sie die Aquamarin-Kugeln nicht umfassen wie ein Ring den geschliffenen Stein.

Um meinen Einfluss kennenzulernen, kann man den Aquamarin um Kopf, Hals, Arm oder Taille tragen.

Jeder Einzelne wird auf den Aquamarin natürlich individuell reagieren, weil jeder die Wahrheit auf eigene Weise und in anderem Maße annimmt. Manchen kommt die Wahrheit hart und brutal vor. Diese Menschen können sogar etwas wunderlich werden in ihrem Widerstand gegen die Wahrheit, aber sie stehen dabei sich selbst und ihrem eigenen Wachstum im Wege.

Nach einiger Zeit sollten sie jedoch zu einer entspannteren Haltung finden, die zum Teil auch der Farbe des Aquamarins zu verdanken ist. Je kräftiger dieser Stein von Natur aus gefärbt ist, desto stärker ist seine entspannende Wirkung. Meine Farbe hilft den Menschen, von ihrem Widerstand abzulassen und sich ihr Weiterkommen nicht mehr selbst zu versperren. Wenn die Menschen entspannen, können sie auch die Wahrheit leichter annehmen, weil diese nun ohne Widerstand in ihr Bewusstsein einfließen kann.

Behandlungen mit Aquamarin

Ich besitze keine direkte Heilwirkung auf den physischen Körper. Doch wenn der Bewusstseinszustand eines Menschen gehoben wird, kommt es auch zu Veränderungen im Körperlichen. In manchen Fällen werden die Kräfte, die einen bestimmten Krankheits- oder Leidenszustand im Körper verursacht haben, durch die Hebung des Bewusstseins eliminiert.

Der Aquamarin kann dir auch helfen zu erkennen, welche Ursachen einem bestimmten Zustand zugrundeliegen. Die Menschen schieben die Schuld an ihrer Verfassung oft auf äußere Faktoren wie die Umgebung oder ihre Mitmenschen. So fällt es ihnen nur zu leicht, ein gewisses Karzinogen oder irgendeine Substanz verantwortlich zu machen, die sie gegessen oder eingeatmet hätten. Die Wahrheit ist jedoch: Ohne deine eigenen inneren Muster, Umstände und Bewusstseinszustände hättest du die Krankheit gar nicht entwickelt.

In deiner Innenwelt hast du selbst die Umstände herbeigeführt, die deine Krankheit entstehen ließen. Du hast dies einfach deshalb getan, weil du deinen heutigen Zustand brauchtest, um daran zu wachsen und die Lektionen zu begreifen, die mit ihm verbunden sind.

Jeder körperliche Zustand ist die Folge innerer Umstände, Blockaden oder Muster. Diese inneren Muster wirken wie Wegweiser. Sie weisen den Geist an, dich in eine bestimmte körperliche Verfassung zu führen, weil du als Seele diese Erfahrung benötigst. Du musst die Auswirkungen deiner Schöpfung erleben: Was du verursacht hast durch bestimmte Handlungen, Reaktionen, Gedanken, Gefühle oder andere Situationen in deiner Vergangenheit. Diese Handlungen etc. werden zu Wegweisern für den Geist, der dich zum Erleben deines körperlichen Zustandes führt.

Angenommen, du hast dir in deinem Leben als Bergarbeiter eine Lungenkrankheit zugezogen. Es wird ein Leichtes sein, das Lungenleiden deiner Beschäftigung anzuhängen. Du kannst der Grubenleitung vorwerfen, sie sei für schlechte Arbeitsbedingungen verantwortlich, du kannst deinem Vater und Großvater grollen, die ebenfalls unter Tage gearbeitet und dich davon überzeugt hatten, dass es gut sei, die Familientradition fortzuführen.

Doch es gibt nur eines, wofür du andere wirklich verantwortlich machen kannst: dass sie Werkzeuge sind, durch die der Geist wirkte, um dir zu der Erfahrung zu verhelfen, die du dir selbst bestellt hast.

Du wirst mit dieser Erfahrung zusammengeführt, weil du letztlich selbst die Verantwortung für jene Wirkungen übernehmen musst, die du verursacht hast. Anders ausgedrückt: Du musst das Karma der Wegweiser ernten, die du im Laufe deiner Leben aufgestellt hast. Die Erfahrung einer Lungenkrankheit – oder welches Erleben es auch sei – könnte alle möglichen Karma-Aspekte auflösen. Darüber hinaus bietet sie der Seele die Gelegenheit, ihre mentalen, emotionalen und physischen Körper jene Lektionen lernen zu lassen, die mit der Auflösung oder Heilung dieser Krankheit verbunden sind – oder womöglich mit dem Sterben an ihr.

Der Aquamarin kann dir zu begreifen helfen, worin diese Wegweiser bestanden oder was einen bestimmten Zustand tatsächlich verursachte. Lege hierzu eine Aquamarin-Kette über das betroffene Gebiet und lasse sie dort so lange wie möglich liegen.

Aquamarin in der gerundeten Splitterform wirkt bei dieser Technik gut, wird auf der Haut aber möglicherweise unangenehm empfunden. Dieses Problem kannst du lösen, indem du zuerst eine Schicht Mull oder ein dünnes Baumwolltuch auf die Haut legst und die Aquamarine darauf schichtest.

Wenn du den Wunsch danach verspürst, kannst du diese Methode über Nacht anwenden. Um diese Zeit ist dein Widerstand gegen die Wahrheit reduziert, und du kannst deine Antworten finden und in den Traumphasen das Gewahrsein erlangen, das du brauchst. Schreibe am Morgen deine Träume auf und deute sie, so gut du kannst. Es ist wichtig, dass du die Symbole in deinen Träumen selbst interpretierst und nicht die Deutungen anderer übernimmst. Was die gleichen Bilder als Symbole für eine andere Person bedeuten und an Wahrheit übermitteln, kann für dich nicht so wahr und authentisch sein wie deine eigene Deutung.

Es ist nichts daran auszusetzen, dass du deine Träume einer anderen Person erzählst, denn deren Ansicht kann dein Verständnis ergänzen. Doch solltest du dir deine Träume nicht von anderen interpretieren lassen, solange du nicht innerlich spürst, dass die Deutung für dich absolut stimmt. Nur der Träumende selbst hat das Recht und die Autorität, den Sinn seines/ihres Traumes exakt zu analysieren.

Wenn du diese Technik anwendest, solltest du deine nächtlichen und deine Tagträume sowie deine intuitiven Erkenntnisse aufschreiben. Tust du das nicht, wirst du sie vergessen. Es wird nicht leicht sein, sie sich in Erinnerung zu rufen, denn dein physisches Bewusstsein wehrt sich gegen den Zustand des Wissens, wie du ihn während eines Traumes oder einer intuitiven Erkenntnis erlebst. Wenn du einmal den Grund oder Zweck eines körperlichen Zustandes weißt, anerkennen und akzeptieren kannst, hast du den halben Weg zur Heilung bereits hinter dir.

Der Aquamarin beseitigt nicht deine Symptome, sondern hilft dir zu verstehen, warum du sie hast.

Du kannst den Aquamarin unbedenklich auf jede Stelle des Körpers – auch des Kopfes – legen, solange es angenehm für dich ist. Je länger du diesen Stein trägst, desto klarer wirst du erkennen, welche Ursachen zu einem bestimmten Zustand geführt haben.

Schwangere können eine Aquamarin-Kette über den oberen Teil der Gebärmutter legen. Auf diese Weise kommen sie leichter und bewusster in Kontakt mit der Seele, die bei der Geburt in den kleinen Körper eintreten wird. Wenn sie den Aquamarin während des Schlafes über dem Uterus lassen, kann es sogar geschehen, dass sie von früheren Erdenleben träumen, die sie gemeinsam mit dem bald inkarnierenden Kind verbracht haben.

Was die Menschen dem Aquamarin an Heilwirkungen im Körperlichen nachsagen, sind nur Erinnerungen an die Wirkungen von Aquamarin-Kristallen im Zeitalter von Atlantis.

Eines trifft jedoch zu: Wenn man mich in Form gerundeter Steine um den Hals trägt, könnte die Gesamtmenge groß genug werden, um die Zirkulation der Körpersäfte anzuregen. Ich stärke aber nicht das Herz, das dein Blut durch die Gefäße pumpt, oder die Nieren, die Körperflüssigkeit verarbeiten. Ich beeinflusse lediglich den Ladungszustand der Säfte und rege ihre Bewegung an.

Darüber hinaus habe ich keine Wirkung im Physisch-Materiellen. Andernfalls könnte ich mich nicht so stark auf die inneren Körper konzentrieren. Wo die Kräfte konzentriert sind, da wirken sie stark. Dieses Prinzip veranschaulicht euch der scharf gebündelte Laserstrahl mit seinen machtvollen Anwendungsmöglichkeiten.

Mein Wirken gilt dem inneren Gewahrsein. Eine Steigerung der körperlichen Gesundheit kann ein Nebenprodukt des gewachsenen inneren Gewahrseins sein – ähnlich ist die Anregung der Säftezirkulation im Körper eine Nebenwirkung meiner Schwingungsrate. Die Unterstützung der Säftezirkulation ist also nicht mein Ziel, sondern eine Nebenwirkung meines Einflusses.

Es gibt noch eine weitere Möglichkeit, mit dem Aquamarin zu arbeiten. Hierbei gilt es, mit seiner Hilfe eine Aktivität oder Kreativität deiner Wahl mit größerer Bewusstheit zu verbinden. Ich sagte: mit dem Aquamarin zu *arbeiten,* nicht: den Aquamarin zu *tragen.* Was man trägt, ist Schmuck. Der Aquamarin dagegen ist nicht nur Schmuck, sondern ein Werkzeug, und mit Werkzeug arbeitet man.

Stelle dir vor, du bist Ingenieur und sollst einen bestimmten Mechanismus entwerfen. Wenn du eine Aquamarin-Kette um den Hals trägst und willens bist, dich deinen inneren Seinsebenen zu öffnen, auf denen Ideen, Gedanken und Inspirationen entspringen, wird der Aquamarin dein Gewahrsein für die Konstruktionsmöglichkeiten öffnen, die für dein Vorhaben geeignet sind.

Diese Technik kann sich als besonders hilfreich erweisen, wenn es Probleme mit deinem Entwurf gibt. Der Aquamarin kann dir die Situation aus einem anderen Blickwinkel zeigen, der dir Erkenntnisse bringen mag, die zur Lösung der Problematik beitragen. Darüber hinaus kann der Aquamarin dir weiterhelfen, wenn du in irgendeiner Phase deiner Arbeit stehenbleibst oder deine Kreativität blockiert findest.

Diese Methode ist für jeden geeignet, der mit dem schöpferischen Strom arbeitet; dazu gehören auch Heilkundige. Ein Arzt beispielsweise wird sehr von ihr profitieren, wenn er einen Patienten hat, dessen Symptomatik oder Zustand unklar ist oder auf die Behandlung nicht anspricht. Der Aquamarin kann dem Behandler weiterhelfen, wenn dieser nicht sicher ist, was er als nächstes tun soll.

Wenn der fragliche Patient wieder in die Sprechstunde kommt, können er und der Behandler eine Aquamarin-Kette tragen. Der Therapeut schildert ihm die Kraft des Aquamarins und erklärt, warum sie die Ketten tragen. Dann sollten beide ihre Aufmerksamkeit darauf richten, ihr Bewusstsein einer Antwort auf die Frage zu öffnen, was zum Wohle des Patienten zu unternehmen sei.

Wenn man den Aquamarin für solche Anwendungen gebraucht, sollte man ihn nicht ständig tragen, sonst geht seine gezielte Wirkung verloren. Ein Künstler beispielsweise sollte den Aquamarin nur tragen, während er malt, und ihn ablegen, wenn er aus irgendeinem Grund gestört wird oder seine Arbeit unterbricht – sei es, um auf die Toilette zu gehen, einen Anruf entgegenzunehmen oder etwas zu essen. Das erfordert eine gewisse Disziplin, die jedoch notwendig ist, um die Konzentration rein und aufrecht zu halten – in diesem Falle auf die künstlerische Arbeit.

Studenten können den Aquamarin während einer bestimmten Vorlesung tragen. Es wäre freilich unbedacht, ihn während mehr als zwei Vorlesungen nacheinander zu tragen, denn dann hätte die Aufmerksamkeit darunter zu leiden, weil sie sich in zu viele unterschiedliche Richtungen öffnete.

Denke also daran: Konzentration ist der Schlüssel zur stärksten Wirkung und Effektivität des Aquamarins.

Ich bin ewig jung. Ich bringe jugendhafte Energie, wohin ich auch komme. Es ist typisch für die Jugend, dass sie Dinge wissen will, dass sie verstehen, wachsen und wahrnehmen möchte.

Es ist meine Aufgabe, den Menschen bei ihrer Entfaltung und Entwicklung zu helfen. Dies bedeutet in der physischen Welt oft, dass ich ihnen helfe, einen gewissen Zyklus in einem physischen Körper abzuschließen. Ich will damit keinesfalls andeuten, dass ich den Tod des grobstofflichen Körpers beschleunige. Im Gegenteil: Wenn der Tod näherkommt, kann ich die Bürde erleichtern, den Weg erhellen und dazu beitragen, dass das Sterben mit mehr Ruhe und weniger Angst erlebt wird. Eines der größten Geschenke, die du einem Sterbenden machen kannst, ist eine Aquamarin-Halskette. Sie wird ihm helfen, sodass der Übergang leichter wird.

Der Aquamarin morgen

Es gibt kein Ende des Wachsens in größere Bewusstheit. Deshalb wird es auch kein Ende des Aquamarins auf diesem Planeten geben. Solange die Erde von Menschen bewohnt ist, wird es auch den Aquamarin auf ihr geben.

Je weiter das Gewahrsein überall auf dem Planeten

wächst, desto mehr Menschen werden erkennen, was mächtige, der Heilung dienende Kräfte sind. Sie werden auf Edelsteine aufmerksam werden. Edelsteine sind die stärksten, konzentriertesten Träger der Heilungs- oder Lebenskraft auf diesem Planeten. Wenn die Menschen einmal wissen, wie diese Heilungsenergie freizusetzen und zu gebrauchen ist, wird es gewaltige Fortschritte im Bereich der Medizin und der Heilkünste geben, aber auch im geistigen Wachstum des Einzelnen.

Edelsteine werden die Erweiterung des Gewahrseins und die spirituelle Entfaltung beschleunigen. Wenn du die Kräfte der Edelsteine erst weckst und sie zur Unterstützung deiner Entfaltung gebrauchst, wirst du noch weitere, großartigere Einsatzmöglichkeiten der Steine entdecken. Mit ihrer Hilfe wiederum wird deine spirituelle Entfaltung noch weiter beschleunigt.

Als Aquamarin bringe ich eine Herausforderung: Ich biete einen Weg, den du gehen kannst, um die Wahrheit über dich selbst zu erfahren. Der Aquamarin ist nur für jene, die den Mut haben, diesen Weg zu beschreiten und die Konfrontation anzunehmen. Er ist für jene Seelen, die tapfer genug sind – ob sie sich dessen bewusst sind oder nicht.

Ich denke, ich habe nun genügend gesagt. Es ist nicht alles gesagt, aber für jetzt ist es genug.

Ihr müsst nun in die physische Welt zurückkehren. Zuviel Arbeit und Aufmerksamkeit außerhalb des physischen Körpers ist nicht im Sinne des Gleichgewichts. Deshalb werdet ihr zum nächsten Gespräch einen Hüter treffen, dessen Wirken ganz im Physischen stattfindet. Ihr werdet ihn als den Hüter des grünen Turmalins erkennen.

Ich kann ihn nur mit seinem Namen vorstellen, denn wir stammen aus unterschiedlichen Welten. Der Geist wird Sorge tragen, dass ihr einander begegnet, wenn ihr bereit seid, ihn zu treffen.

»Es war uns eine Ehre, deiner Abhandlung zu lauschen«, erklärte Michael.

Es war mir ein Vergnügen und eine erfreuliche Gelegenheit, einige falsche Vorstellungen über den Aquamarin aufzuklären. Ich danke euch für diese Chance. Es wird Zeit, dass der Aquamarin auf eurem Planeten für seine eigentliche Aufgabe eingesetzt wird. Es ist an der Zeit, dass man seine Kraft und Möglichkeiten erkennt und dass sein konzentrierter Einfluss genutzt wird.

In diesem Gewahrsein: seid gesegnet!

Mühelos schlüpfte ich aus ihrer Aura. Sie lächelte anmutig und sehr dankbar; solche Dankbarkeit hatte ich noch nie zuvor erlebt. Sie war verbunden mit Liebe und Verständnis. Wenn Aquamarin diese Qualitäten lehrt, ist er wirklich ein besonderes Geschenk des Planeten an seine Bewohner.

Die Zuhörer verharrten in Schweigen, sie genossen die Schönheit der Landschaft um uns. Ein Gefühl von Verbundenheit, Verständnis und Liebe zu allem Leben lag in der Luft.

Ich blickte um mich und bemerkte, dass während der Unterweisung Aquamarins das Wild zwischen den Bäumen hervorgekommen war und sich unserem Kreis genähert hatte. Einige Rehe grasten vor unseren Augen, und ein Dachs, der unbekümmert zum Bach gewatschelt war, trank nur wenige Meter vor uns von dem reinen Wasser.

Kaninchen, Eichhörnchen, Füchse, Vögel und viele andere Waldtiere hatten sich um uns versammelt. Sie schienen gelauscht zu haben und sie genossen offenbar das angenehme Gefühl, das die Aura der Hüterin ausstrahlte.

Nur zögernd kehrte ich in meinen physischen Körper zurück. Doch tröstete mich der Gedanke, dass dieser Ort irgendwo in meinem Inneren existierte, und dass ich – wie die Hüterin des Aquamarins zu Beginn gesagt hatte – jederzeit dorthin zurückkehren konnte.

Kapitel 15

Grüner Turmalin

Ich wandte meinen Blick nach innen und stellte mich auf die Begegnung mit Turmalin ein. Auf der Stelle spürte ich seine machtvolle Energie aufsteigen. Ich wusste, dass ich ihren Ursprung finden musste, obwohl sich diese Energie sehr unangenehm anfühlte.

Vorsichtig ließ ich zu, dass die Energie mich dorthin führte. Wenige Augenblicke später befand ich mich neben einem gewaltigen tropischen Wasserfall.

Ich stand auf einer kleinen Lichtung im Dschungel neben dem Wasserfall. Von dem Teich am Fuße der mächtigen Wassersäule stieg eine Wolke grünen Dunstes auf.

Irgendetwas war ungewöhnlich an diesem Wasserfall. Ich betrachtete ihn sorgfältiger und merkte bald: Dieses Wasser war gar kein Wasser – es war ein Kristall aus grünem Turmalin! Der Dunst, der von dem Teich emporstieg, war kein Nebel, sondern eine Wolke von Turmalin-Schwingung, die sich in die Atmosphäre erhob. Der Teich selbst schien in bodenlose Tiefe zu reichen und war von diesem Dunst erfüllt, der in wogender, wirbelnder Bewegung war.

Plötzlich tauchte neben mir eine Gestalt auf. Es war der spirituelle Meister in kastanienbrauner Robe, der Michael und mich bei unserer ersten Begegnung mit den Hütern der Edelsteine begleitet hatte.

Noch vier andere erschienen, darunter Michael. Dann traf der Hüter des Turmalins ein. Er kam zu Fuß auf einem Weg, der offenbar hinter dem Wasserfall begann.

Der Hüter schien in den Fünfzigern zu sein. Er trug ein dunkelgrünes Gewand mit langen Ärmeln, das einen anscheinend hochgewachsenen, schlanken, muskulösen Körper verbarg. Sein Haar war dunkelgrün wie der Schatten im Wild, von einigen grauen Strähnen durchzogen; seine Gesichtszüge wirkten hart und kantig. Die Haut war hellgrün und sah trotz ihrer ungewöhnlichen Farbe überraschend gesund aus.

Jetzt wurde mir klar, warum der spirituelle Meister bei uns war: Ich selbst fühlte mich nicht in Harmonie mit dem grünen Turmalin. In der Gesellschaft des Meisters fühlte ich mich geschützt und sicher, dass die gewaltige Kraft dieses Hüters mich nicht aus dem Gleichgewicht bringen würde. Mein Zögern, in seine Aura einzutreten, hatte ich überwunden, indem ich mich ganz bewusst entspannte, gleichwohl fiel es mir nicht leicht. Aber plötzlich befand ich mich in seiner Aura.

Kraft und Stärke gebe ich denen, deren Molekularstruktur eine bestimmte Schwingungsrate aufweist. Nur die männliche Schwingungsrate ist von solcher Beschaffenheit und verträgt sich mit dem grünen Turmalin.

Es wäre töricht von Frauen, den grünen Turmalin zu tragen, ohne ihn mit dem Stein zu kombinieren, den ihr als rosafarbenen Turmalin oder Rubellit bezeichnet. Wenn eine Frau eine Halskette aus grünen Turmalinen trägt, wird ihr maskuliner Aspekt den femininen schließlich verdrängen. Ihre emotionelle Stärke würde zerfallen, und schließlich käme es zu hormonellen Störungen. Der Rubellit hingegen würde den größten Teil der Kraft des grünen Turmalins neutralisieren – leider würden dabei auch die meisten Stärken des Rubellits zunichte. Ich stärke die Schwingungsrate jedes Moleküls in einem männlichen Körper. Ein Mann muss den Turmalin ständig tragen – jeden Tag oder jede Nacht –, um dessen größte Heilwirkungen zu erleben. Wenn er einen Monat lang täglich eine Kette runder Turmalinsteine getragen hat, wird er die Auswirkungen nicht ignorieren können.

Meine Aufgabe ist es, den Mann auszugleichen und ihm zu helfen, sein ganzes Potential zu erreichen. Ich erweitere den Blickwinkel jedes Mannes, der mich trägt, und steigere die Lebenskraft, die durch ihn fließt, zum Höchstmaß.

Wenn eine Frau den grünen Turmalin trägt, zügle ich meine Macht. Doch dies ist mir nur zu einem gewissen Grade möglich; ich kann mich nicht ganz verleugnen.

Der grüne Turmalin mag den Anschein erwecken, eine Frau zu schützen. Doch die schützende Energie, die die Frau vielleicht spürt, bringt der Turmalin in dem Versuch auf, sie gegen seine eigene Schwingungsrate abzuschirmen. Nie werde ich einer Frau die Stärke geben, die ich einem Manne schenke. Ich bin zu beschäftigt, meine Schwingung von ihr fernzuhalten. Dies tue ich, weil ich keinen Menschen aus dem Gleichgewicht bringen möchte. Mein Ziel ist es, zu erheben, zu nützen und zu heilen.

Trotzdem bin ich ein Edelstein, der mit Achtung, Selbstdisziplin und Verständnis zu gebrauchen ist, ohne Ego, Eitelkeit oder Vorstellung bezüglich meiner Wirkung auf Frauen.

»Umfasst dein Gewahrsein als Hüter eines Edelsteines alle grünen Turmaline und ihre Wirkungsweise auf die Person, von der sie gerade getragen werden?«, fragte Michael.

Nein, dies ist nicht der Fall. Die Beziehung zwischen Hüter und Edelsteinen ist etwa dem Verhältnis zwischen deinem Gehirn und den übrigen Zellen des Körpers vergleichbar. Die Körperzellen übermitteln dem Gehirn Informationen über ihre Bedürfnisse, und dein Gehirn lenkt die Lebenskraft zu den Zellen, wie es deren Bedarf entspricht. Auf ähnliche Weise sendet jeder grüne Turmalin mir Informationen zu, und ich lenke Lebenskraft und Nahrung zu jedem Kristall. Doch in beiden Richtungen findet dieser Prozess auf unbewusster Ebene statt.

Du weißt nicht, was jede einzelne Zelle in deinem Körper gerade tut. In der Regel richtest du deine Aufmerksamkeit nur dann auf bestimmte Körperzellen, wenn sie einer großen Herausforderung oder Disharmonie ausgesetzt sind, oder wenn sie versuchen, etwas Edles zu erreichen. Dies gilt auch für die Hüter der Edelsteine und die Steine, für die sie verantwortlich sind.

Es liegt in der Natur der Steine, dass sie wissen, wer sie trägt – wie auch du die Menschen kennst, mit denen du zusammenlebst. Je länger du mit ihnen lebst, desto besser lernst du sie kennen.

»Wie lernt der Edelstein seinen Träger kennen?«

Diese Frage möchte ich in ganz einfachen Begriffen beantworten.

Deine Aura enthält alle Information über deinen physischen Körper, die Emotionen, Erinnerungen, Gedanken, dein Unbewusstes und – in gewissem Maße – auch die Seele. Sie birgt auch Informationen über das Verhältnis zwischen deinen feinstofflichen Aspekten und deinem materiellen Körper.

Diese Information wird im Aura-Feld in Form von Schwingungs-Mustern oder -Folgen, Licht-Sequenzen und Energien unterschiedlicher Dichte und Konzentration gespeichert. Sie enthalten spezifische Informationen über Vergangenheit, Gegenwart und Zukunft. (Unter Zukunft verstehe ich die mögliche Zukunft, wie sie aufgrund der gegenwärtigen Umstände zu erwarten ist. Wenn du die gegenwärtigen Umstände veränderst, änderst du auch deine potentielle Zukunft.)

Die Energie oder Schwingungsrate, die von einem gerundeten Kristall ausgeht, erfüllt das Aura-Feld und berührt diese Informations-Muster und -Folgen.

Bei manchen Edelsteinen wird die Schwingung dann zum Stein reflektiert und bringt jene Informationen mit. Auf diese Weise lernen die Edelsteine die Menschen kennen, die sie tragen.

Beim Turmalin ist es etwas anders. Der Turmalin in gerundeter Form weiß durch seine Schwingung alles genau. Es ist, als sei jedes ›Molekül‹ von Schwingung, das in die Aura des Menschen gestrahlt wird, nach wie vor ein Teil des Turmalins. Es hat immer noch eine Verbindung mit dem Edelstein in der Kette.

Im Grunde könnte man sagen, dass der Stein, den du um den Hals trägst, sich ausdehnt und die Größe deines ganzen Aura-Feldes annimmt. Es ist, als erfüllte der Turmalin selbst deine Aura. Seine Verbindung mit deiner Aura gleicht der Verbindung zwischen deinem Gehirn und den Zellen des Körpers oder der Verbundenheit von Edelstein-Hüter und den Kristallen, die ihm anvertraut sind. Die Turmaline in deiner Halskette wissen eindeutig, was jedes ›Molekül‹ ihrer Schwingungsrate erfährt, wenn es sich innerhalb deines Aura-Feldes aufhält.

Die frühen Jahre des grünen Turmalins

Die Turmaline sind noch nicht so alt wie die Bergkristalle, obschon der Turmalin in allen seinen verschiedenfarbigen Manifestationen sich bereits bildete, als die Erde Gestalt annahm.

Grüner und rosafarbener Turmalin stehen symbolisch für die positiven und negativen Kräfte und zeigen, wie beide vorhanden sein müssen, damit sich grob-stoffliche Materie manifestiert. Sie stehen auch für die männlichen und die weiblichen Energien und zeigen, wie beide vorhanden sein müssen, damit Leben zustande kommt. Der grüne Turmalin ist Träger der männlichen Energie, des magnetischen Nordpols und der positiven Kraft. Der Rubellit ist Träger der weiblichen Energie, des magnetischen Südpols und der negativen Kraft. Die neutrale Kraft ist der dritte Aspekt, der zur Manifestation benötigt wird. Diese dritte Kraft manifestierte sich im Turmalin nicht sehr stark. Obwohl sie im farblosen Turmalin angedeutet wird, ist der Turmalin doch nicht ihr Träger. Außerdem gibt es so etwas wie einen wirklich glasklaren Turmalin gar nicht. Bei einer chemischen Analyse farbloser Turmaline ließen sich vermutlich immer noch einige Moleküle Grün, Rosa oder andere Farben entdecken.

Den klaren Turmalin, der ein klein wenig – vielleicht unauffälliges – Grün enthält, kann auch eine Frau tragen. In dieser Form ist mein Einfluss genügend verdünnt, um den maskulinen Aspekt der Trägerin im rechten Maße zu unterstützen. Doch es ist nicht die ideale Schwingungsrate für eine Frau. Sie sollte sich besser nach dem Rubellit, dem rosafarbenen Turmalin umsehen, der mit ihr harmoniert – wie eben der grüne Turmalin mit dem Mann.

In den Zeitaltern von Lemurien und Atlantis wurde der Turmalin in gerundeter Form nicht genutzt. Andernfalls – und wenn die Männer meine Macht erkannt hätten – wäre er gewiß missbraucht worden.

Deshalb sollten wir uns auf solche Informationen konzentrieren, die dir helfen werden, meine heutige Aufgabe zu verstehen.

Der grüne Turmalin heute

Die Kristallmatrix des Turmalins wurde ausgewählt, die maskulinen und femininen Energien zu tragen, weil der Turmalin sehr kräftig, unverwüstlich und unerschütterlich ist. Maskuline und feminine Energien wurden in Kristallen geborgen, auf dass die Menschen, die eines Tages die Erde bewohnen würden, eine Energiequelle zur Verfügung hätten, die jedes Geschlecht unabhängig und kräftig machen würde.

Die maskulinen und femininen Energien sind überall im Weltraum verteilt. Turmalin-Kristalle in der Erde – selbst jene, die sehr tief verborgen sind – ziehen solche Energien an. Der grüne Turmalin fungiert dabei als der irdische Empfänger für maskuline Energie. Diese Energie fließt zu dem Kristall und füllt die Aura der Erde mit einem bestimmten Strudel maskuliner Energie. Der Rubellit zieht die feminine Energie an, deren Wirbel im irdischen Aura-Feld jedoch anders ist.

Ich denke, du solltest wissen, dass es in der Vergangenheit viel mehr leuchtend smaragd-grüne Turmaline auf der Erde gab als heute. Diese Varietät ist die stärkste und birgt deshalb die größte Menge reinster maskuliner Energie. Die dunkelgrünen Kristalle, wie man sie heute reichlich findet, sind nicht so stark, weil weniger Licht durch sie fließen kann und ihre Farbe nicht so rein und hell ist wie das Grün des Regenbogens.

Wenn ein Geschlecht das andere dominiert, haben beide aus dieser Situation etwas zu lernen. Es sind wichtige Lektionen, die die Seele auf beiden Seiten dieses Spannungsfeldes zu erwerben hat. Nun ist in den vergangenen Jahrzehnten etwas sehr Merkwürdiges eingetreten: beide Geschlechter fordern Gleichheit. Man könnte meinen, dass nur das weibliche Geschlecht die Gleichheit fordere, aber dies ist nicht so.

Das beherrschende Geschlecht dominiert oft nur, um seine Schwächen zu verbergen. Es will nicht, dass sie offenkundig werden. Es will seine Verletzlichkeit verstecken und gibt deshalb vor, stark zu sein. Dieser Impuls ist für Männer ganz natürlich, weil sie rein körperlich natürlich wesentlich kräftiger sind als Frauen. Diese physische Stärke ist durch die Schwingungsrate ihrer Moleküle bedingt.

Aus diesem Grunde streben auch Männer nach Gleichheit, ob es ihnen bewusst ist oder nicht.

Das Geheimnis aber liegt darin, dass die von beiden Geschlechtern geforderte Gleichheit nicht die Gleichheit unter den Millionen von Frauen und Männern auf diesem Planeten ist; sie ist es nur dem äußeren Anschein nach. In Wirklichkeit geht es nicht um einen ›Kampf der Geschlechter‹: Es ist der Krieg zwischen dem femininen und dem maskulinen Aspekt in jedem Einzelnen.

Ob du einen weiblichen oder einen männlichen Körper bewohnst, sind doch maskuline wie feminine Energien in dir. Nur ist der eine Energie-Typ stärker vertreten, was mit dem Geschlecht deines physischen Körpers zusammenhängt. Der eigentliche Konflikt spielt sich zwischen diesen beiden Energie-Typen in deinem Inneren ab.

Wie ich sagte, haben in diesem Jahrhundert beide Geschlechter angefangen, Gleichheit zu begehren. Es gibt vermutlich viele Gründe, warum dieses höchst ungewöhnliche Verhalten plötzlich aufkam. Vielleicht wirst du nicht glauben, dass es irgendetwas damit zu tun hat: Bedenke aber, dass die Menge grünen Turmalins auf dem Planeten Erde einen direkten Einfluss auf das Gleichgewicht von maskulinen und femininen Energien ausübt, indem sie die Menge maskuliner Kraft beeinflusst, die dort existiert.

Im Laufe der vergangenen siebenhundert Jahre wurden die grünen Turmaline höchster Qualität von Bewohnern anderer Planeten mitgenommen. Diese Turmaline waren von reinstem, hellem Smaragdgrün und deshalb die stärksten Exemplare ihrer Art.

Diese Situation ist vergleichbar der eines Landwirts, der die genauen Grenzen seines Besitzes nicht kennt. Angenommen, du selbst bist Farmer und hast fünfzig Quadratkilometer Land. Wenn es nicht von einem Zaun umgeben ist, kannst du selbst vermutlich nicht exakt angeben, wo dein Besitz aufhört und der des Nachbarn anfängt.

Nehmen wir weiter an, dass einst Kristalle auf deinem Land wuchsen, von deren Wert du nichts verstandest. Dein Nachbar dagegen wusste, dass sie sehr kostbar waren. Wenn der Nachbar nun gekommen wäre, um die

Kristalle von deinem Grund aufzuheben und mitzunehmen, hättest du ihn wohl kaum des Diebstahls bezichtigt. Denn einerseits kanntest du die genauen Grenzen deines Landes nicht, konntest also nicht sicher sein, ob die Kristalle wirklich auf deinem Boden gewachsen waren; andererseits hast du nicht angenommen, dass die Kristalle irgendeinen Wert darstellten.

Eines Tages bestellst du einen Landvermesser, um deinen Besitz genau ermitteln und seine Grenzen markieren zu lassen. Jetzt erfährst du erst genau, wo sie liegen, und du nennst alles Land innerhalb der Grenzen dein Eigen. Darüber hinaus erklärst du, dass alle Erträge dieses Landes dein Eigentum sind, eine Ernte, die dir Gewinn bringt und deinen Besitz vermehrt.

Wenn nun der Nachbar die Grenze überschreitet und Kristalle fortnimmt, die auf deinem Grund und Boden gewachsen sind, wirst du es vermutlich als Diebstahl bezeichnen. Denn er nimmt ohne Erlaubnis etwas, das zu dem Land gehört, das du als deinen Besitz ausweist.

Es ist an der Zeit, dass die Menschen auf der Erde das gleiche tun. Es ist an der Zeit, dass ihr euren Planeten als euer Eigentum erklärt. Ihr müsst dies tun, damit seine Ressourcen nicht weiter von Außerirdischen geplündert werden.

Nun, ich bin weder für noch gegen diese Art, den Planeten auszubeuten. Doch es ist meine Pflicht, dem Mann (und damit, indirekt, der Frau) zu dienen, wie es in meiner Macht steht. Deshalb sage ich dir, dass es an der Zeit ist, dass ihr die Erde als euren eigenen Planeten erkennt und erklärt. Wenn ihr sie als euer Eigentum annehmt, werden Besucher von anderen Planeten, die mit ehrenwerten Absichten kommen, euch nicht bewusst bestehlen.

Die Situation ist wieder mit der des hypothetischen Farmers zu vergleichen: Du besitzt das Land, in dem die Kristalle wachsen. Dein Nachbar hatte nicht die Absicht, dir etwas zu stehlen. Da du dir selbst über die Grenzen deines Besitzes nicht im Klaren warst, könnte man sogar sagen, dass dein Nachbar zwar die Kristalle fortnahm, sie aber nicht stahl. Dies war aber nur deshalb der Fall, weil du nicht bewusst die Grenzen deines Besitzes angegeben hattest.

Ihr Erdenmenschen braucht eure Bodenschätze. Ihr denkt vielleicht, ihr hättet die Erde geplündert. Doch was ihr von ihr nahmt, ist vielleicht nur zehn Prozent dessen, was Besucher von anderen Planeten mitgenommen haben.

Um diese Plünderung durch Fremde zu stoppen, müssen genügend Erden-Menschen ihren Planeten wissentlich in Besitz nehmen. Dazu müsst ihr bewusst erklären: »Dies ist mein Planet, meine Heimat und mein Land.« Ihr dürft dies nicht nur auf euer Grundstück oder den Garten hinterm Haus beschränken, sondern den ganzen Planeten einbeziehen. Wenn genügend Menschen sich diese Haltung zu eigen machen, wird die Erde dann vor Wesen ehrenwerter Absicht geschützt. Wenn diese Außerirdischen dann immer noch haben wollen, was der Erde gehört, muss man den Verhandlungsweg beschreiten.

Wie dir das hilft, meine Aufgabe zu verstehen? Nun, auf indirekte Weise. Ich gebe den Männern Motivation, Mut, Tapferkeit und Selbstvertrauen. Ich gebe ihnen diese Eigenschaften, damit sie sicher und stark genug werden können, die Entwicklung anderer Gefühle und Empfindungen zuzulassen und diese auch auszudrücken.

Diese Eigenschaften helfen ihnen auch, ihre Schwächen in Stärken zu verwandeln, und ausgeglichener zu werden. Mit anderen Worten: ihre maskulinen und femininen Aspekte erhalten die Möglichkeit, in größerer Harmonie zusammenzuwirken.

Man beginnt, sein Leben zu verändern, indem man etwa formuliert: »Dies ist mein Leben. Ich habe die Macht, die Verantwortung dafür zu übernehmen, und ich nehme die Verantwortung für mein Leben an. Aber ich brauche Hilfe. Der grüne Turmalin kann helfen, deshalb werde ich grünen Turmalin tragen. Er wird eines der Mittel sein, die ich einsetze, um die Meisterung meines Selbst zu erreichen.«

Eine vergleichbare Erklärung für den Planeten könnte folgendermaßen lauten: »Dies ist mein Planet. Ich beschließe, der Herr meines Planeten zu sein. Aber ich brauche Hilfe. Ich benötige die Hilfe eines gewissen Prozentsatzes der übrigen Menschen auf diesem Planeten. Dann können wir als das Erdenvolk zusammenarbeiten. Wir als Ganzes können in größerer Harmonie leben.«

Ich fördere das Gleichgewicht auf physischer, emotionaler, mentaler und spiritueller Ebene. Doch in der Art und Weise, wie ich dies tue, unterscheide ich mich sehr von anderen Edelsteinen mit ausgleichender Wirkung.

Ich trage zum Gleichgewicht bei, indem ich das schwächste Glied der Kette stärke. Zuerst fülle ich deine Aura und sammle Informationen über alle deine Aspekte. Dann stelle ich fest, welches der schwächste Bereich in deinem physischen Körper ist, und richte meine Energie auf ihn. Danach wende ich mich dem schwächsten Aspekt deines Emotionalkörpers und schließlich dem des Mentalkörpers zu.

Wenn du den Turmalin mindestens einen Tag lang trägst, fühlst du dich körperlich vielleicht schon gestärkt. Dies kann dich zu der Annahme verleiten, dass der Turmalin nur auf physisch-körperlicher Ebene wirke. Tatsächlich aber wirkt er zunächst auf der körperlichen Ebene; erst wenn diese ausgeglichener ist, richte ich meine Aufmerksamkeit auf die Emotionen. Wenn du den Turmalin also weiter trägst, wirst du feststellen, dass du auch im emotionalen und schließlich im mentalen Aspekt stärker wirst. Der Turmalin arbeitet stufenweise. Zuerst wird der physische Körper auf ›Stufe Eins‹ gebracht. Dann hebe ich die Emotionen auf Stufe Eins, und schließlich das Denken. Wenn dies erreicht ist, wendet sich der Turmalin wieder dem physischen Körper zu und bringt ihn auf ›Stufe Zwei‹. Darauf folgen Emotional- und Mentalkörper, und so weiter.

Die erste Verschiebung von ›Null‹ nach ›Stufe Eins‹ im physischen Körper erfordert wahrscheinlich die meiste Zeit, weil die grobstoffliche Materie sich am langsamsten verändert. Deshalb gilt die Aktivität des grünen Turmalins hauptsächlich dem physischen Körper.

Bevor das schwächste Glied gestärkt werden kann, muss es identifiziert werden. Es bedarf einigen Mutes, um die eigenen Schwächen zu erkennen und sich ihnen zu stellen. Wenn ein Mann den grünen Turmalin zum ersten Mal anlegt, vermittle ich ihm zunächst ein Gefühl der Stärke, des Mutes und des Selbstvertrauens. Dies geschieht, sowie der Turmalin die Aura des Mannes berührt.

Sobald der Turmalin mit einer weiblichen Aura in Kontakt kommt, zieht er seine Energie zurück. Der weibliche Körper erkennt ebenfalls, dass der Stein nicht mit ihm harmoniert, und er baut einen Widerstand auf, der mit einer schützenden Aura vergleichbar ist. Im Grunde schützt sich der Körper hier vor einem Eindringling: einer für ihn disharmonischen Schwingung. Der Schutzschild, den eine Frau spürt, wenn sie grünen Turmalin trägt, hat also zwei Ursachen: zum einen im Turmalin selbst, der die Frau vor seiner Energie zu schützen versucht, und in ihren eigenen Abwehrmechanismen.

Wenn Menschen Disharmonie erleben und auf ihre Abwehrmechanismen zurückgreifen müssen, stehen sie vor der Wahl: ›Kampf oder Flucht‹. Der Schutzschild, den eine Frau aufrichtet, wenn sie grünen Turmalin trägt, ist die Kampf-Reaktion. Sie ist nur für eine kurze Zeitspanne gedacht. Wenn eine Frau den grünen Turmalin jedoch ständig trägt, sind ihre Kampf- und Abwehrmechanismen zu dauernder Aktivität gezwungen und erschöpfen sich rasch. Wenn sie einmal verbraucht sind, kommt es zu Störungen des Gleichgewichts. Frauen, die nicht genug Selbstdisziplin besaßen, auf ihren Körper zu lauschen, und stattdessen weiterhin grünen Turmalin tragen, werden solche Störungen des Gleichgewichts erleiden.

Als Turmalin gebe ich dir das Wissen um ein machtvolles Werkzeug. Macht ist ein zweischneidiges Schwert; du hast die Wahl, sie zu großem Vorteil zu gebrauchen oder zu großem Nachteil zu missbrauchen. Dir sind die Freiheit und die Verantwortung gegeben, die Wahl zu treffen.

Zum Schneiden und Facettenschleifen nimmt man in den meisten Fällen grünen Turmalin höchster Qualität. Deshalb sind bereits verhältnismäßig kleine Exemplare schon recht teuer. Doch in der Regel besitzen solche kleinen Mengen nicht genug Masse, um die geschilderten Heilwirkungen hervorzubringen.

Bei Männern trifft es nicht zu, dass der Turmalin umso besser wirkt, je mehr sie von ihm tragen. Bei Frauen, würde ich sagen, ist es jedoch besser, eine große Menge zu tragen. Dann begreifen sie schneller, dass der Turmalin mit ihnen nicht harmoniert, und sie legen den Schmuck rascher wieder ab.

Eine Frau braucht sich übrigens keine Sorgen zu machen, Störungen zu erleiden, wenn sie einen in Facetten geschliffenen Turmalin trägt, etwa in einem Ring. Turmaline, die in einen Ring montiert werden können, sind naturgemäß sehr klein und deshalb nicht stark genug, um negative Wirkungen auszuüben.

Grüne Turmalin-Kristalle, die die Erde berühren, ziehen maskuline Energie aus dem Universum an, die in einem Wirbel oder Strudel in die Steine hereinströmt. Wenn du grüne Turmalin-Kristalle in die Erde von Topfpflanzen steckst, haben sie die gleiche Wirkung – solange es sich um echte Blumenerde handelt und nicht um eine synthetische Mischung. Es wäre allerdings unklug, nur einen grünen Turmalin in Blumenerde zu plazieren, ohne auch einen rosafarbenen Turmalin-Kristall zu verwenden, vielleicht in einem Blumentopf in der Nähe. Auf diese Weise sammeln sich sowohl maskuline als auch feminine Energien in der Atmosphäre deines Haushalts. Turmalin-Kristalle, die keine Verbindung mit der Erde oder dem Erdboden aufweisen, besitzen nicht diese Wirkung.

Es bleibt zu hoffen, dass die Menschen einmal die Vorzüge des grünen Turmalins in runder Form erkennen und dann nicht mehr das Bedürfnis spüren, ihn in Kristallform zu tragen. Doch sie können immer noch von den

Vorzügen der Turmalin-Kristalle profitieren, indem sie diese in die Erde stecken und in den Genuss der Energien kommen, die die Kristalle anziehen. Auch ihren Zimmerpflanzen wird es gut tun.

Wenn Männer Turmalin-Kristalle tragen, werden sie eine gewisse Energie spüren. Doch diese Energie wird etwas Undefinierbares sein. Wer Turmalin-Kristalle trägt, erlebt vielleicht einige Restwirkungen meiner Fähigkeit, maskuline Energie anzuziehen. Doch wenn Männer den Kristall tragen, kann ich ihre Aura nicht erreichen und ihre inneren Aspekte nicht beeinflussen.

Turmalin-Kristalle bilden von Natur aus lange, dünne Säulen unterschiedlicher Dicke und können als Instrumente für gewaltlose operative Zwecke Verwendung finden. Bei solchen Prozeduren werden die Kristalle als hochwirksame Lichtleiter eingesetzt. Diese chirurgischen Methoden liegen vermutlich noch weit jenseits des derzeitigen Standes eurer Technik. Doch um deine Neugierde zu befriedigen, möchte ich dir einige Informationen über solche Verwendungsmöglichkeiten geben.

Nun, einen Turmalin-Kristall lediglich über einen disharmonischen Bereich zu halten, wäre bei solchen Anwendungen nicht effektiv. Es wäre, als hielte man das Fläschchen Medizin über einen kranken Körperteil, anstatt den Inhalt des Gefäßes einzunehmen.

Die beste Methode, um die Energie von Turmalin-Kristallen in bestimmte Körperbereiche zu bringen, besteht darin, dass man eine Kraftquelle an das eine Ende des Kristalls anschließt. Dann kann der Chirurg die Operation über der Haut ausführen, ohne dem Patienten die Verletzungen zuzufügen, die beim Gebrauch eines Skalpells unvermeidlich sind.

Jene, die den Turmalin für die gewaltlose Chirurgie verwenden, denken ganz anders über die Gesundheit als die meisten Mediziner auf der Erde. Die meisten irdischen Ärzte heutiger Zeit folgen der Vorstellung, dass man entfernen sollte, was im Körper krank ist oder fehlerhaft arbeitet.

Jene, die mithilfe des Turmalin-Lasers operieren, dringen nur selten in den Körper ein, weil sie davon ausgehen, dass dieser sich selbst zu heilen vermag. Sie wissen, dass es manchmal nur eines Impulses bedarf und einer gewissen Belebung. Der Turmalin kann dies übernehmen. Er schenkt dem Körper, was dieser braucht, um für sich selbst zu sorgen. Ich gebe den Zellen die Kraft und die Stärke, die sie benötigen, um zur Harmonie zurückzufinden.

Ich wiederhole also: Ich glaube nicht, dass diese Technik heute bereits zur Verfügung steht. Doch ihr habt die Fähigkeit, den Turmalin nach dem gleichen Prinzip einzusetzen. Die Sonne kann dabei als Energiequelle dienen.

Behandlungen mit grünem Turmalin

Willst du den grünen Turmalin für bestimmte Stellen körperlicher Disharmonie gebrauchen, so lege eine Kette runder Steine über das betreffende Gebiet und lasse die Sonne direkt auf den Turmalin scheinen. Diese Methode ist besonders wirkungsvoll bei Organen, da es gewöhnlich disharmonische Organ-Funktionen sind, die die körperliche Leistungskraft mehr als alles andere beeinträchtigen.

Es ist nicht notwendig, zusätzlich zu dieser Behandlung noch Turmalin um den Hals zu tragen, doch wäre eine Halskette dunkelgrünen Aventurins überaus wirksam. Dann würde das jeweilige Organ von zwei Richtungen zugleich behandelt: aus dem Körperinneren vom Aventurin und direkt durch die Haut vom Turmalin.

Der Turmalin wird mit Macht alle disharmonischen Moleküle verwandeln.

»Bei welchen spezifischen Arten von Disharmonie wirkst du am stärksten?«, fragte Michael.

Disharmonie ist Disharmonie, ganz gleich, welchen Namen du ihr sonst noch gibst. Ich kann besonders gut Einfluss nehmen, wenn die Krankheit irgendwo einen Schwerpunkt hat. Man kann mich direkt über diesen Bereich plazieren. Andernfalls möge man mich um den Hals tragen.

Wenn der Turmalin über eine disharmonische Stelle gelegt wird, wechselt eine Schicht disharmonischer Moleküle nach der anderen die Richtung, in der der Wirbel ihrer Schwingung rotiert. Der Wirbel disharmonischer Schwingung rotiert spiralig in einer bestimmten Richtung. Wenn die Richtung dieser Wirbel umgekehrt wird, rotiert die Schwingung in entgegengesetzter Richtung und wird harmonisch.

Ich behaupte damit nicht, dass die Moleküle gesund werden. Ich sage nur, dass sie für den Körper nicht länger disharmonisch sind. Damit die Moleküle gesund werden, müsste der betreffende Mensch seine Gewohnheitsmuster ändern. Er hätte zu lernen, wie er seinen Zellen die Nahrung zuführen könnte, an der es ihnen vermutlich mangelt.

Der Aventurin trägt auch dazu bei, die Harmonie der

Zellen aufrechtzuerhalten, nachdem der Turmalin die Rotationsrichtung ihrer Energiewirbel umgekehrt hat. Denn wenn der Turmalin abgenommen wurde, kann es leicht geschehen, dass ein Wirbel, der in positive Richtung geschaltet wurde, wieder zur negativen, disharmonischen Richtung zurückwechselt. Der Aventurin verhindert diese Rückkehr zur Disharmonie.

Man trägt den Aventurin also zur gleichen Zeit, während man den Turmalin auf die disharmonische Stelle legt. Die Aventurin-Schwingung dringt in das betreffende Organ ein und unterstützt die Zellen, bei denen die Rotationsrichtung des Energiewirbels gerade umgekehrt wurde. Dieses Vorgehen ist nützlich und sinnvoll, denn sobald eine Zelle von Disharmonie auf Harmonie umgeschaltet worden ist, richtet der Turmalin seine Aufmerksamkeit auf die nächste Zelle. Er beschäftigt sich nicht weiter mit der einzelnen Zelle.

Den Aventurin trägt man zur unterstützenden Behandlung, während zu hoffen ist, dass man nun selbst beginnt, sich die notwendige Unterstützung zuzuführen. Vielleicht ist eine Umstellung der Ernährung notwendig. Eventuell fehlen den erkrankten Zellen Stoffe, die für ihre Gesundheit wichtig sind. Die gesteigerte Gesundheit der Zellen wird die harmonische Rotationsrichtung des Energiewirbels kräftigen und ermöglichen, dass sie aufrechterhalten wird, ohne dass die Wirkung des Turmalins dazu notwendig ist. Zu diesem Zweck sollte man zwischen den Behandlungen mit Turmalin weiterhin Aventurin tragen.

Wenn genügend disharmonische Zellen im physischen Körper zur Harmonie zurückgebracht wurden, richtet der Turmalin seine Aufmerksamkeit auf den Emotionalkörper, da Krankheit sich immer auch dort widerspiegelt. Im Emotionalkörper wirkt der Stein auf ähnliche Weise wie im grobstofflichen Leib. Es ist zwar am besten, den Turmalin über ein krankes bzw. disharmonisches Körperorgan zu legen, doch wenn der Turmalin im Emotionalkörper wirken soll, genügt es, ihn um den Hals zu tragen.

Wenn im Emotionalkörper ein gewisser Grad Harmonie erreicht ist, richtet der Turmalin seine Aufmerksamkeit auf die nächste Ebene: den Mentalkörper. Bevor wir diesen Prozess weiter beschreiben, möchte ich noch etwas über die Zusammenarbeit von grünem Turmalin und Aventurin sagen: Beide Edelsteine haben eine sehr starke Heilwirkung im Physisch-Körperlichen. Doch sie sind zwei unterschiedliche Werkzeuge mit verschiedenen Tätigkeiten.

Der körperliche Zustand mancher Menschen verlangt Kraft und massiven Einsatz zur Heilung; andere benötigen eher subtile Maßnahmen. Der grüne Turmalin arbeitet mit Kraft und massivem Einsatz. Verglichen mit der Macht des Turmalins, wirkt der Aventurin eher sanft.

Doch zuviel Heilungskraft und Heftigkeit kann manche Menschen gleichsam explodieren lassen, besonders wenn sie bereits sehr angespannt und überlastet sind. Wer in den meisten Aspekten seines physischen Körpers sehr angespannt oder verspannt ist, wird gut daran tun, vor dem Einsatz von Turmalin den Aventurin zu tragen. Er hilft den Zellen, sich zu öffnen.

Man kann sehr angespannt und schwach zugleich sein. Wer auf diese Weise geschwächt ist, kann eine kurze Schnur mit Turmalinen tragen, eine längere Reihe Bergkristalle und eine noch längere Kette Aventurin.

»Würde es dabei nicht zu einem Konflikt zwischen der kraftvollen Heftigkeit des Turmalins und der sanften Behutsamkeit des Aventurins kommen?«

Nein. Die beiden Kräfte werden durch die Anwesenheit des Bergkristalls ausgeglichen. Bei dieser Edelstein-Kombination bewirkt der Aventurin die Veränderungen im Sinne einer physischen Heilung, und der Turmalin gibt Kraft. Wenn kein Bergkristall hinzugenommen wird, kommt es auch nicht zu Konflikten, solange man den Aventurin um den Hals trägt und den Turmalin über den disharmonischen Körperbereich legt, also nicht beide Steine als Halskette trägt.

Nun zu den Wirkungen der beiden Arten gerundeter Turmalin-Steine: Die Form kleiner, abgerundeter Splitter-Steinchen ist stärker als die Turmalin-Kugeln, wenn man sie über ein disharmonisches Organ legt. Die vollendet geschliffenen Kugeln wirken ausgeglichener, sanfter; die kleinen Steinchen dagegen eindringlicher, schärfer. Beide ›bearbeiten‹ eine Zellschicht nach der anderen, aber die unregelmäßigen Steinchen wirken tiefer in den Körper hinein.

Der Turmalin in Kugelform wechselt nicht so rasch von einer Zelle zur nächsten über. Die Kugeln halten die Turmalin-Energie länger auf eine Zelle konzentriert, nachdem deren Energiewirbel bereits auf eine harmonische Rotationsrichtung umgeschaltet wurde. Durch dieses längere Verweilen bekommt die Zelle noch etwas von der Kraft des Edelsteines vermittelt, die auch die Umschaltung festigt und dazu beiträgt, dass die Energie sich auch weiterhin harmonisch verhält.

Die von den unregelmäßigen Turmalin-Steinchen herbeigeführten Veränderungen treten schneller ein als unter dem Einfluss der Kugelform. Die unregelmäßige Form zwingt die Energie des Turmalins, sofort nach der Rotationsrichtungs-Umschaltung zur nächsten Zelle weiterzugehen. Deshalb ist es besonders ratsam, Aventurin zu tragen, wenn man den Turmalin in seiner unregelmäßigen Form lokal anwendet.

Die ›Packungs-Therapie‹, die ich schilderte, lässt sich überall am Körper einsetzen. Die besten Ergebnisse kannst du erzielen, wenn du den Turmalin ständig innerhalb des Aura-Feldes behältst, besonders wenn du sehr krank bist. Wenn es nicht möglich ist, die Turmalin-Packung ständig über der disharmonischen Körperregion mithilfe eines Verbandes oder mit Pflastern zu fixieren, so trage ihn wenigstens als Kette um den Hals.

Männer sollten nicht mehr als eine Turmalin-Kette tragen, und selbst eine einzige Kette wird rund um die Uhr nicht angenehm zu tragen sein. Man wird sie also nur einen halben Tag oder während der Nacht anlegen. Für manche Personen wird selbst dies zu viel sein.

Wer das Gefühl hat, der Turmalin sei zu stark für ihn, oder wer unter seinem Einfluss Kopfschmerzen bekommt, sollte die Steine ablegen, sowie sie ihm unangenehm werden. Am nächsten Tag kann er sie wieder von neuem tragen.

»Kann auch eine Frau von den Wirkungen des über einer disharmonischen Körperregion plazierten Turmalins profitieren?«

Auch die Energiewirbel der Körperzellen einer Frau werden in ihrer Rotationsrichtung umgeschaltet. Doch sollte sie den Turmalin nicht länger als eine Stunde pro Tag anwenden. Während dieser Zeit werden die Abwehrmechanismen mit voller Kraft arbeiten. Bei der Überlegung, ob eine Behandlung mit grünem Turmalin sinnvoll wäre, sollte eine Frau also abwägen zwischen der Notwendigkeit einer Behandlung und der Beeinträchtigung ihrer Energiereserven. Zu therapeutischen Zwecken wäre der Einsatz des Rubellits in Betracht zu ziehen.

»Sollte der Turmalin nach der therapeutischen Anwendung gereinigt werden?«, fragte Michael.

Der Turmalin sollte auf jeden Fall gereinigt werden, wenn er bei einer anderen Person zum Einsatz kommen soll. Sonnenlicht ist hier das beste Mittel. Wenn die Sonne sehr intensiv scheint, genügen vermutlich fünfzehn bis dreißig Minuten direkter Einwirkung.

Der Sonnenschein wirkt Wunder für einen Turmalin, und er wirkt sehr rasch. Wenn du Turmaline in die Sonne legst, erhalten sie zusätzliche Energie. Liegen die Steine vor einer therapeutischen Anwendung – etwa der »Packungs-Methode« – in der Sonne, wirkt der Turmalin stärker und besser.

Manche Frauen werden unbedingt nach grünem Turmalin verlangen, weil bei ihnen bestimmte Störungen des Gleichgewichts zwischen maskulinen und femininen Energien vorliegen. Wenn sie den grünen Turmalin jeweils nur kurze Zeit tragen, vermag er ihnen zu helfen.

Ungeachtet der Schrecken des grünen Turmalins, über die sie etwas erfährt, sollte eine Frau, die nach diesem Stein verlangt, ihrer inneren Stimme lauschen und den Stein verwenden. Doch sie sollte auch weiterhin auf ihre innere Stimme achten. Wenn diese ihr sagt, dass es nun genug sei, sollte sie den grünen Turmalin wieder ablegen. Ignoriert sie diese Aufforderung von innen und trägt den

Edelstein weiter, werden ihre Stärke und Ausgeglichenheit darunter leiden.

Wenn sie die Behandlung oder Anwendung mit grünem Turmalin beendet, sollte sie die Steine einem Mann geben, mit dem sie zusammenlebt. Wenn er den grünen Turmalin trägt und dessen Schwingung seine Aura erfüllt, wird sie auch einen Einfluss auf die Aura der Frau haben. Sie wird auf indirekte Weise die Veränderungen weitertragen und festigen, die sie bei der direkten Behandlung eingeleitet hatte.

Viele Disharmonien entstehen aufgrund der Probleme, die die Menschen in ihrer Partnerbeziehung haben. Solche Probleme können vielfältige Ursachen haben, zum Beispiel Alkohol, die Kinder, die Finanzen, eine andere Frau oder ein anderer Mann.

Was auch immer die Ursache sei, ist die beste Therapie für eine kranke Beziehung, dass der Mann grünen Turmalin und die Frau rosafarbenen Turmalin trägt. Wenn der Mann grünen Turmalin trägt, wird dessen Schwingung die Atmosphäre im Haus erfüllen. Also wirkt sie auch auf die Aura der Frau ein und stärkt deren maskulinen Aspekt. Da sie selbst nicht den grünen Turmalin trägt, profitiert sie von dessen indirektem Einfluss, der keine Disharmonie bei ihr hervorruft.

Wenn die Frau Rubellit trägt, unterstützt dieser ihren femininen Aspekt. Sie wird unter diesem Einfluss lernen, wie sie mit dem maskulinen Aspekt in sich selbst umgehen und das Gleichgewicht mit dem weiblichen Teil aufrechterhalten kann.

Darüber hinaus wird die Schwingung des Rubellits auch die Aura ihres Partners berühren und beeinflussen. Der Rubellit ist ein starker Beschützer. Wenn seine

Schwingung in das Aura-Feld gelangt, verwandelt sie es in einen Schutzschild. Wenn der Mann diesen natürlichen Schutz spürt, wird er sich – bewusst oder unbewusst – sicher genug fühlen, seine weiblichen und männlichen Wesensaspekte ins Gleichgewicht zu bringen.

Der Rubellit öffnet Kommunikationswege zwischen dem Maskulinen und dem Femininen und trägt somit zur Balance bei. Wenn Mann und Frau die jeweilige Turmalin-Varietät tragen, wird jeder auch von der Schwingung des Partner-Turmalins beeinflusst. Dies führt zu einer Öffnung der Kommunikationswege zwischen Mann und Frau und zu einer Zunahme des Gleichgewichts zwischen den maskulinen und femininen Energien, die in beiden Partnern existieren.

Wenn Mann und Frau also Probleme in ihrer Beziehung erleben und sie lösen wollen, sollten sie versuchen, grünen und rosafarbenen Turmalin zu tragen.

Wenn sie sich jedoch trennen und ihre Beziehung beenden wollen, sollte die Frau grünen Turmalin tragen, der Mann den Rubellit. Ich garantiere dafür, dass die Partnerschaft unter diesen Einflüssen binnen einiger Wochen vorüber ist. Mann und Frau werden nicht mehr fähig sein, miteinander zu leben.

»Kannst du uns etwas über die in der Natur vorkommende Kombination grünen und rosafarbenen Turmalins sagen, die man Wassermelonen-Turmalin nennt?«

Das ist eine komplexe Situation, und ich will sie im Augenblick nur in einfachen Begriffen erläutern.

Wenn die Umgebung, in der die Kristalle entstanden, eine maskuline Dominanz unterstützte, wuchs grüner Turmalin um den rosafarbenen Turmalin herum; so kam es zu dem sogenannten Wassermelonen-Turmalin.

(Unter ›Umgebung‹ verstehe ich die chemische Situation von Luft und Gestein, in der die Kristalle wuchsen.)

Wenn die Umgebung andererseits eine feminine Dominanz förderte, wuchs rosafarbener um den grünen Turmalin. Natürlich gibt es auch Situationen, die eine Harmonie zwischen beiden Energien ermöglichen. Dort entstehen roter und grüner Turmalin nebeneinander.

»Wie wirksam sind Edelstein-Elixiere?«, fragte Michael.

Ich kann dir versichern, dass die Kräfte und Wirkungen der Elixiere, die zur Zeit mit grünem Turmalin hergestellt werden, im Vergleich mit Macht und Einfluss des Edelsteines, den man direkt trägt oder anwendet, praktisch nicht existieren.

Der grüne Turmalin morgen

Ich gab euch diese Information über die Eigenschaften des grünen Turmalins unter anderem, um zu sehen, wie die Erden-Menschen auf solches Wissen reagieren. Zeigen sie Selbstdisziplin? Werden sie die Verantwortung übernehmen, mit diesem machtvollen Werkzeug richtig umzugehen? Oder werden sie mein Geschenk einfach ignorieren und nichts damit anfangen?

Jeder Mann – selbst der Gesündeste auf Erden kann davon profitieren, wenn er grünen Turmalin trägt, denn so etwas wie vollkommene Gesundheit gibt es nicht. Immer ist irgendwo etwas aus dem Lot, gibt es auf irgendeiner Ebene eine Schwäche. Was die Gesundheit angeht, so ist sie immer verbesserungsfähig.

Doch wenn die Menschen einmal einigermaßen gesund sind, werden sie ihre Aufmerksamkeit nicht mehr auf die physischen Probleme und Beschwerden richten müssen, sondern sie einem tieferen Verständnis und Gewahrsein ihrer selbst widmen. Dieser Weg wird schließlich zur Selbst-Meisterung führen.

Bevor man zum spirituellen Meister wird, ein Meister des Geistes, muss man seinen physischen Körper meistern, seine Emotionen, seine Erinnerungen, sein Denken und sein Unterbewusstsein. Ich helfe den Menschen, ihren physischen Körper und ihre inneren Aspekte zu meistern. Haltet euch an die spirituellen Meister, um etwas über die spirituelle Meisterschaft zu lernen.

Wenn ihr dem Weg folgt, auf dem ich hierher gekommen bin, und dann an dem Punkt vorbeigeht, an dem ich mich aus dem Wasserfall heraus manifestierte, gelangt ihr zur anderen Seite des Berges und erreicht einen Wasserfall aus Rosa und Gold. Dort werdet ihr die Edelstein-Meisterin Rubellit antreffen. Rubellit ist ein anderer Name für den rosafarbenen Turmalin.

Ich werde euch dorthin führen. Doch habt ihr vorher noch irgendwelche Fragen?

»Ich wüsste gerne, ob du selbst vielleicht noch etwas mitteilen möchtest«, erwiderte Michael.

Es gibt noch sehr viel über den Turmalin zu sagen. Die Behandlungsmethoden, die ich schilderte, sind wichtig und können auf vielfältige Weise eingesetzt werden. Es gibt noch andere Therapiearten, die sich auf die Kraft des Turmalins stützen, aber darüber werde ich das nächste Mal sprechen.

»Wir danken dir«, sagten Michael und die anderen fast einstimmig.

Seid gesegnet.

So schwierig es gewesen war, in der Aura Turmalins zu bleiben, so schwer fiel es mir, sie zu verlassen. Selbst nachdem ich mich schließlich aus seinem Kraftfeld herausgewunden hatte, spürte ich noch seine mächtige Wirkung. Ich hatte das Empfinden, sie würde mich noch viele Stunden begleiten.

Ohne ein weiteres Wort zu sagen, ging der Hüter den Fußweg voraus. Wir wussten: Er erwartete, dass wir ihm folgten. Ich ließ den anderen den Vortritt, um möglichst großen Abstand von dem Hüter zu bekommen. Als die anderen durch das dichte Grün des Dschungels kaum noch zu sehen waren, setzte ich mich in Bewegung. Der Meister im kastanienbraunen Kleid folgte mir.

Ich wollte mich nicht beeilen, denn ich wusste, dass sie nicht beginnen würden, bevor ich am Ziel angelangt wäre. Mit allen Sinnen öffnete ich mich der milden, intensiv duftenden tropischen Schönheit, die mich von allen Seiten umgab.

Kapitel 16
Rubellit

Die Szenerie um den zweiten Wasserfall war fast ein Ebenbild der Umgebung, die wir gerade hinter uns gelassen hatten: der geheimnisvolle Teich, die üppige grüne Belaubung und die kleine Lichtung. Der einzige Unterschied, den ich ausmachen konnte, war die Farbe des kristallenen Wasserfalls und des Nebels, der von dem Teich in der Tiefe emporstieg. Er war rosafarben, und der mächtige Kristall selbst zeigte eine Kombination heller und dunklerer Rosatöne, die von reinem goldenen Licht durchzogen waren.

Der Hüter des grünen Turmalins hatte mit den anderen Zuhörern gewartet, bis ich nachkam. Mit einem schlichten Nicken stellte er die Hüterin des Rubellits vor. Diese erwiderte seinen kurzen Gruß, dann schritt der Hüter des Turmalins auf dem Pfad wieder zurück, den wir hierher gekommen waren.

Rubellit war in Stoffe reinsten Rosas gekleidet, die sie einhüllten, als wollten sie ein kleines Abbild des mächtigen Wasserfalls hinter ihr zeigen. Die Hüterin war gut 1,80 Meter groß und schien auf die Vierzig zuzugehen. Ihre Haut war von der Sonne gebräunt, die Augen leuchteten in einem warmen Goldton, und das braune Haar fiel ihr auf die Schultern.

Sie lächelte und streckte mir die Hand entgegen. Als ich sie ergriff, war mir klar, dass ich augenblicklich in ihre Aura gleiten würde, und das Gespräch könnte beginnen.

Seid alle gegrüßt. Ihr könnt mich Rubellit nennen. Rubellit ist der Name des rosa Turmalins feinster Qualität – des Edelsteines, für den ich verantwortlich bin.

»Der Hüter des grünen Turmalins sprach von dir als der ›Edelstein-Meisterin‹ Rubellit. Ist deine Aufgabe verschieden von der der anderen Hüter der Edelsteine?«, fragte Michael.

Ich werde über die Edelstein-Meister sprechen, weil ich große Achtung vor ihnen empfinde. Doch dies vermag ich nur, weil ich in diese Gemeinschaft der Meister noch nicht ganz eingeweiht wurde.

Du hast schon einige Hüter der Edelsteine kennengelernt. Du hast gehört, dass sie nicht alle von dem gleichen Ort stammen und das gleiche Alter haben. Du hast ferner entdeckt, dass nicht alle Hüter ihre ganze Zeit den Edelsteinen widmen, für die sie verantwortlich sind. Manche Hüter – du kennst noch keinen von ihnen – sind sogar für mehr als einen Stein zuständig.

Was wir Hüter der Edelsteine in unserer Freizeit tun – so wir überhaupt welche haben – ist jedem Einzelnen überlassen. Ich glaube, das ist bei euch nicht anders.

Meine persönlichen Interessen gehen über die Energien, Kräfte, Wirkungen und Eigenschaften des Edelsteines Rubellit hinaus. Obwohl ich mich vor allem mit ihm befasse, interessiere ich mich doch sehr für alle Edelsteine. Ich beschäftige mich mit ihrer Aufgabe, ihrer Wirkung auf die Bewohner der verschiedenen Planeten und der Art ihrer Einsatzmöglichkeiten.

Obwohl jedes der Gespräche, die ihr in dieser Reihe führt, ein Kapitel eures Buches bildet, gibt es über jeden Einzelnen dieser Edelsteine doch genug weitere Informationen, um damit ein ganzes Buch zu füllen. Wenn ihr euch mit einem Stein näher beschäftigt, werdet ihr entdecken, dass die Mitteilungen, die ihr hier vernehmt, im Grunde Einführungen sind, da die Hüter der Edelsteine in diesem Rahmen in allgemein gehaltener Rede sprechen.

Ich befinde mich in der Ausbildung, die zur Einweihung in die Gemeinschaft der Edelstein-Meister führt. Ich habe diese Absicht geäußert, weil sie meiner persönlichen Entwicklungsrichtung entspricht. Es ist der Weg der Zusammenarbeit mit dem Geist, den ich gewählt habe.

Die Edelstein-Meister wirken nicht auf die gleiche Weise wie die Hüter der Edelsteine. Du kannst sie die Hüter des Edelstein-Wissens nennen, da ihre Aufgabe darin besteht, alles Wissen und alle Weisheit zu sammeln, aufzuzeichnen, zu ordnen und sicher zu bewahren, die im Zusammenhang mit den Edelsteinen existieren. Dazu gehört alles Wissen aus allen Universen und Welten, in denen sich Edelsteine manifestieren.

Teil der Pflicht eines Edelstein-Meisters ist auch, diesen Informationsschatz ständig auf dem Laufenden zu halten. Während die Edelsteine wachsen, reifen und sich entwickeln, wandeln sich ihre Eigenschaften und Wirkungen. Während die Menschen ihr eigenes Wachstum im Individuellen und im Kollektiven erfahren, wandeln sich auch ihre Reaktionsweisen auf die Energien der Edelsteine.

Wenn ein Individuum beweist, dass es das Recht erworben hat, für die Information Verantwortung zu tragen, die einem Edelstein-Meister anvertraut ist, wird ihm von diesen Meistern ein gewisses Maß an Information gegeben. Es hat dabei den Anschein, als habe man diesen

Wissensumfang selbst erworben, da die Meister die Informationen nicht direkt übermitteln. Es entspräche nicht ihrer Art; die Edelstein-Meister nehmen keinen Ruhm für ihre Arbeit in Anspruch. Sie stehen über Ego und Eitelkeit. Sie wirken in vollendeter Bescheidenheit als Mitarbeiter des Geistes.

Es ist nicht Aufgabe dieser Meister, die Einstellungen und Vorstellungen, die Meinungen und das Denken der Menschen über die Edelsteine zu ändern; es ist auch nicht ihr Ziel, das menschliche Bewusstsein über diese Dinge zu erweitern. Das wird im Laufe der Zeit ohnehin geschehen. Deshalb kann man sagen, dass jeder, der angibt, Wissen oder Botschaften von einem Edelstein-Meister zu übermitteln, nicht mit einem Meister dieser Gemeinschaft Verbindung hatte.

Die Edelstein-Meister arbeiten direkt mit dem Geist. Sie wissen um das wirkliche Wesen der Edelsteine. Ich will euch sagen, was Edelsteine tatsächlich sind, aber ihr müsst euch im Klaren darüber sein, dass meine Erklärung nur oberflächlicher Natur sein wird.

Edelsteine sind Verkörperungen des Lichtes und Tones Gottes. Auch du verkörperst Licht und Ton Gottes in deinem physischen Leib. Doch ein einkarätiger Edelstein kann tausendmal mehr Licht und Ton tragen als dein ganzer physischer Körper, und zwar einfach weil die Kristallmatrix des Edelsteines mehr konzentrierte Energie bergen kann als die Zellstruktur deines physischen Körpers.

Wie es Hüter der Edelsteine gibt, die einen physischen Körper und Leben auf eurem Planeten haben, kann es auch Edelstein-Meister geben, die einen physischen Körper auf der Erde besitzen.

Wenn diese Meister arbeiten, tragen sie oft schwarze Kleidung und einen schwarzen Hut. Ihr würdet sagen, sie tragen eine Uniform. Die Farbe Schwarz erinnert sie daran, dass sie neutral sein müssen und nicht Partei für eine bestimmte Farbe oder einen bestimmten Edelstein ergreifen dürfen. Die Farben der Edelsteine sind diesen übrigens nicht wahllos zugeteilt worden. Jeder Stein weist eine bestimmte Farbe auf, weil diese Farbe seine Aufgabe unterstützt.

Da Schwarz alle Farben absorbiert, dient es den Edelstein-Meistern auch als Erinnerung an ihre Pflicht, Information aufzunehmen und zu sammeln. Die schwarze Uniform bietet eine interessante Gelegenheit für jene, die einem Edelstein-Meister begegnen. Wenn man nicht alle Vorstellungen und Vorbehalte in Bezug auf die Farbe Schwarz aufgibt, wird man nicht bereit sein zu lernen oder anzunehmen, was diese Meister anzubieten haben.

Es war eine Ehre, Edelstein-Meisterin genannt zu werden. Es war die Art des grünen Turmalins, meine Wegrichtung und mein Potential anzuerkennen und zu bestätigen.

In meiner freien Zeit, wenn meine Aufmerksamkeit nicht den Rubellit begleitet, bin ich damit beschäftigt, etwas von den Informationen zu lernen und zu lehren, die die Edelstein-Meister zusammengetragen haben. Ich helfe ihnen bei ihrer Forschung. Deshalb meinen wohl manche, ich sei bereits eine Edelstein-Meisterin. Doch, wie ich sagte, habe ich die volle Einweihung auf diese Stufe noch nicht erlangt. Betrachtet mich also als Lernende.

»Kannst du uns sagen, warum Licht und Ton in Kristallen geborgen werden?«

Edelsteine bieten einen konzentrierten ›Brennpunkt‹

für Licht und Klang in der physischen Welt und in allen anderen Welten, in denen sie sich manifestiert haben.

Gäbe es keine Edelsteine oder Kristalle, wären die Planeten nicht lebendig; und wenn die Planeten nicht am Leben wären, könnten sie kein Leben tragen. Man kann die Kristalle auch mit den Organen des menschlichen Körpers vergleichen. Wie dieser führen die Kristalle spezifische Aufgaben aus, die notwendig sind, um den Planeten am Leben zu erhalten.

Fels und Metall sind so physisch-grobstofflich und dicht, dass sich der Lebenskraft keine Möglichkeit bietet, einen Planeten zu durchdringen, der nur aus diesen Bestandteilen erschaffen ist. Zu einem lebendigen Planeten wird er nur, wenn er Kristalle und eine Seele erhält. Seine Seele erhält er in Gestalt eines Hüters für den Planeten. Erst dann sind die drei für das Leben notwendigen Elemente vereint: Licht, Ton und Seele.

Je mehr dir von diesen drei Elementen zur Verfügung steht, desto mehr Leben kannst du erfahren. Deshalb stehen die Edelsteine den Menschen zur Verfügung. Sie können ihnen die Gelegenheit bieten, eine tiefere Verbindung mit ihrer Seele und eine größere Menge Licht und Klang zu gewinnen, die Aspekte des Geistes sind.

Genau genommen, ist es nicht korrekt zu sagen, dass du eine Seele hast. Du *bist* Seele. Du als Seele besitzt Denken, Gefühle und einen physischen Körper. Zweck dieser physischen und inneren Aspekte ist es, Erfahrungen zu sammeln, Lektionen zu lernen, Kraft und Ausdauer zu steigern und des Geistes bewusst zu werden. Diese Lektionen und Erfahrungen erlauben dir dann, deine eigentliche Aufgabe zu erfüllen: dir wieder gewahr zu werden, dass du in Wirklichkeit Seele bist, und zu erkennen, dass du nicht lebst, um einer alltäglichen Routine zu folgen.

Schließlich wirst du erkennen, dass du lebst, um Mitarbeiter des Geistes zu werden. Ich habe beschlossen, dies zu tun, indem ich mich bemühe, Edelstein-Meisterin zu werden. Andere können dies tun, indem sie Künstler, Ingenieure, Lehrer, Hausfrauen, Verkäufer oder Menschen werden, die dauernd arbeitslos sind.

Als Seele hast du deinen Ursprung im Herzen Gottes. Man kann sagen, dass du auf die Erde ›hinabgeflossen‹ bist und dabei einen Mentalkörper, einen Emotionalkörper und einen physischen Leib angelegt hast. Dein höchstes und letztes Ziel als Seele ist die Rückkehr zum Herzen Gottes.

Du brauchst viele Erfahrungen, Ausdauer, Stärke und gelernte Lektionen, um die Kraft, Motivation oder Beherrschung zu erhalten, umzukehren und zum Herzen Gottes zurückzufließen. Sich von Gott zu entfernen, ist einfach. Man hat die Schwerkraft auf seiner Seite. Doch wie die Rakete eine gewaltige Menge Treibstoff benötigt, um die Schwerkraft zu überwinden und die Erdatmosphäre zu verlassen, braucht auch der Mensch eine gewaltige Menge ›Treibstoff‹, um zum Herzen Gottes zurückzukehren.

Edelsteine sind Quellen konzentrierten Licht- und Ton-›Treibstoffes‹. Sie können als Träger-Raketen dienen und dir den zusätzlichen Treibstoff liefern, den du brauchst, um in die gewünschte Flugrichtung zu gelangen. Wie ein Edelstein dies bewerkstelligt, hängt von seiner speziellen Aufgabe, Funktion und Wirkungsweise ab.

Nicht alle Edelsteine können zusätzlichen ›Treibstoff‹

oder Schubkraft liefern, damit die Seele zum Herzen Gottes zurückreisen kann. Nur solche Steine, die für den Menschen gut sind, bieten ihm diese Hilfe. Alle Hüter der Edelsteine, die ihr für dieses Buch befragt, üben nur wohltuenden Einfluss auf ihre Träger aus. Es gibt allerdings auch einige Edelsteine, deren Aufgabe es ist, deine Aufmerksamkeit im Physischen zu halten.

Diese Steine verstecken oft ihre Negativität, sodass Menschen mit oberflächlichem Seh- und Unterscheidungsvermögen nur die Vorteile sehen, die sie daraus erhoffen. Wenn sie jedoch das wahre Wesen solcher Edelsteine durchschauen könnten, würden sie diese meiden und nicht abbauen oder sammeln. Weil die Steine aber aus der Erde gefördert werden müssen, um ihre Aufgabe erfüllen zu können, verbergen sie ihr wahres Gesicht hinter einer Maske.

Auf raue und grobe Weise härten solche Steine den Menschen ab. Sie kräftigen ihn, aber nur durch Erfahrungen, die letztlich negativ sind. Diese Edelsteine halten den Menschen auf der nach unten gerichteten Spirale fest. Falls und wenn ihre Träger schließlich erkennen, auf welche Weise sie beeinflusst worden sind, merken sie auch, dass sie Kraft gewonnen haben – Kraft jedoch nur insofern, als Bewusstheit Stärke bedeutet.

Auf diese schmerzliche Weise lernen die Träger negativer Edelsteine etwas über deren Macht und beseitigen den negativen Einfluss aus ihrem Lebensbereich. Dann halten sie vielleicht Ausschau nach einem spirituellen Meister, nach erhebenden Edelsteinen oder einem anderen Brennpunkt von Licht und Ton, um ihre Richtung ändern zu können. Das hilft ihnen, sich auf die nach oben gerichtete Entwicklungsspirale zu begeben und dem Herzen Gottes zu nähern. Es gibt viele Wege und Pfade, die zum Herzen Gottes führen. Edelsteine treten nicht an die Stelle von Religionen; sie ersetzen auch nicht den geistigen Führer oder Meister in seiner Aufgabe. Wenn ich diesen Eindruck vermittelt habe, bitte ich um Entschuldigung. Es wäre die falsche Vorstellung.

Edelsteine sind nicht ›der Weg‹. Sie sind nur Werkzeug, wenngleich sehr mächtige Hilfen. Ihre Kraft verhält sich oft proportional zum Bewusstseinszustand ihres Trägers. Je mehr du selbst geistig bewusst bist, desto mächtiger wirken die Edelsteine für dich. Je größer dein Bewusstsein ist, desto deutlicher wirst du feststellen können, welche Edelsteine Erfahrung, Stärke und Ausdauer auf negative Art vermitteln, und welche Steine diese Dinge auf positive, aufbauende Weise ermöglichen.

Die Aufgabe der Edelsteine besteht nicht allein darin, den physischen Körper zu heilen oder ihm ein besseres Gefühl zu verschaffen. Solange du sie trägst, sammeln die Steine Informationen über alle deine inneren Aspekte. Sie wissen, dass ein bestimmter körperlicher Zustand nicht nur nach physischer Behandlung ruft, sondern auch nach mentaler und emotionaler Therapie. Ihr Wirken umfasst dein ganzes Wesen, die Lebenskraft, die dir dein Sein gab, und die Energien, die deinen Zustand hervorbrachten.

Keine andere Art von Behandlung kann dies versprechen – es sei denn, sie bezöge Edelsteine mit ein oder arbeitet auf andere Weise direkt mit dem Licht und Ton Gottes.

Wenn ich in jene Gemeinschaft der Edelstein-Meister eingeweiht worden bin, werde ich nicht mehr so frei sprechen können wie gerade eben. Als Noch-Außenseiter habe ich das Recht, frei über Edelsteine und Edelstein-Meister zu reden. Andererseits habe ich auch nur solche Informationen anvertraut bekommen, die ich freizügig weitergeben darf. Nach der Initiation werde ich ein so gewaltiges Maß an Wissen, Information und Weisheit erhalten, dass ich vielleicht gar nicht weiß, was davon mitzuteilen ist, was mitgeteilt werden darf und was weitergegeben werden sollte.

Du kannst dir wohl vorstellen, dass eine Voraussetzung für die Aufnahme in den Kreis der Edelstein-Meister darin besteht, dass man seine Schweigepflicht nicht verletzt. Diese Meister wissen nicht nur, wann sie bezüglich gewisser Informationen zu schweigen haben, sondern sie verstehen es auch, schweigend zu lehren. Tatsächlich ist es wesentlich effektiver, wenn man Informationen schweigend vermittelt. Es ist weit mehr, als wenn der einzelne Informationen lediglich von einem Lehrenden vermittelt bekommt, dem er nach Belieben zustimmen oder widersprechen kann.

Wenn die Unterweisung schweigend erfolgt, lernt man aus dem eigenen, unmittelbaren Erleben. Dann weiß man wirklich, was man gelernt hat, und dieses Wissen kann einem keiner mehr nehmen.

»Wirst du, nachdem du Edelstein-Meisterin geworden bist, nicht mehr die Hüterin des Rubellits sein?«

Das ist richtig. Ein anderer wird die Aufgabe übertragen bekommen, Hüter dieses Steines zu sein.

»Wie viele Personen sind bereits in jene Hierarchie der Edelstein-Meister aufgenommen worden?«

Es ist eine relativ kleine Gemeinschaft. Ich habe nie gezählt, und vielleicht wird keiner je genau wissen, wieviele in diesem Kreis versammelt sind. Es ist korrekt, dass du diese Gemeinschaft als Hierarchie bezeichnest, weil die Meister, die ihr am längsten angehören, am weisesten sind und Zugang zu den meisten Informationen haben. Sie sind auch die schweigsamsten.

»Speichern diese Meister Informationen in Kristallen?«

Die Informationen scheinen in großen Büchern aufbewahrt zu werden, die Sammelalben nicht unähnlich sind. Sie sind sauber und gut geordnet.

Um in Kristallen gespeicherte Information abzurufen, bedarf es einer bestimmten Vorgehensweise. Es ist einfacher, die Seiten eines Buches oder die Titel vieler Bücher durchzusehen; für so etwas wie ein Datenverarbeitungssystem besteht kein Bedarf.

Doch das eigentliche Material, aus dem die Seiten der Bücher angefertigt sind, ist Illusion, denn es ist dem reinen Licht und Klang sehr verwandt. Lediglich aus Gründen der Bequemlichkeit und Praktikabilität manifestiert es sich in einer Form, die einem Buche ähnlich sieht.

Diese Bücher manifestierten sich nur, damit man Aufzeichnungen vornehmen kann, und für jene unter uns, die noch Lehrlinge sind. Wenn die Edelstein-Meister eine Information brauchen, dehnen sie einfach ihr Gewahrsein auf eine Ebene grenzenloser Allwissenheit aus und erhalten die Antwort. Diese Quelle liegt jenseits aller physischen Manifestation, sei es in Form von Büchern oder Kristallen. Meine Lehrlings-Kollegen und ich sind noch nicht imstande, mühelos Zugang zu dieser Quelle grenzenloser Weisheit zu erlangen.

Turmalin-Kristalle benötigen sehr viel Zeit zum Wachsen. Sie bilden sich sehr sorgfältig und genau. Jedes neu hinzukommende Molekül wird mit einem Verständnis der Verantwortung und Aufgaben des Turmalins aufgenommen.

Erst im Zeitalter von Atlantis waren Turmalin-Kristalle groß genug, um erkannt, geschätzt und gebraucht zu werden. Ich war nicht so beliebt wie der grüne Turmalin, da es noch nicht an der Zeit war, meine Mission zu entfalten. Ich habe zwei Aufgaben: Zum einen biete ich Schutz, indem ich die Aura höchst wirkungsvoll in einen Schutzschild verwandle. Dieser Schild schützt Menschen vor allen disharmonischen Einflüssen von außen, seien sie mentaler, emotionaler oder physischer Natur.

Es ist allerdings nicht meine Aufgabe, euch vor euren eigenen, inneren Disharmonien zu schützen. Wenn ihr bereits eine gewisse disharmonische Schwingung in euch habt, ist es schwierig, euch vor gleichen Disharmonien von außen zu schützen. Wenn du beispielsweise habgierig bist, kann ich dich nicht vor Habgier schützen. Ich kann dich am besten gegen jene Disharmonien abschirmen, die dir selbst fremd sind.

Meine zweite Aufgabe ist, der Frau die Kraft, das Gewahrsein, Verständnis und die Fähigkeit zu geben, ihr ganzes Potential zu erkennen. Ich helfe ihr zu erkennen, wie ihre femininen und maskulinen Aspekte im Austausch miteinander koexistieren können, und ich helfe ihr, ihre maskulinen und femininen Wesensaspekte zu größerer Harmonie zu bringen.

Meine beiden Aufgaben sind miteinander verflochten,

da Frauen den Schutz des Rubellits brauchen, wenn sie sich in den Veränderungsphasen befinden, die notwendig sind, um zu dem neuen Selbstgewahrsein zu gelangen.

Im Zeitalter von Atlantis war die Bevölkerung noch nicht so weit, dass alle Frauen dieses Gewahrsein hätten erlangen können. Wenn sie die Bewusstheit besessen hätten, die ich vermittle, hätte die Geschichte sich anders entwickelt. Dann hätten die Männer möglicherweise nicht die dominierende Rolle behalten.

Der Rubellit heute

Erst in jüngerer Zeit wurde Gleichheit als eine Tugend erkannt. Erst heute ist sie ein Ziel, um das beide Geschlechter, besonders aber die Frauen, sich bemühen.

Die Gleichheit, nach der Männer und Frauen streben, ist nicht die Gleichheit der Geschlechter. Die Gleichheit, die sie wirklich suchen, ist das Gleichgewicht zwischen den maskulinen und femininen Energien, die in Männern wie in Frauen vertreten sind. Wenn dieses innere Gleichgewicht einmal erreicht ist (oder wenigstens angestrebt wird), kann auch die Harmonie zwischen den Geschlechtern zunehmen. Sie stellt sich dann ganz natürlich ein.

Ich sage damit nicht, dass es keine Konflikte zwischen Männern und Frauen mehr geben werde, wenn das Gleichgewicht zwischen maskulinen und femininen Energien erreicht ist. Ich bilde mir nicht ein, dass dann alle einer Meinung seien und Auseinandersetzungen in der Ehe der Vergangenheit angehörten. Ganz gewiss nicht. Männer und Frauen werden bis in alle Ewigkeit einander mit ihren Energien bombardieren; das liegt in der Natur ihrer Schwingungsrate und ihres Magnetismus.

Interessanterweise lässt sich jedoch folgendes beobachten: Je näher die Menschen einer harmonischen und ausgeglichenen Beziehung zwischen den Geschlechtern und innerhalb der Geschlechter kommen, desto rascher kehren die Auswirkungen jeglicher Disharmonie zum Urheber zurück.

Jahrhundertelang wurde der feminine Aspekt des dominierenden Mannes unterdrückt und damit geschwächt. Doch weil der feminine Aspekt ein fester Bestandteil des Mannes ist, schwächte dieser sich selbst, indem er die Frau dominierte.

Während der Mann herrschte, lernten feminine und maskuline Aspekte der Frau dazu und wurden kräftiger. Diese Stärke gewannen sie auf ähnliche Weise, wie die negativen Edelsteine ihre Lektionen vermitteln: gegen viel Lehrgeld. Es ist wohl wahr, das solchermaßen erlernte Lektionen am besten im Gedächtnis haften; trotzdem ist es der schmerzhaftere Weg des Lernens.

Und so kam es, dass – während der Mann sich selbst schwächte – die Frau langsam und allmählich stärker wurde.

Ich könnte stundenlang über dieses Thema sprechen. Aber das ist nicht der Zweck unseres Zusammenseins. Außerdem meine ich, euch bereits genug Information gegeben zu haben, um die Vorstellungen über Mann-Frau-Beziehungen bei vielen Leuten ins Wanken zu bringen.

Lasst uns nun das aufnehmen, was ich gerade sagte, und es in einen Zusammenhang mit dem Rubellit stellen.

Jahrhunderte der Unterdrückung haben vielen Frauen gezeigt, dass ihr maskuliner Aspekt falsch sei; oder sie lernten, dass Männer ganz allgemein Unrecht haben, kurzsichtig, egozentrisch und im Grunde nicht so stark sind, wie sie glauben. Wenn ihr an dieser Stelle eures Buches noch drei oder vier Leerzeilen lasst, werden gewiss viele Leserinnen gerne bereit sein, die Liste mit weiteren Adjektiven zu ergänzen.

Ich stelle fest, dass die Männer unter meinen Zuhörern dies nicht lustig finden. Die Frau besteht aus maskulinen und femininen Energien. Solange sie also nicht von ihren festen Vorstellungen über maskuline Energie loslässt, wird sie nicht in Harmonie mit sich selbst kommen. Der Rubellit wird ihr dabei helfen. Ich helfe Frauen, zu Verständnis und Kommunikation zwischen ihren männlichen und weiblichen Aspekten zu finden.

Es ist vermutlich kein Zufall, dass gerade ich mit der Verantwortung dieses Amtes betraut wurde, Hüterin des Rubellits zu sein. Es ist vermutlich deshalb, weil ich wohl die erste Frau bin, die je vor der Einweihung und Aufnahme in die Gemeinschaft der Edelstein-Meister stand. Falls es eine Frau gibt, die diese Einweihung bereits empfangen hat, dann hält sie sich absolut konsequent an ihr Schweigegelübde. Ich bin ihr jedenfalls noch nicht begegnet und habe noch nichts über sie gehört. Ich tue etwas, das, soweit mir bekannt ist, noch keine andere Frau getan hat. Ich weiß, dass es – abgesehen von allen anderen Voraussetzungen, die der Anwärter erfüllen muss – besonders viel von einer Frau erfordert, so etwas zu tun.

Ich weiß auch: Wenn eine Frau die femininen und maskulinen Aspekte in sich selbst meistern kann, gibt es nichts, was sie nicht ebenfalls vollbringen könnte. Grenzen kann ihr nur ihre eigene Vorstellung davon setzen, wie weit sie gehen möchte.

Frauen, die diese Stufe von Stärke, Selbstvertrauen, Ausgeglichenheit und Macht erreichen, sehen im allgemeinen mehr von dem ganzen Bild des Lebens. Sie nehmen allmählich wahr, dass es ein sehr großer Segen ist, Mutter zu sein und die Familie zu behüten. Manche erkennen, dass sie ihre Macht und Fähigkeiten am besten zum Erhalt der Familie einsetzen können, anstatt auf eine gesellschaftliche Karriere zu bauen und eine typisch männliche Rolle einzunehmen. Es ist übrigens gegen keinen dieser beiden Wege etwas einzuwenden. Die Frau, die diesen Bewusstseinszustand erreicht, sollte ferner über ihre Stärke schweigen können, wie die Edelstein-Meister über ihre Kraft und Weisheit schweigen. Wer wirklich weise und stark ist, den erkennt man oft daran, dass er sein Schweigegelübde hält.

Es ist Aufgabe des Mannes, die Stärke des Gruppenbewusstseins der Familie durch die Generationen weiterzutragen. Es manifestiert sich als der Brauch, die Familiennamen vom Vater auf den Sohn weiterzugeben und als Frau den Namen des Mannes anzunehmen. Ähnliche Bräuche gelten auch in anderen Zivilisationen als denen auf der Erde.

Es ist die Aufgabe der Frau, die Kraft der Veränderung bereitzustellen. Sie weitet das Gruppenbewusstsein der Familie und stärkt diese dadurch. Wenn Töchter heiraten, nehmen sie Abstand von ihrer Familie und schließen sich dem Gruppenbewusstsein einer anderen Familie an, erweitern es und stärken es durch ihren Eintritt.

Wenn eine Frau es ablehnt, den Nachnamen ihres Mannes anzunehmen, oder beschließt, ihren Nachnamen zu ändern, nachdem sie den ihres Mannes angenommen hat, ist dies ein Anzeichen gestörten Gleichgewichts.

Ja, ich weiß, dass diese Aussage manchen gegen den Strich gehen wird!

Der Rubellit kann einer Frau das Selbstvertrauen geben, als Individuum für sich selbst zu stehen, separat von ihrem Gatten. Doch im Erkennen ihrer Macht und im Anerkennen der Wichtigkeit, die Familie aufrechtzuerhalten, mag sie einsehen, wie entscheidend es ist, eine Identität oder einen Namen für die ganze Familieneinheit zu tragen.

Wenn du ein Namensschild trägst, so ist dieses Namensschild nicht du. Es ist nur etwas, das du zur Identifizierung trägst. Wenn eine Frau den Namen ihres Mannes trägt, ist er nicht sie. Aber sie kann den Namen zur Identifizierung des Gruppenbewusstseins gebrauchen, das sie in ihrer Familie formt. Ein Familienname stärkt das Gruppenbewusstsein der Familieneinheit.

In jedem Fall ist ein Name nur eine vorübergehende Identität. Wer du als Seele bist, wird sich nicht ändern, wenn du den Namen wechselst. Doch Namen können auch Mittel und Werkzeug sein. Wenn du zum Beispiel eine alte Identität loslassen und eine neue annehmen möchtest, kannst du dir einen neuen Namen zulegen. Bist du dir deiner Identität nicht sicher, kannst du deinen Namen wiederholt ändern. Das habe auch ich getan. Du hast schon andere meiner Namen gehört, darunter Rosa Turmalin und Rubeen; jetzt heiße ich Rubellit. Ich bin zu der Erkenntnis gelangt, dass es keine Rolle spielt, wie mein Name lautet oder wie man mich nennt. Ich bin, die ich bin.

Der Rubellit wird einen Mann nicht so stören, wie der grüne Turmalin Frauen aus dem Energie-Gleichgewicht bringt. Trägt ihn ein Mann, zeigt der Rubellit die gleichen schützenden Eigenschaften wie bei einer Frau.

Rubellit zu tragen, hilft dem Mann auch – ob er sich dessen bewusst ist oder nicht –, seinen femininen Aspekt zu erkennen. Was er dabei sieht, gefällt dem Mann oft nicht, oder er kann es nicht akzeptieren – besonders wenn seine feminine Seite Aufmerksamkeit und Heilung benötigt.

Eines der größten Geschenke, das du einem Mann machen kannst, ist eine Rubellit-Kette für die Frau, mit der er lebt. Wenn der Rubellit ihre Aura erfüllt, beeinflusst er auch die Aura des Mannes. Auf diese Weise ist die Wirkung des Edelsteines für den Mann nicht so überwältigend, als trüge dieser ihn selbst. Es wird ihm also leichter fallen, Heilung und Ausgleich für seine maskulinen und femininen Wesensaspekte zu finden.

Die schützende Aura, mit der der Rubellit das Paar umgibt, vermittelt dem Mann das Gefühl der Sicherheit, das er braucht, um die heilenden Veränderungen in sich zuzulassen. Es stellt sich selbst dann ein, wenn nur die Frau den Rubellit trägt.

Ich schütze die Träger des Rubellits vor allen disharmonischen Gedanken, Emotionen und Energien – auch vor elektromagnetischer und Mikrowellen-Strahlung – von außen. Jetzt möchte ich gerne erklären, wie ich jene schützen kann, die den Rubellit tragen.

Du hast erfahren, wie das weiße Licht sich oberhalb des Bereiches, den wir als Mentalwelt bezeichnen können, in sieben Farbstrahlen aufspaltet. Es wird dich wohl überraschen, was ich dir nun sage: Obwohl ich mich in unterschiedlichen Rosatönungen manifestiere, ist es die Schwingung des blauen Strahles, die durch mich fließt.

Die Schwingung meiner Kristalle zieht den blauen Strahl mit solcher Macht in die physische Welt, dass der rosa Strahl der Emotionalwelt mitgerissen wird. Diese

Kraft ist so stark, dass auch Teilchen reinen weißen Lichtes ins Physische gezogen werden. Der rosa Strahl, der dem Rubellit seine vorherrschende Farbe verleiht, ist übrigens eine Art Verdünnung des roten Strahles.

Wenn Menschen den Rubellit tragen, sammeln sich die Lichtstrahlen, die von dem Stein kräftig angezogen wurden, in der Aura. Dadurch wird die Aura so stark, dass sie praktisch undurchdringlich ist.

Wer vor Disharmonien von außen geschützt ist, hat die Freiheit, tapferer und wagemutiger zu sein. Er kann sich auch erlauben, neue Gedanken zu ersinnen und neue Emotionen zu fühlen.

Aufgrund des zusätzlichen Schutzes kann er auch leichter Bewusstseinsreisen im Inneren unternehmen. Selbst wenn er körperlich in fremde Länder oder Orte verreist, ist er gegen die Belastungen des Reisens geschützt. Wo auch immer er sich aufhält, ist er abgeschirmt gegen die Energien und Einflüsse, die fremd, disharmonisch und möglicherweise schädlich für seinen Körper sind. Ich muss dich aber auch warnen in Bezug auf den Rubellit. Man darf seine Macht nicht unterschätzen.

Man sollte keine Rubellit-Kette allein tragen, wenn man nicht etwas möglicherweise Lebensgefährliches unternehmen will. In solchen Situationen diene ich als Mittel zum Schutze. Dann braucht mein Träger seine persönliche Kraft nicht auf den Selbstschutz zu konzentrieren, sondern kann sich ganz der vor ihm liegenden Aufgabe widmen.

Anders ausgedrückt: Ich sollte nur unter solchen Umständen allein getragen werden, wenn deine natürlichen Verteidigungsmechanismen so überlastet sein könnten, dass der Erfolg deines Tuns infrage gestellt scheint.

Die Energie des Rubellits betritt den Körper durch die unteren vier Chakren, manchmal auch durch das Kehl-Chakra; sie verlässt ihn als sanfter Strom ausschließlich durch das Brauen-Chakra. Bereits eine einzige Rubellit-Halskette würde mehr Rubellit-Schwingung in den Körper einführen, als dieser durch das Brauen-Chakra wieder abgeben kann.

Wenn jemand also eine Halskette trägt, die ausschließlich aus Rubellit besteht, würde durch die starke Energie des Steines ein hoher Druck im Kopfbereich entstehen. Sie stört das Gleichgewicht der mentalen Energie und verstärkt negative Denkmuster. Würde diese hohe Rubellit-Menge länger getragen, hätten bald auch die Emotionen unter solchen Störungen zu leiden.

Für den täglichen Gebrauch und zum Schutz – sowie um in den Genuss aller anderen Vorzüge des Steines zu gelangen, die ich bereits erwähnte – sollte der Rubellit in einer Halskette mit anderen Edelsteinen kombiniert werden. Doch du musst dich vergewissern, dass die anderen Steine mein Wirken nicht behindern, verwirren, stören oder auslöschen. Grüner Turmalin sollte übrigens grundsätzlich nicht mit Rubellit oder einem anderen rötlichen Turmalin kombiniert werden, weil er meine Arbeit negativ beeinflusst.

Der Rubellit, das heißt der rosafarbene Turmalin höchster und stärkster Qualität, ist klarer und weist weniger Einschlüsse und Trübungen auf; seine Farbe ist ein etwas kräftigeres oder leicht purpurnes Rosa. Je mehr vom blauen Strahl in einem Rubellit enthalten ist, desto stärker ist der Stein, denn ein kräftiger blauer Strahl zieht die anderen Farbstrahlen rascher und nachhaltiger auf die physische Ebene.

Die Wirkungen des gerundeten Rubellits sind sanfter und ausgeglichener als die jeder anderen Gestalt; sie sind auch stärker. Wenn der Rubellit nämlich gerundet ist, kann er seine Schwingung gleichmäßig über die ganze Aura verteilen.

Ein facettierter Rubellit oder ein Rubellit-Kristall hat nicht den zuverlässigen Schutz-Effekt des runden Steines. Die Facetten reflektieren die Energie nur in die von den Schliffflächen vorgegebenen Richtungen. Um einen optimalen Schutz zu erreichen, muss ein Schutzschild den ganzen Körper umgeben. Ein Schutzschild, das nur in einigen Bereichen der Aura – zum Beispiel nur an der Vorderseite – besteht, ist nicht viel wert, wenn du von hinten angegriffen wirst.

Meine schützenden Eigenschaften können auch eine heilende Nebenwirkung für den Körper haben.

Oft scheint die Heilung eines bestimmten Körperbereichs oder -teils behindert oder verhindert zu werden, weil er äußeren Einflüssen ausgesetzt ist. Dazu gehören die Energien der Gedanken, Gefühle, Haltungen, Vorstellungen und Gebete, die von Freunden und Angehörigen auf die Person oder den kranken Teil ihres Körpers gerichtet werden. Dieser Körperteil muss sich nicht nur auf seine Heilung konzentrieren, sondern darüber hinaus die Einflüsse von außen bewältigen. Trotz bester Absichten sind solche Einflüsse nicht immer positiv willkommen oder im Interesse des Empfängers.

Wenn dieser Rubellit trägt, kann das betroffene Organ oder Körpergebiet seine Verteidigungsmechanismen entspannen. Nun kann es seine ganze Aufmerksamkeit und Energie der Gesundung widmen, der Reinigung oder der Verjüngung.

Behandlungen mit Rubellit

Legt man den Rubellit auf bestimmte Körperstellen, stellen sich Wirkungen ein, die aus der Schwingung des Steines selbst sowie aus der Schwingung der in ihm geborgenen Farbstrahlen resultieren.

Plaziert man Rubellit längs der Wirbelsäule, treten sehr rasch nacheinander mehrere Effekte ein.

Zuerst wird die Wirbelsäule von einer schützenden Aura umgeben. Dies erlaubt ihr, sich zu entspannen und sich nicht mehr wegen äußerer Einflüsse zu sorgen. Stattdessen kann sie ihre Aufmerksamkeit auf die Reinigung und Befreiung der Bahnen konzentrieren: zunächst zum Gehirn, dann vom Gehirn zum übrigen Körper. Nachdem diese Wege frei sind, kann die Wirbelsäule sich mit jeglichen Disharmonien befassen, die in ihr selbst existieren.

Weil blaues, rosa und weißes Licht so mächtig vom Rubellit angezogen werden, lösen sich alle Disharmonien in der Wirbelsäule unter dem Einfluss der Schwingungsrate und der Intensität des Lichtes auf. Dabei ordnen und fügen sich die einzelnen Wirbel zu einer harmonischeren Position innerhalb des Rückgrats.

Länger als dreißig Minuten sollte man den Rubellit nicht auf die Wirbelsäule einwirken lassen. Im Durchschnitt dürfte die Behandlungsdauer fünfzehn Minuten betragen. Wenn die Wirbelsäule von ernsten oder chronischen Problemen beeinträchtigt ist, sind fünfminütige Behandlungen vielleicht noch geeigneter. Zuviel Licht und eine zu rapide Veränderung können eine geschwächte Wirbelsäule überlasten.

Trägt man mich um den Hals, fließt das Licht in die

ganze Aura hinaus. Trägt man mich über einem bestimmen Organ oder Körperteil, konzentriert das Licht sich nur auf diesen Bereich.

Vergiss nicht, dass dieses Licht nicht nur den physischen Körper beeinflusst. Auf seinem Weg von der Quelle in den physischen Leib fließt das Licht auch durch die mentalen und emotionalen Bereiche. Wenn der Rubellit um den Hals getragen wird, beeinflusst er den ganzen Mental- und Emotionalkörper. Hat man ihn dagegen über eine bestimmte Körperstelle plaziert, erreicht seine Schwingung nur die mit dieser Stelle korrespondierenden Aspekte des Mentalen und Emotionalen.

Das bedeutet also: Wenn du den Rubellit auf einen bestimmten Bereich der Disharmonie legst, löst sein Licht auf allen Ebenen die disharmonische Energie auf, die mit diesem Bereich in Verbindung steht. Das ist wichtig, denn körperliche Disharmonien sind in der Regel von Disharmonien auf den inneren Ebenen verursacht. Mit anderen Worten: Das Licht des Rubellits löst sowohl die Ursachen für die körperlichen Beschwerden der Menschen auf als auch deren Auswirkungen.

Der Rubellit kann echte Veränderungen im Laufe von einigen Behandlungen bieten, weil er nicht nur auf die Symptome, sondern auch auf der Ursachenebene wirkt.

Der Rubellit kann auch zur Auflösung von Stauungszuständen dienen.

Vielleicht möchtest du folgendes Experiment selbst ausprobieren: Nimm behutsam eine Rubellit-Kette in die Hand und halte sie so, dass sie zum Körper zeigt. Der Abstand zum Körper sollte etwa acht bis dreißig Zentimeter betragen. Fahre dann mit entspannter Hand (und dem Rubellit darin) vor dem Körper auf und ab. Dabei bemerkst du vielleicht, dass der Rubellit über bestimmten Stellen zögert oder ›hängenbleiben‹ will.

Wenn deine Hand entspannt genug und deine Intuition offen ist, wirst du nun beobachten, dass der Rubellit die Hand bewegen möchte, einen Kreis zu beschreiben. Nach einiger Zeit wird er den Impuls vermitteln, mit der Hand in entgegengesetzter Richtung zu kreisen oder zu einer anderen Stelle weiterzugehen. Sei nicht überrascht, wenn die Kreisbewegungen oft ihre Richtung wechseln.

Dabei geschieht folgendes: Der Rubellit löst die Spannung in dem Organ oder Bereich auf, über dem er kreist. Solche Spannungen könnte man mit einem Kombinationsschloss vergleichen. Die Kreisbewegung des Rubellits entspräche hierbei der Zahlen- oder Bewegungsfolge, die notwendig ist, um das Schloss zu öffnen. Um die Spannung zu lösen, muss der Rubellit vielleicht eine bestimmte Zahl von Kreisbewegungen nach rechts, dann nach links, dann wieder zurück ausführen. Der Rubellit kennt die ›Kombination‹ für die Stelle, über der er sich befindet, weil die Bewegungen im Uhrzeigersinn oder im Gegenuhrzeigersinn für den Körper notwendig sind und von ihm dem Rubellit mitgeteilt werden.

Wenn der Rubellit dabei die Haut berührt, findet die spannung-lösende Bewegung im Körperinneren statt.

Wenn du den Rubellit auf diese Weise gebrauchst, vermagst du bestimmten Körpergebieten zu helfen, in größere Harmonie mit dem übrigen Körper zu gelangen. Angenommen, dein Körper weist einen durchschnittlichen Toxizitätsgrad von ›fünf‹ auf, und eine bestimmte Stelle hat die Toxizität ›sechs‹. Dann wird der Rubellit diesen abweichenden Bereich in größere Übereinstimmung mit dem übrigen Körper bringen, indem er dafür sorgt, dass sich die lokale Toxizität auf ›fünf‹ absenkt.

Aufgrund meiner speziellen Aufgabe für Frauen übe ich einen besonders starken Einfluss auf die weiblichen Geschlechtsorgane aus.

Eine gesunde Frau kann eine Rubellit-Kette über die Gebärmutter legen, um ihren Tonus zu stärken oder Krämpfe zu lösen.

Frauen, die aus organischen Ursachen – zum Beispiel in Ermangelung von Gebärmutter oder Eierstöcken – unfruchtbar sind, vermag ich nicht zu helfen. Doch ich kann jenen eine große Hilfe sein, die organisch gesund, aber aus unbekannten oder unerklärlichen Gründen unfruchtbar sind.

Bevor du eine solche Behandlung beginnst, solltest du dich genau darüber informieren, wo deine Gebärmutter und Eierstöcke zu lokalisieren sind. Lege dich dann auf den Rücken und plaziere eine Rubellit-Kette auf die Haut oberhalb der Eierstöcke, der Eileiter und des Uterus. Breite die Rubellite so aus, dass sie ein möglichst großes Gebiet abdecken. Doch am besten ist es, nur diese Organe mit Rubellit zu bedecken, weil er dann konzentrierter wirkt.

Die blauen, rosa und weißen Strahlen, die hier einfließen, sind äußerst hilfreich – nicht nur aufgrund ihrer Wirkung auf körperliche Disharmonie, sondern weil die Strahlen auch die Ursachen der Unfruchtbarkeit verdeutlichen. Diesen Ursachen musst du dich stellen, du musst sie akzeptieren und lösen – und sie sind nicht unbedingt physisch-körperlicher Natur. Verständnis und Kenntnis der wahren Ursachen zu gewinnen, wird dir helfen, deine Krankheit aufzulösen.

Wenn du den Rubellit direkt auf die Haut legst, löst er auch die Spannungen und Belastungen auf, die auf körperlicher Ebene zur Unfruchtbarkeit beitragen.

Es ist sehr schwierig, Unfruchtbarkeit mit Diätmaßnahmen zu heilen, weil die Ursachen eben in der Regel nicht im Körperlichen liegen. Doch ich möchte die Möglichkeit nicht bestreiten, dass Ernährungsumstellungen ebenfalls hilfreich sind.

In der heutigen Zeit sind die Ursachen körperlicher Beschwerden nicht mehr nur körperlicher Art, wie es vielleicht in der Vergangenheit häufig der Fall war. Die Gründe sind oft im Mentalen und Emotionalen zu suchen; sie manifestieren sich gewöhnlich im Physischen.

Bevor du die nächste Phase dieser Behandlung in Angriff nimmst, solltest du dich bei deinem Arzt erkundigen, welcher Teil deiner Fortpflanzungsorgane hauptverantwortlich für die Unfruchtbarkeit ist. Ist es der linke Eierstock? Die Gebärmutter? Ein Eileiter? Der Rubellit kann dir helfen, wenn eine Verklebung der Eileiter vorliegt, denn hierbei handelt es sich nicht um den gleichen Grad körperlicher Behinderung wie bei einem fehlenden Eileiter oder entfernter Gebärmutter.

Die Fortpflanzungsorgane einer nicht schwangeren Frau sind in einem verhältnismäßig kleinen Bereich zu finden. Bevor du die Behandlung beginnst, solltest du dieses Gebiet gedanklich in drei Abschnitte aufteilen: links – Mitte – rechts. Wenn der linke Eierstock oder Eileiter als Übeltäter identifiziert wurde, legst du den Rubellit während drei aufeinander folgender Behandlungen über den linken Abschnitt. Dann plazierst du die Steine für eine Behandlung über den mittleren Abschnitt (die Gebärmutter), dann für eine Behandlung über den rechten Abschnitt (rechter Eierstock und rechter Eileiter). Wiederhole die Behandlungen in dieser Reihenfolge.

Wenn die Ursache der Unfruchtbarkeit in deiner Gebärmutter zu vermuten ist, legst du den Rubellit für drei Behandlungen über den mittleren Abschnitt, dann einmal über den rechten und schließlich einmal über den linken Abschnitt. Wiederhole die Behandlungen in dieser Reihenfolge. Wenn die größte Disharmonie vom rechten Eierstock oder Eileiter herrührt, folgst du einem analogen Behandlungsschema.

Nach einigen solcher Behandlungsserien ist es vielleicht hilfreich, das Schema zu ändern: Beginne mit drei Behandlungen des kritischsten Abschnittes und lasse darauf je zwei Behandlungen der beiden anderen Abschnitte folgen. Oder du gibst dem kritischen Sektor zwei Behandlungen und den beiden anderen Abschnitten je eine. Auf diese Weise wird der ganze Bereich häufiger und gleichmäßiger behandelt.

Wenn du nicht weißt, welcher Abschnitt dir am meisten Kummer bereitet, kannst du bei jeder Behandlung den Ort der Rubellit-Plazierung wechseln. Du beginnst etwa auf der linken Seite, behandelst dann den mittleren Abschnitt und schließlich den rechten, und wiederholst diese Folge.

Die Behandlungen sollten jeden Tag gegeben werden und mindestens fünfzehn bis dreißig Minuten dauern. Doch dies ist nur eine Empfehlung. Der Rubellit ist sehr stark, und ich weiß nicht, welche Qualität dieses Steines dir zur Verfügung steht. Je intensiver seine Färbung ist, desto kräftiger ist der Stein. Je stärker der Rubellit, desto kürzer wird die notwendige Behandlungsdauer. Du kannst die Steine bis zu einer Stunde lang einwirken lassen, wenn du es wünschst – solange es sich nicht unangenehm anfühlt.

Wenn sich deine Beschwerden irgendwann im Laufe der Behandlung einmal verschlimmern oder wenn die Steine sich unangenehm anfühlen, solltest du den Rubellit sofort abnehmen.

Um die besten Resultate zu erzielen, setzt man den Rubellit dort ein, wo er im direkten Sonnenlicht wirken kann. Wenn du nicht für jede Behandlung ins Freie gehen und dich in die Sonne legen kannst, so nutze doch jede Gelegenheit dazu, um dann den ganzen Bereich deiner Fortpflanzungsorgane zu behandeln.

Es ist nicht notwendig, den Rubellit zwischen den lokalen Behandlungen als Halskette zu tragen.

Du kannst entweder bald nach Beginn der Therapie versuchen, schwanger zu werden, oder du wartest, bis du schon eine Reihe von Behandlungen durchgeführt hast. Wenn du mindestens einen Monat wartest, hast du deinem Körper einige Zeit gelassen, um die notwendigen physischen Veränderungen zu manifestieren. Setze die Behandlungen fort und versuche weiterhin, ein Kind zu empfangen.

Diese Therapie kannst du selbst durchführen. Vielleicht möchte dein Arzt die Fortschritte beobachten und dir hin und wieder empfehlen, an welche Stellen du den Rubellit legen könntest.

Obwohl ich die Unfruchtbarkeit hier als Beispiel behandelt habe, kann der Rubellit bei jeder Disharmonie im Bereich der weiblichen Fortpflanzungsorgane gut helfen. Diese Organe sind empfindlicher und sprechen besser auf die Rubellit-Anwendung an als andere Teile des Körpers.

Darüber hinaus kann die Frau den Rubellit auf die gleiche Weise einsetzen wie der Mann den grünen Turmalin. Natürlich kann sie den Rubellit auch zusammen mit Aventurin tragen, wenn sie einen Krankheitszustand im Körperlichen aufzulösen wünscht.

Edelsteine dürfen nicht einen Arzt oder professionellen Behandler ersetzen. Edelsteine sind Werkzeuge, sind Hilfsmittel. Wenn ich ein bestimmtes Leiden hätte, das mich davon abhält oder dann behindert, mein Ziel zu erreichen, würde ich gewiss einen Behandler aufsuchen, bei dem ich mich wohl fühle. Gleichzeitig würde ich von meiner Intuition Gebrauch machen, um die wirksamsten Hilfsmittel auszuwählen, die mich bei der Auflösung und Beseitigung des Hindernisses unterstützen können.

Die wirksamsten Hilfsmittel, die ich kenne – und die auf dem Planeten Erde verfügbar sind – sind Edelsteine.

Manche werden nun einwenden, dass chemische Medikamente stärker wirkten als Edelsteine. Sie scheinen wohl rascher zu wirken und fast augenblicklich Resultate herbeizuführen. Doch ich frage dich: Beeinflussen sie die tatsächlichen Ursachen des Problems? Helfen sie dem Menschen, diese Ursachen aufzulösen? Oder wirken sie lediglich auf die Symptome? – Wie du weißt, beeinflussen die meisten Edelsteine die wirklichen Ursachen körperlicher Probleme.

Heilpflanzen unterscheiden sich von chemischen Medikamenten und von den Edelsteinen. Einmal sind sie leichter zugänglich, da man sie selbst anbauen kann. Dann wachsen sie viel schneller als Edelsteine; doch ihre Lebensdauer ist viel kürzer. Die Lebenszeit eines Edelsteines wird die deine übertreffen. Garantiert. Ganz gleich, wie oft du den Stein trägst. Eine Heilpflanze kann so etwas nicht versprechen. Ich habe Respekt vor den Heilpflanzen. Sie haben ihre Aufgabe, und der Mensch kann sehr viele von ihnen gebrauchen.

Edelsteine mit therapeutischen Eigenschaften sind viel seltener als Heilpflanzen. Deshalb kosten sie auch mehr. Doch sie tragen Heilungskraft in größerer Konzentration in sich. Ihr Wert und ihre Heilwirkungen lassen im Laufe der Zeit nicht nach wie bei einem Kraut. Insofern kann man Edelsteine auch als eine Art Geldanlage betrachten.

Der Rubellit morgen

Meine Aufgaben, die ich hier geschildert habe, werden noch viele, viele Jahre bestehen. Vielleicht hat der Rubellit irgendwann in der Zukunft eine andere Mission zu erfüllen. Doch ich weiß nicht, worin sie bestehen könnte. Es gibt zu viele Veränderungen, Möglichkeiten und Unwägbarkeiten, als dass man die Zukunft jetzt schon vorhersagen könnte.

Wenn ich euch so betrachte, die ihr bequem in diesem üppigen Dschungelgarten sitzt, wird mir klar, dass ihr nicht viel von dem begriffen habt, was ich sagte. Ich hatte eine Gelegenheit, mich mitzuteilen, aber soweit ich erkenne, hat nur ein kleiner Teil meiner Unterweisung in eurem Herzen Wurzeln schlagen können.

Diese Beobachtung bestätigt nur, was ich selbst immer deutlicher vom Gesetz des Schweigens verstehe. Es beweist den Wert der schweigenden Unterweisung zur Übermittlung von Informationen. Hätte ich mich euch schweigend mitgeteilt, hätte jeder von euch ein Wissen von dem erlangt, was ich sagte. Für den Zweck dieses Interviews wäre es freilich völlig unpraktisch gewesen.

Doch es deutet eine Möglichkeit an, wie jeder mehr über die Edelsteine erfahren kann, indem er einfach mit einem Edelstein zusammen ist und Betrachtungen über ihn anstellt. Um dies zu tun, müsst ihr euer Bewusstsein der Quelle grenzenloser Weisheit und Kenntnis öffnen können, während ihr eure Aufmerksamkeit ganz auf den Edelstein richtet. Dann können Wissen, Verständnis und Gewahrsein in euch einfließen. Wenn ihr diese Übung beendet, werdet ihr echtes Wissen besitzen über alles, was ihr erfahren habt. Ich kann mir keine effektivere Methode vorstellen, etwas zu lernen.

Als nächstes werdet ihr den Hüter des Erdsteins Sodalith kennenlernen.

Ihr werdet feststellen, dass manche Hüter von Erdsteinen den Hütern der Edelsteine ähnlich sind. Doch einige sind anders. Die Schwingungsrate der Erdsteine, für die sie verantwortlich sind, hat einen großen Einfluss auf die äußere Erscheinung ihrer Hüter.

Wie die Edelsteine in allen inneren Welten wirken, so auch ihre Hüter. Die Arbeit der meisten Erdsteine jedoch beschränkt sich etwas auf die physische Ebene. Die meisten Hüter dieser Steine besitzen nicht das Gewahrsein, das weit über den physischen oder den emotionalen Aspekt hinausgeht.

Erwartet also nicht, nun noch viel über Seele, Geist oder die inneren Körper zu hören. Erwartet keine langen Gespräche über die Ursachen und Wirkungen der Dinge, da das Bewusstsein der Hüter der Erdsteine begrenzter ist. Ich danke euch.

»Wir danken dir«, hörte ich Michael antworten, als ich langsam die Aura Rubellits verließ.

Einige Minuten lang schwebte ich, zur Hälfte außerhalb ihrer Aura. In diesem Zustand wusste ich alles, was Rubellit wusste; zugleich nahm ich wahr, was die Zuhörer erlebt hatten. Ich konnte leicht sehen und verstehen, dass tatsächlich nur ein Bruchteil dessen, was sie mitgeteilt hatte, in ihre Herzen Eingang gefunden hatte.

Ich wünschte nur, dass mein eigenes Herz fruchtbaren Boden barg, und dass mein Erleben tief genug reichte, damit die Worte der Meisterin Teil meines Wissens werden konnten. Ich hoffte, dass das meiste in meinem Herzen wurzeln würde.

Dann schlüpfte ich ganz aus der Aura dieser Edelstein-Meisterin. Wir beobachteten, wie ihr Körper sich auflöste und ihre Schwingung in den Nebel überging, der aus den Tiefen des vermeintlichen Teiches aufstieg, bis wir das eine vom anderen nicht mehr zu unterscheiden vermochten.

Kapitel 17

Sodalith

Als ich versuchte, in die inneren Welten zu gelangen, in denen ich die Hüter der Edelsteine zu treffen pflegte, hatte ich keinen Erfolg. Da erkannte ich, dass ich Mühe hatte, weil ich in der falschen Richtung suchte. Der Sodalith war ein Erdstein. Er sollte also auf der Erde zu finden sein.

Ich erinnerte mich, dass der Hüter des Sodaliths einen ›Termin‹ mit mir vereinbart hatte, wann wir uns treffen würden. Zur festgesetzten Zeit spürte ich eine starke magnetische Kraft, die mich zu dem Hüter hinzog. Ich richtete meine Aufmerksamkeit erdwärts und ließ meinen Blick über den Planeten schweifen, um die Quelle der Anziehungskraft zu entdecken; dann ließ ich los.

Im nächsten Augenblick befand ich mich in einem felsigen Vorgebirge. Dort saß der Hüter des Sodaliths und wartete auf einem großen Stein. Sein dunkles Haar war kurz, die Augen blaugrau; er schien in den Dreißigern zu sein. Königsblaue Hose und Hemd waren so reichlich geschnitten, dass man sie für weite Gewänder halten konnte. Der Hüter sah recht menschlich aus. Wäre er nicht so ungewöhnlich gekleidet gewesen, nahm ich an, wäre er unter Menschen vermutlich gar nicht aufgefallen.

Er schien wie unter einer schweren inneren Last gebeugt. Doch ich fühlte mich in seiner Gegenwart erquickt.

Bald traf auch Michael ein und nahm auf einem an-

deren Felsblock Platz. Weitere Zuhörer kamen nicht dazu.

Ich fragte den Hüter, ob ich mich in seine Aura begeben sollte, wie ich es bei den Hütern der Edelsteine zu tun pflegte. Er antwortete, ich sollte mich einfach neben ihn setzen und die Augen schließen. Ich tat, wie mir geheißen, und begann mir auszumalen, wie es sich wohl anfühlte zu sehen, was Sodalith sah, zu fühlen, was sein Herz fühlte, und zu wissen, was er wusste. Dann bemerkte ich, wie unsere Auren ineinander glitten, und der Hüter begann zu sprechen …

Sei gegrüßt, mein Freund. Deine Frau gebraucht eine andere Technik, um meine Worte zu übermitteln. Das ist notwendig, weil meine Schwingungsrate anders ist als die der Hüter der Edelsteine.

Obwohl seine Bedeutung von den Menschen oft übersehen wird, ist der Sodalith sehr wichtig für den Planeten Erde.

Was sich der bewussten Wahrnehmung verbirgt, wird oft übersehen. Diese Dinge sind im Unterbewussten gespeichert. Eine Aufgabe des Unterbewusstseins ist es, solche Dinge zu sammeln, die das bewusste Denken überladen und verwirren könnten.

Ja, ich bin mir des bewussten Denkens und des Unterbewusstseins der Menschen gewahr, aber mein Wirken gilt mehr der physischen Ebene.

Wenn ich als Stein der Atmosphäre ausgesetzt bin, helfe ich den Menschen, ihren Planeten zu einem reineren, erfreulicheren Aufenthaltsort zu gestalten. Dies tue ich, indem ich unnötige Kräfte und Energien aufnehme, die sich in der Atmosphäre sammeln und das Leben behindern.

In runder Form helfe ich den Menschen, indem ich die Umgebung der Aura meines Trägers zu einem reineren und harmonischeren Aufenthaltsort mache; denn man lebt ja im Umfeld seiner Aura.

Wenn man mich trägt, nehme ich alle Energien aus der Aura auf, die für das Überleben unnötig sind und die nicht mit Aufmerksamkeit bedacht zu werden brauchen. Ohne das Eingreifen des Sodaliths können solche Energien das Denken und die inneren Funktionen des Menschen zum Stocken bringen. Mithilfe des Sodaliths ist der physische Leib weniger belastet, und die lebenspendenden Energien können leichter in den Körper fließen.

Die frühen Jahre des Sodaliths

Du hast schon wiederholt gehört, dass die Erde ein lebendiges Wesen ist. Als die Erde heranwuchs und erkannte, dass sie in der Zukunft etwas zum Ausgleichen ihrer Atmosphäre brauchen würde, begann sie die chemische Zusammensetzung des Steines zu definieren, den du Sodalith nennst. Der Sodalith wuchs an vielen Orten rund um den Globus. Er war ein Stein, wie man ihn sich vorstellt, da die Erde ihn zunächst nur für sich selbst benötigte.

Als die Menschen sich entwickelten, begannen sie mit ihrem Denken und Fühlen auch außerhalb der rein instinkthaften und materiellen Ebenen aktiv zu werden. Diese neue Art zu denken und zu fühlen ermöglichte ihnen eine größere Freiheit des Ausdrucks; aber sie hatten noch nicht das Verantwortungsgefühl entwickelt, das mit solcher Freiheit einhergehen muss. Eine Folge war, dass ihre Gedanken und Gefühle ungestüm, zügellos und negativ wurden; soweit der Mensch seine Gefühle und Emotionen äußerte, gingen diese in die Erdatmosphäre ein.

Die Erde bemerkte, dass ihr atmosphärisches Gleichgewicht von den negativen Energien gestört wurde, die die Menschen auf (wenn auch unbewusst) unverantwortliche Weise freisetzten. Sie wusste, dass der Sodalith die Fähigkeit besaß, negative Gedanken aus der Aura der Menschen zu beseitigen, bevor sie in die Atmosphäre freigesetzt wurden. Dazu aber muss der Sodalith in Kugelgestalt gebracht und getragen werden. Die Erde erkannte, dass es noch viele Jahrhunderte dauern würde, bis das Bewusstsein der Menschen sich so weit entwickelt hätte, dass diese bereit wären, Sodalithe zu Kugeln zu schleifen.

In der Zwischenzeit musste die Erde tun, was sie konnte, um sich selbst zu schützen und ihre Atmosphäre auszugleichen. Dies bedeutete, dass der Sodalith sich ändern musste, und manche Sodalithe änderten sich tatsächlich. Der Stein musste seine Schwingungsrate erhöhen, um diejenige der menschlichen Gedanken-Emanationen zu treffen. Also wurde der Sodalith edelsteinähnlicher, als seine Erdstein-Natur ursprünglich war. Die Notwendigkeit dieser Wandlung des Sodaliths wurde im Zeitalter von Atlantis erkannt.

Zur gleichen Zeit begannen die Menschen einen größeren Bedarf an der Energie des indigo Strahles zu entwickeln. Als der Sodalith sich wandelte und Edelstein-Qualitäten annahm, gewann er auch die Fähigkeit, größere Mengen des indigo Strahles aufzunehmen.

Ein Teil des Sodaliths befindet sich noch in der Übergangsphase dieser Entwicklung vom Gestein zum Edelstein. Es wird aber immer Sodalithe geben, deren Schwingungsrate fast ganz jener der Erde entspricht; dieser Sodalith wird immer Empfänger des indigo Strahles für den Planeten sein. Die Schwingungsrate des Sodaliths, der sich zum Edelstein entwickelt, entfernt sich weiter und weiter von der des eigentlichen Sodaliths. Wie du weißt, heißt dieser Edelstein Indigolith.

Heute absorbiert der Indigolith noch die Negativität und Disharmonie aus der Atmosphäre – wie der Sodalith. Doch seine Fähigkeit, Negativität aus der Erdatmosphäre aufzunehmen, wird zurückgehen, je mehr der Indigolith vom reinen indigo Strahl tragen kann. Der Edelstein Indigolith übernimmt allmählich die Verantwortung für die Veränderungen, die der indigo Strahl für die Menschen mit sich bringt, und für die Unterstützung der Menschen in dieser Übergangsphase.

Meine Entwicklung erstreckte sich bereits über viele Jahre eurer Zeitrechnung; für mich waren es relativ wenige. Ich habe noch nicht einmal die ›Blüte meines Lebens‹ erreicht. Der echte Sodalith befindet sich in seiner eigenen Evolution. Diese Evolution ist recht verschieden von der, die der Sodalith erlebt, der im Edelstein Indigolith von neuem geboren wird. Die Schwingung des echten Sodaliths wird kräftiger und wirksamer für den Planeten. Meine Kapazität, Disharmonie und Negativität in der Erdatmosphäre zu absorbieren, nimmt zu, weil die Erde sie braucht, um das Gleichgewicht aufrechtzuerhalten.

Zurzeit bin ich immer noch für den Edelstein Indigolith zuständig; der Hüter des Saphirs scheint dafür verantwortlich zu sein, den Hüter des Indigoliths auszubilden. Dieser ist noch ein Knabe. Doch sobald er Verantwortung und noch viele andere Dinge mehr lernt, wird es zu einer Spaltung kommen. Dann wird der Hüter ganz die Betreuung des Edelsteins Indigolith übernehmen, und ich werde meine Energien ausschließlich auf den Sodalith konzentrieren.

Der Sodalith heute

Du würdest meine Aufgabe vielleicht besser verstehen, wenn ich dir meine Liebe zu diesem Planeten irgendwie vermitteln könnte. Wenn ich das blaugrüne Tal betrachte, das sich unter uns erstreckt, und den leuchtend blauen Himmel mit seinen weißen Wolkentupfen sehe, der sich über ihm wölbt, ist mein Herz von Liebe erfüllt.

Ich bemühe mich, die Atmosphäre klar zu halten, indem ich meine Absorptions-Kapazität einsetze und den indigo Strahl vermittle. An menschlichen Maßstäben und Bedürfnissen gemessen, ist der indigo Strahl, den ich trage, fast unbedeutend. Doch wenn Menschen einen Sodalith betrachten, mag meine indigo-blaue Farbe sie vielleicht inspirieren, meinen Traum von einem reinen, blauen Himmel zu teilen. Vielleicht öffnet sich dann die menschliche Intuition, und Personen mit einem gewissen Einfluss werden angeregt, mehr Sodalith zu fördern. Eine Steigerung der Sodalith-Förderung ist wichtig, denn dieser Stein kann nur dann zur Reinigung der Atmosphäre beitragen, wenn er Kontakt mit ihr hat.

Ich kann nur hoffen, dass die Zunahme meiner Kraft, die ich erleben werde, so rasch eintritt, wie das Bedürfnis der Erde nach meinem Dienst sich entwickelt.

»Meinst du damit die zunehmende Luftverschmutzung?«, fragte Michael.

Ja, aber vergiss nicht, dass zur Luftverschmutzung sowohl disharmonische Gedankenenergien als auch disharmonische Materie-Moleküle beitragen.

Die stofflich-materielle Luftverschmutzung absorbiere ich nicht direkt. Sie muss zuerst in eine Wechselbeziehung mit der Luft treten und von dieser verarbeitet werden. Es ist ähnlich wie bei deiner Nahrung: Der Körper kann die Speisen nicht leicht verdauen, wenn sie nicht vorher gekaut wurden. Ich nehme die Verschmutzung nicht auf, bevor sie nicht von der Luft verarbeitet wurde. Die Luft beginnt sofort mit der ›Vorverdauung‹ der Stoffe, die sie verschmutzen.

Oft sind die Auswirkungen von Waldbränden oder Vulkanausbrüchen nicht oder nur schlecht einzuschätzen. Die Erde kann Bestandteile von Rauch oder vulkanischen Gasen verwenden, um gewisse Störungen der Balance auszugleichen. Es gibt sogar Gelegenheiten, bei denen die Erde die verstärkte Strahlung aus erhöhter Sonnenfleckenaktivität benötigt und gebraucht. Außerdem passt sich die Erde, so gut sie kann, an die negativen Einflüsse und Belastungen an, die die Menschen dem Planeten aufbürden – und sie weiß die positiven Einflüsse zu schätzen, die sie von Menschen erhält. Alle diese Dinge sind Faktoren in Leben und Gesundheit der Erde.

Stelle dir einmal all die Lehrbücher vor, die nötig sind, um einem Medizinstudenten zu erklären, wie der menschliche Körper funktioniert. Die gleiche Zahl von Lehrbüchern wäre notwendig, um zu schildern, wie der Planet funktioniert, und welches seine Beziehungen zu dem Leben sind, das auf ihm existiert.

Sodalith-Kugeln besitzen von Natur aus eine starke magnetische Anziehungskraft für die disharmonischen Mentalenergien in eurer Aura. Wenn du Sodalith-Kugeln trägst, prüft der Sodalith zuerst eingehend deine Aura. Dabei erfährt er Art und Ursprung deiner negativen Gedanken-Emanationen. Wenn diese einmal identifiziert sind, könntest du den Sodalith aus deiner Aura entfernen und ihn auf den Kaminsims oder einen ähnlichen Platz in deinem Heim legen. Der Sodalith weiß genau, welche Schwingungsrate er anziehen muss. Je länger du diesen Stein trägst, desto stärker wird seine Anziehungskraft.

Wie du weißt, gilt mein Wirken in erster Linie dem Planeten. Wenn Menschen mich in kugelig geschliffener Form tragen, werden die negativen Energien aus ihrer Aura absorbiert, bevor sie in die Erdatmosphäre gelangen können. Je mehr Menschen mich also tragen, desto weniger Verschmutzung muss die Erde bewältigen.

Ich möchte noch etwas klarstellen. Der Sodalith kann auch in Form roher Steine die negativen Gedankenausströmungen der Menschen aufnehmen. Dazu müssen sie allerdings länger von der Luft ›vorgekaut‹ werden. Weil die Menschen Lebenskraft einer höheren Schwingungsrate besitzen, sind auch die menschlichen Gedanken-Ausströmungen von höherer Schwingung als materielle Verschmutzung. Die Luft muss sich bemühen, die Schwingungsrate menschlicher Gedanken-Emanationen so weit zu reduzieren, dass der Sodalith sie leicht aufnehmen kann. Deshalb braucht die Luft länger, um Gedankenformen zu verarbeiten, als zur Bewältigung materieller Luftverschmutzung, zum Beispiel in Form von Kohlenmonoxid.

Nur indirekt trage ich zur Heilung des Körpers bei.

Wenn die Aura des Menschen etwas reiner ist, kann das Licht des Geistes durch die inneren Körper heller in den physischen Körper strahlen. Es ist, wie wenn die Sonnenstrahlen die Erde besser erreichen, nachdem die Wolken sich verzogen haben.

Wenn die Aura der Menschen reiner ist, können sie sich selbst deutlicher sehen. Es ist dann leichter zu erkennen, wer sie sind, welches ihre Stärken und Schwächen sind, und in welche Richtung ihr Leben sich entwickelt. Sind diese Dinge einmal bekannt, können die Menschen sich entscheiden, ihre Eigenschaften zu stärken, an ihren Schwächen zu arbeiten oder die Richtung zu ändern, in die ihr Leben sich augenblicklich entwickelt. Doch dies sind alles Nebenwirkungen des Sodaliths.

Der größte Teil meiner Arbeit findet auf für euch nicht bewusster Ebene statt. Nur die Ergebnisse meines Wirkens werden bewusst wahrgenommen.

Wie du dir gewiss vorstellen kannst, trägt man den Sodalith am besten um den Hals oder als Tisrati um den Kopf. Je größer die Sodalith-Kugeln sind und je mehr man von ihnen trägt, desto mehr Disharmonie können sie aufnehmen. Wenn du den Sodalith tagsüber nicht tragen kannst, so schlafe mit so vielen Sodalith-Ketten, wie du wünschst. Trage sie um den Hals, oder lege sie neben dir ins Bett. Legst du den Sodalith unters Kopfkissen, wirkt er nur, wenn das Kissen aus Daunen, Federn, Baumwolle oder einem anderen natürlichen Material ist. Wenn der Sodalith zwischen Bettwäsche aus Polyester oder anderem synthetischen Gewebe liegt, kann er sich nicht mit deiner ganzen Aura befassen. Meine stärkste Wirkung erziele ich, wenn man mich trägt und ich gleichzeitig Kontakt mit der Atmosphäre, mit der Luft, habe.

Ich kann keine Disharmonien aufnehmen, wenn ich von künstlichem Material – etwa Plastik – bedeckt bin. Das gilt auch für Leder.

»Muss der Sodalith Erde berühren, um die häusliche Atmosphäre zu beeinflussen?«

Nein, die Berührung mit Erde ist nicht notwendig. Die Atmosphäre in deinem Heim ist immer noch die Erdatmosphäre; sie ist lediglich umgeben von vier Wänden, einer Decke und einem Fußboden.

»Ja, aber jede Wohnung hat doch auch ihre eigene ›Atmosphäre‹.«

Das ist richtig, weil die Gedanken ihrer Bewohner innerhalb der vier Wände gesammelt und enthalten sind.

Als roher Stein kann der Sodalith die angesammelten Gedankenenergien in der Wohnung nicht so gut beseitigen. Nur in Kugelform ist es ihm möglich, die unausgeglichenen, disharmonischen Gedanken zu absorbieren, die sich innerhalb einer Wohnung oder des Hauses sammeln. In Kugelform bemüht sich der Sodalith, eine ausgeglichenere Atmosphäre zu erreichen. Dazu muss man ihn entweder tragen oder auf einen Tisch oder an einen ähnlichen Ort in der Wohnung legen.

Trägt man die Sodalith-Kugeln um den Hals, helfen sie einem auch direkt über die Aura.

»Man nennt dich einen Erdstein. Bedeutet dies, dass du auf der Erde heimisch bist?«

Als der Hüter des Sodaliths arbeite ich nur für den Planeten Erde. Ich habe genug zu tun, das Gleichgewicht auf diesem einen Planeten aufrechtzuerhalten, ohne mich darüber hinaus noch um andere Planeten zu kümmern.

Ein ausgeglichener Geist verteilt nicht so viel mentale Disharmonie und Negativität wie das unausgeglichene, undisziplinierte Denken. Und es ist wahr: Je mehr Disharmonien das Denken verströmt, desto unausgeglichener wird es. Wenn es von der selbstgeschaffenen Belastung befreit ist, kann das Denken leichter zum Gleichgewicht finden. Ich beseitige die Wolken der Disharmonie, die dein Denken verbreitet hat, und öffne dir damit die Sicht, damit du erkennen kannst, was du getan hast. Es bleibt zu hoffen, dass das Denken, wenn die Wolken beseitigt sind, auch die Gründe erkennt, aus denen es solche Disharmonie von sich gibt.

Doch diese Gründe oder die Ursache der Disharmonie nehme ich nicht auf. Wenn ein Mensch die Ursache seiner mentalen Aktivität erkennt, sich aber nicht ändern will und auch den Sodalith nicht weiter trägt, wird seine Aura schließlich wieder genau so verschmutzt sein wie vor der Behandlung.

Ich bin da, um die Bürde zu erleichtern. Wenn die Last von ihnen genommen ist, können die Menschen leichter sich selbst und ihr eigenes Denken erkennen. Sie sehen, was sie sich selbst mit ihren negativen Ausstrahlungen antun. Ich kann ihnen helfen, Ausgeglichenheit in ihr Denken einzuführen, aber nur, wenn sie bereit sind, sich selbst zu ändern.

Sobald ich mich innerhalb des Aura-Feldes befinde, wird gleichsam ein Schalter umgelegt: ich werde aufgeladen. Doch es kann viele Minuten dauern, bis dieses Aufladung durch kinesiologische oder andere Testmethoden festzustellen ist.

Meine Kraft und Wirksamkeit nimmt zu, solange ich getragen werde. Trägt man mich beispielsweise zehn Monate lang ununterbrochen, werde ich für den Träger wesentlich stärker, als gebrauchte er mich nur zehn Wochen lang.

In der gleichen Zeit werde ich immer mehr von den Energien gesättigt, die ich absorbiere. Glücklicherweise nimmt meine Kraft rascher zu, als der Sättigungsgrad ansteigt. Man kann es mit einem Staubsauger vergleichen: Je voller der Staubbeutel wird, desto mehr muss der Staubsauger ›sich anstrengen‹, um den Teppich zu säubern.

Den Sättigungsgrad des Sodaliths kann man daran messen, wie sehr sich seine Farbe verändert, nachdem er zutage gefördert wurde. In der Regel lässt sich sagen: Je mehr Weiß sichtbar ist, desto stärker ist der Stein gesättigt. Das Weiß in Sodalith-Kugeln jedoch zeigt nicht unbedingt an, wieviele negative Gedankenformen der Stein bereits aufgenommen hat. Dieses Weiß kann auch von etwas anderem herrühren, das der Stein aus der Atmosphäre absorbiert hat, bevor er zur Kugel geschnitten und geschliffen wurde. Im übrigen sind nicht alle weißen Adern in einem Sodalith Zeichen aufgenommener Disharmonie. Beim frisch geförderten Sodalith (der noch nie der Atmosphäre ausgesetzt war und deshalb nichts von ihrer Negativität aufgenommen hat), sind die weißen Teile lediglich mineralische Verunreinigungen.

Jeder kann nur profitieren, wenn er Sodalith trägt. Doch der Sodalith ist ein sehr ›individueller‹ Stein, und zwar aus zwei Gründen: Zum einen sieht jedes Exemplar seiner Art ein wenig anders aus, selbst wenn es am gleichen Ort gefördert wurde; zum anderen wirkt der Sodalith bei jedem Träger auf eigene Weise. Die magnetische Ladung der Gedanken eines jeden Menschen unterscheidet sich ein wenig von der jedes anderen. Der Sodalith muss diese Ladung und die Schwingungsrate seines Trägers kennenlernen, um für ihn optimal arbeiten zu können.

Am meisten werden jene Menschen vom Sodalith profitieren, die sich dauernd überwältigt und überlastet fühlen – oft aus keinem genau bestimmten Grund. Weil ich den ›Müll‹ aus der Aura beseitige, können Personen, die mich tragen, ihre eigenen, wirklichen Gedanken, Gefühle, Ziele und Träume deutlicher wahrnehmen. Deshalb bin ich besonders nützlich für jene, die Schwierigkeiten haben bei der Unterscheidung zwischen ihren eigenen Gedanken, Gefühlen, Zielsetzungen und Träumen – und denen, die andere auf sie projizieren.

Ich kann den Einzelnen vor jedem negativen Gedanken, Gefühl oder sonstigen Energien schützen, die andere auf ihn richten. Dazu gehören auch unerwünschte Gebete oder schwarze Magie. Wenn man mich trägt, sauge ich diese Energien auf, sobald sie in das Aura-Feld gelangen.

Die Aura des Sodaliths umfasst einen Bereich, der viele hundert Mal größer ist als seine grobstoffliche Gestalt. Diese Aura wirkt wie ein Schwamm. In gewisser Hinsicht besitzt sie eine etwas stärkere Ladung als die Aura eines Menschen. Aus diesem Grunde fließen negative Energien leicht von der geringer geladenen Aura in die Aura des Sodaliths.

Im Laufe der Lebenszeit meines Trägers werde ich wohl nie eine völlige Sättigung erreichen, wenn ich nicht ständig gebraucht und getragen werde, um ihn vor schwarzer Magie oder unerwünschtem Gebet einer ganzen Gruppe von Menschen zu schützen. Unter normalen Umständen kann ein Sodalith mehrere Jahrzehnte lang gut arbeiten. Doch wenn die Ozonschicht der Erdatmosphäre weiter vernichtet wird und noch mehr störende und unnötige Energien in die Aura der Erde ausströmen, mag es sein, dass ich schon nach zehn Jahren meines Wirkens im Kontakt mit der Erdatmosphäre von Disharmonien gesättigt bin.

Das Sonnenlicht vermag den Sodalith nicht zu reinigen, es kann auch die Energien, die ich absorbiert habe, nicht hervorholen oder auflösen. Es gibt nur eine Möglichkeit, den Sodalith zu reinigen: indem man ihn einige Jahre einen halben bis einen Meter tief in der Erde vergräbt. Dies sollte mit gebührender Achtung geschehen. Der Sodalith muss die Erde direkt berühren und darf von keinem Behälter oder Gefäß umgeben sein. Dann können die Kräfte wirken und den Sodalith reinigen, die von Natur aus zwischen dem Erdkern und ihrer Oberfläche hin- und herfließen.

Solange ich in der Erde eingegraben bin, dehnt sich meine Aura nur etwa zehn Zentimeter weit aus, und ich kann der Erdatmosphäre nicht nützen. Deshalb ist es wichtig, dass der Sodalith zutage gefördert wird: Wenn ich Kontakt mit der Atmosphäre habe, dehnt sich meine Aura zu maximaler Größe aus.

Obwohl das Sonnenlicht einen Sodalith nicht reinigen kann, vermag es doch einen Teil von der Schwingung auszulöschen, die er von einem Menschen gespeichert hat. Damit der Sodalith seine Energien leichter an einen neuen Träger anpasst, sollte man ihn also bei strahlender Sonne mindestens eine halbe Stunde lang ins Licht legen.

Du brauchst nicht zu befürchten, von Energien beeinflusst zu werden, die ich früher aufgenommen habe. Außer den Kräften der Erde ist nichts imstande, diese Energien anzurühren und aus mir zu lösen.

Der Sodalith morgen

Es ist ein Glück, dass die Zeit sich auszudehnen scheint, wenn man stark beschäftigt ist. Ich sage dies, weil ich selbst in Zukunft noch mehr zu tun bekomme. Natürlich setzt diese Aussicht auf noch mehr Arbeit in der Zukunft voraus, dass mehr Menschen die Wirkung des Sodaliths nutzen. Dies bedeutet, dass meine Aufgabe für den Planeten immer mehr erfüllt wird. Wie ich bereits sagte, nimmt meine Kraft zu, um dem Bedarf der Erde zu begegnen, wenn und falls diese eine verstärkte Reinigung ihrer Atmosphäre benötigt.

Man kann gar nicht genug Sodalith fördern. Es wäre sogar klug, Vorbereitungen zu treffen gegen eine mögliche Zunahme von disharmonischen und unnötigen Gedanken, Schwingungen, Energien oder Zuständen, die eines Tages in die Erdatmosphäre gelangen könnten. Es würde auch mein Ziel fördern, unter den Bewohnern der Erde weit verbreitet zu sein, denn je gleichmäßiger ich über den Planeten verteilt bin, desto besser kann ich ihm dienen.

Man übersieht den Sodalith leicht, weil er nicht das Feuer von Edelsteinen besitzt. Doch dieser Stein ist zu wichtig, um weiterhin übersehen zu werden. Dies gilt umso mehr, wenn die Atmosphäre weiterhin verschmutzt wird und die Mentalenergien, die in sie gelangen, überwiegend negativ sind. Ohne die Hilfe Sodaliths könnte der Planet von vielen anderen Kräften bedroht werden, die dem menschlichen Leben im Wege stehen und damit letztlich auch dem Leben der Erde.

»Was hältst du davon, Edelsteine und Erdsteine in ihrer natürlichen Form zu tragen?«, fragte Michael.

Ich weiß, dass du an die Form denkst, in der man Edelsteine und Erdsteine im Boden findet. Sei jedoch vorsichtig bei der Verwendung des Wortes ›natürlich‹. Es ist ganz natürlich, dass die Menschen heutzutage Steine in Kugelform tragen. Ihr Bewusstseinszustand ist bereit und offen für Kugeln.

Wenn ein Edelstein oder Erdstein einmal zu einer Kugel geschliffen wurde, kann er seine Energien in die Aura seines Trägers loslassen, wie es ihm als Kristall oder roher Stein nicht möglich wäre.

»Viele Menschen scheinen anzunehmen, es sei falsch, die Form von Edelsteinen oder Erdsteinen zu verändern.«

Die Information, die die Hüter dir geben, ist gewissermaßen der aktuellste Stand. Das heißt zwangsläufig, dass nicht jeder Bewohner dieses Planeten bereit ist, die Kräfte von Edelsteinen in Kugelform anzunehmen. Doch sind genügend Menschen offen für diese Information; sie arbeiten und experimentieren damit, lernen daraus und wachsen dabei.

Oft halten die Menschen fest an dem, was sie wissen, und sie klammern sich an Dinge, die in der Vergangenheit gut für sie waren. Lass ihnen Zeit. Wenn sich die Welle des Neuen dem Ufer nähert, wird auch ihr Bewusstsein sich entfalten. Die Menschen setzen sich selbst Grenzen, indem sie sich an die Kristall-Form klammern. Wenn Personen, die an den Kristallen hängen, sich von ihren Vorstellungen lösen und die Kraft der Kugelform erleben würden, könnten sie rascher wachsen und sich entwickeln, als ihnen vielleicht lieb ist. Habe also Verständnis und sei geduldig. Lass den Menschen Raum und Zeit, nach ihrem eigenen Maße zu wachsen.

Die Erde nutzt die Kristall-Form, weil diese für sie besonders wirksam ist. Gebraucht man die Kristalle nach ganz bestimmten Methoden, können sie auch für den Menschen sehr nützliche Werkzeuge sein.

Folge mir noch ein Stück weiter diesen felsigen Berg hinauf, und ich führe dich zum Hüter des Leoparden-Jaspis. Wir werden eine Höhle betreten, und etwas tiefer, im Inneren des Berges, wirst du den Hüter kennenlernen. Sei nicht überrascht, wenn er dir nicht in physischer Gestalt begegnet. Vielleicht triffst du nur auf eine Energie.

Wir werden rasten, bevor wir unseren Weg antreten.

Kapitel 18

Leoparden-Jaspis

Der Pfad über die Felsen war steil. Ich war froh, dass wir nicht lange unterwegs waren, als der Hüter des Sodaliths auf die schmale Öffnung einer Höhle zeigte.

Gleich hinter der engen Pforte erweiterte sich der Gang, das Licht der Sonne drang nur gedämpft herein. Ich wunderte mich, was uns den Weg beleuchten würde, da wir keine Lampe bei uns trugen. Die Antwort wurde mir klar, als schon bald, im tieferen Dunkel, das blassblaue Glühen Sodaliths sich verstärkte. Es gab uns gerade soviel Licht, dass wir etwas sehen konnten, solange wir uns dicht hinter dem Hüter hielten.

Wir folgten dem Weg etwa fünfzig Meter nach unten, bis wir an eine große, knochentrockene Höhle gelangten. Sodaliths Stimme wurde von einem Echo gefolgt, als er sagte: »Wir haben eines der wichtigsten Vorkommen von Leoparden-Jaspis auf der Erde betreten. Spürt seine Energie. So etwas habt ihr vermutlich noch nie zuvor erlebt.«

Ich öffnete alle meine Sinne der Energie des Leoparden-Jaspis. Beschreiben kann ich sie nur als eine erdhafte, erdende, feste und praktische Energie. Dann spürte ich, wie eine wirbelnde Wolke dieser Energie sich etwa einen Meter vor mir zu konzentrieren begann. Die Wolke wies etwa einen Meter Durchmesser auf. Mir war klar: Wenn ich in diesen Energiewirbel trat, könnte ich die Worte aussprechen, die aus dem Herzen des Hüters des Leoparden-Jaspis flossen.

Ich trat vor und begab mich mit meinem Schritt in den Wirbel in den ungewöhnlichsten Bewusstseinszustand, den ich je erlebt hatte. Ich hatte das Empfinden, die Erde selbst geworden zu sein. Es war, als sei mir der ganze Erdenplanet vertraut. Wenn ich meine Aufmerksamkeit auf einen bestimmten geographischen Ort lenkte, wusste ich alles, was die Erde über diesen Ort wusste. Ich konnte fühlen, wie das Nervensystem der Erde Botschaften zu jedem Teil des Planeten aussandte. Dann fühlte ich andere Botschaften, die in mein Herz zurückflossen. Sie trugen Information, Antwort und Berichte über Energie-Veränderungen, die an den Orten ihrer Herkunft kürzlich eingetreten waren.

Als ich nachdachte, ob dieses Netz von Leoparden-Jaspis-Tunneln den ganzen Planeten umspannte, begann die wirbelnd rotierende Energie, sich zu Worten zu konkretisieren, und ich spürte den Impuls zu sprechen.

Ich bin wie das Nervensystem des Planeten. Ich sammle Information von über und unter ihrer Oberfläche. Dann handle ich nach den Informationen, die ich zusammengetragen habe. Meine Reaktionen gehen meist in Form magnetischer Impulse hinaus. Ich habe auch eine direkte Kommunikationsverbindung mit dem Hüter der Erde.

Ich erfahre, was der Planet benötigt, und bemühe mich dann, diese Bedürfnisse zu erfüllen. Wenn ich Information erhalte, dass ein Teil der Erde eine Veränderung braucht, um das Gleichgewicht des Planeten aufrechtzuerhalten, sende ich magnetische Impulse zu anderen Edelsteinen und Erdsteinen. Diese Steine müssen aktiv werden, um die Veränderung einzuleiten. Ich teile den Edelsteinen und Erdsteinen mit, was zu tun ist; dann führen sie herbei, was an Veränderungen benötigt wird.

Obwohl sich die Menschen über mich in jeder Form freuen dürfen, kann ich sie doch nur in Kugelform beeinflussen. Jede andere runde Form wirkt nicht so stark.

Ich brauche die Erde nicht vollständig zu umspannen, um zu wissen, was in jedem ihrer Teile geschieht. Ich brauche nur an bestimmten, strategisch wichtigen Positionen vertreten zu sein.

Die strategisch wichtige Stelle beim Menschen ist der Hals. Wenn ich den Hals umgebe, kann ich die ganze Aura berühren und den Menschen ganz kennenlernen. Ähnlich erfahre ich alles von der Erde, wenn ich nur an einigen wenigen, aber strategisch wichtigen Orten bin.

Die in den Kugeln geborgene Energie fließt in die Aura, wo sie Informationen einholt. Dann wird sie in die Leoparden-Jaspis-Kugeln reflektiert. Auf diese Weise erfahre ich genau, was für meinen menschlichen Träger notwendig ist. Wie meine magnetischen Impulse das anziehen, was notwendig ist, um das Gleichgewicht in bestimmten Teilen der Erde aufrechtzuerhalten, ziehen sie das für meine Träger an, was diese benötigen, um ein besseres Gleichgewicht zu erlangen.

Die Aura spiegelt die Bedürfnisse eines Menschen wider, und sein Denken stellt sie fest und formuliert sie. Dies ähnelt dem, was geschieht, wenn ich einem anderen Erdstein ein Bedürfnis des Erdplaneten mitteile. Der Erdstein geht dann ans Werk, um dieses Bedürfnis genauer festzustellen und zu formulieren. Er bestimmt auch die Lösungsmöglichkeit. Ich verstehe nichts vom Denken des Menschen, deshalb kann ich dir nicht sagen, wie diese Methode beim Menschen funktioniert. Doch ich habe bemerkt, dass es in dieser Hinsicht Parallelen zwischen dem Menschen und dem Planeten gibt.

Die frühen Jahre des Leoparden-Jaspis

Ich entstand, als die Erde Gestalt annahm – wie auch das Nervensystem des Menschen sich schon sehr früh im Fötus bildet. Ich bin notwendig für das Leben des Planeten, und ich werde hier sein, solange die Erde selbst am Leben oder imstande ist, Leben zu tragen.

Der Leoparden-Jaspis heute

Wenn der Leoparden-Jaspis zu Kugeln geschliffen wird, werden Kreismuster auf deren Oberfläche sichtbar. Meine magnetischen Strahlen gehen von diesen Kreisen aus. Je mehr Kreisformen vorhanden sind, desto stärker und wirksamer werden die Kugeln das heranziehen können, was für eine Person gebraucht wird. Je mehr Leoparden-Jaspis-Kugeln man also trägt, desto größer wird meine Wirkung (solange die Kugeln jene Kreisformen zeigen).

Diese Kreise sind zudem kleinen ›Kontrollsensoren‹ vergleichbar. Wenn sie eine Aura lesen und deren Bedürfnisse feststellen, können sie entscheiden, was ein echter Bedarf und was nur künstliches Bedürfnis ist. Letzteres wäre zum Beispiel das ›Bedürfnis‹ eines Kindes nach Eiskrem zum Dessert. Der echte Bedarf wäre vielleicht ein Apfel. Dies gilt auch im Großen: Wenn es auf dem Planeten Erde zu einer Störung des Gleichgewichts kommt, mag die unmittelbare Umgebung denken, dass der Schaden mit einem rasch skizzierten ›Zehn-Punkte-Programm‹ zu beheben sei. Doch aus globaler Sicht sind vielleicht nur drei Punkte nötig, um das Gleichgewicht wiederherzustellen.

Je mehr Kreise auf den Leoparden-Jaspis-Kugeln sichtbar sind, desto größer ist meine Fähigkeit, zwischen echten und künstlichen Bedürfnissen zu unterscheiden. Eine größere Anzahl von Kreisformen bewirkt auch eine Steigerung meiner Fähigkeit, Ausgleich in einen Bereich wirklichen Bedarfs zu ziehen.

Die vorherrschende Farbe des Leoparden-Jaspis kann von Stein zu Stein schwanken. Diese Variationsbreite ist auf die unterschiedlichen Schwingungsraten der Orte zurückzuführen, an denen die Steine gewachsen sind.

In jedem einzelnen Leoparden-Jaspis sind viele verschiedene Farben enthalten. Da Farben auch Schwingungsraten sind, spiegelt dieses Phänomen meine Fähigkeit wider, viele verschiedene Schwingungsraten zu kennen, zu erkennen und zu verstehen. Im Besitze mehrerer Farben habe ich mehr Möglichkeiten, bin flexibler und von größerer Hilfe für die Erde und die Menschen. Die Verschiedenheit der Färbung ist Anzeichen meiner Fähigkeit, mit unterschiedlichen Frequenzen auf vielen verschiedenen Schwingungsebenen zu arbeiten.

Ich kann sogar noch stärker wirken, wenn der Mensch Leoparden-Jaspis-Kugeln verschiedener Größe gleichzeitig trägt. Dann kann ich tiefer in die Aura eindringen und mehr Frequenzen auf verschiedenen Ebenen der Aura erreichen. Auf diese Weise werden die Bedürfnisse meines Trägers effektiver erfüllt.

Wenn du dich vom Leoparden-Jaspis angezogen fühlst, solltest du ihn am besten ständig tragen, statt nur hin und wieder. Dies gilt auf jeden Fall, unabhängig davon, wie lange du ihn insgesamt trägst. Es ist also besser, ihn zum Beispiel an sieben aufeinanderfolgenden Tagen im Monat zu tragen, als an sieben über den Monat verteilten Tagen.

Behandlungen mit Leoparden-Jaspis

Der Begriff, der meine Wirkung charakterisiert, ist ›Regulierung‹. Im Grunde genommen reguliere ich Energien.

Wenn ein Erdbeben eintritt und eine Störung des Gleichgewichts verursacht, muss ich die Energien des Planeten regulieren, um einen Ausgleich zu schaffen. Ich muss das Gleichgewicht weltweit wiederherstellen.

Wenn mich der Mensch als Halskette trägt, bemühe ich mich um ein Gleichgewicht für die ganze Person. Ich kann auch helfen, wenn nur ein Teil der Person aus dem Gleichgewicht geraten ist oder nicht in Harmonie mit den übrigen Aspekten arbeitet. Wenn Leoparden-Jaspis-Kugeln über einen gestörten Bereich gelegt werden, reguliere ich dieses Gebiet.

Da meine Schwingung selbst massiven Fels durchdringen kann, gelangt sie leicht durch Haut und Knochen.

Man kann den Leoparden-Jaspis über jedes Organ plazieren, das sich selbst nicht richtig reguliert, oder das nicht in Harmonie mit dem übrigen Organismus arbeitet. Dazu gehören auch Organe mit Stoffwechselstörungen, die nicht im richtigen Zeitmaß mit ihrer eigentlichen Aufgabe oder dem restlichen Organismus funktionieren, und solche, die auf die Nachrichten von anderen Körperteilen nicht angemessen ansprechen. Ich werde die Bedürfnisse der Organe befriedigen. Ich rufe physische Lebenskräfte oder Schwingungen herbei – zum Beispiel Mineralien oder Ionen –, die die Zellen des Organs benötigen, um in Harmonie mit dem Rest des Körpers zusammenzuarbeiten.

Mein Wirken ist am effektivsten im Bereich von Organen, die selbst regulierende Aufgaben haben, wie das Gehirn, das Herz und die Drüsen.

Zur Unterstützung der Gehirnfunktionen sollte der Leoparden-Jaspis nicht nur um den Kopf gelegt werden, sondern ihn – wie eine Kappe – möglichst bedecken. Zur Puls-Regulierung lege man die Leoparden-Jaspis-Kugeln als Häufchen über das Herz. Je mehr Jaspis aufgehäuft wird, desto tiefer kann ich in das betreffende Organ eindringen.

Meine Schwingung durchdringt auch dann das Organ, wenn der Leoparden-Jaspis in nur einer Schicht ausgelegt wird. Doch wenn du ein Organ behandelst, das nicht richtig arbeitet, ist es am besten, wenn du die Leoparden-Jaspis-Kugeln in möglichst vielen Lagen aufschichtest. Dann kann meine Schwingung viel tiefer in die Zellen eindringen. Dies gilt vor allem für Menschen, denn sie sind nicht nur physische Wesen. Sie bestehen aus viel mehr Ebenen als die Erde.

Der Leoparden-Jaspis sollte so lange wie möglich über einem Gebiet wirken können, das du wieder in Form bringen willst. Wenn du ihn nicht an Ort und Stelle lassen kannst, solltest du den betreffenden Bereich wenigstens ein- oder zweimal täglich eine bis zwei Stunden lang behandeln. Ist eine lokale Behandlung nicht möglich, so trage den Leoparden-Jaspis um den Hals. Dies wird deinem Körper helfen, sich in Erinnerung zu rufen, wie er und das fragliche Organ zusammenarbeiten sollten.

Auf diese Weise kannst du innerhalb weniger Wochen Veränderungen herbeiführen, selbst wenn du den Leoparden-Jaspis nicht ständig über dem zu behandelnden Organ lassen, sondern dieses täglich nur kurze Zeit behandeln kannst. Ich glaube, dass ich bei den Menschen sehr effektive Arbeit leisten kann – besonders da sie, wie ich sie wahrnehme, so veränderlich und schwach sind. Doch es gibt sehr viele Einflüsse, die auf das Leben des menschlichen Körpers einwirken. Bei der Behandlung eines physischen Problems wird man deshalb vermutlich auch andere, nicht-physische Faktoren ansprechen müssen. Die Aufmerksamkeit des Leoparden-Jaspis gilt der physischen Regulierung eines Organes, das nicht richtig arbeitet.

Ich weiß, wie stark ich für den Planeten Erde bin. Doch ich weiß nicht genau, wie stark ich für einen Menschen sein kann, wenn ich in Kugelform direkt über einem seiner Körperteile zur Anwendung komme. Gehe also behutsam vor. Gebrauche deine Intuition, wenn du mit Leoparden-Jaspis arbeitest.

Ich möchte dies anhand eines Beispiels erläutern: Wenn es zu einem Erdbeben gekommen ist, hat das betroffene Gebiet oft die Vorstellung, zehn Maßnahmen zur Wiederherstellung des Gleichgewichts zu benötigen. Ich aber weiß, dass es nur fünf Dinge braucht, und ich veranlasse nur fünf Maßnahmen. Ich habe keine Möglichkeit, dich davon zu überzeugen, dass dein Körper nur eine Reihe von Leoparden-Jaspis-Kugeln über einem bestimmten Organ braucht, wenn du meinst, es seien dazu zehn Ketten nötig.

Wenn man zu viel Leoparden-Jaspis verwendet, kann die Wirkung übers Ziel hinausschießen. Dann sieht es so aus, als verschlimmere der Jaspis die Situation, während in Wirklichkeit du selbst zu viel Steine gleichzeitig trägst oder verwendest, oder wenn die Behandlungen zu häufig durchgeführt werden. Also bescheide dich und finde das richtige Maß.

Ich wirke zum Wohle der Erde und der Menschen, weil es in meiner Natur liegt, Energien zu regulieren. Ich weiß, dass die Energien in Lebewesen sehr gut reguliert werden müssen, wenn das Leben erhalten bleiben soll. Sie müssen äußerst präzise und in genauer zeitlicher Abstimmung reguliert sein; sie müssen funktionieren wie ein Uhrwerk. Alle Teile müssen zuverlässig sein, weil jeder Teil von jedem anderen abhängt, damit das Leben weiter bestehen kann.

Ein Organ, das ›aus dem Takt‹ geraten ist, würde noch perfekt arbeiten, wenn es nicht irgendwo im Körper noch eine weitere Störung gäbe. Der menschliche Körper ist in dieser Hinsicht mit der Erde vergleichbar. Erdbeben, gewisse Wettererscheinungen und andere Naturereignisse geschehen, weil etwas anderes passiert ist, das das Gleichgewicht störte. Solche Erscheinungen sind Anzeichen des Bemühens unserer Erde, Ausgleich zu schaffen. Wer Leoparden-Jaspis um den Hals trägt, verschafft seinem ganzen physischen Körper eine bessere Ausgeglichenheit und Energie-Regulation – besonders, wenn der Stein Hautkontakt hat.

Ich beseitige nicht die Krankheit vom Antlitz der Erde oder vom Körper des Menschen. Ich helfe dem Körper nur, zum Gleichgewicht zu finden. Krankheit ist natürlich eine Störung des Gleichgewichts.

Ich übernehme keine Verantwortung für das, was geschieht, wenn jemand aufgrund meines Einflusses ausgeglichener wird. Meine Verantwortung ist allein, den physischen Körper und das, was er benötigt, näher zueinander zu führen. Sei also nicht überrascht angesichts dessen, was ich für den Körper anziehe. Es könnte ein Buch über eine neue Heilweise sein, die Adresse eines

Arztes oder Empfehlungen für bestimmte Nahrungs- oder Arzneimittel. All diese Dinge sind im Grunde Schwingungen. Ein Arzt mit gewissen Kenntnissen ist eine Schwingung. Auch ein Buch. Arzneien, Kräuter, frische Bergluft und ein Spaziergang zum Strand sind ebenfalls eigene Schwingungsraten. Ich mache keinen Unterschied zwischen Schwingungsraten und der physischen Gestalt, die sie annehmen.

Ich erkenne, welche Schwingungsrate gebraucht wird, um das Gleichgewicht wiederherzustellen oder zu bewahren. Mithilfe meiner magnetischen Anziehungskraft führe ich den Menschen, der ein Bedürfnis hat, und die benötigte Schwingungsrate zusammen. Sie werden voneinander angezogen, wie Nord- und Südpol eines Magneten.

Es wäre ideal, den Leoparden-Jaspis einem Kind zu schenken, da er es zeit seines Lebens begleiten kann. Je mehr ich von einer Person getragen werde, desto besser kann ich sie und ihre Bedürfnisse kennenlernen.

Wenn man Leoparden-Jaspis etwa eine Stunde lang in die Sonne legt, hilft dies, die Muster und anderen Informationen zu löschen, die ich über meinen letzten Träger gespeichert habe. Die Sonnenstrahlen wirken wie ein feuchter Schwamm, der über eine Tafel wischt und die Kreideschrift verschwinden lässt.

Wenn ein Edelstein-Therapeut denselben Leoparden-Jaspis nur für einen Patienten verwendet, kann man die Behandlungszeit besser nutzen, und ich kann bei jeder neuen Behandlung die nächste Phase einleiten. Wird der Leoparden-Jaspis zwischen den Behandlungen von der Sonne ›gelöscht‹, müsste ich die Bedürfnisse und Eigenheiten des Patienten jedesmal von neuem lernen.

Wie ich Energien reguliere, ist speziell auf die Erde und die Erdenmenschen zugeschnitten – auch das Gehirn einer Kuh kontrolliert den Körper der Kuh genau so, wie es für Kühe typisch ist.

Doch trotz ihrer Ähnlichkeiten sind alle Erdenmenschen einzigartig und individuell. Deshalb kommt es vor, dass ein menschlicher Körper das Organtransplantat von einem anderen Körper abstößt. Wenn dies geschieht, ist die Schwingungsrate des Organspenders zu verschieden von der des Empfängers. Genauer gesagt: der Regulationsmechanismus des Spenderorgans ist zu verschieden von dem des Empfängers. In einem solchen Fall ist das Organ im Körper des Empfängers nicht lebensfähig, und dieser stößt es ab.

Wenn ein Mensch lange genug Leoparden-Jaspis-Kugeln trägt, wird sein Regulationsmechanismus insgesamt klarer und genauer. Darüber hinaus wird er sehr kräftig. Infolge dessen nehmen der persönliche Magnetismus und die Individualität der Person zu; die Definition, wer dieses Individuum ist, wird spezifischer und klarer umrissen. Wer den Leoparden-Jaspis also fast dauernd trägt, eignet sich nicht mehr gut als Organspender: seine Organe werden immer weniger anpassungsfähig für die Regulationsmechanismen anderer Menschen.

Je klarer der Träger des Leoparden-Jaspis in seinem Selbstbild wird, desto stärker werden Wesen von diesem oder anderen Planeten, die mit unehrenhaften Absichten kommen, wie durch magnetische Kraft abgestoßen oder ferngehalten. Wie ich anziehen kann, was harmonisch ist, kann ich abstoßen, was disharmonisch ist. Je mehr Leoparden-Jaspis man trägt, desto stärker wird naturgemäß auch die abstoßende Kraft. Doch es mag viele

Monate dauern, während derer man den Leoparden-Jaspis ständig trägt, bis diese Kraft stark genug ist, um andere Menschen tatsächlich abzustoßen.

Wenn Menschen, die den Eindruck haben, ständig Disharmonie in ihr Leben zu bringen, anfangen Leoparden-Jaspis zu tragen, werden sie fortan mehr und mehr Dinge anziehen, die die Harmonie vergrößern. Gleichzeitig beginnen sie die Dinge abzustoßen, die Disharmonie unterstützen.

Wer denkt, dass er nur Disharmonie anzieht, betrachtet sein Leben vielleicht aus einer Perspektive, die nicht das ganze Bild überblicken kann. Mit oder ohne Leoparden-Jaspis stellt alles, was du in dein Leben bringst, die Kraft dar, die ständig bemüht ist, Gleichgewicht herbeizuführen. Dies liegt in der Natur des Lebens; damit Leben existiert, muss Gleichgewicht herrschen, ein ständiges Geben und Nehmen.

Oft sind Menschen in einer Situation gefangen, in der sie das Gefühl haben, als ströme nur Disharmonie in ihr Leben, und sie sind davon überzeugt, dass sie mehr Harmonie bzw. ausgleichende Energien bräuchten, als sie tatsächlich benötigen. Darin sind sie mit dem Kind vergleichbar, das meint, es brauche fünf Kugeln Eis, während es tatsächlich nur eine essen kann. Der Leoparden-Jaspis kann dazu beitragen, das Kind davon zu überzeugen, dass es nur eine Kugel braucht, indem er nur diese eine Kugel anzieht. Wenn Menschen solche Lebensumstände aufgebaut haben, dass ständig auch die anderen vier Eiskugeln in ihr Leben gezogen werden, kann ich sie mit magnetischer Abstoßung fernhalten.

Doch man darf nicht vergessen, dass Mentalenergie viel stärker ist als physische Energie. Meine Arbeit befasst sich mit dem Physischen. Andererseits – und dies soll weder verwirrend noch paradox erscheinen – kann ich, wenn ich die Aura berühre, auch das anziehen oder fernhalten, was vom Denken und vom Fühlen benötigt oder nicht gebraucht wird. Die Aura nämlich reflektiert auch die Bedürfnisse von Denken und Fühlen. Doch ich erfülle diese mentalen und emotionalen Bedürfnisse nur, soweit sie sich auf den physischen Körper beziehen.

Der Leoparden-Jaspis kann helfen, negative Einflüsse von seinem Träger fernzuhalten und fortzustoßen. Doch wenn dieser sich den Veränderungen widersetzt, die ich einleite, und darauf besteht, Tür und Tor für jene Einflüsse zu öffnen und sie hereinzubitten, kann ich nichts unternehmen, um sie fernzuhalten. Dies gilt selbst dann, wenn die Person mir unbewusst Widerstand leistet.

Ich wirke machtvoll für die Erde, weil die Erde ganz und gar bereit ist, mit mir zusammenzuarbeiten. Ich kann mich ebenso mächtig für Menschen einsetzen, die ganz und gar bereit sind, die Veränderungen durchzuführen und die Einflüsse anzunehmen, die ich für sie anziehen kann.

Den Menschen sind viele Dinge gegeben, die sie ungenutzt lassen oder gar nicht annehmen. Wer Leoparden-Jaspis trägt, erhält die Schwingungen in seinem Leben, die er braucht. Solche Schwingungsraten sind wie Geschenke; ich kann niemanden zwingen, sie anzunehmen. Empfangen wird sie nur der, der ganz und gar bereit und willens ist, jegliche Veränderungen anzunehmen, die sich infolge der Annahme dieser Geschenke in ihrem Leben ereignen werden. Wenn ich die Auren der Menschen kennenlerne, erfahre ich manchmal mehr über meinen Träger, als dieser selbst über sich weiß. Ich kenne seine Bedürfnisse besser als er selbst. Ich weiß, welche Einflüsse ihm am meisten schaden. Manchmal genießen die Menschen solche Einflüsse, die schädlich für sie sind, und sind nicht bereit, den Schutzschild zu gebrauchen, der sie von ihnen ablenken würde. Mit anderen Worten: sie sind nicht bereit oder willens, die Geschenke des Leoparden-Jaspis anzunehmen.

Ich kann nichts tun, wenn ein Kind nicht bereit ist, als Dessert einen Apfel anstelle der Eiskrem zu akzeptieren – selbst wenn ich weiß, dass das Kind der Nährstoffe im Apfel dringend bedarf. Ich habe nicht die Macht, das Denken der Menschen zu ändern. Ich bin ein Mittel, ein Werkzeug, und ich kann nur so weit wirken, wie mein Träger bereit ist, mit mir zusammenzuarbeiten.

Der Leoparden-Jaspis morgen

Meine Mission für den Planeten ist immer die gleiche gewesen und wird immer die sein, die ich geschildert habe. Die Menschen mögen vielleicht andere Einsatzmöglichkeiten finden, wenn sie den Leoparden-Jaspis besser verstehen lernen und merken, was er in Kugelform bewirken kann. Das liegt in der Natur des Menschen: zu experimentieren, zu forschen und sein Wissen und Bewusstsein zu erweitern. Aus diesem Grund hat er das Recht erworben, die Wirkungen der Kugelform zu erfahren.

Du hast zwei Kugeln zu verdanken, dass du am Leben bist: der Sonne und der Erde. Erscheint es dir da nicht sinnvoll, lebenspendende Substanzen – ihr nennt sie Edelsteine und Erdsteine – in Kugelgestalt zu bringen, um aus ihnen zusätzliche Lebenskraft zu beziehen? Bietet sich das nicht an? Vielleicht ist es nicht für jeden so offenkundig – *noch* nicht. Es dauerte natürlich viele Jahrhunderte, bis die Menschen überall begriffen hatten, dass die Erde sich um die Sonne dreht. Heutzutage denken sie: »Natürlich dreht die Erde sich um die Sonne. Das liegt doch auf der Hand.«

Am fernen Ende dieser Höhle werdet ihr einen Duchgang finden, der euch zu einem anderen Höhlensystem führt. Dort werdet ihr den Hüter des Erdsteines Poppy-Jaspis treffen.

Bevor ihr geht, möchte ich euch sagen, dass dieses Gespräch ein sehr wichtiger Teil meiner Arbeit war. Jetzt habt ihr die Möglichkeit, die Wirkungsweise des Leoparden-Jaspis besser zu verstehen, ohne sie viele Jahre lang durch Versuch und Irrtum ergründen zu müssen. Jetzt habt ihr eine Richtung, in der ihr nach noch größerem Verständnis der möglichen Wirkungen des Leoparden-Jaspis auf den physischen Körper eines Menschen oder Tieres forschen könnt.

Die Tiere können sogar noch tiefere Wirkungen erfahren als der Mensch, wenn sie Leoparden-Jaspis tragen, denn bei ihnen stellt sich nicht das Denken in den Weg. Sie haben nicht euren mentalen Aspekt, der ihnen dauernd sagt, dass sie Eis statt Äpfeln bräuchten.

»Danke, dass du dieses Wissen mit uns geteilt hast«, sagte Michael.

Das ist meine Pflicht.

Ich wurde plötzlich aus diesem Wirbel von Energie geworfen. Es überraschte mich nicht, da es offensichtlich der Wesensart des Leoparden-Jaspis entspricht, das abzustoßen, was er nicht länger benötigt.

Zu meiner Rechten sah ich das blaue Glühen dessen, den ich für den Hüter des Sodaliths hielt. Schweigend setzte er sich in Bewegung und ging auf das andere Ende der Höhle zu. Dort betrat er einen anderen Gang, und wir folgten.

Dieses Mal war der Weg relativ eben, aber schmal und eng; wir mussten einige Male kriechen, um hindurchzugelangen. Zum Glück war mein Abenteuergeist stärker als mögliche klaustrophobische Anwandlungen.

Schließlich öffnete sich der Tunnel in einen großen Raum. Er zeigte zahlreiche Stalaktiten und Stalagmiten, zwischen denen wir uns hindurchwinden mussten. Die Atmosphäre war sehr feucht. Wände und Decke waren wie von Wasser gesättigte Schwämme, sodass es überall tropfte.

Irgendwo in dieser Höhle würden wir dem Hüter des Poppy-Jaspis begegnen.

Kapitel 19

Poppy-Jaspis*

Plötzlich tauchte mitten in der der nassen Höhle ein Lagerfeuer auf. Es war nicht nur in dieser Hinsicht ein sehr ungewöhnliches Feuer, denn es produzierte keinen Rauch, und sein Licht tanzte nicht an den Höhlenwänden. Das Feuer strahlte unbewegt wie helle Glut und erlaubte uns, die ganze Höhle deutlicher zu sehen.

Der Hüter des Sodaliths schien sich um das Feuer überhaupt nicht zu kümmern. Es war ihm wohl ein Wink, nun um die Anwesenheit des Hüters des Poppy-Jaspis zu bitten. Wieder sammelte sich ein gestaltloser Wirbel aus Energie wenige Schritte vor mir. Ich bemerkte, dass dieser Wirbel sich im Vergleich zu dem des Leoparden-Jaspis in entgegengesetzter Richtung drehte. Ich trat in den Wirbel ein und hielt den Atem an. Die Energie lag wie ein schwerer Druck auf meinem Körper. Noch krasser empfand ich die Veränderung meiner Wahrnehmung. Ich sah die Höhlenwände nicht mehr als Fels: Sie waren lebendig, ein lebendiger Teil meines eigenen Körpers.

Michael und der Hüter des Sodaliths sahen auch anders aus. Ich konnte nur einen schwachen Umriss ihrer physischen Gestalt sehen, denn ihren Körper nahm ich als Ansammlungen von Wasser und Mineralien wahr. In

* Mittlerweile ist der Begriff ›Gebrochener Jaspis‹ im deutschsprachigen Raum gebräuchlicher.

jedem vibrierte eine Art Spirale konzentrierten, blendenden Lichtes, das dem Wasser und den Elementen Leben verlieh. Ich wusste, dass dies die Seele sein musste.

Dann spürte ich den Impuls, mein Denken zu entspannen, zu lauschen und als Sprechwerkzeug zu dienen für das, was der Hüter des Poppy-Jaspis zu sagen wünschte.

Ich bin so etwas wie ein Cousin des Leoparden-Jaspis. Mein Werk folgt dem seinen, und wenn ich in Kugelform geschliffen bin, entspricht meine Wirkung auf den Menschen jener, die ich auf den Planeten Erde ausübe.

Meine Aufgabe für den Planeten ist, ihn mit dem Äquivalent des menschlichen Adrenalins zu versorgen. Wenn dein Adrenalin fließt, arbeitest du stärker und rascher. Oft fließt dein Adrenalin, weil du erregt bist; es erzeugt ein Gefühl der Freude, das dich an der Arbeit hält. Adrenalin kann dir auch die zusätzliche Energie vermitteln, die du manchmal brauchst, um negative Situationen zu bewältigen. Diese extra Energie ist es, was ich der Erde gebe – immer dann, wenn der Leoparden-Jaspis feststellt, dass es notwendig ist.

Die frühen Jahre des Poppy-Jaspis

Wie deine Organe sich bildeten, als auch der Rest deines Körpers entstand, kam ich ins Dasein, als der Planet Gestalt annahm. Du wirst merken, dass die Erdsteine in dieser Hinsieht ähnlich sind. Die Erdsteine haben für den Planeten ähnliche Funktionen wie deine Organe für dich. Deine Organe erfüllen in jedem Alter die gleichen Aufgaben, und sie werden sterben, wenn dein physischer Körper stirbt.

Der Poppy-Jaspis heute

Ich bin in der Erde nicht so weit verbreitet wie der Leoparden-Jaspis; die Lagerstätten, in denen ich zu finden bin, sind kleiner. Es ist nicht notwendig, dass ich gleichmäßig über den Planeten verbreitet bin – wie es auch nicht notwendig ist, dass du in jedem Organ deines Körpers ein Herz hast; du brauchst nur eines.

Die Erde braucht nur einige Lager mit Poppy-Jaspis; das Kreislaufsystem des Planeten verteilt meine Schwingung überall dorthin, wo sie benötigt wird. Dieses Kreislaufsystem besteht aus magnetischen Flusslinien. Die Kommunikation über den ganzen Planeten geht über diese magnetischen Bahnen sehr geschwind. In dieser Hinsicht haben wir eine Parallele im menschlichen Körper: ein Schmerz-Reiz irgendwo im Körper wird von deinem Gehirn schnell registriert.

Die Gestalt der Erde ist so komplex wie dein menschlicher Körper. Doch wir sind heute nicht hier, um über die Physiologie der Erde zu sprechen.

Viele Erdsteine und Edelsteine sind damit beschäftigt, die Bedürfnisse der Erde zu erfüllen. Unsere Beziehung könnte man mit deinem Verdauungssystem vergleichen, das ebenfalls aus vielen Bestandteilen gebaut ist, die alle ihren jeweils eigenen Zweck haben. Deine Zähne, Magen, Darm und viele andere Organe werden zur Verdauung und zur Ernährung deines Körpers benötigt.

Nun, ich sage damit nicht, dass es eine Parallele zwischen den Organen im menschlichen Verdauungssystem und den Funktionen von Leoparden- und Poppy-Jaspis gebe. Ich ziehe diesen Vergleich nur, um zu illustrieren, wie Leoparden- und Poppy-Jaspis lediglich Teile eines

Ganzen darstellen, und wie sie beide notwendig sind, damit die Erde weiter gut funktioniert.

Der Leoparden-Jaspis erkennt die Bedürfnisse der Erde; er sammelt die Information, dass etwas unternommen werden muss. Poppy-Jaspis liefert die Energie und Schubkraft, damit es erledigt werden kann.

Wenn Poppy-Jaspis von Leoparden-Jaspis die Information empfängt, reagiert er mit einer positiven Einstellung. Eine positive Einstellung ist entscheidend, wenn man eine Arbeit möglichst effizient und zum Wohle aller getan haben möchte; das hast du vermutlich schon selbst erlebt. Wenn du etwas mit positiver Energie anpackst, wird mehr erledigt, du fühlst dich besser dabei, und andere werden von deiner guten Laune positiv beeinflusst.

Du hast bemerkt, dass mein Energiewirbel in seiner Rotation nach unten gerichtet ist. Ich beziehe meine Energie nämlich aus der Atmosphäre. Der Wirbel meiner Schwingung zieht diese atmosphärische Energie durch die Erde herab dorthin, wo der Poppy-Jaspis zu finden ist.

Wenn an einem bestimmten Ort eine bestimmte Aufgabe zu erledigen ist, trenne ich einen ›Babywirbel‹ von dem Hauptwirbel eines Poppy-Jaspis-Lagers ab. In manchen Fällen wird der Babywirbel in die Gegend geschleudert, wo er benötigt wird, oder er wird zu dem Edelstein oder Erdstein geschickt, der das betreffende Gebiet direkter beeinflussen kann als ich.

Der Babywirbel rotiert im Vergleich zum Hauptwirbel in entgegengesetzter Richtung. Drehte er sich gleichartig, könnte der Hauptwirbel ihn nicht mit solcher Kraft vorantreiben.

Da der Babywirbel aufwärts rotiert, trägt er erhebende Energie in sein Ziel. Diese Energie kann man auch als positiv glücklich und freudig charakterisieren. Sie bringt eine positive Einstellung und Stimmung mit. Sie wirkt wie Adrenalin und gibt dem nächsten Erdstein oder Edelstein in der Reihe Inspiration und Energie zur Ausführung der Aufgabe, die vom Leoparden-Jaspis festgesetzt wurde. Würdest du nicht auch positiver auf eine Anregung ansprechen, wenn sie erhebend und positiv bei dir ankommt?

Wurde ich in Kugelform geschliffen, wirbelt meine Energie weder auf- noch abwärts, sondern wahllos in allen Richtungen um die Kugel. Dies hilft, verhärtete und verkrustete Muster, physische Behinderungen und Blockaden aufzubrechen, die die Energie daran hindern, in bestimmte Bereiche des physischen Körpers zu gelangen.

Wenn der Einfluss des Poppy-Jaspis deinen physischen Körper öffnet, wird dieser frei, mehr Energie anzunehmen. Dabei fühlst du dich wohl. Wenn dein Adrenalinspiegel ein wenig erhöht wird, hellt sich deine Lebenseinstellung auf und wird erfreulicher. Du fühlst dich froh und bist glücklich zu leben. Wenn du Poppy-Jaspis trägst, fühlst du dich vielleicht auch von neuer Lebenskraft erfüllt, da du deine Verbundenheit mit dem Leben der Erde erkennst. Sobald dein physischer Körper von den Blockaden befreit ist, die einigen seiner Teile den Energiezufluss verwehren, wird er Dinge vollbringen können, die ihm bisher unmöglich gewesen sind.

Ich wirke nur auf der physischen Ebene. Ich weiß, dass dein physischer Körper noch mit anderen Ebenen verbunden ist und von deren Energien beeinflusst wird, aber davon verstehe ich nichts. Ich weiß, dass diese inneren Energien den Körper anders beeinflussen, wenn physische Blockaden aus dem Weg geräumt sind; doch Genaueres ist mir nicht bekannt.

Wenn ich einen Babywirbel zu einem anderen Erdstein schicke, wird dieser belebt und gestärkt – als ob er eine Adrenalin-Spritze erhalten hätte. Manchmal ist der Erdstein sich seiner Aufgabe bewusst, sobald meine Energie ihn weckt; manchmal helfen andere ihm, seine Aufgabe festzulegen.

Ich habe eine ähnliche Wirkung, wenn ich von einem Menschen am Körper getragen werde: Ich kann solche Bereiche beleben, die tot oder schlafend scheinen, aber aufgeweckt werden sollten, weil der übrige Organismus wach und lebendig ist.

»Was meinst du, wenn du sagst, dass du einen Bereich ›aufweckst‹?«, fragte Michael.

Wenn dein Magen leer ist, könntest du auch sagen, er schläft, denn er gibt keine Verdauungssäfte ab. Wenn du Nahrung zu dir nimmst, wacht der Magen auf. Er wird belebt und fängt an, Verdauungssäfte auszuschütten. Ich wirke etwa so wie jene Nahrung.

Wenn ich für die Erde arbeite, konzentriere ich mich darauf, eine bestimmte Aufgabe zu erfüllen. Wenn mich ein Mensch um den Hals trägt, habe ich keine bestimmte Zielsetzung. Doch wenn du den Poppy-Jaspis über einen Körperteil gelegt hast, den du aufwecken willst, weil er sich, wie du weißt, in einer Art Schlafzustand befindet, kann ich das bewirken. Du kannst mich auch über eine Stelle legen, deren Energieversorgung du anregen möchtest. Anders ausgedrückt: Wenn man mich über eine Körperregion legt, wird meine Aktivität auch beim Menschen auf ein bestimmtes Ziel ausgerichtet.

Diese belebende Wirkung stellt sich ein, wenn ich

mich bemühe, gewisse Blockaden aufzulösen. Die Lösung solcher Hindernisse ermöglicht dem Körper, die Kraft freier und reichlicher aufzunehmen, die ihn am Leben erhält. Wie du weißt, ist meine Energie erhebend. Sie regt dort Bewegung an, wo die Energie meines Trägers stillsteht oder blockiert ist. Wenn der Mensch mich trägt, fließt meine Schwingung durch seinen ganzen Körper. Doch ich konzentriere meine Energie auf die Bereiche, die blockiert sind.

Ich betrachte deinen Körper nicht als eine Begrenzung. Wenn meine Energie um die Kugelform rotiert, wird sie von physischer Materie nicht behindert. Meine Energie richtet sich auf einen bestimmten Bereich oder Umkreis der Kugel, je nachdem, wie groß die Poppy-Jaspis-Kugel ist. Wird der Poppy-Jaspis um den Hals getragen, vermag der physische Körper das Umherwirbeln der Energie um die Kugeln nicht zu behindern. Obwohl meine Energie sich allmählich ausbreitet, um die Aura zu füllen, ist meine größte Stärke immer innerhalb jenes Umkreises zu finden. Trägt man mich um den Hals, umfasst dieser Bereich den Kopf und den größten Teil des Rumpfes.

Blockaden manifestieren sich nicht immer als so etwas wie Barrieren an bestimmten Stellen im Körper. Oft haben Zellen überall im Körper eine Blockiertheit an sich; sie sind dicht oder verengt, und die Energie kann nicht hindurchfließen, wie sie sollte. Wenn der Mensch mich trägt, veranlasse ich, dass solche Blockaden aufgelöst werden. Manchmal manifestieren sich diese Auflösungen als spontane Muskelzuckungen und -dehnungen. Es sind wohl entspannende Bewegungen. Wenn du dich auf bestimmte Bereiche der Verspannung oder Blockierung konzentrieren willst, ist es am besten, den Poppy-Jaspis direkt auf solche Stellen zu legen.

Wie ich schon vorhin erwähnte, fühlt sich der Mensch wohl, wenn er Poppy-Jaspis trägt und diese Blockaden sich öffnen. Die Erdsteine, die ich anrege und belebe, sind ebenfalls dankbar, lebendig zu sein, ein Ziel zu haben und etwas für den Planeten zu tun, der ihnen wiederum Lebenskraft schenkt. Und je mehr Poppy-Jaspis er trägt, desto glücklicher wird der Mensch sich fühlen, am Leben zu sein.

Im vergangenen Jahr trat eine Veränderung ein, die es mir und einigen anderen Erdsteinen erlaubt, unserer eigenen Funktionen und der Art unserer Zusammenarbeit bewusst zu werden. Vorher wirkten viele Erdsteine rein instinktiv und führten ihre Aufgabe wie im Traum aus.

Diese Zunahme unserer Bewusstheit bewirkte größere Harmonie oder die Möglichkeit größerer Harmonie unter allen Teilen der Erde. Damit verbunden ist eine größere Verantwortung und die Voraussetzung, in noch schwierigeren Situationen zusammenzuarbeiten. Wenn man nur instinktiv oder gewissermaßen ferngesteuert handelt, arbeitet man möglicherweise nicht ganz akkurat, wenn ungewohnte Umstände oder unerwartete Bedingungen auftreten. Im vollen Bewusstsein meines Tuns kann ich effektiver mit den anderen bewussten Erdsteinen kooperieren, um solche ungewöhnlichen Umstände zu bewältigen.

Mit dem Fortschreiten eurer Technik wachst auch ihr Menschen. Doch als solche seid ihr euch des Wesens eures Planeten noch weitestgehend unbewusst. Die Folge ist, dass ihr der Erde Dinge antut, die sie verletzen. Wir Erdsteine müssen kreative Lösungen finden, um auszugleichen, was ihr dem Planeten zufügt. Wir müssen Mittel und Wege ersinnen, die Erde am Leben zu halten – und damit auch euch.

Irgendeine unbekannte Kraft – vielleicht der Geist – hat die Menschen inspiriert, Erdsteine in Kugelform zu bringen, um sie leicht tragen zu können. Diese Anregung ist wirklich ein Geschenk für den Planeten. Wenn die Menschen Erdsteine tragen, werden sie besser auf den Planeten eingestimmt. Sie werden sich der Tatsache gewahr, dass die Erde tatsächlich ein lebendiges Wesen ist, und ihr Verständnis des Planeten nimmt zu. Die Erde ist in so mancher Beziehung ein vollendetes Abbild des menschlichen Körpers. In dem Maße, in dem die Menschen anfangen, Erdsteine zu tragen, werden sie auch sich selbst besser verstehen lernen.

In Kugelform gebe ich einer Person die gleiche Art von Motivation, Inspiration und Energie zum Leben und Handeln, die ich anderen Erdsteinen übermittle. Wer gerne untätig herumsitzt, sollte nicht glauben, dass er unter dem Einfluss des Poppy-Jaspis weiterhin stillsitzen bleibt. Ein Poppy-Jaspis-Geschenk ist so etwa das Schlimmste, was du einem Menschen antun kannst, der eine Gefängnisstrafe abzusitzen hat. Mit der Energie des Poppy-Jaspis will er sich bewegen, sich rühren, etwas tun und verändern. Es wäre sehr frustrierend, wenn er physisch daran gehindert wird, etwas zu unternehmen.

Ihr habt mich nur kurz aufgehalten. Sobald ihr von hier geht, werde ich meine Arbeit wieder aufnehmen.

Es gibt noch viel mehr, worüber wir sprechen könnten. Doch vorher musst du die Information begreifen, die ich dir bereits gegeben habe. Du musst sie einen oder zwei Schritte weiterdenken. Du musst genug verstehen, um gezielte Fragen stellen zu können, und dann haben wir noch viel mehr, was wir besprechen können. Wenn du soweit bist, weißt du, wo du mich finden kannst.

Ich stellte das Feuer nur zur Verfügung, damit ihr in der Höhle besser sehen könnt, denn ich weiß, dass die Menschen sich im Dunkel oft unbehaglich fühlen. Sie zaudern und trauen sich nicht weiterzugehen. In Wirklichkeit ist das gar kein Feuer; es sieht nur so aus. Ich wusste aber nicht, welche andere Art von Licht ich euch manifestieren sollte.

Vielleicht hat dieses Licht eine symbolische Bedeutung für euch. Vielleicht kann es euch als Symbol zu verstehen helfen, wie ich auf den Menschen wirke. Hüte dich aber davor, Symbole überzogen zu interpretieren.

»Ich danke dir«, sagte Michael.

Als der Energiewirbel sich schon von mir entfernt hatte, konnte ich die Energie des Poppy-Jaspis noch körperlich spüren. Alle meine Muskeln zuckten und dehnten sich, um Spannungen und Blockaden zu lösen. Es war kein unangenehmes Gefühl, sondern wirkte erfrischend wie das erste Strecken der Glieder am Morgen.

Kapitel 20

Heliotrop

Wir brauchten nicht lange zu warten, bis wieder ein Wirbel von Energie aus der Höhlenwand hervortrat. Er rotierte nach oben wie das Energiebündel des Leoparden-Jaspis. »Dies ist der Hüter des Heliotrops«, erklärte Sodalith. »Beim Eintreten in die Aura der Erdsteine und Edelsteine erlebst du ihre typischen Energien aus erster Hand. Gleichzeitig lernen die Hüter dich kennen. Dabei erfahren sie mehr über die Menschen und darüber, wie sie sich für jene noch effektiver einsetzen können, die sie tragen.

Wenn du dich mit diesem Energiewirbel verbindest, hast du vermutlich das Gefühl, in einen Tornado zu steigen. Aber der Wind, den du spürst, ist nur die Energie des Heliotrops, die durch die Moleküle deines Körpers rauscht. Wenn du das stille Zentrum des Wirbels erreichst, wirst du dich ganz eins mit dem Heliotrop fühlen.«

Ich ging in den Energiewirbel des Heliotrops hinein und spürte den Tornado – genau, wie Sodalith es geschildert hatte. Als ich in seine ruhige Mitte gelangte, schien sich eine Kommunikationsverbindung zu öffnen, und ich fühlte den Impuls zu sprechen.

Ich habe eine Beziehung zur Erde und zu allen Erdsteinen. Ich kann genau sehen, wo auf dem Planeten eine Störung oder Disharmonie besteht. Manchmal lenkt ein anderer Erdstein meine Aufmerksamkeit auf diese

Gebiete. Der Leoparden-Jaspis gehört zu diesen Steinen, aber es gibt noch andere.

Ich weiß genau, was benötigt wird, um diese Disharmonien und Störungen des Gleichgewichts zu korrigieren. Ich helfe dabei, die Energien zusammenzutragen, die der Planet braucht, um sein Gleichgewicht wiederherzustellen. Es sind die Energien verschiedener Erdsteine und Edelsteine.

»Wie wirken Erdsteine, um die Disharmonien zu beheben, die beispielsweise von Giftmüll-Deponien verursacht werden?«, fragte Michael.

Das ist eine ernste Situation. Alle Aspekte der Erde müssen hier als Team zusammenarbeiten, wie wir es immer tun, um die Erde am Leben zu halten. Wir arbeiten zusammen, wie auch alle Organe deines Körpers kooperieren, um dich am Leben zu halten.

Meine Aufgabe im Team besteht darin, Informationen über die disharmonische Situation zu sammeln und dem Hüter der Erde einen Vorschlag zu unterbreiten. Er enthält eine Schilderung des Problems und seines Umfangs. Ich schlage auch eine Dringlichkeitsstufe vor, die der Hüter dem Problem meines Erachtens zuordnen sollte. Ich lege eine Liste der verfügbaren Ressourcen vor – das heißt der Erdsteine und Edelsteine –, die in der Nähe des betroffenen Gebietes erreichbar sind. Schließlich teile ich dem Hüter mit, wieviel Energie diese Quellen beisteuern können und wie die Erdsteine das Problem zu lösen gedenken.

Eine Giftmüll-Deponie wäre ein Problem größter Dringlichkeit. Wenn wir vom Hüter des Planeten die Erlaubnis erhalten zu handeln, schirmen wir in einem solchen Falle zuerst das vergiftete Gebiet von der Umgebung ab. Wenn man einen Spreißel nicht aus der Haut entfernt, wird er vom Gewebe schließlich eingekapselt. Bei einer Giftmüll-Deponie nehmen die Erdsteine eine ähnliche Einkapselung und Isolierung des verseuchten Bodens vor.

Es gibt einen schwarzen Erdstein, dessen Hüter du noch nicht kennengelernt hast; seine Schwingung wirkt wie ein Schild. Dieser Erdstein isoliert die Mülldeponie gegen die Umgebung. Dazu muss er zuerst berechnen, wie schnell er seine Energie an den betroffenen Ort bringen, sich manifestieren und die Einkapselung aufbauen kann, und wie schnell die toxische Schwingung in die Erde eindringt. Nach Berücksichtigung dieser Faktoren entscheidet er, in welcher Entfernung vom Rand der verseuchten Erde er seine Energie konzentrieren muss.

In den Tagen nach der Ablagerung der Giftstoffe analysieren die Erdsteine die Situation und legen dem Hüter des Planeten ihren Plan vor. Handelt es sich zum Beispiel um ein Problem der Dringlichkeitsstufe Dreißig, dürfte es Wochen dauern, bis wir eine Antwort erhalten. Bei Dringlichkeitsstufe Eins hätten wir seine Antwort, sobald die Erde sich einmal um ihre Achse gedreht hat.

Selbst wenn der Hüter der Erde unserem Vorschlag augenblicklich zustimmt, erhalten wir nicht sofort die Erlaubnis zu handeln. Zunächst muss der Hüter die möglichen Auswirkungen unseres Planes prüfen, indem er die Situation unter der Voraussetzung einschätzt, unser Vorhaben sei bereits verwirklicht. Dann wartet der Hüter, bis die Erde eine ganze Umdrehung vollendet hat. In dieser Zeit beleuchtet die Sonne den Planeten rundum und gibt dem Hüter damit die Möglichkeit zu erkennen, welche Auswirkungen und Zusammenhänge unser Vorschlag auf dem ganzen Planeten hat.

Die Sonne beeinflusst die Erdsteine und die magnetischen Energien der Erde übrigens stärker, als du vielleicht denkst. Die Kommunikationsverbindungen zwischen den Erdsteinen sind ebenso magnetischer Natur wie die Untersuchungslinien, die jeder Erdstein benutzt, um den Planeten zu überwachen. Der Erdmagnetismus gibt uns unsere Energie und belebt uns.

Die Energie der Sonne erzeugt diesen Magnetismus. Sie ist nicht den Grenzen der physischen Materie unterworfen. Diese magnetische Energie fließt durch den Planeten hindurch und wird von den Erdsteinen aufgenommen, selbst wenn diese sich etliche Meilen unter der Erdoberfläche befinden. Die Erdsteine speichern die Energie in gewissem Umfang; doch wenn die Sonne stirbt, werden auch wir sterben. Letzten Endes ist die Energie der Sonne unsere Nahrung.

Doch nun wollen wir zu dem hypothetischen Giftmüll-Problem zurückkehren. Je nach Dringlichkeitsstufe – und abhängig davon, ob unser Vorschlag zur Hilfe für den betroffenen Teil des Planeten Störungen an einer anderen Stelle nach sich ziehen würde – wird unser Plan akzeptiert, abgelehnt oder überarbeitet.

Sobald der Hüter der Erde unseren Plan zur Isolierung des verseuchten Gebietes angenommen hat, beginnt die Schwingung des schwarzen Erdsteines sich in der ermittelten Entfernung um den Giftmüll zu konzentrieren.

Es dauert natürlich einige Zeit, bis sich die Moleküle des Erdsteines tatsächlich grobstofflich manifestieren, obwohl Erdsteine und Edelsteine erheblich schneller wachsen, wenn ihre Anwesenheit besonders dringend benötigt wird. Giftmüll-Deponien sind ein dringender Fall, und es ist lebenswichtig, dass die Erde sich vor ihnen schützt.

Hier also würden bestimmte Erdsteine die magnetische Energie der Sonne auf den schwarzen Erdstein richten. Dieser erhält hierdurch soviel zusätzliche Lebenskraft und Vitalität, dass seine Moleküle anfangen können, viel rascher eine Einkapselung um die verseuchte Erde aufzubauen, als sie im Normalfalle wachsen würden.

Schon bald (gemessen am ›normalen‹ Wachstumstempo) steht ein Schutzschild der ›Stärke‹ von ein bis zwei Molekülschichten zur Verfügung, der dann immer massiver wird, bis man ihn sogar wahrnehmen kann. Ziel dieser beschleunigten Manifestation ist die Bildung einer Umkapselung des verseuchten Bodens, die stark und dick genug ist, um den Rest der Erde gegen den giftigen Müll abzuschirmen.

Ich bin derjenige, der einen Plan ausarbeitet, weil ich die anderen Erdsteine kenne und weiß, was in ihrer Macht steht.

Wenn der Hüter der Erde dem Plan zustimmt, setze ich meine eigenen Energien ein und trage dazu bei, die disharmonische Situation zu lösen. Einmal strahle ich wie ein Leuchtfeuer das Zielgebiet an und lenke die Energien der anderen Erdsteine dorthin. Zum andern ziehe ich eine physische Form der Regenbogenfarben zum Zielgebiet. Die Schwingung dieser Farben kann die Erde leicht erkennen und annehmen.

Der Heliotrop enthält ein wenig Blau, Indigo oder Violett. Das ist nicht verwunderlich. Obwohl diese Farben lebensnotwendig sind, nährt sich die Erde doch vorwiegend von den Farben Rot, Orange, Gelb und Grün.

»Welche Wirkung auf den Menschen hat der Heliotrop, wenn man ihn in Form von Kugeln trägt?«

Mein Wirken für die Menschen ist dem für die Erde

vergleichbar. Trägt man mich um den Hals, kann ich jene Bereiche aufspüren, die besonders disharmonisch oder aus dem Gleichgewicht geraten sind. Ich sehe, wo die Disharmonien sind und was notwendig ist, um sie zu korrigieren. Dann mache ich diese Gebiete meinem Träger bewusst – wie ich disharmonische Stellen auf dem Planeten dem Hüter der Erde vor Augen führe.

Wenn ich die Erlaubnis erhalte, diene ich dann gewissermaßen als Leuchtfeuer und rege bestimmte Heilungsenergien an, in die betroffenen Gebiete zu fließen. Statt des Hüters der Erde muss mein Träger selbst die Erlaubnis zum Eingreifen geben. Diese Erlaubnis kann einfach darin bestehen, dass die Person aufrichtig bereit ist, Veränderungen in den disharmonischen Bereichen zuzulassen, die ich beleuchtet habe.

Sobald die Erlaubnis erteilt ist, kann ich den Strom der körpereigenen Energien mit Macht in die disharmonischen Körperteile lenken, damit Veränderungen und die Wiederherstellung des Gleichgewichts unterstützt werden. Es sind sowohl physische (zum Beispiel weiße Blutkörperchen) als auch feinstoffliche Energien, die ich herbeirufe. Die feinstofflichen Energien sind meist Lichtstrahlen.

Wenn die Person nicht offen ist für die Botschaften, die ich ihr sende, spürt sie unter Umständen eine Zunahme der Schmerzen oder Beschwerden; es kann zu einer lokalen Empfindlichkeit oder Rötung kommen. Doch diese Zeichen sind nicht von mir verursacht. Sie kommen einfach vor, wenn die Person Widerstand leistet und sich dem Gewahrsein nicht öffnet oder es ablehnt, was ich ihr übermitteln will.

Wenn der Mensch mich um den Hals trägt, stelle ich

zuerst den Bereich der größten Disharmonie fest und konzentriere mich auf ihn. Legt man mich über eine bestimmte Körperstelle, werden die grob- und die feinstofflichen Kräfte in diesen Bereich gezogen, auch wenn es nicht der Ort der größten Disharmonie ist. In beiden Fällen kommt es zu physischen Veränderungen.

Ich bin nicht für eine Heilung zuständig, auch nicht für eine Beeinflussung der Ursache eines Leidens. Wenn der Mensch also die Disharmonie anerkennt und bereit ist, eine Veränderung anzunehmen, wäre es am klügsten, weitere Schritte zu unternehmen, wie es auch die Erde tut.

Wenn die Erde eine Situation anerkennt und mir die Erlaubnis erteilt, Energie an einen bestimmten Ort zu versammeln, unternimmt sie dann weitere Schritte, indem sie irgendwo in sich eine Veränderung auslöst. Ein unübersehbares Beispiel wäre ein Vulkanausbruch. Man kann ein solches Ereignis auch so deuten: die Erde schleudert die Medizin hervor, die sie braucht, um ein bestimmtes Gebiet zu heilen oder das Gleichgewicht wiederherzustellen.

Ein Mensch würde zum Arzt gehen, die geeignete Arznei einnehmen, sich einer Behandlung unterziehen oder andere Schritte unternehmen und so die Verantwortung für das Wohlergehen seines Körpers ernstnehmen.

Ich ziehe dabei grob- und feinstoffliche Energien in das betroffene Gebiet. Das bedeutet nicht, dass diese Energien eine Heilung herbeiführen. Ich stelle der Person lediglich zusätzliche Mittel zur Verfügung, die eine positive Veränderung an Ort und Stelle ermöglichen.

Meine Mission gilt in erster Linie der Erde. Doch wie ich für die Erde wirke, entspricht weitgehend meiner

Wirkung bei Menschen, die mich in Form einer Halskette tragen.

»Kannst du den Unterschied erklären zwischen dem Wirken der Erdsteine und dem der Edelsteine für den Planeten?«

Erdsteine und Edelsteine arbeiten auf zwei verschiedenen Schwingungsebenen. Im allgemeinen arbeiten die Erdsteine nur mit grobstofflichen und feinstofflichen Energien. Edelsteine haben einen anderen Tätigkeitsbereich: Sie setzen auch Energien ein, die eine viel höhere Schwingungsrate besitzen als die physischen.

Doch wenn die Pforten des physischen Körpers den Heilungsenergien aus den inneren Ebenen verschlossen sind, können Erdsteine manchmal helfen, sie zu öffnen.

Ich wurde geboren, als der Planet ins Dasein kam. Du wirst feststellen, dass dies für die meisten Erdsteine gilt. Es ist auch wahr, dass meine Mission, die ich geschildert habe, so lange bestehen wird, wie die Erde lebt.

Meine Arbeit ist einfach, elementar und zielgerichtet. Ich denke, du kannst dir jetzt eine gute Vorstellung von mir machen. Für deine Zwecke habe ich dir jetzt genügend Informationen gegeben.

»Ich danke dir für diese Mitteilungen«, sagte Michael.

Ich danke dir für diese Gelegenheit.

Als ich und der Energiewirbel des Heliotrop auseinandergingen, spürte ich, dass ein Strom tiefer Dankbarkeit und gegenseitigen Verstehens zwischen uns wuchs. Doch ich fühlte auch, dass sich dieses Verständnis nicht nur zwischen Heliotrop und mir entfaltete, sondern zwischen dem Heliotrop und dem ganzen Menschengeschlecht.

Kapitel 21

Ivorit

»Jetzt werden wir euer Vorstellungsvermögen auf die Probe stellen«, bemerkte der Hüter des Sodaliths. »Bleibt auf eure Mission bedacht und haltet eure Aufmerksamkeit auf den Kern eures Wesens gerichtet – jenen Teil von euch, der euer wirkliches Wesen ausmacht. Dann kommt und folgt mir.«

Gemeinsam gingen Sodalith, Michael und ich geradewegs durch die Höhlenwand. Mein menschliches Denken monierte, dass dies nicht möglich sei, und ich bemühte mich, so gut ich konnte, mein übriges Wesen von solchen Gedanken nicht beeinflussen zu lassen. Meinen mentalen Aspekt mit all seinen Zweifeln und Einwänden ließ ich die Situation betrachten, bis er anfing, darüber zu lachen, dass er nicht glaubte, was er sah.

In der Tat: Wir befanden uns im Innern der Felswand. Ich nehme an, dass die Moleküle meines Körpers den Raum zwischen den Molekülen des Gesteins einnahmen. Auf atomarer Ebene war Materie natürlich nichts Festes; zwischen den Atomen gähnten gewaltige Abstände. Michael und ich lächelten einander zu. Wir waren uns unseres Tuns bewusst – und auch im Klaren darüber, dass es von einem gewissen Standpunkt aus unmöglich war.

»Den Ivorit werdet ihr nicht in großen Vorkommen finden, sondern in Adern wie dieser«, erklärte der Hüter

des Sodalith. »Versetze dich, so gut du kannst, in eine dieser Adern.«

Es war leicht auszumachen, welche Gesteinsart Ivorit war. Da wir den Hüter des Ivorits treffen sollten, hob sich seine Schwingungsrate von den Energien aller umgebenden Gesteine ab.

Nachdem ich mich in die Ivorit-Ader begeben hatte, erkannte ich, dass mein Körper etwa horizontal lag. Ich stellte mir vor, dass es sich so anfühlen musste, wenn man schwerelos im Weltraum schwebte. Hier, im Innern des Gesteins, hatte ich keinen Eindruck von Oben und Unten, und das Gesetz der Schwerkraft schien aufgehoben.

Dann erlebte ich das vertraute Gefühl, dass die Schwingung des Hüters sich zu Worten konkretisierte. Ich ließ sie durch mich fließen.

Ich bin Ivorit. Meine Bedeutung für die Erde wird von den Menschen oft übersehen, aber von den anderen Erdsteinen wird sie nicht unterschätzt. Die Erdsteine empfinden große Achtung füreinander, denn wir wissen, dass jeder von uns mit einer ganz spezifischen Bestimmung auf der Erde entstanden ist. Keiner von uns ist unnötig oder aus der Sicht der Erde entbehrlich. Wir alle sind wichtige Teile des Gesamtbildes.

Du hast bisher gelernt, dass viele Erdsteine eine Rolle beim Aufspüren von Störungen spielen und dann ihre Energien einsetzen, um diese zu korrigieren. Dies geschieht sowohl im lokalen als auch im globalen Rahmen.

Meine Aufgabe ist es zu gewährleisten, dass die Summe dieser Energien im Gleichgewicht bleibt. Ich biete gewissermaßen einen Anker für diese Energien. Ich stelle sicher, dass die von anderen Steinen herbeigeführten Veränderungen nicht so schnell eintreten, dass das

Gleichgewicht des ganzen Planeten durcheinandergebracht wird.

Meine Funktion ist, die Kontrolle auszuüben und zu verhindern, dass Veränderungen zu plötzlich eintreten. Ich erinnere die Erde daran, dass sie sich nur langsam verändern darf. Allmähliche Entwicklungen sind für das Gleichgewicht und Wohl der Erde insgesamt besser, besonders aber für all das Leben, das sie bevölkert.

Deshalb findest du überall auf dem Planeten Ivorit-Kapillaren, aber nur wenige Vorkommen, die groß genug sind, dass man Ivorit daraus entnehmen könnte, den die Menschen dann tragen.

Wenn ich Kontakt mit der Luft bekomme, ist meine Verbindung mit dem Planeten unterbrochen; es ist, als würde eine Nabelschnur durchtrennt. Dann kann ich nur noch eines tun: mich für die Menschen einsetzen.

Damit ich für die Menschen arbeiten kann, müssen sie mich in Kugelform schleifen und tragen. Natürlich kann man mich in die verschiedenartigsten Formen bringen. Damit meine Wirkung auf den Menschen aber der auf dem Planeten Erde entspricht, muss ich die Gestalt der Erde erhalten. Sie erinnert meine Energie daran, welche Aufgabe sie hatte, als sie noch im Innern der Erde wirkte. Im übrigen ist dies die einzige Form, die meiner Energie die Möglichkeit gibt, die Aura eines Menschen zu erfüllen.

Trägt man mich in Form von Kugeln um den Hals, biete ich dem Menschen einen Anker – wie ich einen Anker für die Veränderungen biete, die im Planeten Erde stattfinden. Ich sorge dafür, dass die Veränderungen, die der Mensch erlebt, sich richtig fügen.

Natürlich besteht der Mensch auf so vielen Daseinsebenen, dass ich unmöglich jede Änderung auf jeder Ebene zurückhalten kann. Doch die Veränderungen eines Individuums haben in der Regel einen gemeinsamen Brennpunkt, und hier setze ich mit meiner Arbeit an. Ich konzentriere mich auf den Bereich im Leben eines Menschen, in dem am meisten Wandel, Aktivität und Wachstum zu beobachten sind. Dieses Gebiet ist gewöhnlich die am stärksten geladene Stelle in der Aura.

Die Aura spiegelt alle Aspekte des Menschen wider. Wenn dieser mich trägt, füllt meine Schwingung seine Aura. Dann finde ich die Stelle, die am stärksten geladen ist – ganz gleich, aus welcher Ebene der Aura sie sich manifestiert hat. Hier werfe ich dann den Anker aus.

Mit der Erde ist es das gleiche. Die Erdsteine richten ihre Aufmerksamkeit vor allem auf die Bereiche der Erde, die den tiefgreifendsten Umwälzungen ausgesetzt sind. Ich werde von Natur aus auch in solche Gebiete gezogen, weil meine Energie dort am nötigsten gebraucht wird.

Wenn Menschen krasse Veränderungen erleben, verlieren sie oft die Orientierung. Sie verlieren den Blick auf ihr Woher und Wohin. Der Ivorit hilft ihnen, die Orientierung wiederzuerlangen, und gibt ihnen die Gelegenheit, ihr Leben entsprechend neu zu ordnen. Sobald ich aus dem Bereich des Aura-Feldes entfernt werde, wird auch der Anker fortgenommen. Dann können die Menschen ihren Veränderungsprozess im früheren Zeitmaß wieder aufnehmen. Es bleibt jedoch zu hoffen, dass sie inzwischen einige Korrekturen durchgeführt haben und in eine neue, harmonischere Richtung weiterschreiten.

Behandlungen mit Ivorit

Der Mensch kann meine Wirkung steuern, indem er mich über einen bestimmten Körperbereich plaziert. Legt man mich über das Knie, nachdem es einer physikalischen Therapie unterzogen worden ist, trage ich dazu bei, dass die Wirkung dieser Behandlung im Knie bleibt. Dann haben die anderen Kräfte im Körper mehr Zeit, die Veränderung anzunehmen, die die Behandlung herbeigeführt hat. Die Wirkung der Knie-Behandlung wird dabei fixiert, während der übrige Organismus weiterhin flexibel bleibt.

Mit anderen Worten: Der übrige Organismus erhält eine Chance, von seiner naturgegebenen Fähigkeit Gebrauch zu machen, sich selbst der neuen Situation im Knie anzupassen. Wenn der Ivorit dann entfernt wird, kann der Körper die Wirkung der Behandlung leichter für längere Zeit annehmen.

Zuviel Ivorit auf dem Knie würde dessen Veränderungsprozess zum Stillstand bringen und den übrigen Organismus daran hindern, sich den Veränderungen anzupassen, die die durchgeführte Behandlung bewirkt hatte. Man sollte niemals mehr Ivorit verwenden als eine doppelte Kette, die so lang ist wie die Wirbelsäule.

Diese Ivorit-Menge ist geradezu ideal, wenn man sie nach einer chiropraktischen Behandlung über die Wirbelsäule auslegt. Ich helfe dabei dem Rückgrat, die durch die Einrichtungen herbeigeführten Veränderungen aufrechtzuerhalten und gebe dem übrigen Organismus Zeit, sich zu kräftigen und der neuen Situation anzupassen.

Ein relativ gesunder Mensch sollte den Ivorit nach

einer chiropraktischen Behandlung etwa fünfzehn bis zwanzig Minuten auf die Wirbelsäule einwirken lassen. Wenn die Behandlung sehr viele Veränderungen brachte oder dein Allgemeinzustand sehr geschwächt ist, kannst du den Ivorit auch länger liegen lassen. Anschließend solltest du ihn mindestens für die Dauer deines Heimweges um den Hals tragen.

»Kannst du uns noch etwas über weitere Möglichkeiten mitteilen, den Ivorit für die Menschen therapeutisch zu nutzen?«, fragte Michael.

Schwangere Frauen sollten den Ivorit nur im Bereich der Extremitäten anwenden – also Knie, Füße, Ellbogen und Hände –, um Behandlungsergebnisse zu fixieren. Während der ganzen Schwangerschaft sollten sie diesen Stein nicht um den Hals tragen oder auf die Wirbelsäule legen, sonst könnte die Energie des Ivorits die Lebenskraft behindern, die sich im Fötus sammelt, und dies wäre gar nicht klug.

Wenn man sehr viel Aufmerksamkeit auf einen einzigen Bereich im Leben eines Menschen richtet, geschieht es oft, dass man andere Aspekte vernachlässigt. Wird Ivorit getragen, so legt dessen Wirkung den Bereich, der zuvor die meiste Aufmerksamkeit genossen hatte, gewissermaßen ›auf Eis‹. So können die anderen, vernachlässigten Aspekte unterstützt werden oder die Beachtung erlangen, die sie benötigen. Wenn diese Aspekte etwas lösen müssen, erhalten sie nun die Möglichkeit dazu. Wenn Veränderungen notwendig sind, können sie jetzt stattfinden. Wenn Entspannung fehlte, dürfen sie sich jetzt entspannen. Wenn sie im Interesse eines ausgeglichenen Ganzen mehr Aufmerksamkeit verdient haben, werden sie sie jetzt erhalten.

Aufmerksamkeit ist Leben. Wenn deine Aufmerksamkeit sich unter Ausschluss aller übrigen Aspekte auf den einen Lebensbereich konzentriert, in dem die meisten Veränderungen stattfinden, haben alle anderen Teile unter einem Mangel an Lebenskraft zu leiden. Der Ivorit kann dir die Gelegenheit einräumen, deinen Veränderungsprozess etwas aus dem Rampenlicht zu schieben, sodass die anderen Aspekte intensiver belebt und unterstützt werden können. Entfernst du den Ivorit dann, hast du im Verhältnis zu den stattfindenden Veränderungen eine bessere Position.

Deshalb kann der Ivorit bei jeder Therapie eine wichtige Rolle spielen, ob es eine Behandlung ist, die sich gezielt an bestimmte Teile des Körpers wendet, oder ob dein physischer Körper als Ganzes therapiert wird. Der Ivorit ist auch eine wirksame Ergänzung jeder emotionalen, mentalen und spirituellen Behandlung. Er ist besonders hilfreich in Fällen, in denen der Therapeut feststellt, dass der Patient dazu neigt, zwischen den Behandlungen kleine Rückfälle zu erleiden, oder dass der Körper zu rasch die positiven Veränderungen zu vergessen oder zu verlieren scheint, die durch die Therapie erreicht waren.

Wenn die Behandlung vor allem das Physische anspricht, kann man den Ivorit über einen bestimmten Körperbereich legen. Wenn die Therapie einer inneren Daseinsebene gilt, trage man den Ivorit um den Hals.

Wenn der Patient eine Heilung, eine Veränderung oder einen gewissen Fortschritt erfahren hat, wird meine Anwesenheit ihm helfen, diesen Fortschritt zu stabilisieren. Ich helfe dem Körper, ein Gleichgewicht zu finden, das die neue, gesündere Situation berücksichtigt.

Wenn der Ivorit dann entfernt wird, kann der Körper leichter den nächsten Schritt zur Genesung nehmen, anstatt in den alten Zustand zurückzufallen.

Wenn man mich in Kombination mit einem anderen Erdstein oder Edelstein verwendet, wird meine Wirkung ausgelöscht. Dies gilt auch, wenn sich andere Steine in derselben Kette befinden, oder wenn man eine Kette anderer Erd- oder Edelsteine gleichzeitig mit einer Ivorit-Kette um den Hals trägt. Die Erde ist in dieser Hinsicht anders. Sie weiß, wie und wann sie ihre Aufmerksamkeit auf mich richten muss, um meine Wirkung zu erleben. Damit ich für einen Menschen arbeiten kann, muss meine Schwingung allein wirken können.

»Dieser Aspekt scheint den Ivorit von allen Edelsteinen und Erdsteinen, die wir bisher kennenlernten, zu unterscheiden«, bemerkte Michael.

Ja, ich glaube, das trifft zu.

Sobald der Erdstein, den ihr Ivorit nennt, mit der Luft in Berührung kommt, wird er leblos. Ich als sein Hüter verliere augenblicklich meinen Einfluss über ihn. Die einzige Methode zur Wiederbelebung des Ivorits besteht darin, dass man ihn zu Kugeln schleift und in das Aura-Feld eines Menschen bringt. Dann dauert es noch mindestens einige Minuten, bis diese Wiederbelebung vollendet ist.

Ihr werdet feststellen, dass meine Farbe in der Erde ein etwas buntscheckiges, helles Grau ist. Die verschiedenen Farbteilchen, die ihr im Ivorit findet, werdet ihr vielleicht als ›Verunreinigungen‹ betrachten. Tatsächlich könntet ihr mich rosa – oder in irgendeiner anderen Farbe – lackieren, und ich würde meine Aufgabe immer noch erfüllen. Denn es ist nicht die Schwingung meiner Farbe, auf der meine Wirkung beruht. Es ist die Schwingung des Erdsteines Ivorit selbst.

»*Die Tatsache, dass der Ivorit oft cremefarben getönt wird, um attraktiver auszusehen, beeinträchtigt also nicht deinen Einfluss auf den Menschen?*«

Korrekt.

Es ist nichts Wissenschaftliches an der Verwendung des Ivorits. Man kann ihn um den Hals tragen, über eine bestimmte Körperstelle häufen oder längs der Wirbelsäule auslegen. Wenn der Ivorit jedoch um den Hals getragen wird, sollte die Kette nie so lang sein, dass sie bis in die Gegend des Magen-Chakras reicht, sondern immer nur bis oberhalb des Magens fallen.

Es ist nicht nötig, den Ivorit über längere Zeit zu gebrauchen. Wenn du ihn als Halskette nimmst, solltest du ihn nicht länger als eine Woche ununterbrochen tragen. Danach solltest du einige Wochen pausieren, bevor du dir überlegst, ob du den Ivorit wieder benötigen könntest.

In den meisten Fällen ist es angebracht, den Ivorit etwa fünfzehn Minuten lang über eine bestimmte Körperstelle zu legen, wenn man ihn nach einer anderen Behandlung einsetzt.

Der Ivorit ist ein Werkzeug, das euch sehr nützlich werden kann. Er kann von einem Träger zum nächsten weitergegeben werden, ohne dass man ihn bei einem Wechsel reinigen muss. Obwohl ich nicht dazu neige, die Information aus der Aura des Menschen aufzunehmen, sollte man den Ivorit doch für alle Fälle mit einem Tuch abwischen, bevor man ihn einer anderen Person zum Gebrauch gibt.

Der Ivorit morgen

Von den Menschen weithin genutzt zu werden, wäre der Erfüllung meiner Aufgabe nicht dienlich, denn je mehr Ivorit zutage gefördert wird, desto weniger bleibt dem Planeten zur Verfügung. Weil die Situation sich für die Erde so rasch verändert, braucht der Planet den größten Teil des Ivorits.

Die Menschen freuen sich oft auf Veränderungen. Weil diese als Wachstums-Indikator gehandelt werden, betrachtet man sie häufig als etwas Gutes. Je mehr Veränderungen du erlebst, desto rascher gelangst du in deinem persönlichen Wachstum voran. Veränderungen geschehen in dem Bereich deines Lebens, in dem du am meisten wachsen musst. Da das Leben sich ständig um Ausgleich bemüht, wächst du vermutlich am meisten auf den Gebieten, in denen du am wenigsten Reife oder Erfahrung erworben hast.

Wenn die Veränderungen dich zu überwältigen scheinen, treten sie vermutlich in zu rascher Folge ein, und die anderen Aspekte deines Wesens geben dir zu verstehen, dass sie ebenfalls Aufmerksamkeit und Nahrung brauchen. In einer solchen Situation ist es klug, Ivorit zu tragen. Dann wird die Aufmerksamkeit für den Veränderungsprozess etwas ›auf Eis gelegt‹, und die anderen Lebensbereiche erhalten die Unterstützung und Beachtung, die sie benötigen.

Wenn der Ivorit abgenommen wird, gilt deine ganze Aufmerksamkeit wieder der Veränderung. Deshalb sollte man den Ivorit am besten nicht länger als eine Woche ununterbrochen tragen. Wenn man ihn nach sieben Tagen ablegt, empfindet der Körper den Unterschied nicht so stark, wenn er wieder ganz dem Veränderungsprozess unterworfen wird.

»Ich danke dir für diese Informationen«, sagte Michael.

Um deine Worte zu gebrauchen: Sei gesegnet.

»Sei auch du gesegnet«, erwiderte Michael.

Ich war sehr darauf bedacht, die Ivorit-Ader wieder zu verlassen und mich von der Schwingung dieses Steins zu trennen. Seine Energie war zu diesem Zeitpunkt nicht das Richtige für mich, da ich die Wachstums- und Wandlungsphase sehr genoß, in der ich mich gerade befand.

Der Hüter des Sodaliths erkannte mein Unbehagen. Er führte uns durch das Gestein nach oben, als benützten wir einen Aufzug zur Erdoberfläche. Dort machten wir unter einem wolkenbedeckten Himmel auf einer Wiese Rast, das Gras reichte uns bis zur Hüfte. Sodalith redete mir zu, tief durchzuatmen und meinen Körper ganz zu entspannen, um mich auf unsere Begegnung mit dem Hüter des Opalits vorzubereiten.

Kapitel 22

Opalit

Nachdem wir uns eine Zeitlang ausgeruht hatten, führte uns der Hüter des Sodaliths zu einer anderen Berggruppe. Wir betraten eine Höhle, in der uns ein kalter Wind entgegenblies. Wir gingen tiefer und immer tiefer in das Dunkel; nur das schwache Glimmen Sodaliths gab uns etwas Licht auf dem Weg.

Wir blieben stehen, als der Wind aufhörte, und ich erkannte, dass wir seinen Ursprung erreicht hatten. Gerade vor uns war der Eingang zu einem langen, breiten Tunnel. Durch die Öffnung konnte ich erkennen, dass er von einem hellen, weißen Licht beleuchtet war. Ich spähte voraus und sah, dass der Tunnel ganz aus Opalit bestand; dieser Erdstein selbst strahlte das Licht aus.

Sodalith sagte, er und Michael müssten am Eingang warten; ich sollte allein in die Höhlung gehen. Ich trat ein. Das Licht, das von dem Gestein ausging, begann zwischen meiner Aura und den Wänden hin und her zu tanzen. Dies hielt an, bis der Opalit alles zu wissen schien, was er an Information über mich benötigte.

Dann beobachtete ich, dass das Licht über manchen Bereichen meines Körpers matter wurde. Ich erkannte, dass die dunkelsten Bereiche mit Situationen aus meiner fernsten Vergangenheit zusammenhingen. Hellere Flecken oder solche, die nur grau schienen, bezogen sich auf Ereignisse in der jüngeren Vergangenheit. Bald reflektierte jeder Teil meines Körpers das Licht in unter-

schiedlicher Intensität. Ich erkannte auch, dass sich jeder Teil von mir als Resultat früherer Umstände gebildet hatte. Mir fiel auf, dass ich mit diesen wechselnden Zonen von Licht und Dunkel, die mich bedeckten, dem Erdstein Opalit vermutlich ähnlich sah.

Dann formulierte Michael eine Frage, und ich spürte, wie die Antworten in meinem Herzen Gestalt annahmen.

»Wie wirkt sich dein Erscheinungsbild auf deine Aufgabe und Mission aus?«, fragte er.

Das Licht, das ich reflektiere, ist das Licht der Seele, das auf den physischen Körper strahlt. Es ist nicht das Licht der Sonne. Wie du sehen kannst, wird dieses Licht in meiner Anwesenheit abgestuft.

Wenn ich in Kugelform vom Menschen getragen werde, tanzt das Licht zwischen der Aura meines Trägers und den Opalit-Kugeln hin und her. Auf diese Weise erfahre ich alles über ihn.

Deine ganze Verfassung und jede Zelle deines Körpers wurden so gestaltet, wie es die Vergangenheit diktierte. Was du in der Gegenwart tust, besitzt die Macht zu beeinflussen, wie deine Verfassung und deine Zellen in der Zukunft sein werden.

Mein Wirken wird von Menschen behindert, die starke mentale Energien besitzen, weil das Denken oft zu negieren oder zu leugnen wünschte, was ich im physischen Körper beleuchte. Ich beleuchte gewisse Bereiche des Körpers und verdunkle andere, um der Seele den derzeitigen Zustand des physischen Körpers aufzuzeigen.

»Wäre sich die Seele denn der Verfassung ihres physischen Körpers nicht ohnehin bewusst?«

Solange die Seele einen physischen Körper trägt, hat sie die Verantwortung, für ihn zu sorgen. Aber sie besitzt auch einen Mentalkörper. Der mentale Aspekt steht zwischen dem physischen Körper und der Seele. Oft verhüllt das Denken die Wahrheit, weil es seine Pflicht ist, dem Menschen Streiche zu spielen, um die Kommunikation zwischen dem physischen Körper und der Seele zu verhindern. Das Denken ist bei diesem Spiel in der Regel so lange erfolgreich, bis das Individuum erleuchtet wird.

Ich kann als Werkzeug dienen, um den Menschen zu zeigen, welche Bereiche ihres Körpers am tiefsten in der Vergangenheit wurzeln oder verursacht sind. Die Krankheiten, die sich mit diesen Bereichen verbinden, sind oft am schwersten zu wandeln und aufzulösen, und sie sind in der Regel auch die ernstesten. Wenn man Opalit trägt, manifestieren sich diese Bereiche als die dunkelsten Stellen in der Aura.

Es ist ganz natürlich, dass die Menschen ihre Aufmerksamkeit auf die Zustände richten, die, wie sie selbst wissen, sehr ernst sind. Die Aufmerksamkeit aber geht mit Licht einher, das Licht geht mit der Liebe.

Wenn die Aufmerksamkeit also auf diese tief wurzelnden Zustände gerichtet ist, gelangt Licht dorthin. Licht ist die heilende Kraft, und wo Licht einfließt, dahin kommt Liebe. Liebe ist wie ein flüssiger Katalysator, der Veränderungen geschehen lässt. Liebe ist das magische Element, das Wunder zulässt.

Bevor die Menschen bereit sind, Veränderungen durchzuführen, müssen sie gewöhnlich erst zahlreiche frühere Verstrickungen lösen. Deshalb helfe ich ihnen zu schlafen. Ein großer Teil dieser Lösung der Vergangenheit geschieht nämlich im Traumzustand. Deshalb wird mir die Aufgabe erleichtert, wenn meine Träger schlafen können. Während der Körper schläft, kann man jenes

Licht – das mit der Liebe einhergeht – einfacher auf die dunkelsten Stellen der Aura richten.

Im Laufe der Zeit wird die Person morgens mit einem fast unheimlichen Wissen erwachen, dass sie etwa wegen einer bestimmten Sache einen Arzt konsultieren muss oder sich in der Nacht etwas aufgelöst hat. Oft wacht sie auf mit der Kenntnis von einer Situation in der Vergangenheit, die mit einem derzeitigen Leiden direkt zusammenhängt.

Diese Gewissheit ist so natürlich, dass die Person vielleicht gar nicht bewusst merkt, dass sich etwas aus der Vergangenheit löste oder sie etwas Neues gelernt hat. Das Wissen ist einfach zu einem Teil von ihr geworden. Deshalb sollte man den Opalit wenigstens vor dem Schlafengehen anlegen.

Nicht alle dunklen Stellen, die ich in der Aura beleuchte, spiegeln körperliche Gebrechen wider. Manche zeigen mentale oder emotionale Situationen oder Zustände, die den physischen Körper beeinträchtigen. Um den Menschen zu helfen, sich selbst besser kennenzulernen, muss ich gut über sie informiert sein. Ich lerne den Menschen über seine Aura kennen. Gibt es einen besseren Freund als jemand, der dich vielleicht besser kennt als du dich selbst?

Obgleich ich ermögliche, dass die Menschen sich gewisser Dinge bewusst werden, die ihnen vielleicht unangenehm sind, kann ich ihnen versichern, dass die Dinge nicht so schlimm sind, wie sie aussehen. Das kann ich, weil ich auch die positiven Qualitäten und Zustände beleuchte, die aus der Vergangenheit herrühren.

Wie gesagt, stellen sich die Gedanken, Vorstellungen und Haltungen zum Zustand des Individuums oft dem Wirken des Opalits in den Weg.

Wenn diese mentalen Ideen nicht korrekt sind, wird der Opalit sich bemühen, das Denken zu beruhigen. Er erfährt beispielsweise aus der Aura eines Menschen, dass dieser aufgrund einer Situation in der Vergangenheit ein Hüftleiden hat, dabei aber meint, seine Krankheit habe eine andere Ursache. Der Opalit bemüht sich nun, seinem Träger die Wahrheit bewusst zu machen, indem er den Teil seines Denkens beruhigt, der die falschen Vorstellungen hegt.

Wenn ein Teil des Denkens falsche Ideen und Annahmen über den physischen Körper nährt, hindert er den Körper daran, positive Veränderungen durchzuführen und Heilung zu erreichen. Ich kann darauf hinwirken, dass dieser Teil des Denkens den physischen Körper und dessen Gesundheit nicht beeinträchtigt.

Das menschliche Denken ist ein sehr, sehr weites Feld. Die meisten Menschen haben sich seine tatsächlichen Möglichkeiten noch nicht einmal ausgemalt. Obwohl ich einen Teil des Denkens blockiere, bleibt immer noch ein riesiger Teil des mentalen Aspektes frei. Menschen, die Opalit tragen und den Eindruck bekommen, ihre mentalen Energien würden gedämpft, sollten versuchen, sich darauf zu konzentrieren, von einem anderen Teil ihres Denkens Gebrauch zu machen. Vergiss nicht: Was gedämpft wird, ist der Bereich, der die falschen Vorstellungen birgt.

Falsche Vorstellungen setzen dem physischen Körper Grenzen und hindern ihn daran, Veränderungen zu veranlassen. Dem Denken gelingt es leicht, den physischen Körper in einem Zustand des Nicht-Wachstums und der Nicht-Veränderung zu blockieren. Veränderung aber ist notwendig für eine Heilung. Es bleibt zu hoffen, dass die

Person – wenn der Opalit jenen Teil des Denkens ›lahmlegt‹, der der körperlichen Genesung im Wege steht – anfängt, andere Teile ihres Denkens zu gebrauchen, die nicht von falschen Vorstellungen beschränkt sind, sondern offen für die Wahrheit und bereit, dem Körper die heilsamen Veränderungen zu gestatten.

Die frühen Jahre des Opalits

Im Zeitalter von Lemurien war es nicht notwendig, dass viele Menschen mich trugen. Meine Mission und Aufgabe galt der Erde. Doch in jener Zeit war ich einem Wandel unterzogen. Die Zielrichtung meines Wirkens entfernte sich allmählich von der Erde, und ich gewann an Eignung als Werkzeug für die Menschen.

Am Ende des Zeitalters von Atlantis war dieser Wandlungsprozess abgeschlossen.

Der Opalit heute

Heute gelten meine Mission, Wirkung und Aufmerksamkeit den Menschen. Man meint vielleicht, dass ich für die Erde viel Gutes wirken könnte, indem ich ihr ermögliche, ihre eigenen Grenzen zu erkennen, und ihr helfe, sie hinter sich zu lassen; aber dies trifft nicht mehr zu.

Meine Schwingungsrate ist noch immer ein wesentlicher Teil des lebendigen ›Puzzlebildes Erde‹. In dieser Hinsicht bin ich für den Planeten immer noch von Wert. Doch was ich für den Planeten leisten könnte, erledigen andere Edelsteine mit größerer Effizienz.

»Ist der Opalit am wirksamsten, der von Creme bis Braun die größte Variationsbreite in seiner Färbung aufweist?«, fragte Michael.

Die farblichen Abstufungen sind nur von ästhetischer Bedeutung. Sie zeigen nicht die Menge von Licht und Dunkel an, die in der Aura erscheinen. Je nach Form des Opalits kann man Kugeln schleifen, die nahezu völlig braun oder fast ganz weiß sind. Solange der Opalit einigermaßen uneinheitlich gefärbt ist, besitzt er die geschilderten Wirkungen.

Behandlungen mit Opalit

Wenn man mich um den Hals trägt, berührt meine Schwingung die ganze Aura. Sobald meine Energie die Aura füllt, wirke ich wie ein Filter, der jegliche harte oder rauhe Schwingung, die er in der Aura vorfindet, zerstreut, beruhigt und lindert.

Diese Wirkung hilft dem Menschen oft, ruhiger zu werden und besser zu schlafen. Schlaf tut dem Körper gut, und er nützt auch meiner Arbeit.

Wenn Schlaflosigkeit eine physische Ursache hat – zum Beispiel Medikamente, Koffein, gewisse Speisen oder chemische Substanzen –, kann ich nicht viel Hilfe bringen. Doch vermag ich sehr gut zu helfen, wenn der Mensch aus natürlichen Gründen nicht schlafen kann. Dann ist meine beruhigende Wirkung oft gerade stark genug, um dem natürlichen Schlafvermögen des Menschen zum Sieg zu verhelfen. Künstliche Anregungsmittel dagegen behindern das natürliche Schlafvermögen und heben die beruhigenden und lindernden Eigenschaften auf, die ich zu bieten habe.

Wenn ich an eine bestimmte Stelle des Körpers gelegt werde, kann ich dem Menschen helfen, sich an jene Erlebnisse in der Vergangenheit zu erinnern, die den derzeitigen Zustand in diesem Bereich verursacht haben. Dies funktioniert jedoch nur dann, wenn die Person den Opalit schon einige Zeit getragen hat.

Es ist am besten, den Opalit während des nächtlichen Schlafes über der betreffenden Körperstelle zu fixieren und dann die Träume aufzuzeichnen. Oft ist die Wahrheit über einen bestimmten Zustand bewusst nur schwer zu akzeptieren. Im Schlaf aber ist man sehr empfänglich und offen für die Wahrheit.

Wenn Menschen Opalit einsetzen, um besser zu schlafen, sollten sie ihn vor dem Zubettgehen anlegen – oder ins Bett neben sich legen –, solange er die erwünschte Wirkung zeigt. Wenn sie ihn tragen, um bestimmte Auswirkungen von Situationen aus der Vergangenheit zu lösen, sollten sie ihn benutzen, bis die Situation aufgelöst ist. Das kann einen Monat dauern, aber auch mehrere Jahre; die Zeitdauer ist von Fall zu Fall unterschiedlich.

Meine Hauptaufgabe und -funktion ist, Stellen in der Aura zu beleuchten, die sich auf Zustände in der Vergangenheit beziehen, und falsche gedankliche Vorstellungen daran zu hindern, den physischen Körper zu beeinträchtigen. Darüber hinausgehende Effekte, die der Einzelne unter meinem Einfluss erleben mag, sollte man als Nebenwirkungen betrachten; sie werden nicht von allen zu beobachten sein, die mit dem Opalit arbeiten.

Der Opalit morgen

Es ist schwierig für mich, die Zukunft vorauszusehen, weil meine Aufmerksamkeit sich vor allem mit Gegenwart und Vergangenheit befasst. Doch ich möchte sagen, dass ich nicht glaube, dass der Opalit je in großem Umfang verbreitet wird, denn ich bin ein sehr spezialisiertes Hilfsmittel. Es liegt auf der Hand, dass ich für jene am besten arbeite, die sich von mir angezogen fühlen. Sie sind bereit und in Übereinstimmung mit der Art von Therapie, die ich ihnen biete.

Unterschätze nicht die Kraft der Erdsteine, nur weil wir oft genug mehr Gestein als klare Kristalle sind. Wir sind besonders mächtig, wenn der Mensch uns in Kugelform schleift und trägt. In seiner Aura erwachen wir zum Leben. Meine Arbeit ist einfach und elementar. Ich wirke für jeden auf die gleiche Weise, weil meine Aufgabe für jeden die gleiche ist. Unterschiedliche Individuen mögen dabei unterschiedliche Wirkungen spüren. Doch meine Aufgabe ist immer dieselbe.

Dies gilt für jeden Edelstein, Erdstein oder Meerstein. Unsere Mission und Aufgabe spiegelt wider, wer wir sind. Wie wir wahrgenommen werden, mag so unterschiedlich sein wie die Individuen, die uns wahrnehmen. Es ist bei dir nicht anders: Du bist, der du bist, aber jeder, dem du begegnest, hat eine andere Wahrnehmung dessen, was du bist und tust.

Als nächstes wirst du den Hüter des Flusssteins treffen.

Gute Nacht und Lebe wohl!

Der Opalit zog sich von meiner Aura zurück, und ich schlenderte aus der Höhle mit dem Gefühl, gerade aus einem guten Schlaf erwacht zu sein. Dann schloss ich mich in dem benachbarten Gang Michael und dem Hüter des Sodaliths an.

Kapitel 23

Flussstein

»Seid ihr bereit, den Hüter des Flusssteins zu treffen?«, fragte Sodalith.

»Ja«, antworteten Michael und ich voll Freude auf ein neues Abenteuer. Wir wurden nicht enttäuscht: Wenige Augenblicke später verlor der Höhlenboden seine Festigkeit, und wir begannen in die Erde einzusinken. Da wir schon nach unserem Besuch beim Hüter des Ivorits auf diese Weise das Gestein durchquert hatten, war an diesem Erlebnis nichts Beunruhigendes mehr.

Ich weiß nicht, wie tief wir sanken. Ich hatte das Gefühl, etliche Meilen tief ins Gestein einzudringen. Der Druck um uns nahm zu, und der Abstand zwischen den Atomen wurde geringer. Wir hielten an, als unsere Füße eine Gesteinsschicht erreichten, die mit fließendem Wasser getränkt war.

»Wir werden dem Hüter des Flusssteins in diesem wässrigen Gestein begegnen«, erklärte Sodalith. Wieder begannen wir einzusinken, dieses Mal durch den nassen Fels. Als wir eindrangen, fühlte ich mich im ganzen Körper belebt, als ob sich die Energiezirkulation in allen Zellen beschleunigt hätte. Ich bemerkte auch, dass die Lebenskraft in allen meinen Zellen angeregt war, und fühlte mich mit allen Fasern meines Körpers auf Empfang eingestellt.

Dann schob ich alle weiteren Gedanken beiseite und öffnete mein Herz für die Worte, die der Hüter des Flusssteins übermitteln würde.

Ich habe nicht viel Zeit, mit euch zu sprechen. Meine Aufmerksamkeit muss den Veränderungen gewidmet bleiben, die ich einleite. Als Hüter des Flusssteins trage ich die Verantwortung, ständig der wilden Energie und Macht jener Veränderungen bewusst zu bleiben, die ich herbeiführe.

Meine Mission gilt der Erde, und für die Erde lebe ich. Nur wenn mein Stein zu Kugeln geschliffen und von Mann oder Frau getragen wird, kann ich für den Menschen auf die gleiche Weise wirken wie für die Erde.

Der Gebrauch des Flusssteins in Kugelform ist nur ein Beispiel für den Einfallsreichtum und die Findigkeit des Menschen. Es ist klug, in der Erde, die euch Leben schenkt, nach Mitteln zu suchen, die euch helfen, das Leben zu meistern oder es besser in den Griff zu bekommen. Denn das ist es, was ihr tut, wenn ihr etwas von der Erde nehmt und euch zum Werkzeug macht: ihr fördert das Leben – euer eigenes.

Ich habe mein Dasein tief unter ihrer Oberfläche, doch zuweilen lassen Bewegung und Umwälzungen der Erde einigen Flussstein ans Tageslicht gelangen. Als Hüter leiste ich den größten Teil meiner Arbeit in unterschiedlichen Tiefen der Erde. Ich bin nicht so reichlich vertreten, wie es vielleicht aussieht, obwohl ich über den ganzen Erdball verstreut bin. Es ist nicht notwendig, dass ich in großer Fülle vorhanden bin, denn meine Macht ist sehr groß.

Der Flussstein wird von einer Ladung durchzogen, die Energie anzieht und diese zum Fließen bringt. Wie wilde, ungezügelte Pferde jagt seine Energie in jede Richtung.

Man kann die Energie, die ich erzeuge, auch mit einem Flugzeug vergleichen, das auf der Startbahn Schubkraft und Geschwindigkeit steigert und sich dann in die Luft erhebt. Meine Energie gewinnt an Schwung, während sie von einem Flussstein-Molekül zum nächsten fließt, bis sie abhebt und in den Planeten strömt. Wenn meine Energie in andere Gesteine, Kristalle oder Elemente im Boden einschießt, konzentrieren diese Elemente und Teilchen meine ungezügelte Kraft. Auf diese Weise trage ich dazu bei, dass die Erde nicht stagniert.

Du weißt, dass Veränderungen notwendig sind, damit Wachstum stattfinden kann; Wachstum aber ist notwendig für das Leben. Nur zu leicht könnte die Lebensenergie eines Planeten stagnieren und unbeweglich werden. Dies aber verhindere ich. Meine Energie unterstützt beispielsweise die Verschiebung der tektonischen Platten der Erdkruste. Du weißt bestimmt, dass es eine Ursache geben muss, warum die Kontinente sich gegeneinander verschieben. Das rührt von dem lebendigen Gestein her, das unter der Oberfläche des Planeten liegt. Der Flussstein würde nicht wirken, wenn der Planet nicht lebendig wäre. Er würde nicht wirken, wenn die Erde nur ein Klumpen toten Gesteins wäre, das ohne Lebensenergie durch das All treibt. Es ist so ähnlich wie mit deinem Herzen: Es würde kein Blut pumpen, wenn keine Seele deinen physischen Körper bewohnte; deinen Körper würde man als tot betrachten.

Ich erzeuge Energie nicht selbst; ich nehme sie aus dem fließenden Wasser auf. Aus bewegtem Wasser wird eine bestimmte Energie frei, manche sprechen davon, dass Ionen freigesetzt werden. Wenn ich diese Energie absorbiere, geht sie von einem Molekül des Flusssteins zum nächsten weiter. Dabei wird sie umgewandelt: sie nimmt an Geschwindigkeit, Stärke und Macht zu.

Je länger die Rollbahn ist, desto mehr Tempo kann das Flugzeug zulegen, bevor es abhebt. Aus ähnlichem Grund wächst der Flussstein in langen Adern. Meine Energie wird frei, wenn sie das Ende einer Ader erreicht, oder irgendwo in deren Verlauf, wenn ein Stein, Kristall oder Element der Erde diese Energie benötigt. Immer wenn anderes Gestein meine Energie braucht, erzeugt es eine magnetische Anziehungskraft. Ich reagiere darauf, indem ich Energie freisetze. Meine Energie belebt Gestein, Kristall oder Element und setzt sie in die Lage, ihre Mission durchzuführen.

Für den Menschen kann ich mich besonders stark einsetzen. Da der menschliche Körper überwiegend aus Wasser besteht, finde ich in ihm eine große Quelle potentieller Energie, die ich aufnehmen und umwandeln kann. Wenn ich diese Energie einmal angezapft habe, manifestiert sie sich in der Aura. Da der Körper nicht von Gestein, sondern von einer Aura umgeben ist, gebe ich meine Energie an die Aura ab.

Wenn der Flussstein um den Hals getragen wird, verfolgt meine Energie das Ziel, die ganze Aura anzuregen. Wenn ich die Aura auf diese Weise mit Energie auflade, wird alles beschleunigt – selbst das, was ihr als Karma bezeichnet. Die Bewegung des Körpers wird beschleunigt, unabhängig von ihrer Richtung. Wenn der Körper sich gerade in einer Reinigungsphase befindet, wird die Läuterung beschleunigt. Doch man muss mit dem Flussstein behutsam umgehen, denn ich kann auch die Schwingung von Krankheiten beschleunigen. Deshalb muss die therapeutische Anwendung ganz gezielt erfolgen.

Wenn ich vom Menschen getragen werde, wird die Schwingungsrate jeder seiner Zellen beschleunigt – mit dem Ergebnis, dass im Körper große Veränderungen stattfinden. Diese Beschleunigung verändert nicht die Rotationsrichtung deiner Energiewirbel, sie steigert auch nicht deine Stoffwechselleistung. Es ist eine Beschleunigung deiner Schwingungsfrequenz, und deshalb führt sie zwangsläufig zu Veränderungen.

Michael benötigte eine genauere Erklärung: »Willst du damit sagen, daß die Bewegung in eine bestimmte Richtung beschleunigt wird, sodass die Notwendigkeit einer Richtungsänderung früher eintritt? Meinst du überdies, dass man eine Situation rascher auflöst oder eine Erfahrung schneller hinter sich bringt und deshalb eine Fülle von Energie zur Verfügung haben wird, um die nächste Erfahrung in Angriff zu nehmen?«

Die Antworten auf beide Fragen hängen davon ab, wie lange der Flussstein getragen wird und wie diszipliniert der Träger sein Leben einrichtet. Wenn man den Flussstein mit einer Zielsetzung im Leben gebraucht, sind die Resultate anders, als trüge man ihn ohne bestimmte Ausrichtung.

Wenn ich sage »ohne bestimmte Ausrichtung«, meine ich damit: ohne Richtung, Ziel oder Traum für das Leben. Es könnte auch bedeuten, den Stein ohne weiteren Einfluss der Erde zu tragen – das heißt ohne weiteres Metall, ohne einen anderen Edelstein oder Erdstein. Wenn du nicht auf Veränderung eingestellt bist, geht dein Leben wie gewohnt weiter: Tagsüber gehst du zur Arbeit, kommst abends nach Hause und schläfst in der Nacht; du erwartest nichts Ungewöhnliches und hast kein realistisches Ziel, nach dem du dich ausrichten kannst.

Wenn du den Flussstein ohne bestimmte Ausrichtung trägst, kann dies zu Verwirrung führen, wenn ziellose

Veränderungen eintreten: Veränderungen der Lebenseinstellung, des Denkens, Fühlens, der äußeren Umstände oder der Art und Weise, wie du auf gewisse Reize reagierst.

Die Veränderungen würden kommen, weil der Flussstein seine Energie in die Aura schleudert; und meine Energie beschleunigt Veränderungen. Ich weiß nicht, wie tief meine Energie in die Aura eindringt. Ich weiß auch nicht, ob sie auf der emotionalen oder mentalen Ebene zum Stillstand kommt. Sobald der Flussstein entfernt wird, hört die Schubkraft hinter diesen Veränderungen auf, weil ihr Ursprung nicht mehr da ist.

Den Flussstein ohne bestimmte Ausrichtung zu tragen, könnte eine Hilfe sein, wenn man ein Mittel braucht, um dem Menschen aus seiner täglichen Routine oder einem eingefahrenen Geleis zu helfen, die ihn daran hindern, ein Ziel zu erreichen. Doch dieses Vorhaben an sich ist bereits ein Ziel, eine Ausrichtung.

Nun, wenn der Flussstein mit einer Zielsetzung getragen wird, kann ich ein besonders hilfreiches Werkzeug sein.

Den Flussstein mit einer Zielsetzung zu tragen, könnte bedeuten, ihn mit einem anderen Element, Erdstein oder Edelstein irgendwo am Körper zu kombinieren. Nehmen wir einmal Gold als Beispiel, denn Gold wird sehr viel in Form von Ringen oder Ohrschmuck getragen. Trägst du gleichzeitig Flussstein und Gold, würde dein Gold-Bewusstsein angeregt. Dadurch könnten die Wirkungen des Goldes auf deinen Körper stärker und für dich deutlicher werden. Auf diese Weise kann ich dir helfen, durch die Erfahrungen zu gelangen, die die Schwingung des Goldes dir bietet.

Eine solche Wirkung tritt auch ein, wenn du mich mit irgendeinem anderen Edelstein trägst: Ich helfe dir, leichter durch die Erfahrungen oder Veränderungen zu gelangen, die für den jeweiligen Edelstein typisch sind. Wenn der andere Stein eine spezifische Heilwirkung besitzt, wird diese beschleunigt. Wenn der Edelstein eine ausgleichende Wirkung hat, verleihe ich dir für den Weg zum Gleichgewicht zusätzlichen Schwung. Doch da dein Leben bereits beschleunigt wurde, könnte es den Anschein erwecken, als gerate es noch weiter aus dem Gleichgewicht. Dieses Resultat widerspricht dem, was ich als meine Wirkung beschrieben habe, allerdings nur scheinbar. In Wirklichkeit legst du viel schneller die Dinge ab, die das Gleichgewicht stören.

Es gibt nichts im menschlichen Leben, das mehr zielgerichtet ist als der Geburtsprozess eines Kindes. In der Phase der Wehen vor der Entbindung ist jede Zelle im Körper der Mutter auf dieses eine Ziel konzentriert. Trägt die werdende Mutter während der Wehen Flussstein um den Hals, wird der Vorgang beschleunigt.

»Sollte der Stein nur in der Wehenphase getragen werden oder auch schon vorher?«

Bevor die Wehen beginnen, hat der Körper noch nicht die konkrete Zielsetzung. Deshalb sollte man den Flussstein am besten anlegen, sobald die Hormone aktiviert werden und der Körper anfängt, Wehen zu manifestieren. Unmittelbar nach der Entbindung sollte die Mutter den Flussstein ablegen und durch eine Kette ersetzen, deren Steine einen stark lindernden, beruhigenden Effekt haben – zum Beispiel die Kombination von Smaragd und hellgrünem Aventurin.

Die Vorgänge und Wirkungen, die ich bisher geschildert habe, verlangen nach dem Einfluss des Flusssteins. Er wirkt am stärksten, wenn die Kugeln auf dem Faden nicht durch Knoten voneinander getrennt sind. Doch auch wenn die Kette geknotet ist, bleibt die magnetische Anziehungskraft zwischen den Kugeln stark genug, sodass die Energie den Luftspalt überbrücken kann. Obwohl die Wirkung einer geknoteten Kette nicht so stark ist, dürften die meisten Menschen sie als ausgeglichener empfinden.

Man kann mich auch über einen bestimmten Teil des Körpers legen, bevor man die Behandlung – zum Beispiel mit einem anderen Edelstein – beginnt. Wenn der Flussstein über einem spezifischen Organ oder Körperbereich plaziert wird, konzentriert sich seine Energie auf dieses Gebiet. Dadurch fließt mehr Energie ein, und die bereits vorhandenen Energien werden aufgelockert, der Körperteil für die Therapie vorbereitet.

Doch meine Energie wirkt ziellos, bis die andere Behandlung einsetzt. Deshalb sollte die nachfolgende Behandlung beginnen, sobald der Flussstein das Organ vorbereitet hat. Dann erhält die Bereitschaft und Empfänglichkeit für Veränderungen, die ich dort bewirkt habe, ihre Ausrichtung. Diese Bereitschaft ist die Anregung der Zellvitalität, die binnen fünfzehn Minuten nach Einsatz des Flusssteins eintritt.

Legt man den Flussstein direkt auf die Haut, fühlt er sich nach wenigen Minuten warm an. Diese Wärme ist die Belebung des Flusssteins durch deine Aura und die Lebenskraft deines Körpers. Wenn der Stein sich erwärmt, zeigt dies an, dass die Anregung der Zellen begonnen hat.

Diese Anregung kann schon nach weniger als fünfzehn Minuten einsetzen. Die Dauer der Anwendung sollte sich nach der Dichte des betroffenen Organs oder Teils richten. Knochenzellen beispielsweise werden länger brauchen als das weiche Gewebe eines Organs oder Muskels, um einen Zustand idealer Bereitschaft zu erreichen.

Wer gerne die Meditation oder spirituelle Kontemplation pflegt, kann den Flussstein entweder vor oder während seiner Zeit der Stille um den Hals tragen. Auch hier gilt wieder das Zeitmaß von fünfzehn Minuten. Man sollte den Flussstein aber mindestens so lange tragen, wie er benötigt, um sich zu erwärmen. Bei der geistigen Kontemplation besinnt man sich auf die Spiritualität im Innern; dies ist eine sehr starke Zielsetzung. Wie du weißt, bin ich immer dann als machtvolles Werkzeug zur Stelle, wenn jemand eine klare Zielsetzung hat.

Wer mich auf diese Weise verwendet, stellt fest, dass sein ganzes Wesen mit Energie erfüllt wird. Ich helfe ihm, die Veränderungen durchzuführen, die ihn zu größeren spirituellen Erfahrungen leiten. Oft sind es physische Blockaden, die den Menschen davon abhalten, seine Aufmerksamkeit mehr auf die inneren Ziele zu richten – ja, tatsächlich: physische Blockaden.

Mein Wirken und die innere Zielsetzung meines Trägers tragen dazu bei, dass alles aufgebrochen, verändert und gelöst wird, was der Ausrichtung des Menschen im Wege steht. Dann wird es möglich, das Ziel noch umfassender zu erreichen und zu verwirklichen.

Ihr und eure Mitmenschen seid intelligent. Ich bin sicher, dass ihr viele Möglichkeiten entdecken werdet, von einem Werkzeug wie dem Flussstein Gebrauch zu machen. Es gibt viele Zwecke, für die man einen Schraubendreher verwenden kann – nicht nur zum Eindrehen von Schrauben. Grenzen setzt euch allein das Maß eures Einfallsreichtums.

Du kennst nun meine Natur und hast einige Beispiele meines Wirkens erfahren. Nun gehe hin und gebrauche mich als das Werkzeug, das ich bin. Ich bin sehr mächtig, wenn ich, zu Kugeln geschliffen, im Aura-Feld eines Menschen oder Tieres zum Leben erwache. In dieser Form arbeite ich nicht mehr für die Erde.

Nun, da du mich kennst, gebrauche und behandle mich mit Achtung und Verantwortung. Das ist alles.

»Ich danke dir«, sagte Michael.

Wir wurden aus dem wasserdurchflossenen Gestein gehoben und stiegen langsam zur Oberfläche empor. Dann schlug der Hüter des Sodaliths vor, dass wir uns im strahlenden Sonnenschein kurz ausruhten. Die warmen, lebenspendenden Strahlen schenkten uns neue Kraft und Erquickung. Doch wir entspannten uns nicht völlig. Wir wussten, dass unsere Mission noch nicht abgeschlossen war. Unsere Aufmerksamkeit richtete sich bereits auf den Rhodonit und die Unterweisungen, die wir von seinem Hüter erhalten würden.

Kapitel 24

Rhodonit

Nachdem wir uns ausgeruht und erquickt hatten, gingen wir zu einem niedrigen Felsvorsprung. Dort zeigte uns Sodalith Adern eines rosa-schwarzen Gesteins, die in der Felswand zu sehen waren. Er nannte diesen Stein Rhodonit. Als wir ihn näher untersuchten und uns fragten, wie er wohl entstanden sei, spürte ich, dass hinter uns jemand näherkam.

Seid gegrüßt, sagte der Hüter des Rhodonits.

Die Gestalt vor uns war nicht größer als 1,50 Meter. Die Energie, die den Hüter umgab, vibrierte so intensiv, dass ich weder seine Züge erkennen noch ausmachen konnte, ob er männlichen oder weiblichen Geschlechts war.

Der Hüter blickte mich an und setzte sich auf die Erde. Ich hatte das Gefühl, neben ihm Platz nehmen zu sollen, und trat etwas näher. Dann plötzlich, ohne dass ich merkte, wie es geschah, fand ich mich in der Aura dieses Hüters des Rhodonits sitzend.

Können wir anfangen?

»Ja. Sprichst du zu uns über deine Mission für die Erde und den Menschen?«, bat Michael.

Für die Erde habe ich die Aufgabe, den rosa Strahl in das Gestein des Planeten zu ziehen. Der rosa Strahl ist jener Farbstrahl, der aus der Welt der Emotionen kommt. Diese Farbe zieht Schwingungen an, die höher sind als jene der physischen Ebene. Wenn solche höheren Schwingungen ins Physische gerufen werden, heben sie dessen Schwingung. Diese Stimulation des Gesteins erstreckt sich über Tausende von Jahren; meine Wirkung ist also langsam, beständig und allmählich.

Das ist Evolution. Das ist Leben, und Leben muss sich entwickeln und wachsen. Ich helfe der Erde zu wachsen, indem ich ihre physische Schwingungsrate jener höheren Schwingung annähere, die der rosa Farbstrahl repräsentiert. Dies führt zu einer Änderung in den Mustern der Erde. Die Veränderungen erlauben der Erde, neue Muster zu erschaffen, die einen höheren Bewusstseinszustand widerspiegeln.

Wenn Menschen den Rhodonit in Kugelform tragen, zeige ich bei ihnen die gleiche Wirkung wie für die Erde: Ich sorge für allmähliche, stetige Hebung. Ich gebe den Menschen eine Grundlage. Weil ich von der Erde bin, gebe ich ihnen auch Festigkeit und Sicherheit, die Eigenschaften des Planeten sind. Doch weil die menschliche Schwingungsrate sich höheren Bewusstseinszuständen viel rascher nähert, wirke ich für den Menschen schneller als für die Erde.

Ich ziehe die Menschen sehr rasch von einer rein physischen Perspektive auf einen emotionalen Standpunkt. Ich hebe die Schwingungsrate des Einzelnen auf die der Emotionalebene. Wer eine emotionale Sicht gewonnen hat, kann seine Emotionen neu arrangieren: Alle Emotionen, die zerstreut, aus dem Gleichgewicht oder unbestimmt sind, werden besser verankert. Dieser Vorgang bringt eine stabilere emotionale Grundlage, Festigkeit und Sicherheit.

Dies geschieht, weil unausgeglichene Emotionen mit dem Rhodonit nicht harmonieren. Man kann nicht Rhodonit tragen und weiterhin emotionell unausgeglichen sein. Der Rhodonit ruft die Emotionen zur Ordnung.

Wenn man einen Edelstein in Kugelform in das menschliche Aura-Feld bringt, wird der Edelstein belebt, und seine Schwingungsrate beginnt, in die ganze Aura des Menschen hinauszustrahlen. Edelsteine sind Werkzeuge. Sie üben ihren Einfluss aus, ob man ihre Wirkung erkennt oder nicht. Doch wenn sein Träger die Fähigkeiten des Edelsteines gewahrt und erkennt, wofür sie zu gebrauchen sind, kann dieses Werkzeug konzentrierter, gezielter, tiefer und kräftiger wirken.

Meine den physischen Aspekt erhebende Wirkung (der Parallelen zu meiner Wirkung auf den Planeten zeigt) tritt ein, ob mein Träger sich dessen bewusst ist oder nicht. Doch meine beruhigende Wirkung auf die Emotionen als Vorbereitung für den Bau einer stabilen emotionalen Grundlage tritt nur in dem Maße ein, in dem die Person diesen Effekt versteht und bewusst verfolgt.

Wie lange diese zweite Wirkung braucht, um sich zu manifestieren, hängt davon ab, wie bereitwillig die Person die von mir herbeigeführten Veränderungen annimmt und mir erlaubt, meine Arbeit durchzuführen. Wie du siehst, bewirke ich fundamentale Änderungen.

Jedes emotionelle Erlebnis ist wie ein Baustein in deinem emotionellen Fundament. Für jeden Stein gibt es in diesem Fundament einen optimalen Platz. Wenn ein Stein seinen optimalen Platz einnimmt, trägt er optimal zur Stabilität des Ganzen bei. Emotionelle Störungen treten dann ein, wenn Teile des Fundaments nicht am richtigen Platz liegen.

Wenn du also emotionelle Störungen hast und eine

solidere emotionelle Basis aufbauen willst, muss man wohl einige der deplazierten Ziegelsteine verschieben. Vielleicht musst du auch einige Lücken füllen oder Steine besser einpassen. Bevor alles an seinen optimalen Platz gelangt, musst du natürlich zunächst zu unterscheiden lernen, welche Steine fehl am Platze sind. Das meinte ich, als ich sagte, dass ich fundamentale Änderungen vornehme: Veränderungen im Fundament.

Der Wiederaufbau eines emotionellen Fundaments ist ein fortwährender Prozess, denn die Menschen wachsen ständig – körperlich, emotional, mental und spirituell. Solange er den Rhodonit trägt, kann der Mensch alle neuen emotionalen Erfahrungen an den optimalen Platz in seinem emotionellen Fundament einfügen.

Es dauert einige Minuten, bis der Rhodonit in der Aura seines Trägers aufgeladen wird. Dann jedoch hält meine Wirkung an, solange er getragen wird.

Trägt man mindestens drei Wochen lang eine Kette aus Rhodonit-Kugeln von acht oder zehn Millimetern Durchmesser, wird dies vermutlich genügend Zeit sein, um im Emotionalen einiges neu zu ordnen. Zumindest biete ich dem Träger genügend Zeit, seine Emotionen gründlich genug kennenzulernen, um bei einem eventuellen emotionalen Trauma ausgeglichener zu bleiben. Um dies zu erreichen, muss man den Rhodonit auch während des traumatischen Erlebnisses tragen.

»Haben die schwarzen Spuren im Rhodonit eine Auswirkung auf dein Tun?«

Der Rhodonit ist in zahlreichen Varietäten erhältlich. Er kommt in vielen unterschiedlichen Rosa-Tönungen von hell bis dunkel vor, und mit mehr oder weniger kräftigen schwarzen Spuren. Doch es gibt noch eine viel größere Zahl unterschiedlicher Menschen, und jedes einzelne emotionelle Fundament ist auf andere Weise geordnet.

Vor die Wahl unter mehreren verschiedenen Rhodonit-Varietäten gestellt, wird das Individuum sich von den Steinen angezogen fühlen, die mit seiner emotionalen Verfassung am besten harmonieren. Es wird die Varietät sein, die ihm die beste Hilfe zum Neu-Aufbau seines emotionellen Fundaments bieten kann. Doch sein Vermögen, diese Hilfe zu leisten, wird von der Kapazität der jeweiligen Varietät abhängen.

Sind die Grenzen erreicht, sollte die Person anfangen, Rhodonit zu tragen, der entweder eine kräftigere Rosa-Färbung oder weniger Spuren von Schwarz aufweist. Dies ermöglicht ihm, ein noch tieferes emotionelles Verständnis und ein stärkeres emotionelles Fundament zu erlangen.

Schwarze und graue Spuren spiegeln Verunreinigungen oder Störungen im Emotionalen wider. Eine hellrosa Färbung steht für emotionelle Unreife oder Schwäche. Je besser die Qualität des getragenen Rhodonits, desto deutlicher wird der emotionelle Zustand des Individuums diese feinere Qualität reflektieren: er wird ausgeglichener, reifer und kräftiger.

Rhodonit höchster Qualität hat eine tiefe Rosafärbung und wenige oder keine schwarzen Spuren. Wenn man nicht bereits die notwendigen Schritte unternommen hat, um zur Harmonie mit dieser Spitzenqualität zu gelangen, wird es einem schwer fallen, gleich zu Beginn solche Rhodonite zu tragen. Manchmal können wir leicht eine oder zwei Stufen überspringen, wenn wir eine Treppe hinaufeilen; mancher unter uns hat sogar so lange Beine, dass er vier oder fünf Stufen auslassen kann. Mit Rhodonit der besten Qualität zu beginnen, würde für die meisten Menschen ungefähr das gleiche bedeuten wie der Versuch, mehr Stufen zu überspringen, als ihre Beine überspannen können.

Ob du für den Rhodonit bester Qualität bereit bist oder nicht: seine Wirkung ist auf jeden Fall erhebend und stärkt dein emotionelles Fundament. Doch wenn du noch nicht so weit bist, diese Qualität wirklich gebrauchen zu können, wird die sich ergebende Neuordnung deines emotionellen Fundaments wohl unvollständig bleiben – denn dann werden im Laufe des Wiederaufbaus einige der notwendigen Zwischenstufen ausgelassen. In diesem Falle könnten andere Einflüsse notwendig werden, die dir helfen, manche emotionalen Blockaden zu überwinden.

Behandlungen mit Rhodonit

Ein Behandler kann Rhodonit verwenden, um die emotionelle Verfassung eines Menschen festzustellen und zu beobachten, ob das Individuum Fortschritte macht. Dazu sollte der Therapeut seinem Patienten mehrere Ketten aus Rhodonit-Kugeln vorlegen. Alle sollten die gleiche Länge besitzen und Kugeln des gleichen Durchmessers tragen. Jede Kette muss aber einen anderen Farbton und eine andere Menge schwarzer Einsprengsel aufweisen. Während er diese Ketten vorlegt, fragt der Therapeut seinen Patienten: »Welche dieser Ketten wäre Ihnen am liebsten, wenn ich sie Ihnen schenken würde? Welche Kette wäre Ihre zweite Wahl?«

Die erste Wahl des Patienten zeigt den emotionellen Zustand an, auf den er sich zubewegt. Die zweite Wahl spiegelt die derzeitige emotionelle Verfassung wider. Du weißt: je dunkler und intensiver die Rosatönung und je spärlicher die Spuren von Schwarz, desto besser die Qualität des Rhodonits. Wenn der Patient einen hellrosa Rhodonit mit einigem Schwarz als erste Wahl zeigt, ein dunkleres Rosa mit nur wenig Schwarz als zweite Wahl, schließt der Therapeut daraus, dass der emotionelle Zustand sich wahrscheinlich verschlechtert.

In diesem Falle sollte er dem Patienten empfehlen, eine Rhodonit-Qualität zu tragen, die zwischen beiden gewählten Tönungen liegt. Sie ist die beste Wahl, denn der Patient ist vermutlich noch nicht bereit, seinen gegenwärtigen emotionellen Zustand zu akzeptieren – und möglicherweise loszulassen, was seine emotionelle Gesundheit negativ beeinflusst.

Bei jedem Besuch des Patienten sollte der Behandler ihn vor die gleiche Frage stellen. Er wird wissen, dass die Abwärtsentwicklung des emotionellen Zustandes zum Stillstand gekommen ist, wenn die erste Wahl des Patienten jene Kette ist, die er ursprünglich als zweite Wahl angab, oder wenn er Rhodonit nimmt, der von besserer Qualität ist als die zweite Wahl bei der ersten Befragung. Dann weiß der Behandler, dass das emotionelle Fundament stabiler geworden ist. An diesem Punkt sollte er dem Patienten empfehlen, einen Rhodonit höherer Qualität zu tragen.

Trägt man mich um den Hals, bringe ich die Veränderungen, die ich im Emotionalen bewirke, auf die physische Ebene, indem ich Emotionalenergie in den physischen Körper ziehe.

Wenn bestimmte Emotionen wieder und wieder geäußert werden, bilden sie Muster. Diese Gewohnheitsmuster manifestieren sich im Physischen oft als eine bestimmte Körperhaltung, Gesichtszüge etc. Gebraucht man den Rhodonit nach der geschilderten Methode (das heißt, indem man die Qualität des getragenen Rhodonits allmählich steigert), verändern sich die emotionellen Gewohnheits- und Reaktionsmuster. Dann kann sogar eine völlige Umstrukturierung im Ursprungsbereich der Emotionen und in ihrer Ausdrucksweise stattfinden. Diese Neustrukturierung führt natürlich auch zur Entwicklung einer wesentlich veränderten Persönlichkeit.

Die körperlichen Manifestationen emotioneller Gewohnheitsmuster mögen sich vielleicht nicht ändern oder verschwinden, weil sie in den ›Fels‹ der physischen Form eingegraben sind. Doch die Muster, die diese physischen Erscheinungen verursachten, lassen sich verändern.

»Bietest du dich für spezifische Behandlungsmethoden an?«

Trägt man ihn um den Hals, berührt der Rhodonit den Kern des Individuums und ist am besten in der Lage, Zugang zu seiner Emotional-Aura zu finden. Als Kette um den Hals getragen, kann der Rhodonit am besten eine höhere Schwingungsrate in den physischen Körper vermitteln.

Es gehört nicht zu meiner Aufgabe, einzelne Teile oder Organe des Körpers zu beeinflussen. Doch weil ich eine spezifische Schwingung besitze, wird der Rhodonit gewiß eine Wirkung zeigen, wenn man ihn irgendwo auf den Körper legt. Sie wird wahrscheinlich von Individuum zu Individuum variieren. Ich glaube, solche individuellen Effekte bezeichnet ihr als Nebenwirkungen der Erdsteine und Edelsteine.

Wenn Menschen emotional labil sind, arbeite ich an den verstreuten Teilen ihres emotionalen Puzzlebildes, die die Störung des Gleichgewichts und die Instabilität verursachen. Ich ordne diese Teile neu, sodass jedes Einzelne besser in das emotionelle Gesamtbild passt. Wenn die Person erst eine größere emotionale Stabilität erlangt hat, kann sie je nach individuellem Bedarf Roselle, Rubin oder Rhodochrosit tragen. Es wird ihr helfen, weitere Schritte im Sinne eines umfassenden emotionalen Wohlbefindens zu gehen. In manchen Fällen kann man natürlich auch zusätzlich eine Rhodonit-Kette mit diesen anderen Edelsteinen kombinieren. Es bewirkt, dass die von den Edelsteinen eingeleiteten Veränderungen langsamer und ausgeglichener eintreten.

Der Rhodonit morgen

»Wie siehst du die weitere Entwicklung deiner Mission in der Zukunft?«, fragte Michael.

Die Erde schreitet in der Anhebung der Schwingungsrate ihrer grobstofflichen Materie sehr langsam voran. Ich werde noch lange Zeit hier sein und dafür sorgen, dass die physische Materie des Planeten magnetisch zu einem Bewusstseinszustand gezogen wird, der über dem physisch-materiellen liegt. Ich wirke auf die physischen Moleküle direkt ein. Ich erinnere sie daran, dass es noch etwas Größeres und Höheres gibt als die Materie.

Je mehr Rhodonit die Menschen tragen, desto besser lerne ich, der Hüter des Rhodonits, sie kennen und verstehe, wie ich ihnen helfen kann. Meine Hauptaufgabe gilt der Erde. Nur wenn ich in eine Kugelform gebracht werde, kann ich einen Einfluss auf den Menschen ausüben.

Nun sollt ihr die Freude haben, einem Erdstein zu begegnen, dessen Eigenschaften ganz anders sind als die meinen oder die jedes anderen Steines, den ihr bisher kennengelernt habt. Ich schlage euch vor, nun den zu befragen, der euch unter dem Namen Malachit bekannt ist. Der Geist selbst wird euch zum Hüter des Malachits führen, weil der Hüter des Sodaliths seine Aufgabe an euch nun erfüllt hat.

»Danke, dass du dir die Zeit genommen hast, dich uns mitzuteilen. Deine Gesellschaft war uns eine Ehre«, sagte Michael.

Die Ehre ist ganz auf meiner Seite.

Dann verschwand der Hüter des Rhodonits einfach. Eben befand ich mich noch in seinem Aura-Feld, und im nächsten Augenblick war ich mit Michael, dem Hüter des Sodaliths und dem Felsvorsprung mit den Rhodonit-Adern allein.

Michael und ich schlossen den Hüter des Sodaliths in die Arme. Wir dankten ihm, dass er uns in die Erde geführt und so vielen Hütern der Erdsteine vorgestellt hatte.

Nun würde der Geist uns wieder führen. Meine Intuition sagte mir, dass uns sogar noch profundere Information über unseren Planeten mitgeteilt werden sollte.

Kapitel 25

Malachit

Als ich mich innerlich auf den Hüter des Malachits einstellte, wurde ich von einer wellenartigen, rhythmischen Bewegung erfasst, die durch meinen Körper hinab und dann wieder herauf floss. Nachdem sich diese Bewegung mehrere Male wiederholt hatte, machte die aufsteigende Welle nicht an meinem Scheitel halt, sondern zog weiter. Ich strömte mit ihr, weiter und weiter hinauf, bis ich mich weit draußen im Raum wiederfand und auf die Erde hinabblickte. Dort traf ich Michael und den gestaltlosen Hüter des Malachits. Der Hüter hatte sich als Wirbel aus Energie manifestiert. Es war leicht für mich, in diesen Wirbel hineinzuschlüpfen.

Wir haben uns hoch über der Erde getroffen, um so einen besseren Überblick über den Planeten und meine Aufgabe für die Erde zu erhalten. Wenn man ein größeres Bild des Ganzen sieht, kann man ein umfassenderes Verständnis gewinnen.

Kurz gefasst, ist meine Aufgabe die Aufbewahrung der Informationsaufzeichnungen über den Planeten.

Ich wurde nicht auf die Erde gebracht, ich manifestierte mich auch nicht, als die Erde Gestalt annahm. Wesen einer gewissen Rasse – ich glaube, du hast von anderen Hütern der Edelsteine schon etwas über sie gehört – nahmen Material, das sich bereits auf der Erde befand, und bildeten daraus den Malachit. Wie du weißt, gehört es zu den wichtigsten Aufgaben dieser Wesen, Daten über die Planeten zu sammeln. Zu diesen Aufzeichnungen gehören Informationen über die Entwicklung eines Planeten und des Lebens, das er trägt – sei es mineralisches, pflanzliches, tierisches oder menschliches. Jene Wesen zeichnen auf, wie die verschiedenen Lebensformen sich untereinander und gegenüber ihrem Planeten verhalten.

Manche solcher Aufzeichnungen werden am besten auf dem Planeten aufbewahrt, andere nehmen jene Wesen mit, und manche bleiben teils auf dem Planeten, teils werden sie mitgenommen. Der Malachit wurde erschaffen um als Speicher für Informationen über die Erde zu dienen. Dazu gehören Informationen über die mechanischen Funktionen des Planeten, über das Verhältnis zwischen dem Planeten und seinem Sonnensystem, Mond, Sonne und (in geringerem Umfang) zu der Milchstraße, zu der er gehört.

Man kann nicht irgendein Gestein auf einen Planeten pflanzen und erwarten, dass es für diesen spezifische Informationen speichert. Damit die Information akkurat ist, muss das Material ihres Speichers aus den Elementen des Planeten speziell zusammengestellt sein. Deshalb findet man den Malachit an keinem anderen Ort als auf dieser Erde. Jeder Planet hat übrigens seinen eigenen, ganz speziellen Stein, der Informationen über ihn birgt.

Ich unterscheide mich vom Bergkristall durch die Art der Informationsspeicherung und durch die Natur der Informationen selbst. Alles, was du dir vorstellen kannst, kann man im Bergkristall speichern – auch Träume, Ideen, Formeln und sogar Krankheiten. Ich wurde programmiert, Informationen über die Erde zu sammeln. Ich kann nur Informationen annehmen und speichern, die ich für den Planeten sammle oder die mir von den Wesen jener Rasse eingegeben werden, die den Malachit erschufen.

Die wellenartigen Bewegungen, die du vorhin erlebtest, sind der Schlüssel zu meiner Art, Informationen zu sammeln. Die für mein Aussehen charakteristischen schwarzen Bänder erzeugen diese Wellen. Wenn der Mensch mich trägt, fließen die Wellen durch den Körper vor und zurück, auf und ab. Im menschlichen Körper ist die Ausbreitung meiner Wellen durch die Haut, die Körperoberfläche begrenzt. In der Erde durchdringen meine Wellenbewegungen nicht die oberste Schicht, die die Atmosphäre berührt; sie werden von ihr reflektiert und fließen ins Erdinnere zurück. Wenn ich zutage gefördert und aus der Erde genommen werde, kann ich für den Planeten nicht länger arbeiten.

Um genau zu erklären, auf welche Weise meine wellenartigen Bewegungen Informationen über den Planeten sammeln, möchte ich einfach und auf anschauliche Weise sprechen.

Jede Wellenbewegung oder Frequenz, die ich in die Erde schicke, ist mit einem bestimmten Datum versehen; während sie durch die Erde fließt, sammelt sie Information. Wenn sie zum Malachit zurückkehrt, wird die Information abgelegt und einsortiert.

Meine Wellen bewegen sich relativ geradlinig fort, senkrecht zu den schwarzen Bändern im Malachit, die sie aussenden. Sie werden in die Erde zurückgeworfen, wenn sie auf deren oberste Schicht treffen. Wellen, die beispielsweise von einem Malachit in der Erde unter Arizona ausgehen, prallen vielleicht unter Florida von der Erdoberfläche ab und fließen dann in die Erde zurück.

Anschließend werden sie vielleicht von der Unterseite der Antarktis zurückgeworfen, danach von Chinas Untergrund, bis sie schließlich zu einem Malachit-Lager an irgendeiner anderen Stelle des Planeten zurückkehren.

Am Ende werden die Wellen irgendwo wieder Malachit erreichen, weil eine Anziehungskraft diesen Stein mit den Wellenfrequenzen verbindet, die er aussendet. Es spielt keine Rolle, ob die Wellenfrequenzen zu dem Malachit zurückkehren, von dem sie ursprünglich ausgegangen waren (in diesem Falle nach Arizona).

Etwa zehn Millionen Malachite sind über den ganzen Planeten verstreut. Jedes dieser Stücke ist ein Teil des einen Malachit-Körpers, den in gewissem Sinne ich bilde, der Hüter des Malachits. In dieser Hinsicht ist Malachit anders als Menschen und Pflanzen. Damit Menschen und Pflanzen am Leben bleiben, müssen alle ihre Zellen miteinander verbunden sein.

»Wenn eine Wellenbewegung ihren Ursprung in Arizona nahm und bei einem Malachit in Kanada endete, erfährt dann der Malachit in Arizona die Information, die dem kanadischen Malachit abgeliefert wurde?«, fragte Michael.

Wenn eine Wellenfrequenz eingeht, werden ihr Datum und alle Informationen gespeichert, die sie zusammengetragen hat. Die Informationen bilden die Form von Schwingungsmustern. Dann wird dem Malachit in Arizona mitgeteilt: »Deine Wellen-Emanation ist zurückgekehrt. Du brauchst diese Frequenz nicht länger anzuziehen. Sie ist in Kanada nach Hause gekommen, und wir haben ihre Information empfangen.«

Du hast übrigens die Begriffe ›Schwingungsrate‹, ›Frequenz‹ und ›Energie‹ synonym verwendet, die sich tatsächlich aber voneinander unterscheiden – zumindest, was mich betrifft.

Denke daran, dass der Malachit in Arizona ein Teil des ganzen Körpers des Malachits ist. Auf physischer Ebene enthält er nicht unbedingt die Information, die in Kanada abgeliefert wurde. Aber man kann über jedes beliebige Stück Malachit an alle Information gelangen, die vom Malachit überall gespeichert ist. Man kann es mit dem System der Zellen im Körper vergleichen: Jede einzelne enthält genetische Informationen über den ganzen Körper. Dies ist nur eine Analogie; sie soll dir verstehen helfen, wie ein Ganzes sich in einem einzigen Teil widerspiegeln kann.

»Können Menschen den Informationsschatz des Malachits anzapfen?«, fragte Michael hoffnungsvoll.

Um dir zu helfen, die Antwort auf deine Frage zu verstehen, möchte ich zuerst über die Wirkungen des Malachits auf den Menschen sprechen.

Wenn ein Mensch einen unbearbeiteten Brocken Malachit hält, nützt dieser ihm außer zum Schmuck – praktisch überhaupt nichts. Steckt man den Stein jedoch zu einer Topfblume in die Erde, beginnt er durch die Erde Schwingungen auszusenden. Vergräbt man den Malachit draußen in der Erde, arbeitet er wieder für den Planeten, als hätte man ihn diesem nie entrissen.

Wenn Malachit in irgendeiner Form in Metall gefasst oder von Metall umgeben wird, vermögen seine Ausstrahlungen dieses nicht zu durchdringen. Es wäre bedauerlich, wenn jemand von einem solchen Malachit volle Heilwirkungen erwartete; die heilenden Eigenschaften des Steines empfängt man nur durch dessen Wellenemanationen.

Wer teilweise von Metall umgebenen Malachit trägt, erlebt nur einen Bruchteil dessen, was ihm ein Malachit in Kugelform ohne Beeinträchtigung durch Metall vermitteln könnte. Die Wirkungen eines teilweise in Metall gefassten Malachits rühren von den Wellen her, die von der offenen Seite des Steines in die Aura reflektiert werden. Dabei handelt es sich gewöhnlich um eine indirekte, zufällige Art von Wellenbewegung, die nicht unbedingt lindernd wirkt. Die Wellen prallen wahllos und unberechenbar in alle Richtungen ab und versuchen, den Malachit zu finden, von dem sie ausgegangen waren.

Wenn der Malachit in Kugelform getragen und nicht von Metall gebunden wird, geschieht etwas Magisches zwischen dem Malachit und dem Menschen. Natürlich geschieht immer etwas Magisches, wenn man einen Erdstein oder Edelstein in Kugelform trägt.

Ich weiß nicht, ob du je in allen Zusammenhängen verstehen wirst, warum die Kugelform den Menschen so tief berühren kann, wie es in gewissem Sinne keine andere Form vermag. Ich bin etwas überrascht, dass eure Leute für das Wissen über die Macht der Kugel bereit sind. Der Geist, der alles Leben – auch das der Edelsteine – durchzieht, muss einen Grund haben, warum er euch Menschen für reif genug hält und euch das Wissen über die Kugelform zugänglich macht.

Sobald die Malachit-Kugeln von der Aura ihres Trägers gewärmt sind, gehen ihre Wellen den Körper hinab und wieder herauf, hinab und herauf, in einem beruhigenden, rhythmischen und wellenartigen Fließen. Dies ist anders als das Verhalten des Malachits in der Erde, dessen Wellenfrequenzen oft von Ort zu Ort geworfen werden, bis sie zurückkehren. Beim Menschen werden jedesmal Informationen geliefert, wenn die Wellen bei ihrem Auf- und Abwärtsfließen an den Malachit-Kugeln vorbeikommen.

Um zu verstehen, wie der Malachit beim Menschen wirkt, musst du mehr über Harmonie und Disharmonie verstehen. Eine gute Möglichkeit, sich diesen Begriffen zu nähern, ist, die Analogie aus der Welt der Musik zu gebrauchen.

Der C-Dur-Dreiklang ist ein einfacher, harmonischer Akkord, der aus drei Noten besteht: C, E und G. Spielt man diese drei Noten, gefällt der resultierende Dreiklang dem Ohr; er ist harmonisch, weil er in Harmonie schwingt. Disharmonie entsteht oft, wenn Noten gleichzeitig gespielt werden, die nicht zu dem gleichen Akkord gehören. Wenn zum Beispiel anstelle der Note C ein F zusammen mit E und G ertönt, erklingt Disharmonie.

Nun, es wäre gewiss interessant zu spekulieren, was geschehen würde, wenn die Noten einander hören könnten. Die Noten E, F und G könnten vielleicht erkennen, dass sie miteinander nicht harmonieren. Würde dann anstelle des F ein C gespielt, wäre der C-Dur-Dreiklang wiederhergestellt.

Physische Disharmonie entsteht, wenn Teile des Körpers nicht wissen, was andere Teile des Körpers tun. Es ist, als ob sie nicht hören könnten, welche ›Noten‹ andere Teile spielen; deshalb ist der Körper sich der Disharmonie nicht bewusst.

Wenn deine Knöchel beispielsweise ein C spielen, die Knie ein E, und deine Hüften ein G, könntest du gut laufen, weil deine Beine in sich harmonieren. (Wie du weißt, harmonieren C, E und G miteinander.) Doch wenn dein Knöchel anfinge, anstelle des C ein F zu spielen, wäre

Disharmonie die Folge. Wenn du dann zu laufen versuchtest, wäre es schmerzhaft oder unangenehm. Damit will ich folgendes illustrieren: Wenn jeder Teil deines Körpers nicht kooperiert oder nicht weiß, was der andere tut, entwickeln sich leicht Disharmonien. Wenn ein gewisser Teil deines Körpers eine Note spielt, die mit dem übrigen Körper nicht harmoniert, bemerkt er die resultierende Disharmonie nicht und macht keine Anstrengungen, sie zu verhindern oder zu korrigieren. Wird diese disharmonische Note weiterhin gespielt, entwickelt sich die Disharmonie zu Schmerz oder Krankheit.

Wird Malachit getragen, höre ich die disharmonischen Töne, die im Körper gespielt werden. Ich wundere mich, warum der Körper diese Disharmonien nicht erkennt und anfängt, harmonischere Musik zu spielen. Der Grund ist natürlich, dass der Körper nicht mit sich selbst kommuniziert. Seine ›Ohren‹ sind geschlossen, und deshalb hört er die disharmonischen Töne nicht. Die Malachit-Wellenfrequenzen, die den Körper hinauf- und hinabfließen, bewirken, dass die ›Lautstärke‹ erhöht wird, sodass der Körper die disharmonischen Töne hören kann. Nun reagiert er: »Uuhh, das klingt ja scheußlich! Knöchel, höre auf, F zu spielen! Du solltest stattdessen die Note C erklingen lassen!«

Wenn Menschen den Malachit bereits lange genug getragen haben, vermögen sie vielleicht schon selbst die harmonische Musik ihres Körpers zu hören. Die meisten hören zwar nicht gerne die Disharmonien, die sie ausstrahlen, können aber möglicherweise die disharmonische ›Musik‹ hören. Je nachdem, wieviel Disharmonie im Körper existiert, kann es mehrere Wochen oder Monate dauern, bis dieser Punkt erreicht ist. Selbst wenn sie die Töne noch nicht vernehmen, haben sie in Bezug auf ihren körperlichen Zustand doch größeres Wissen und Verständnis gewonnen.

Trägt man mich in Form von Kugeln, helfe ich jeder Körperzelle, jede andere Zelle zu kennen – wie jedes kleine Stückchen Malachit jedes andere Stück auf diesem Planeten kennt. Menschliche Zellen müssen einander berühren, um zu funktionieren. Ich finde es interessant, dass längst nicht alle meine ›Zellen‹ einander berühren, und dennoch kenne ich mich selbst besser, als die meisten Menschen über sich Bescheid wissen. Ich kann deinen Zellen beibringen, wie sie jede andere Körperzelle kennenlernen, wie schon der Malachit, bei seiner Erschaffung vor Äonen von Jahren, gelehrt wurde, wie jede seiner Zellen mit jeder anderen kommunizieren kann.

Wenn ein Teil des Körpers weiß, was in einem anderen geschieht, ist es viel einfacher für den Organismus, alle seine Kräfte zusammenzurufen, um jegliche Krankheit zu bekämpfen, die er findet.

Angenommen, du hast einen Tumor, den dein Körper irgendwo in der Leber versteckt hält. Er könnte sogar bösartig sein, doch noch immer hat der Rest deines Körpers keine Ahnung davon, dass er existiert. Ich bin nicht sicher, warum der physische Körper schädliche Dinge oft versteckt. Vielleicht magst du – als Besitzer deiner Leber, des Tumors und der Zustände, die zu ihm führten – nicht sehen, dass gewisse Handlungsweisen und Aktionen den Tumor erzeugt haben. Da dein Denken sich dessen nicht gewahr ist, wird der größte Teil deines physischen Körpers sich des Problems ebenfalls nicht bewusst sein.

Wenn du dich der Wahrheit nicht stellst, befasst sich auch dein physischer Körper nicht mit ihr. In dieser

Situation kann ich ihn wissen lassen, dass du einen Tumor in der Leber hast. Ich teile deinem Körper mit, dass er aufwachen, sein Immunsystem ankurbeln und seine Ausscheidungsorgane aktivieren soll. Ich kommandiere die Funktionen deines Körpers nicht wie ein Feldwebel, doch ich lasse jede Zelle des Körpers wissen, was in jeder anderen Zelle geschieht. Falls die Zellen dann einen Tumor finden, der in deiner Leber verborgen ist, ruft der natürliche Überlebensmechanismus deines Körpers Ausscheidungsorgane, Immunsystem und alle anderen Aspekte auf, die der Körper braucht, um diesen Tumor in Angriff nehmen zu können.

Dieser ganze Prozess wird wesentlich erleichtert, wenn du bereit bist, die Umstände loszulassen, die den Tumor erzeugten. Wenn du sagst: »Ich habe mit dem Tumor nichts zu tun. Ich war bei der Arbeit irgendwelchen Chemikalien ausgesetzt, es war also nicht mein Fehler, sondern die Schuld meines Arbeitgebers«, gibt es vielleicht trotzdem noch Dinge, von denen du loslassen solltest. Hast du einmal deinen Unmut gegenüber deinem Chef Luft gemacht? Hast du deinem Arbeitgeber vergeben? Bist du willens, die Lektionen anzunehmen, die dieses Erlebnis dir bringt? Bist du jetzt willens, Schritte zu unternehmen, um es zu lösen? Jede dieser Fragen bestimmt und ehrlich zu beantworten, ist eine weitere Methode des Loslassens.

Wisse, dass der Malachit wirkt, um seinen Trägern zu nützen. Wenn nämlich eine Zelle weiß, was die anderen tun, herrscht größere Harmonie. Menschen, die nicht wissen wollen, dass in ihrer Leber vielleicht ein Tumor lauert, und Personen, die nicht in Harmonie mit sich selbst sein wollen, werden den Malachit nicht tragen.

Es gibt viele nützliche Nebenwirkungen der wellenartigen Bewegungen des Malachits. Wenn diese durch deinen Körper auf- und abfließen, wirst du wohl ihren beruhigenden Effekt spüren. Gereizte Nerven und Ungeduld werden beruhigt. Ich habe keinen Einfluss auf die Emotionen oder Gedanken, außer insofern, als diese sich im physischen Körper auswirken. Wenn Menschen verärgert oder wütend sind, wird oft auch ihr physischer Körper aufgeregt. Diese Erregung fühlt sich so unangenehm an, dass der Ärger noch weiter angeheizt wird. Wer Malachit trägt und wütend wird, kann vielleicht beobachten, dass die körperliche Gereiztheit gemildert ist. Damit wird der Ärger insgesamt gedämpft.

Malachit zu tragen, wird auch dazu beitragen, Stagnationen im Flüssigkeitshaushalt des Körpers zu beheben, weil meine wellenartige Bewegung durch ihre Analogie die Bewegung der Körperflüssigkeiten anspricht.

Dies sind nur einige meiner möglichen Nebenwirkungen, die sich jedoch vermutlich von Person zu Person unterscheiden werden.

»Kannst du uns nun sagen, wie Menschen vom Malachit etwas über ihren Planeten erfahren können?«

Du willst also wissen, wie man Zugang zu den Informationen erhält, die im Malachit gespeichert sind. Als Meister eures Planeten – dass heißt, wenn ihr die Herrschaft über eure Erde annehmt – habt ihr das Recht auf diese Information. Zurzeit seid ihr Erdenmenschen immer noch Sklaven eures Planeten und Sklaven eurer begrenzten Vorstellungen über eure Beziehung zu anderen Planeten im Sonnensystem und in der Galaxis.

Aus irgendeinem Grunde meinen viele Menschen, die auf eurem Planeten Macht ausüben, dass die Öffentlichkeit mit gewissen Wahrheiten nicht umgehen könne, die bereits bekannt sind. Diese Wahrheiten betreffen euren Planeten, Mond, Mars und die anderen Planeten in eurem Sonnensystem, aber auch Besucher von fremden Himmelskörpern. Wissen ist Macht; in diesem Falle besteht die Ausübung der Macht darin, dass man dem Volk Wissen vorenthält. Hier, zwischen Mond und Erde und mit der Sonne im Rücken, möchte ich euch mitteilen, dass der Öffentlichkeit nur ein Bruchteil dessen weitergegeben wird, was bereits bekannt ist.

Menschen beten um diese Information, und sie sind dafür bereit. Viele bitten Wesen von außerhalb der Erde um diese Information. Deshalb ist schon viel Wissen über Planeten, Mond und Sonnensystem durch Personen übermittelt worden, die Wesen von anderen Orten und aus anderen Zeiten ›channeln‹.

Leider ist ein großer Teil der auf diesem Wege empfangenen Information ungenau. Wenn die Machthaber der Erde erkennen würden, dass die Massen für diese Information offen sind, könnten sie sie mit ihnen teilen. Dann würden eure Leute nicht das Risiko eingehen, unkorrekte Information zu empfangen. Das Wesen von Planet X, das sich durch einen deiner Mitmenschen mitteilt, ist vielleicht bester Absicht und gibt euch möglicherweise genaue Informationen über den Planeten X. Doch die Gesetze von Planet X sind nicht unbedingt identisch mit den Gesetzen, die auf der Erde herrschen. Wollt ihr also einige seiner technischen Informationen nutzen, könnte es sein, dass ihr dabei sehr viel Geld und Zeit vergeudet und vielleicht sogar Menschenleben riskiert.

Die Erdenmenschen auf eurem Planeten halten offenbar viel von Autoritäten, besonders wenn diese aus einer fernen Quelle stammen. Hier gilt wohl die Devise: je weiter ein Wesen herkommt, desto mehr Autorität besitzt es. Es spielt keine Rolle, ob diese Person aus einem anderen Land, von einem fremden Planeten oder aus einer fernen Zeit kommt.

Die Erde ist nicht mehr, was sie im Zeitalter von Atlantis war – in keiner Hinsicht. Die Welt hat sich beträchtlich verändert. Seit Atlantis wurden Kristalle und Pflanzen eingesetzt, Schwingungsraten haben sich geändert, das Bewusstsein der Menschen hat zugenommen, Elemente in der Atmosphäre und Witterungsmuster haben sich gewandelt, und die Polaritäten, magnetischen Linien und Kraftpunkte der Erde haben sich verlagert. Die Erde ist ein völlig anderer Planet im Vergleich zu dem, was sie im Zeitalter von Atlantis gewesen ist.

Wenn du etwas über das Geschehen auf der Erde wissen willst, dann sprich darüber nicht mit einem Wesen von Planet X, das die Erde vielleicht nur ein- oder zweimal besucht hat. Kommuniziere nicht mit jemand aus dem alten Lemurien oder Atlantis, wenn du etwas über den Planeten Erde von heute erfahren willst. Suchst du Information über die Erde, musst du nicht außerhalb des Planeten forschen, um einen Schatz von Information zu finden, der deine kühnsten Träume übersteigt. Die Information ist hier. Sie befindet sich im Planeten. Sie ist im Malachit geborgen.

»Als du von Menschen sprachst, die Macht besitzen und Information vorenthalten, bezogst du dich da auf Personen, die in der Regierung sitzen, oder auf Wissenschaftler mit Informationen, die sie uns nicht mitteilen?«

Eure Wissenschaftler, euer Militär und eure Regierungen haben über solche Dinge wie den Mond und

Außerirdische mehr Informationen gesammelt, als ihr euch vorstellen könnt. Doch da sie solches Wissen zurückhalten und es nicht mit dem Rest der Bevölkerung eures Planeten teilen wollen, gibt es andere Wege, an sie zu gelangen. Man kann sie vom Malachit erwerben.

Je länger der Mensch Malachit trägt und je mehr dessen Wellen durch den Körper auf- und abfließen, desto offener wird er für den Empfang von Information, die im Malachit geborgen ist.

Nachdem du den Malachit mindestens vierundzwanzig Stunden lang getragen hast, blicke in das Auge der Kugel. Das Auge ist der Mittelpunkt der konzentrischen Kreise, die von den schwarzen Bändern gebildet werden. Mache dein Denken ganz frei. Dann imaginiere und fühle die wellenartigen Bewegungen, die vom Zentrum des Auges ausgehen und über deine Augen in dein Gehirn fließen. Stelle dir vor, dass sie in den Malachit zurückfließen, dann wieder zu deinem Gehirn zurück. Vor und zurück, vor und zurück. Schließe deine physischen Augen und lasse die Welle weiter durch dein geistiges Auge (das Brauen-Chakra) und ins Gehirn fließen, und dann wieder zurück zum Malachit.

Malachit-Kugeln wirken für diesen Zweck viel besser als geschliffene Malachit-Steine. Doch solange ein Malachit ein Auge hat, kann er für diesen Zweck auch Verwendung finden.

Du wirst diese Übung mehrere Male durchführen müssen. Jedes Mal wird dein Gehirn unbewusst mehr in Einstimmung mit dem Malachit kommen. Die Wellenbewegungen bilden dabei eine Kommunikationsverbindung zwischen deinem Gehirn und dem Malachit.

Dein Gehirn besitzt ein größeres Gewahrsein, als du

vielleicht meinst. Es kann dir helfen, eine unglaubliche Vielzahl von Aufgaben zu erfüllen, an die du zum Teil noch nicht einmal zu denken wagtest. Die Menschen nutzen ihr Gehirn mit der Fülle seiner Möglichkeiten nur zu einem Bruchteil aus. Der Malachit kommuniziert mit einem Teil des Gehirns, das von den Menschen der heutigen Zeit erst ganz allmählich in Anspruch genommen wird. Es ist der Teil, der in der Meditation oder Kontemplation angesprochen wird – und jedesmal dann, wenn deine Aufmerksamkeit während einer spirituellen Übung auf ein Ziel außerhalb des physischen Körpers gerichtet ist.

Jedesmal, wenn eine Malachit-Welle das Gehirn erreicht, wird dieses von bestimmten Frequenzen berührt. Dein Gehirn liest diese Schwingungsraten und kopiert sie. Dann kehrt die Welle zum Malachit zurück. Jedesmal, wenn eine Welle dein Gehirn erreicht, werden mehr Muster und Frequenzen von diesem speziellen Teil deines Gehirns kopiert. Schließlich birgt dein Gehirn genügend solcher kopierter Informationen, dass es allmählich einzelne Informationsmuster sehen und erkennen kann.

Dein Gehirn wird nun daran gehen, mithilfe der Sprache, die du als Kind gelernt hast, die Muster zu ordnen und zu sortieren, die der Malachit dein Gehirn kopieren ließ. Da deine Muttersprache Englisch ist, werden die Muster ins Englische übertragen. Dann kann der Teil deines Gehirns, der Englisch versteht, die Information bewusst erfassen, die aus der Malachit-Sprache übertragen worden ist.

Je mehr dieser Muster du vom Malachit kopieren lässt, desto zusammenhängender werden die Botschaften. Das Bild wird größer und umfassender, bis du die

Information allmählich kennst. Falls du als Wissenschaftler beispielsweise auf dem Gebiet Physik tätig bist, kommen dir allmählich Inspirationen über den Zusammenhang deines Arbeitsfeldes mit der Erde ins Bewusstsein. Dies geschieht, weil ein Teil deines Gehirns wissen wird, was der Malachit weiß.

Falls du nicht wissenschaftlich arbeitest, sondern einfach deine Freude daran hast, nachts die Sterne zu betrachten und über die Position der Erde im All nachzusinnen, wirst du ein tieferes Verständnis dieser Zusammenhänge erlangen.

Information wird dir zur Verfügung stehen, weil du sie einfach weißt: dein Gehirn hat sie vom Malachit kopiert. Auf die Frage, wo du solche Information gelernt hast, kommt dir vielleicht der Eindruck, sie stamme aus Erinnerung oder Traum, oder du hast das Gefühl, wie man es kennt, wenn man etwas in einem Buch gelesen hat, aber nicht mehr weiß, in welchem Werk es stand. Wenn du natürlich bewusst mit dem Malachit arbeitest, weißt du, woher dein Informationsschatz stammt.

Primzahlen (das sind jene Zahlen, die nur durch die Eins und sich selbst teilbar sind), spielen eine wichtige Rolle. Die im Malachit gespeicherte Information wird in Reihen solcher Zahlen registriert, und alle meine Frequenzen beruhen auf Primzahlen. Je wichtiger eine Information ist, desto größer ist ihre Primzahl-Zuordnung.

Wenn du das Auge eines Malachits betrachtest und das Empfinden hast, seine Wellen-Emanationen fließen zwischen deinem Gehirn und dem Stein hin und her, wird die Information als erste kopiert, die mit den kleineren Primzahlen verbunden ist. Das Gehirn erkennt die Muster der kleineren Zahlen zuerst, weil es einfacher ist, kleine Zahlen als Ganzes zu überblicken. Die in den größeren Primzahlen verschlüsselte Information kann das Gehirn nicht so rasch sortieren, ordnen, formulieren und in deine Muttersprache übertragen.

Es wird vieler Kommunikations-Sitzungen mit dem Malachit bedürfen, bis die in diesen größeren Primzahlen gespeicherten Informationen von deinem Gehirn kopiert und analysiert sind. Sie sind zwar wesentlich elementarer, ihre Zusammenhänge können jedoch viel weitreichender sein.

Die Technik der Informations-Übernahme setzt eine gewisse Hingabe voraus. Du kannst den Malachit nicht an einen Computer oder ein anderes Datenerfassungsgerät anschließen und erwarten, die im Stein geborgenen Daten ließen sich im Handumdrehen Schwarz auf Weiß ausdrucken. Nur dem Gehirn-Computer offenbare ich meine Geheimnisse. Falls ein mentales Zwiegespräch entsteht, wenn du dich nach dieser Methode mit dem Malachit beschäftigst, so wisse: Dieser Austausch beschränkt sich nicht unbedingt auf deine eigenen Denkprozesse: möglicherweise verbindet er dich mit mir, dem Hüter des Malachits.

Der Malachit in Kugelform bietet dem Menschen bei weitem den leichtesten Zugang zu den Informationen dieses Steines. Kugeln mit deutlichen, klar begrenzten schwarzen Bändern vermitteln eindeutige klare Information; verschwommene schwarze Linien könnten zu irreführenden und wirren Informationen führen. Je größer die Malachit-Kugel, desto leichter kannst du die Information erhalten und verstehen, die an die größeren Primzahlen gebunden ist.

Wenn die schützende Schicht entfernt wurde, die einen geschliffenen Malachit umgibt – das kannst du mithilfe von Wasser erreichen –, gelangst du ebenfalls leichter an die gespeicherten Informationen. Doch damit geht der schimmernde Glanz des Steines verloren, und seine Haltbarkeit wird beeinträchtigt. Natürlich reibt sich die Schutzschicht ohnehin ab, je länger man die Malachit-Kugeln trägt und berührt.

»Geht denn keine Information verloren, wenn die Kugeln aus dem Malachit geschnitten werden?«

Nein, denn die Informationen sind in der kristallinen Matrix meiner Moleküle geborgen. Erinnere dich: Du kannst sämtliche im Malachit gespeicherte Information aus jedem seiner Teile beziehen, so wie du den genetischen Code für deinen ganzen Körper in jeder seiner Zellen findest.

»Gibt es noch andere Wege für den Menschen, Meister über seinen Planeten zu werden?«

Würde man einen Zimmermann Meister nennen, der nicht gelernt hat, alle seine Werkzeuge richtig zu gebrauchen? Nein. Er muss zuerst lernen, wie er mit seinem Handwerkszeug umzugehen hat.

Jetzt sind die Menschen soweit, dass sie lernen können, welches Werkzeug ihnen zur Verfügung steht. Ich denke, dass du auch aus diesem Grunde die Hüter der Edelsteine befragen darfst. Die Edelsteine und Erdsteine sind vielleicht die mächtigsten Werkzeuge, die ihr auf diesem Planeten benutzen könnt. Wir sind nicht nur Hammer und Schraubendreher; wir sind hochentwickelte, starke Präzisionswerkzeuge. Wir sind keine simplen Hilfen, wir sind komplex. Wer uns gebraucht, muss intelligent, einfallsreich, erfinderisch und kreativ sein, um unsere Möglichkeiten ausschöpfen zu können. Wir verlangen auch, dass sich sein Verständnis nicht auf das Physisch-Materielle beschränkt, das heißt, wir setzen Spiritualität voraus.

Wenn die Menschen offen sind für Geist und Seele, haben sie mehr Achtung und Verständnis für alle Dinge. Sie zeigen eine größere Verantwortung für das Werkzeug, das sie gebrauchen, und für die Resultate, die sie damit erzielen.

Behandlungen mit Malachit

Wo auch immer sich ein Malachit befindet, ist er das Zentrum seiner Wellen-Emanationen. Wenn du also weißt, dass ein bestimmter Bereich des physischen Körpers disharmonisch ist, dürfte es sich als am effektivsten erweisen, wenn du den Malachit über dieses Gebiet legst. In allen anderen Fällen sollte man ihn um den Hals tragen.

Zu allen Zeiten trugen die Menschen Malachit. Jeder schreibt ihm andere Wirkungen zu, aber dies ist auf die Nebenwirkungen zurückzuführen, die meine wellenartigen Bewegungen so mannigfaltig erzeugen.

Bei manchen lösten sich Stauungszustände, bei anderen wird der Kreislauf angeregt, bei wieder anderen öffnen sich sogar Chakren. Einige sagen, der Malachit öffne das geistige Auge, und sie führen spirituelle Erlebnisse auf den Einfluss des Malachits zurück. Dessen wellenartige Bewegung rührt und bricht alles auf, das einer zunehmenden Harmonie im ganzen Körper im Wege steht.

Das Ziel des Malachits ist, dass jede Zelle im Körper gewissermaßen eine Note von einem harmonischen Zusammenklang spielt. Die ›Musik‹, die von einem Menschen ausgestrahlt wird, der lange genug Malachit-Kugeln getragen hat, ist wunderschön und harmonisch; wer das innere Hörvermögen besitzt, kann sie vielleicht vernehmen. Sie ist das Ergebnis einer harmonischen Schwingungsrate, die sich als Klang manifestiert. Wenn alle Zellen in Harmonie schwingen, wird keine den Ton oder die Note einer anderen beeinträchtigen, dämpfen oder auslöschen.

Manche Teile des Körpers finden rascher zur Harmonie als andere. Wenn du die Töne deines Körpers verstärken und mithilfe eines Lautsprechers hörbar machen könntest, wären nach einem Monat des Einwirkens von Malachit-Kugeln von einigen Teilen des Körper bereits harmonische, von den anderen jedoch noch disharmonische Klänge zu hören. Wieder andere Aspekte deines Körpers ließen gar nichts von sich vernehmen, da ihre Töne einander neutralisieren.

Missklänge zu hören, ist besser, als überhaupt nichts wahrnehmen zu können. Wenn der Körper sich der Dissonanz seiner Musik erst bewusst geworden ist, unternimmt er alles, um sie zur Harmonie umzustimmen. Die Teile, von denen nichts zu vernehmen ist, geben dir Anlass zur Sorge, weil der Körper hier noch nicht wahrnehmen kann, dass eine Disharmonie vorliegt.

Ein Verstärker-Mikrophon für solche Töne ist ein wichtiges Instrument zur Diagnose. Es existiert bereits, wenn auch vermutlich nicht auf diesem Planeten. Mithilfe dieses Werkzeugs kann der Einzelne die Musik tatsächlich hören, die von den verschiedenen Teilen seines Körpers ausgeht. Man kann damit sogar beobachten, wie die Musik-Schwingung des Magens sich verändert, nachdem man gewisse Speisen zu sich genommen hat, die Disharmonie erzeugen.

Wenn du die disharmonischen Klänge erst einmal hörst, die dein Körper von sich gibt, wirst du wohl nicht mehr den Wunsch haben, Speisen zu essen oder Medikamente zu nehmen, die die Disharmonie verursachen. Wenn du andererseits vernimmst, wie wunderschön dein Körper klingen kann, wenn er in Harmonie mit sich selbst ist, wird es dich inspirieren.

Ich erwähnte das Diagnose-Mikrophon und eine seiner Anwendungsmöglichkeiten, um anzudeuten, welche Dinge noch auf euch zukommen.

»Ich habe erfahren, dass Außerirdische am Malachit besonders interessiert seien. Stimmt das, und kannst du uns sagen, warum?«

Jeder lebende Planet besitzt einen bestimmten Stein, der Information über ihn speichert; für die Erde ist dies der Malachit. Der Malachit ist etwas Besonderes, denn er ist wie ein offenes Buch. Seine Schatzkammer ist nicht verschlossen, man braucht nur den Deckel zu heben. Ich weiß nicht, warum dies so eingerichtet ist. Die Methode, Zugang zu den im Malachit gespeicherten Informationen zu erlangen – ich beschrieb sie dir –, ist sehr einfach; du brauchst dazu keine speziellen Fertigkeiten. Menschen, die meditieren, kontemplieren oder spirituelle Übungen praktizieren, haben den Teil des Gehirns bereits entfaltet, der die Malachit-Informationen am genauesten empfangen kann. Sie haben mit der geschilderten Technik also am meisten Erfolg. Doch üben und entwickeln kann sie jeder.

Obwohl jeder Planet im physischen Universum seine Eigenheiten besitzt, hat er doch auch viele Gemeinsamkeiten mit anderen Planeten, besonders wenn sie eine ähnliche Elemente-Zusammensetzung aufweisen. Planeten mit Bergkristall-Grundlage sind der Erde näher verwandt als alle anderen. Es ist nur natürlich, dass die Bewohner solcher Planeten einen leichten Weg suchen, Zugang zu Informationen über einen anderen, verwandten Planeten zu finden.

Außerirdische sind an frisch gefördertem Malachit besonders interessiert. Wenn ich erst aus der Erde genommen bin, riskiere ich, verseucht zu werden; die von mir gespeicherten Informationsmuster können von radioaktiver Strahlung in der Atmosphäre gestört werden. Doch die Kapazität des Malachits in Kugelform, Strahlung aus der Aura seines Trägers aufzunehmen, kann immer noch einigen Menschen zugute kommen, selbst wenn die im Stein geborgene Information verändert ist.

Bevor wir schließen, möchte ich noch erklären, warum der Malachit überhaupt existiert. Warum benötigt die Erde einen Stein, der soviel Information über sie enthält, über ihre Geschichte, ihre Dynamik und ihre Wechselbeziehung mit dem Sonnensystem und dem Leben, das sie trägt? Es ist ein geistiges Gesetz, dass jeder Planet, der Leben in irgendeiner Form trägt, Aufzeichnungen über sich selbst führen und aufbewahren muss. Das gehört zu den ›Spielregeln‹.

Bibliotheken wurden schon immer wie Schätze gehütet. Ich bin so etwas wie eine Bibliothek. Deshalb bin ich anders als alle übrigen Edelsteine eine Schatzkammer deines Planeten. Nun, da du mehr über mich weißt, bist du imstande, die Schatztruhe zu öffnen und teilzuhaben an dem, was sie birgt. Wer daran teilhat, empfängt Ehre und Segen, denn er besitzt die Voraussetzungen aufzunehmen, was bereitsteht und ihm im Grunde bereits geschenkt wurde. Ich sage ›Segen‹, weil nicht jeder die Stärke und Ausdauer haben wird, die Informationen zu empfangen, die der Malachit zu bieten hat.

Als Hüter des Malachits nehme ich nicht physische Gestalt an. Deshalb konntet ihr mich nicht sehen, als ihr eure Aufmerksamkeit auf mich gerichtet habt. Es ist mir eine Ehre, mit euch zu sprechen und die Gelegenheit zu erhalten, Wissen über den Malachit weiterzugeben. Es ist offenbar an der Zeit, dass einige Tatsachen über den Malachit bekannt werden, und die Richtung gewiesen wird, größere Wahrheiten zu erlangen.

Das ist alles.

»Sei gesegnet«, grüßte Michael.

Seid gesegnet, *erwiderte der Hüter.*

Die wellenartigen Bewegungen durch meinen Körper kamen zum Stillstand, und mir wurde bewusst, dass ich mit geöffneten Augen auf den Planeten Erde hinabsah. Die Freiheit, ohne Raumschiff oder Schutzanzug hier oben zu verweilen, war beglückend und erhebend. Ich kam mir vor, als flöge ich um den Mond, um selbst die Geheimnisse aufzudecken, die, wie der Malachit gesagt hatte, der Erdenbevölkerung vorenthalten werden.

Es gibt weit mehr über den Mond zu berichten, als man uns wissen ließ, aber dieses Abenteuer soll in einer anderen Geschichte erzählt werden.

Kapitel 26

Lapislazuli

Als ich mich auf die Begegnung mit dem Hüter des Lapislazuli vorbereitete, fand ich mich wieder im Weltraum außerhalb meines Heimatplaneten ein, von wo aus ich auf die Erde hinabblickte. Michael war wie gewohnt an meiner Seite.

Als wir die Erde betrachteten, wurde das Licht, das den Planeten erhellte, ›gefaltet‹. Es war, als sei das Bild der Erde auf Transparentpapier gedruckt, das nun von der unsichtbaren Hand eines Riesen immer weiter zusammengefaltet wurde. Doch paradoxerweise behielt das Bild der Erde seine ursprüngliche Größe, ganz gleich, wie oft es gefaltet wurde. Da kam mir in den Sinn, dass ich wohl beobachtete, wie der Planet sich in der Dimension Zeit zurückbewegte.

Plötzlich war ich selbst wieder auf der Erde. Vor mir erhob sich ein großer goldener Thron. Darauf saß ein Mann mittleren Alters, der eine goldene Krone sowie eine blaue und goldene Robe trug. Seine Augen waren vom gleichen Königsblau.

Ich bin der Hüter des Lapislazuli. Ich habe dich an diesen Punkt in der Geschichte gebracht, um dir zu zeigen, dass ich einst ein König war. Es war meine Kraft, die allen Königen dieser Zeit ihre Macht gab. Ich war ein Edelstein, wie es keinen zweiten gibt.

Wir werden in dieser Phase der Geschichte bleiben, bis ich deine Fragen über die Vergangenheit beantwortet habe. Wenn dies geschehen ist, bewegen wir uns mit der Zeit wieder an unseren Ausgangspunkt zurück. Dann sprechen wir über die Gegenwart und die Zukunft.

Die frühen Jahre des Lapislazuli

Ich habe keine spezifische Aufgabe oder Mission, weder für die Erde noch für ihre Bewohner. Ich wurde nicht auf den Planeten gebracht, um hier eine bestimmte Funktion zu erfüllen.

Ich wurde deinem Planeten im Austausch gegen eine große Menge von etwas geschenkt, das von der Erde genommen wurde. Ich weiß nicht, wogegen ich eingetauscht wurde. Ich weiß aber, dass die Menschen, die zu jener Zeit auf der Erde lebten, nichts mit diesem Tauschgeschäft zu tun hatten. Jene aber, die den Handel durchführten, hatten keine Vorstellung, dass das, was sie der Erde zukommen ließen, so mächtig würde. Sie wussten nicht, dass seine Schwingungsrate dem Lapislazuli sehr viel Macht verleihen würde, sobald er in die Erde gepflanzt wäre.

Jene, die den Lapislazuli auf dem Planeten ließen, kehrten nie wieder zurück. Andernfalls wären sie überrascht gewesen, wie der Lapislazuli auf die Atmosphäre der Erde reagiert und welche machtvollen Auswirkungen er auf die Menschen hatte, die ihn trugen.

Der Lapislazuli ist im physischen Universum nicht überreichlich vertreten. Doch auf einigen Planeten – auch auf dem, von dem ich stamme –, findet man mich in großer Fülle. Ich reagiere übrigens auf jeden Planeten anders, gleichgültig, ob ich dorthin gebracht wurde oder von Natur aus wuchs.

Vielleicht fragst du dich, warum so viele Kristalle auf die Erde gepflanzt wurden. Es sollte dich nicht überraschen, wenn du daran denkst, wie viele Rassen mit der Technik interplanetarer Reise vertraut sind und diese durchführen. Handelsbeziehungen tragen zur Vielfalt auf den verschiedenen Planeten bei – wie der Handel unter den Nationen der Erde.

»Weißt du, wann der Lapislazuli auf die Erde gebracht wurde?«

Das war im Zeitalter von Atlantis. Doch meine größte Kraft entfaltete ich in der ägyptischen Zeit. Obwohl die Menschen der Erde den Lapislazuli heute mit dem antiken Ägypten assoziieren, ist meine Macht universell; ich wurde an vielen Orten der Erde eingesetzt.

»Welche Wirkung hattest du in der ägyptischen Zeit auf die Erde und ihre Bewohner?«

Ich strahle die Energie aus, die man auf meinem Heimatplaneten antrifft. Ich bin auch dort der Hüter des Lapislazuli, der da freilich einen anderen Namen trägt. Meine Schwingungsrate wirkt anregend auf die Erde. Ich sende anregende Wellen durch die Kanäle der Erde zu den verschiedenen Kraftpunkten und lade diese dabei auf.

Im physischen Körper erfülle ich die gleiche Funktion. Ich rege seine Gefäße und Kraftpunkte an. Diese Gefäße der Erde kannst du ›Energie-Meridiane‹ nennen, ihre Kraftpunkte ›Chakren‹.

In der Blüte meiner Jahre war diese Stimulation der Meridiane und Chakren stark und ihre Auswirkungen tiefgreifend. Die Tatsache, dass meine Energie jedes

Chakra erfüllte, schien den Naturgesetzen zu spotten, und meine Energie gab jenen, die mich trugen, ein Gewahrsein der Möglichkeiten, wie sie diese Gesetze weiter beugen konnten.

Besonders mächtig war die Wirkung, wenn meine Energie die höheren Chakren erschloß. Die Menschen jener Zeit waren nicht darauf eingestellt, dass ihre höheren Chakren geöffnet und stimuliert wurden; sie waren eher materiell orientiert. Ihr Leben wurzelte fest in der Erde, und den größten Teil ihrer Energie bezogen sie von den unteren Chakren. Die Kräfte, die sie erlebten, wenn ihre höheren Chakren geöffnet wurden, waren in der Tat überaus stark. Sie hatten eine gewaltige Macht über das Denken jener, die keinen Lapislazuli besaßen, und über viele Naturgewalten, zum Beispiel die Schwerkraft.

»Spielte der Lapislazuli beim Bau der Pyramiden in Ägypten eine Rolle?«, fragte Michael.

Obwohl ich nicht direkt damit zu tun hatte, wären viele der architektonischen Meisterleistungen in der ägyptischen Ära ohne mich nicht möglich gewesen. Ich schenkte jenen, die den Lapislazuli trugen, körperliche, emotionale, mentale und spirituelle Kräfte. In den Herrscherhäusern trug man Lapislazuli. Die Kräfte, die ich mitbrachte, ließen die Regenten jenen als Götter erscheinen, die nicht Lapislazuli trugen.

Der Lapislazuli schenkt seinen Trägern Bewusstheit, Verständnis und die Fähigkeit, die Präsenz außerplanetarischer Besucher zu akzeptieren. Diese Besucher halfen dabei, die Pyramiden zu bauen. Ohne Lapislazuli hätten die Führer jener Zeit nicht akzeptieren können, was die Außerirdischen auf ihrem Land zu bauen wünschten.

Die Pyramiden wurden aus vielen Gründen gebaut

und dienten zahlreichen Funktionen. Sie bargen Grabkammern und Stätten der Einweihung und geheimen Unterweisung. Es gab auch Räume, in denen Energieströme dergestalt zusammentrafen, dass gewaltige Heilungen und Transformationen geschehen konnten. Diese besonderen Räume dienten auch als ›Terminals‹, von denen aus Menschen an andere Orte versetzt werden konnten – nicht nur im Bewusstsein, sondern mitsamt ihrem Körper.

»Willst du damit sagen, dass die Menschen an andere Orte auf der Erde versetzt werden konnten, oder meinst du andere Orte auf anderen Planeten?«

Beides. Dieser Transportmöglichkeiten erfreuten sich vor allem die Angehörigen der Herrscherhäuser, die sich oft ein Spiel daraus machten, sich von einer Pyramide zur nächsten befördern zu lassen. Doch man nutzte diese Technik auch wegen der positiven und hilfreichen Aspekte eines erweiterten Bewusstseins beim Eintritt in eine Pyramide und beim Verlassen einer anderen.

»Ich kann mir vorstellen, dass solche Erlebnisse das Denken und Bewusstsein erweiterten«, bemerkte Michael.

Genau. So etwas erweitert den Horizont beachtlich.

»Sind diese Dinge in den ägyptischen Pyramiden auch heute noch möglich?«

Die Pyramiden wurden zerstört. Sie sind nicht mehr, was sie einst waren.

»Gibt es noch eine Pyramide, die man für solche Transportmethoden nutzen kann?«, fragte Michael beharrlich.

Nur wenn man dabei den physischen Körper verlässt. Es war nicht nur die Form der ägyptischen Pyramiden und die spezielle Art der Energieströme, die den Menschen seinerzeit gestatteten, sich körperlich an andere Orte versetzen zu lassen. Unter den speziellen Kammern befanden sich Schichten besonderen Materials. Es beeinflusste die Schwerkraft und den Magnetismus. Auch noch andere Kräfte spielten eine Rolle – aber wir sind nicht hier, um über Pyramiden zu sprechen.

In jener Zeit wurde der Lapislazuli auf unterschiedliche Weise verwendet und diente als Material für die verschiedensten Gegenstände, auch als Schmuckstein, für Talismane und feinste Einlegearbeiten. Er wurde in vielen Formen geschnitten und geschliffen, auch in runder Form. Doch damals war der Lapislazuli so stark, dass man ihn nicht zu Kugeln schleifen musste, um seine Schwingungsrate zu verbreiten. Doch je größer die Menge des verwendeten Steines und je größer seine Oberfläche war, desto stärker war auch seine Wirkung.

Die Menschen erfahren gerne etwas über die Vergangenheit, weil sie davon träumen können. Doch die Vergangenheit lässt sich nicht genau verifizieren. Meine Wirkung in der Gegenwart lässt sich jedoch zeigen, sei es wissenschaftlich oder durch direktes persönliches Erleben.

»Wollen wir in die Gegenwart zurückgehen?«, schlug Michael vor.

Ja.

Augenblicklich befanden wir uns wieder über und außerhalb der Erde. Dieses Mal begann sich das Bild der Erde zu öffnen und zu entfalten. Als es fertig war, bemerkte ich, dass im Laufe dieses Entfaltungsprozesses einige geographische Veränderungen eingetreten waren.

Der Lapislazuli heute

Meine Energie hat beträchtlich nachgelassen. Heute ist meine Wirkung auf die Chakren und Energie-Meridiane nur noch ein Bruchteil dessen, was sie dereinst war. Außerdem konzentriere ich mich mehr auf Herz, Kehle und Denken sowie die Chakren im Kopfbereich.

Auch mein anregender Einfluss auf die Erde ist schwächer geworden. Statt den ganzen Planeten zu stimulieren, kann ich nur noch in einem gewissen Radius um meinen Fundort wirken.

Nach wie vor vermag ich Menschen zu helfen, die Energie und Kraft zu spüren, die sie in ihrem Innern bergen. Diese Kraft ist am stärksten, wenn die Herzenergie sich mit der mentalen Energie verbindet, oder wenn die emotionalen und mentalen Aspekte in Harmonie kooperieren und einander nicht widersprechen. Diese Harmonie ist erreicht, wenn die höheren Chakren angeregt werden und der Energiefluss durch diese Chakren ausgeglichen ist.

Weiterhin kann ich den Menschen helfen, sich von dem Einfluss aus Situationen der Vergangenheit zu befreien, die ihnen heute Probleme bereiten. Ich tue dies besonders für Personen, die schon in der Vergangenheit mit mir verbunden oder in jener Zeit inkarniert waren, die ich ›die Blüte meiner Jahre‹ nenne, unabhängig davon, an welchem Ort auf diesem Planeten die Personen sich damals aufhielten. Ich kann diesen Menschen am besten helfen, weil sie bereits eine Verbindung mit dem Lapislazuli hergestellt haben. Doch ich vermag auch jenen zu nützen, die früher noch nicht mit mir in Berührung gekommen waren.

Wer von mir angezogen wird, den ziehe ich mit großer Macht an. Die Energie, die ich ausstrahle, kann die Menschen sehr tief berühren. Sie ergreift sie durch Herz und Sinn.

Ich bemühe mich, eine größere Verbundenheit, Kommunikation und mehr Verständnis zwischen den emotionalen und mentalen Aspekten des Menschen einzurichten. Wenn Gefühle Zugang zum Mentalen finden, werden die Denkvorgänge reicher, fruchtbarer und großzügiger; wenn die mentalen Prozesse die Emotionen berühren, werden diese verstanden.

Dann werden die Menschen sich selbst gegenüber freier und entspannter. Oft sind wir selbst doch unsere strengsten Zuchtmeister. Das Gefühl der Erleichterung, das ich vermitteln kann, ist in Augenblicken der Verbundenheit mit dem Lapislazuli spürbar. Dies mag einer der Gründe sein, warum die Menschen sich von mir angezogen fühlen.

Die Einrichtung einer guten Verbindung zwischen dem Fühlen und dem Denken erschließt neue Möglichkeiten. Es erweitert den Horizont und das Potential des Menschen. Es schenkt denen, die mich tragen, Mut und einen furchtlosen, unternehmungsfreudigen Geist, der notwendig ist, um Träume zu verwirklichen. Ich zeige den Menschen ihre Träume und gebe ihnen das Gefühl, sie verwirklichen zu können. Wenn du einmal das Empfinden hast, ans Ziel deiner Träume gelangen zu können, ziehst du die notwendigen Ressourcen an wie ein Magnet die Eisenspäne.

Da meine Energie heute zurückgeht, muss man mich in Kugelform tragen, damit sie frei in die Aura übergehen kann. Je mehr goldfarbene Pyrit-Einschlüsse ich zeige, und je tiefer königsblau meine Farbe ist, desto mehr Kraft besitze ich. Je mehr mich jemand trägt, desto stärker werde ich – obwohl ich nie wieder so kräftig werde, wie ich in meiner Jugend einst war.

Die Schwingungsrate meiner Farbe kann den Menschen tief beeinflussen, weil sie den Sehnerv auf ungewöhnliche Weise anrührt. Lapislazuli von geringerer Qualität ist zur Intensivierung seiner Färbung gewöhnlich getönt. Leider wirkt jede künstliche Färbung als weitere Behinderung seiner Energie, die ohnehin schwach ist, weil es sich meist um Steine minderer Qualität handelt. Außerdem blockiert die künstliche Färbung jegliche Wirkung der Schwingungsrate meiner echten Farbe. Die Farbe eines getönten Lapislazulis wird jedoch immer noch eine Wirkung auf den Sehnerv ausüben, die allerdings nur einen Bruchteil der Stärke zeigt, die ein naturbelassener Lapislazuli bieten kann.

Es ist nicht nur die künstliche Färbung, was meine Wirkung behindert, sondern auch die Tatsache, dass die so getönten Steine meist ohnehin nur minderer Qualität sind.

Dein Sehnerv nimmt Eindrücke von dem auf, was du mit deinen physischen Augen siehst – aber auch Eindrücke von dem, was du in deinen Träumen und Visionen schaust. Alle diese Eindrücke sind Reize für den Sehnerv der mit jenem Teil des Gehirns verbunden ist, der als Gedächtnisspeicher dient.

Die Schwingungsrate meiner Farbe wirkt auf den Sehnerv dergestalt, dass das Gehirn an sein Ur-Gedächtnis erinnert wird. Dabei handelt es sich um ein sehr elementares, ursprüngliches Erinnerungsvermögen, einen Aspekt vom Wesenskern eines Menschen. Er erinnert sich an das, was das Individuum mit dessen Ursprung verbindet.

»Was verstehst du unter Ursprung?«, fragte Michael.

Gott. Aber es ist nicht nur meine Farbe, die die Menschen an die Energie oder den Geist erinnert, der sie mit Gott verbindet. Meine Schwingungsrate spielt auch eine wichtige Rolle bei der Anregung des Sehnervs und damit des Gehirns, sich diese Erinnerung in den Sinn zu rufen. Das ist ein weiterer Grund, warum der naturbelassene, ungefärbte Lapislazuli wesentlich stärker wirkt als künstlich getönte Steine.

Heilung im Physischen vermag ich nicht direkt herbeizuführen. Alle Heilwirkungen, die man mir zuschreibt, sind nur die Folge der von mir erreichten Integration und Harmonisierung von Denken und Fühlen.

Legst du Lapislazuli über das Brauen-Chakra oder als Tisrati um den Kopf, kann er zu einem erheblich gesteigerten spirituellen Gewahrsein verhelfen. Dieses Gewahrsein wird nur auf der mentalen Ebene herrschen, aber die Mental-Welt gilt in vielen großen Religionen auf eurem Planeten als der Himmel. Jeder Bewusstseinszustand außer dem rein physischen hat etwas zu lehren. Ich kann dem Menschen das Gefühl der Expansion, der Ausdehnung, geben und ihm tiefere Weisheit, größeres Wissen und umfassenderes Gewahrsein schenken.

Plaziert man mich an eine andere Stelle des Körpers als über das Brauen-Chakra, zeige ich kaum eine Wirkung – es sei denn, ich werde in einer Kette um den Hals getragen. Wenn die Lapislazuli-Halskette bis über das Herz reicht oder dem Herzen möglichst nahekommt, kann ich meinen stärksten Einfluss geltend machen.

Früher wurde der Lapislazuli von seinem Besitzer wie

ein Schatz gehütet, und er wechselte den Besitzer nie. Man gab ihn nicht in andere Hände weiter, es sei denn an Mitglieder der Familie, bevor man starb. Andernfalls wurde der Lapislazuli mit seinem Besitzer beerdigt. Je mehr eine einzige Person den Lapislazuli trägt, desto tiefer und effektiver kann ich wirken. Je länger ich getragen werde, desto besser kann das Individuum sich darauf einstellen und meine Kräfte annehmen.

Den Lapislazuli braucht man nur mit einem Tuch zu reiben, wenn man seinen Glanz steigern will. Weitere Maßnahmen sind zur Reinigung nicht nötig.

»Man sagt, du seist sehr weise, und ich spüre deine Weisheit. Ich habe mich immer gefragt, wie man allgemein den Zweck der Edelsteine formulieren könnte. Weißt du, warum der Geist sie erschaffen hat?«, fragte Michael.

Man könnte sagen, die Seele wurde aus der Herrlichkeit des Himmels gestoßen, in Körperhüllen gekleidet und mit einem Schicksal bedacht, das sie erfüllen muss. Dieses Schicksal war voller Prüfungen, Drangsale, Lektionen und Erfahrungen, bis die Seele erkannte, wer sie war, und zu ihrer wahren Heimat zurückkehrte, zu Gott im Himmel.

Doch Gott ließ die Seele in der Welt der Materie mit all ihren lästigen Körperhüllen nicht hilflos im Stich. Wegweiser, Leitlichter und Religionen stehen ihm überall zur Verfügung. Es gibt auch spirituelle Meister, Führer, Heiler und andere, die helfen können. Mittel wie Bücher und Edelsteine sind ebenfalls für die Seele da. Dies alles existiert, um der einzelnen Seele zu helfen, ihr Schicksal zu erfüllen und zu ihrer wahren Heimat, zu Gott, zurückzukehren. Jede dieser Hilfen der Seele hat ihren eigenen

Charakter. Jede für sich ist mächtig und nicht zu unterschätzen.

»Dann sind Edelsteine also weitere Mittel, der Seele zu helfen«, folgerte Michael.

Ja. Edelsteine gehören zu den zahlreichen Werkzeugen und Mitteln, die zur Verfügung stehen, um der Seele zu helfen – ob diese davon Gebrauch macht oder nicht. Wer klug ist, macht sich die Mittel zunutze, die vor seinen Füßen liegen, statt ständig zu stolpern und sich ohne Hilfen abzuplagen. Gott erschuf eure Hände, aber Gott erschuf auch Werkzeuge, die euch helfen, wenn Er euch Aufgaben stellt.

»Was ist dann allgemein die Aufgabe der Hüter der Edelsteine?«

Die Lebenskraft auf die Edelsteine zu richten, für die sie verantwortlich sind, und diese Verbindung aufrecht und am Fließen zu halten. In manchen Fällen sollen wir das jedoch nicht tun – wie zum Beispiel beim Lapislazuli auf der Erde. Ich habe nicht den Auftrag, den irdischen Lapislazuli mit Energie zu versorgen, sondern soll dies unterlassen.

Obwohl er auf der Erde vorkommt, gehört er, genau genommen, nicht auf diesen Planeten. Auf meinem Heimatplaneten versorge ich diesen königsblauen Edelstein nach wie vor mit Energie und wecke das Bewusstsein der Bevölkerung. Auf Planeten, die Lapislazuli bergen, wirke ich zuweilen in den Träumen jener, die mich tragen. Ich öffne ihr Gewahrsein für die Einflüsse und Gaben dieses Steins und die Möglichkeiten, ihn zu größerem Vorteil zu nutzen.

»Ist es üblich, dass Personen, die Edelsteine tragen, von diesen träumen?«

Das gilt heute noch mehr als je zuvor. Heute weitet sich das Gewahrsein, und unsichtbare Wolken, Trübungen und Stauungen werden aus dem Bewusstsein der Menschen beseitigt. Die Edelsteine selbst erwachen; sie erhalten mehr Energie und Lebenskraft. Als Hüter der Edelsteine werden auch wir uns unseres eigenen Potenzials bewusster.

Wir gelangten zu der Erkenntnis, dass wir mit den Menschen direkt zusammenarbeiten können. Wir können sie belehren und mit ihnen arbeiten in ihren Träumen, Meditationen, Kontemplationen und sogar im Wachzustand. Obwohl wir immer mit den Menschen arbeiten könnten – und einige unter uns es wohl auch getan haben –, sind wir heute aufgerufen, direkter mit ihnen zu kooperieren. Wir erhielten auch den Auftrag, verstärkt mit einander zusammenzuarbeiten.

»Warum, meinst du, geschieht dies in der heutigen Zeit?«

Schicksal. Es war vor Äonen vorausgesagt worden, dass es eine Zeit geben werde – und diese Zeit ist jetzt –, in der im Halbdunkel ein größeres Licht aufgehen werde. Seit Ende des letzten Jahrhunderts ist ein Öffnen und Erwachen zu beobachten. Es geschieht überall – auf jedem Planeten in jeder Galaxis, in jeder Welt und in jedem Universum.

Überall ist ein Frohlocken, das jedoch mit einer sehr großen Verantwortung einhergeht. Mit dem Aufatmen kommen auch viele Lektionen, möglicherweise auch Belastungen und Nöte, denn es ist auch eine Gelegenheit zu wachsen. Wachstum bedeutet Veränderung: Veränderung bedeutet, Dinge loszulassen, die nicht mehr notwendig sind, auch wenn wir sehr an ihnen hängen und sie festhalten wollen. Doch wir können nicht an dem haften bleiben, was wir früher waren, und uns gleichzeitig weiterentwickeln und wachsen. Diese Öffnung begann gleichsam durch einen Riss in der Tür, und nun beginnt sich die Pforte langsam, ganz allmählich zu öffnen. Sie ist vielleicht erst eine Handbreit aufgegangen, aber die Entwicklung wird in den nächsten Jahrzehnten weitergehen.

Es ist in der Tat eine interessante Zeit, in die ihr geboren seid.

Der Lapislazuli morgen

Meine Kraft lässt nach, und ich werde auf der Erde vermutlich immer seltener zu finden sein. Ich wurde nicht an vielen Lagerstätten deponiert. Obwohl ich auf der Erde auch wachse, geschieht das nicht rasch, weil ich auf diesem Planeten nicht heimisch bin. Der Lapislazuli vermehrt sich nicht stark. Er wächst einfach, weil er lebt.

Wer das Glück hat, Lapislazuli hoher Qualität zu besitzen, ist wirklich gesegnet mit einem machtvollen Werkzeug. Fühle die Kraft, die ich heute ausstrahle, und stelle dir dann vor, wie sie in der Blüte meiner Jahre gewesen sein muss, als meine Kapazität auf diesem Planeten die heutigen Möglichkeiten um das Fünfhundertfache übertraf. Es ist ehrfurchtgebietend, ernüchternd und vielleicht sogar erschreckend, sich die Macht vorzustellen, die jene besaßen, die mich in den Tagen der Antike trugen.

»Ist die Kraft des Lapislazuli auch auf seinem Heimatplaneten zurückgegangen?«, fragte Michael.

Sie ist lange nicht so drastisch geschwunden wie auf

der Erde. Ich sehe jetzt vielleicht wie ein alter Mann aus, aber du erinnerst dich: Als wir die Zeit zurückdrehten, schien ich nur etwa zehn Erdenjahre jünger als jetzt. Meine Lebenszeit ist nicht mit der des Lapislazuli auf der Erde zu vergleichen. Sie entspricht dem Lapislazuli auf meinem Heimatplaneten.

»*Warum hat dann der Lapislazuli auf der Erde so viel von seiner ursprünglichen Kraft verloren?*«

Weil die Erdatmosphäre nicht die Energie enthält, die den Lapislazuli ernährt und belebt. Wenn du einen Baum im Wald ausgräbst und zu Hause in einen Blumentopf setzt, wird er wohl kaum so lange leben wie an seinem ursprünglichen Platz im Walde.

»*Gibt es noch etwas, das du uns mitteilen möchtest?*«

Der Klavierschüler kann nur wenige Noten spielen, die noch dazu schön klingen. Ein Meistervirtuose kann eine scheinbar unendliche Zahl von Tasten anschlagen und die herrlichsten Harmonien erklingen lassen.

Du, Michael, bemühst dich um Meisterschaft im Geist und im Selbst. Da Geist Leben ist, gibt es keinen Grund, warum sich Meisterschaft in Geist und Selbst nicht auch als Meisterlichkeit in allem widerspiegeln sollte, das du im Leben vollbringst. Dazu können auch geschäftliche und alle anderen Aktivitäten gehören, an denen du Freude hast. Wiederholt hast du wie ein Klavierschüler erlebt, wie man sich abmüht, damit eine Komposition schön klingt. Du wirst dich anstrengen müssen, um größere und reichere Musikstücke zu meistern. Richte deinen Blick auf das Ziel, und du wirst es erreichen.

Durch Übung wird man Meister, aber offen steht dieser Weg einem jeden. Lapislazuli kann dir helfen, die Meisterschaft zu erlangen, vielleicht mehr als jeder andere Edelstein – ob es sich um die Meisterschaft im Brotbacken, im Klavierspiel oder über Geist und Selbst handelt. Um Meister zu werden, musst du zuerst dein Ziel sehen. Ich helfe den Menschen, ihre Ziele zu sehen und dann zu erreichen.

Um Meister zu werden, musst du dir Erfahrung erarbeiten. Du musst spüren, dass du sie schon erworben hast. Ich kann dir helfen, dieses Gefühl zu erlangen; aber du musst wissen, dass du die Fähigkeit besitzt, die notwendigen Schritte zur Meisterschaft zu gehen. Ich kann dir Mut verleihen, diese Schritte zu unternehmen.

Du hast den Lapislazuli und seine Wirkung früher schon erlebt. Lass ihn Musik in dein Herz tragen. Lass ihn die Saiten anschlagen, denn sie wurden schon früher zum Schwingen gebracht. Und identifiziere dich nicht mit den Grenzen, die du selbst dir setzt.

»Das ist ein guter Rat.«

Nun werde ich euch verlassen. Seid gesegnet.

»Wir danken dir; sei auch du gesegnet.«

Der Hüter des Lapislazuli verschwand, und ich glitt so schnell durch einen Tunnel aus Licht, dass die Atmosphäre um mich herum zitterte. Einige Augenblicke später befand ich mich wieder auf der Erde und saß bequem auf dem Sofa in unserem Wohnzimmer.

Bei meinem ›Wieder-Eintritt‹ wurde meinem Herzen eine Methode zur Nutzung des Lapislazuli eingegeben.

Diese Technik ist anzuwenden, wenn du die Lapislazuli-Kugeln bereits eine Zeitlang getragen hast, sodass sie von der Energie deines Körpers angewärmt sind. Lege die Kette ab. Halte etwa vier bis sechs der Perlen auf die Haut über deinem Brauen-Chakra und drücke sie leicht an. Schließe die Augen und entspanne dein Denken. Dann fühle, wie die Energie des Lapislazuli durch das Brauen-Chakra in deinen Kopf einströmt.

Spüre, wie dein Kopf sich mit dieser Energie füllt. Wenn sie dein Hinterhaupt erreicht, lass dir eine Frage in den Sinn kommen. Richte deine Aufmerksamkeit nicht auf das Brauen-Chakra, sondern ins Innere der Lapislazuli-Kugeln, die auf deiner Stirn liegen. Betrachte mit deinem inneren Auge, was sich vor dir entfaltet. Es wird dir die Antwort auf deine Frage vermitteln oder dir helfen, sie besser zu verstehen.

Kapitel 27

Onyx

Ich rechnete damit, den Hüter des Onyx an einem dunklen Ort zu treffen, vielleicht in einer düsteren Höhle tief im Innern der Erde. Dementsprechend war ich überrascht, als mich der Geist auf eine grüne Wiese bei einem Gebirgsbach führte. Dort saß der Hüter des Onyx auf einem großen Stein und wartete. Als er Michael und mich erblickte, stand er auf, gab uns die Hand und begrüßte uns herzlich.

Der Hüter des Onyx sah aus wie ein gewöhnlicher Erdenmensch. Er hatte pechschwarzes Haar, tiefbraune Augen und sprach mit ruhiger, sanfter Stimme. Dieser Hüter schien besonders liebenswert zu sein. Aus dem Ort, den er für unser Gespräch gewählt hatte, konnte man schließen, dass er die Natur sehr liebte. Ich spürte diese Liebe – eine tiefe, verwandtschaftliche Verbundenheit mit allem Lebenden –, als ich in seine Aura eintrat.

Obwohl man ihn als Erdstein betrachtet, wurde das Material, aus dem der schwarze Onyx besteht, nicht ausschließlich von der Erde hervorgebracht. Es enthält irdische Elemente, wurde aber von menschlichen Wesen weiterentwickelt. Doch es ist kein Menschenwerk wie etwa Kunststoff. Plastikperlen haben keinen Hüter.

Der Onyx ist definitiv lebendig. Er besitzt eine besondere Schwingungsrate, auch wenn seine Farbe intensiviert wurde, um schwärzer auszusehen. In der Tat dient diese Bearbeitung sogar seiner Aufgabe und gibt mir meinen Effekt. Die Wirkung manches anderen Edelsteins wird durch solche Maßnahmen abgeschwächt. Doch ohne die künstliche Tönung gäbe es den schwarzen Onyx gar nicht.

Als sein Hüter habe ich die Aufgabe, über den Onyx zu wachen, seine Schwingungsrate zu leiten und mich um die Menschen zu kümmern und mit ihnen zu arbeiten, die den schwarzen Onyx tragen.

»Gilt deine Mission ausschließlich dem schwarzen Onyx auf der Erde?«, fragte Michael.

Ja. Meine Aufgabe als Hüter gilt ausschließlich dem schwarzen Onyx auf der Erde.

»Bist du auch Hüter für das Material, aus dem der Onyx besteht?«

Es gibt noch einen anderen, der als Hüter für den Stein dient, den du als grauen Onyx bezeichnest. Wenn grauer Onyx schwarz gefärbt wird, verändern sich seine Wirkungen beträchtlich. Das liegt an der Wechselwirkung von Licht und Farbe.

»Welche Aufgabe hast du?«

Meine Mission gilt allen Menschen. Meine Schwingungsrate soll das Basis-Chakra stabilisieren, kräftigen und unterstützen. Zusammen mit meiner Farbe wirkt meine Schwingung auf alle Chakren außer dem Scheitel-Chakra stimulierend. Auf fundamentaler Ebene gebe ich den Chakren die Kraft, richtig zu funktionieren. Meine Energie fließt zuerst in das Basis-Chakra ein. Dann steigt es durch den Körper empor und teilt den Chakren mit, dass es in Ordnung ist, sich zu öffnen und Schwingungen oder Farben in dem Maße aufzunehmen, in dem der Körper sie benötigt.

Es mag aus einer gewissen Perspektive vielleicht paradox erscheinen, doch wenn alle Farben des Lichtes zusammenkommen, entsteht Dunkelheit, Schwärze. Wenn dieses Phänomen auf einer spirituellen Ebene eintritt, bildet sich der negative Pol des Universums. Vielleicht ist die Farbe Schwarz deshalb ein Symbol des Negativen, Weiß ein Symbol des Positiven. Doch betrachte den schwarzen Onyx bitte nicht als einen negativen Stein.

Wesen, Zweck und Bedeutung der negativen Kraft sind die Mäßigung der Seele. Letztlich stärkt sie den Menschen – durch harte Lektionen. Trägt man den schwarzen Onyx in negativen Situationen, lässt seine Schwingungsrate zu, dass Licht auf die Situation fällt und deren positive Seite offenbart.

Manchmal haben Menschen negative Vorurteile über das Basis-Chakra, oder sie halten es für weniger wichtig als die anderen Zentren. Würde das Basis-Chakra nicht gebraucht, hätte es im menschlichen Körper keinen Platz. Wenn es ausgeglichen ist und richtig arbeitet, erlangt der Einzelne die Kraft, die höheren Chakren zu entfalten. Die Kraft des Basis-Chakras ist auch notwendig, um den Veränderungen besser standzuhalten, die die Entfaltung der höheren Chakren für das Leben des Menschen mit sich bringt.

Es liegt in der Natur meiner Schwingung und meiner Farbe, die sieben Farbstrahlen zu absorbieren und sie durch das Basis-Chakra in den Körper zu bringen. Ein Teil meiner Schwingung verlässt den Körper nach dem Eintritt durch das Basis-Chakra bereits wieder durch das Sexual-Chakra, aber der größte Anteil steigt im Körper nach oben. Jedesmal, wenn meine Energie ein Chakra passiert, gibt sie dort die Schwingungsrate der Farbe ab, für deren Empfang das jeweilige Chakra programmiert ist. Meine Energie steigert das Aufnahmevermögen der Chakras für diese Farbstrahlen und belebt ihre Empfänglichkeit für alle Farben.

Wenn meine Energie das Magen-Chakra erreicht, lasse ich die grüne und die gelbe Schwingung dort, weil das Energiezentrum diese beiden Farben magnetisch anzieht. Das Herz-Chakra zieht den roten und den orangen Strahl an und damit die roten und orangen Schwingungen aus meiner Energie. Beim Kehl-Chakra trenne ich mich von der Schwingung des blauen Strahles, beim Brauen-Chakra von der des indigo und des violetten Strahles. In manchen Fällen gebe ich den indigo Strahl auch zusammen mit dem blauen Strahl beim Kehl-Chakra ab. Das Scheitel-Chakra erreicht meine Energie nicht.

Ich kann dem Körper helfen, kräftig genug zu werden, um die angemessene Menge jeder dieser Farben aufzunehmen. Wenn der Körper dies tut, steigt die Schwingungsrate des Individuums an. Wenn die Schwingungsrate eines Menschen steigt, erkennt man häufig Muster und Gewohnheiten im Leben. Gewohnheiten sind in gewisser Hinsicht Disharmonien, und wo alle Farben des Regenbogens wohl ausgeglichen vertreten sind, kann sich keine Disharmonie halten.

Mit steigender Schwingungsrate mag es geschehen, dass der Mensch erkennt, dass ein bestimmtes Gewohnheitsmuster nicht völlig schlecht ist, weil es ihm die Chance bietet, gewisse Lektionen zu lernen. Dessen ungeachtet kann er zu der Erkenntnis gelangen, dass er die fragliche Gewohnheit nicht länger nötig hat. Nun bedarf es nur noch einer weiteren Erhöhung der Schwingung, damit die Verbindung mit dem überholten Gewohnheitsmuster völlig gelöst wird.

In den meisten Fällen geht die Auflösung von Gewohnheitsmustern übrigens mit der Trennung karmischer Bande einher, die einen an die Wesenheit fesseln, die man mit der Gewohnheit assoziiert – im Falle des gewohnheitsmäßigen Rauchens also des Tabaks.

Mein Einfluss auf Muster und Gewohnheiten ist eine Nebenwirkung meiner eigentlichen Mission. Doch als solche ist sie sehr bemerkenswert und jedem vertraut, der schwarzen Onyx trägt. Die Nebenwirkungen der meisten Edelsteine werden nicht von jedem Träger bekundet; in dieser Hinsicht unterscheidet sich der schwarze Onyx von den meisten Steinen. Doch die Einzelheiten der Wirkung des Onyx sind von Fall zu Fall individuell verschieden.

Menschen, die sich vom Onyx angezogen fühlen, sind oft auf der Suche nach einem Weg, mit gewissen Mustern oder Gewohnheiten zu brechen. Diese Gewohnheiten können im Physischen, Emotionalen oder Mentalen bestehen.

Einer Veränderung des Verhaltens muss die Erkenntnis vorausgehen, dass es sich um eine Gewohnheit handelt; ansonsten kann sich nichts ändern. Wenn Menschen den Grund gewisser Gewohnheiten sehen und verstehen, warum sich die Muster wiederholen, haben sie den ersten Schritt bereits hinter sich, den ersten Schritt auf dem Weg zu einer Änderung ihres Verhaltens oder zumindest zu einer Veränderung der zugrundeliegenden Ursachen.

»Würdest du uns erklären, wie du den Menschen hilfst, von Wiederholungsmustern loszukommen?«

Zunächst ermögliche ich, dass das Individuum sich seiner Gewohnheit bewusst wird, indem ich die Verhaftung mit dem Gewohnheitsmuster intensiviere. Doch dabei gehe ich nur so weit, dass das Individuum erkennen kann, dass es an der Gewohnheit hängt. Auf diese Weise helfe ich ihm zu begreifen, dass das Destruktive nicht so sehr das Gewohnheitsverhalten an sich ist, sondern dass die Person so stark daran hängt.

Wieviele Menschen aus deinem Bekanntenkreis rauchen oder trinken – und meinen, es handele sich dabei nicht um ein festes Wiederholungsmuster? Wer Onyx trägt und raucht, wird feststellen, dass seine Verbindung mit dem Gewohnheitsmuster intensiviert wird. Das bedeutet nicht, dass er mehr Zigaretten raucht oder seine Gewohnheit sich verschlimmert. Vielmehr wird sein Gefühl verstärkt, am Rauchen zu hängen. Das wiederum gibt ihm den Mut zu erkennen, dass eine solche Abhängigkeit besteht. Mit dieser Feststellung kommt die Erkenntnis: »Ich habe ja keine Kontrolle darüber! Es ist das Gewohnheitsmuster, was mein Leben beherrscht!«

Wenn sich die Bindung an das Wiederholungsmuster intensiviert, gebe ich der Person Kraft, indem ich dafür sorge, dass jedes Chakra offen und empfänglich für die Farbstrahlen ist und die Farbstrahlen, die in den Körper gelangen, gleichmäßig verteilt werden.

Das ist wichtig, denn es gewährleistet, dass der Mensch nicht aus dem Gleichgewicht gerät, wenn er erkennt, dass er die Beherrschung über sich selbst an das Gewohnheitsmuster abgetreten hat. In diesem Augenblick der Klarheit besitzt er dann die Stärke, von der Bindung loszulassen und zu sagen: »Diese Gewohnheit hat mich bisher beherrscht, aber jetzt ist damit Schluss. Ich entscheide mich dafür, Herr meiner selbst zu sein, und ich habe diese Gewohnheit gemeistert. Sie ist nicht länger ein

Teil von mir.« Vielleicht raucht er weiterhin, aber die Gebundenheit durch das Wiederholungsverhalten ist aufgelöst. Er hat das Gewohnheitsmuster gemeistert.

Menschen, die über längere Zeit den schwarzen Onyx tragen, haben die Stärke, karmische Bindungen an ein Gewohnheitsmuster zu zerbrechen, das sie beherrscht. Darüber hinaus schützt der Onyx ihre Aura immer dann, wenn die Gewohnheit versucht, sich von neuem einzuschleichen.

Man kann das Wissen um meinen Einfluss gebrauchen, um meine Wirkung gezielt zu nutzen. Wer sie versteht, kann die Aufmerksamkeit auf die Gewohnheit lenken, die ihm am meisten Sorge bereitet. Wer sich meines Wirkens jedoch nicht bewusst ist, während er schwarzen Onyx trägt, wird lediglich erkennen, dass sein Leben von bestimmten Gewohnheitsmustern beherrscht wird.

»Angenommen, eine Person, die Onyx trägt, hat zwanzig Gewohnheiten. Würden diese einzeln nacheinander behandelt oder intensivierst du die Bindung an alle Muster gleichzeitig?«

Die Bindung an das Gewohnheitsmuster, das am destruktivsten wirkt, wird zuerst behandelt, solange mein Träger nicht entscheidet, dass ich mich einer anderen Gewohnheit widmen soll. Wenn er jedoch ein Verhalten wählt, das im Grunde nur einen Teilaspekt eines tiefer liegenden Gewohnheitsmusters darstellt, arbeite ich zuerst an dem zugrundeliegenden Muster. Wenn mein Träger beispielsweise beschließt, seine Liebe zum Essen zu lösen – während die zugrundeliegende Neigung in Wirklichkeit mit seiner Haltung zu Geben und Empfangen zusammenhängt –, richte ich meine Aktivität auf die tiefere Problematik des Einzelfalles.

Die Lösung von einem Gewohnheitsmuster kann unangenehm sein, doch es liegt nicht in meiner Absicht, den Menschen mehr zuzumuten, als sie bewältigen können, ohne aus dem Gleichgewicht zu geraten.

Mein Wirken kann sanft sein, weil ich das Ziel verfolge, Veränderungen in ausgewogenem Maße herbeizuführen. Mein Einfluss auf die Chakren unterstützt diese Absicht: Wenn sie die Farbstrahlen besser im richtigen Verhältnis aufnehmen können, wird das allgemeine Gleichgewicht gefestigt. Der Bruch mit Gewohnheitsmustern zieht eine Veränderung im Gesamtgleichgewicht nach sich. Wenn die Balance des Körpers vom Onyx gestützt wird, ist das Individuum von den Veränderungen nicht überfordert, die sich mit dem Zerbrechen der Gewohnheitsmuster einstellen. Es hat die Kraft, die richtigen Schritte durchzuführen.

Größere Kugeln oder längere Ketten aus schwarzem Onyx verstärken nicht unbedingt meine Wirkung, weil die Menschen nur die Veränderungen annehmen, die sie verkraften können. Wenn du mit einer Onyx-Kette einer bestimmten Stärke und Länge gut arbeiten kannst, harmoniert der Durchmesser der Steinkugeln und die Länge der Schnur mit deinen Bedürfnissen. Deshalb ist genau diese Kette das richtige Mittel für dich.

Es spielt keine Rolle, an welche Stelle des Körpers du mich plazierst. Du kannst mich um den Knöchel wickeln, und ich hätte immer noch die gleiche Wirkung auf deine Chakren. Doch wenn du mich um den Hals trägst, kann ich die höheren Chakren leichter erreichen.

Man kann den Onyx über das Basis-Chakra legen, um Menschen Kraft und Unterstützung zukommen zu lassen, die sich besonders unsicher und labil fühlen. Diese

Unsicherheit mag emotioneller oder mentaler Natur sein, oder sie ist auf den Zustand des Energiehaushaltes zurückzuführen. Diese Behandlung wird auch jenen helfen, die durch Einflüsse aus dem Gleichgewicht gebracht worden sind, die die Chakren mit Gewalt öffnen – zum Beispiel Halluzinogene, Betäubungsmittel und Marihuana. Möglicherweise fühlen sich solche Menschen spontan vom Onyx angezogen. Es wäre jedenfalls wünschenswert, weil ich ihnen helfe, indem ich die Chakren kräftige und dem Schaden entgegenwirke, den sie ihren inneren Körpern zugefügt haben.

»*Hast du noch in anderer Hinsicht Einfluss auf die inneren Körper?*«

Manche Menschen hätten eine bessere Sicht ihrer inneren Körper, wenn sie in ihrem physischen Leib sicherer verankert wären. Der Onyx gibt ihnen dieses Gefühl der sicheren Verankerung. Somit ermögliche ich dem Menschen, seine mentalen und emotionalen Aspekte aus einer gut ausgewogenen, im Physischen ankernden Sicht zu betrachten und dadurch ein besseres Verständnis seiner selbst zu erlangen.

Menschen mit der Tendenz, sich ›weggetreten‹, orientierungslos oder von sich selbst abgetrennt zu fühlen, können vom Onyx nur profitieren. Dies gilt auch für jene, die Schwierigkeiten haben, sich auf wichtige Aufgaben zu konzentrieren, oder die dazu neigen, fast ausschließlich auf emotionaler Ebene zu leben. Der Onyx kann für diese Personen ein hilfreiches Werkzeug werden, besonders wenn sie als Fahrer am Straßenverkehr teilnehmen, möglicherweise gefährliche Maschinen bedienen oder eine Aufgabe erfüllen müssen, die aus Sicherheitsgründen starke Konzentrationsfähigkeit voraussetzt.

Bei solchen Gelegenheiten sollten diese Menschen den Onyx dort innerhalb ihres Aura-Feldes wirken lassen, wo der Stein sich für sie am angenehmsten anfühlt. Man kann den Onyx um den Hals oder in der Tasche tragen oder auf den Schoß legen.

Behandlungen mit Onyx

»Gibt es spezifische Behandlungsmethoden beim Onyx?«, fragte Michael.

Wenn du nach Therapien fragst, nehme ich an, du meinst die verschiedenen Möglichkeiten, wie die Schwingungsrate meines Edelsteins den menschlichen Körper beeinflusst.

Es gibt eine Technik, den Onyx einzusetzen, um den Menschen ein intensiveres Gewahrsein ihres physischen Körpers zu vermitteln und sie ihre Chakren selbst erleben zu lassen. Diese Methode hilft ihnen besonders, die Chakren zu erkennen, zu verstehen und mit ihnen vertraut zu werden. Solches Wissen kann tiefgreifende Auswirkungen haben, aber ich übernehme keine Verantwortung für dieses erweiterte Gewahrsein. Es wäre präziser, diese Technik als Experiment zu bezeichnen, denn es ist ein Versuch, den du an dir selbst durchführen kannst. Du bist dabei der Wissenschaftler, der ein Mittel namens Onyx gebraucht, um etwas an sich selbst zu entdecken.

Halte die Onyx-Kette zunächst über das Basis-Chakra. Plaziere sie dann über das Sexual-Chakra, und gehe so weiter den Körper nach oben. Es spielt keine Rolle, wie lange du den Onyx über die einzelnen Chakren hältst.

Während dieser ›Behandlung‹ solltest du dein Denken entspannen. Halte es offen und empfänglich und sei bereit, Wissen und ein tieferes Verständnis des Chakras anzunehmen, über dem du den Onyx wirken lässt. Richte deine Aufmerksamkeit der Reihe nach über jedes einzelne Chakra und spüre seine Energie.

Wenn du fertig bist, lege den Onyx über deinen Unterarm, Schulter oder Oberschenkel, dann wieder zurück über ein Chakra. Fühle den Unterschied. Diese Technik sollte dir zu verstehen helfen, dass die sieben Chakren wichtige Zentren großer Tragweite sind, die sich von allen anderen Teilen deines Körpers unterscheiden.

Der Onyx morgen

»Rechnest du damit, dass sich deine Wirkung auf den Menschen in der Zukunft ändern wird?«, fragte Michael.

Obwohl die Menschen meinen, sie änderten sich nur langsam, zeigen sie tatsächlich rasche Veränderungen im Vergleich zu Entfaltung und Wachstum der Edelsteine. Solange die Menschen grauen Onyx schwarz färben, wie sie es heute tun, wird meine Wirkung dieselbe bleiben.

Alle Wesen reagieren auf Licht, und alle – auch Tiere – besitzen Energiezentren. Vielleicht haben auch Pflanzen Chakren, und wenn man wüsste, wie diese zu suchen sind, könnte man sie finden. Deshalb glaube ich, dass alle Lebewesen ähnlich auf den Onyx ansprechen.

»Du bist der letzte Hüter eines Erdsteines, der für dieses Buch befragt wird. Möchtest du noch etwas Zusammenfassendes über die Arbeit der Erdsteine sagen?«

Nun, da du verstehst, wie ich wirke und was ich tue, fühle dich frei, auch mit anderen therapeutischen Nutzanwendungen des schwarzen Onyx zu experimentieren. Sei kreativ! Ich glaube, mit dieser Aufforderung spreche ich im Sinne aller Erdsteine. Wenn du das wahre Wesen, Zweck und Bestimmung eines Steines kennenlernst – ob du ihn als Erdstein, Meerstein oder Edelstein bezeichnest –, hast du die Freiheit erworben, dieses Grundwissen mit Kreativität und eigenem Wissen (auch über den menschlichen Körper) zu bereichern. Mit anderen Worten: du darfst experimentieren.

Es gibt nicht nur eine Verwendungsmöglichkeit für ein Werkzeug. Mit entsprechender Kreativität kannst du jedes Werkzeug auf hundert verschiedene Weisen gebrauchen. Für jeden Edelstein gibt es mindestens hundertundeine Anwendungsmöglichkeit, besonders wenn man einmal einen besseren Überblick über die Welt der Edelsteine erlangt hat.

Unterschätze nicht deine Intuition, wenn du mit Edelsteinen therapeutisch arbeitest. Manche sagen, die Intuition sei Gott, Geist, dein höheres Selbst oder dein Schutzengel, die zu dir sprechen. Wenn du dich in Bezug auf deine Intuition unsicher fühlst, dann ersetze den Begriff ›inneres Wissen‹ durch ›Intuition‹. Lass dich immer von deinem inneren Wissen leiten, wenn du mit einem Edelstein arbeitest.

Es gibt Personen, die ihre intuitiven Einsichten immer mit mentalen Gleichungen beweisen müssen. Sie haben entweder ihre Intuition nicht ausreichend entfaltet, oder sie trauen ihr nicht. Natürlich gibt es auch Fälle, in denen es auf mathematisch korrekte Gleichungen ankommt, besonders in komplexen Situationen.

Die Erdsteine sind den Edelsteinen nicht überlegen, und umgekehrt. Sie sind einfach anders. Erdsteine sind lebenswichtig für den Planeten, Kristalle ebenfalls.

Heilpflanzen hat der Mensch bereits als Geschenk der Erde akzeptiert. Wir Hüter glauben und wissen, dass die Menschen jetzt so weit sind, auch heilende Edelsteine als Geschenke ihres Planeten akzeptieren zu können. Pflanzen und Steine können arzneilich und therapeutisch wirken. Trotzdem unterscheiden sie sich sehr voneinander. Pflanzen wie Edelsteine sind Lebewesen. Doch die Menge der Lebens- und Heilungskraft in der Molekularstruktur von Pflanzen ist minimal im Vergleich zu der Menge, die in der Kristallstruktur eines Edelsteins geborgen ist.

Die Lebenskraft einer Pflanze beginnt abzunehmen, sobald die Pflanze von ihren Wurzeln getrennt wird. Die Lebenskraft von Edelsteinen verändert sich nicht, wenn man sie aus der Erde nimmt. Vielmehr ist die Herauslösung der Steine aus der Erde der erste Schritt, um sie darauf vorzubereiten, dem Menschen direkt zu helfen. Wenn man ein Stück eines Blattes abreißt, beginnt es sofort zu welken und stirbt. Wenn man ein Stück von einem Edelstein abbricht, bleibt es so lebendig wie der Stein, von dem es genommen wurde.

Pflanzen verlieren ihre Schwingungsrate, sobald sie in den menschlichen Körper gelangen. Dieser vergisst das Geschenk der Pflanze und verlangt nach einer weiteren Gabe. Wenn du einen Edelstein eine Minute lang trägst und ihn danach ablegst, wird dein Körper auch die Schwingungsrate des Steines bald vergessen haben. Doch es ist viel einfacher, Steine über längere Zeit hinweg zu tragen, als ständig Heilpflanzen zu konsumieren.

Ich könnte diesen Vergleich von Heilpflanzen und Edelsteinen weiterführen. Ich respektiere die Pflanzen. Ich liebe sie, wie ich alle Gaben liebe, die die Erde uns geschenkt hat; ich bin zutiefst dankbar dafür. Pflanzen und Edelsteine können gut zusammenarbeiten. Du kannst dir so viele Behandlungen mit Edelsteinen geben lassen, wie du möchtest, und gleichzeitig von der Heilwirkung der Kräuter profitieren. Solange die Therapien hilfreich sind, werden sie einander nicht beeinträchtigen.

Je mehr du über Edelsteine weißt, desto mehr Spielraum hast du, auf eine größere Auswahl der Gaben unserer Erde zurückzugreifen. Diese Geschenke helfen dir in Zeiten der Veränderung, und sie unterstützen dich in deinem Wachsen.

»Wir werden nun einige Hüter von Meersteinen befragen. Würdest du uns etwas über unseren nächsten Gesprächspartner sagen?«, bat Michael.

Die Meersteine sind außerhalb meiner Zuständigkeit. Obwohl wir auf demselben Planeten existieren, gehören wir doch zwei verschiedenen Welten an.

»Ich danke dir, dass du uns von deiner Weisheit mitgeteilt hast.«

Du hast Weisheit in meinen Worten erkannt; das zeigt mir, dass auch du Weisheit besitzt. Wie sonst hättest du sie bemerken können?

Ich gehe davon aus, dass wir uns wiedersehen, vielleicht sogar auf physischer Ebene.

»Ich würde mich darüber freuen«, antwortete Michael.

Ich blickte den Hüter des Onyx an, er lächelte und zwinkerte mir mit seinen dunkelbraunen Augen zu. Ich streckte die Hand aus, um die seine zu schütteln, und wir verabschiedeten uns.

Er sprach noch einige Minuten zu Michael, während ich wartete und mich der schönen Landschaft erfreute, die uns umgab. Die Männer schienen sich wohl zu fühlen und ihre gegenseitige Freundschaft zu entdecken.

Als ihr Gespräch beendet war, streckte der Hüter die Arme aus und atmete die frische, klare Bergluft tief ein. Dann wandte er sich um und sah dem reinen Wasser zu, das in dem nahen Bach über die Steine murmelte.

Es war in der Tat ein herrlicher Tag.

Kapitel 28

Perlmutter

Ich schloss die Augen und wurde vom Rauschen der Wellen und den Rufen von Seemöwen begrüßt. Bald begannen die Wellen, die ich hörte, durch meinen Körper zu wogen und eine anregende, rhythmische Bewegung durch jede Zelle zu schicken. Es kam mir vor, als wären meine Zellen Sandkörner am Strand, und die Wellen der Lebenskraft durchkämmten sie, zögen sich zurück und kämen wieder.

Dann wandte ich meine Aufmerksamkeit tiefer nach innen und ich vernahm den Klang der Wassermoleküle. Sie sangen.

Als ich die Augen öffnete, war ich nicht überrascht, mich und Michael am Meer wiederzufinden. Eine kleine weiße Wolke trieb über den Wellen daher. Als sie am Strand angelangt war, erkannte ich, dass es sich in Wirklichkeit um die durchscheinende Gestalt einer Frau handelte. Ihr Bild glich dem eines Gespenstes, es war schimmernd und irisierend. Das von Falten gezeichnete Antlitz ließ sie alt erscheinen, doch ihre vollendete Haltung und die von ihrer Aura ausstrahlende Liebe verliehen ihr eine zeitlose Schönheit.

Sie setzte sich zwischen Michael und mich in den Sand. Sie schien Michael gut zu kennen, und sie begrüßten sich herzlich.

Zu mir gewandt, sprach sie: Es ist nicht nötig, dass du in meine Aura kommst. Schließe einfach die Augen, entspanne dein Denken und nimm auf einer tieferen Ebene die Verbindung mit mir auf.

Perlmutter ist ein Teil einer Seemuschel. Die Muschel ist das Haus eines Meerestieres. Jede Art hat ihren eigenen Schutzengel, auch die Menschen. Ich bin nicht der Schutzengel der Meerestiere, in deren Schale Perlmutt wächst. Ich bin Hüterin für das Perlmutt, das von den Menschen gesammelt wurde und in irgendeiner Form von ihnen getragen wird.

Wenn du die Geschichte des Perlmutts erfahren willst, so studiere die Evolution der Mollusken, das heißt der Meerestiere, die Schalen tragen.

Meine Aufgabe gilt nicht dem Planeten, sondern den Menschen, die mich tragen. Ich bin auch dafür verantwortlich, die Hüterin der Perle zu unterstützen. Sie braucht Hilfe wegen der Art, wie die Perle von den Menschen heutzutage benutzt und getragen wird. Die Hüterin der Perle hat sich zurückgezogen. Sie ist erschüttert und geschlagen von der Schwingungsrate der Zuchtperlen; diese Schwingung verwässert und zerbricht die Kraft der echten Perle. Sie wirkt belastend und störend auf die Hüterin der Perle.

Meine Aufgabe ist es zu verändern. Ich verändere physisch, emotional und mental. Ich bringe die Lebenskraft in den Zellen des physischen Körpers in Bewegung. Ich rühre die Gefühle im Emotionalkörper auf, und ich rege Gedanken und Erinnerungen im Mentalkörper an. Dieses Anregen trägt dazu bei, meine Träger an ihren wahren Ursprung zu erinnern.

Jede Zelle in deinem Körper und jeder Aspekt deines Emotional- und Mentalkörpers besitzt ein unterbewusstes, elementares Gedächtnis. Dieses Gedächtnis rege ich an. Es erinnert dich an die Zeit, als du noch zum Meer gehörtest. Wenn du wissenschaftlich gebildet bist, wirst du wohl sagen: »Ja, die Menschen haben sich aus dem Meer entwickelt. Sie stammen, wie alle Geschöpfe, von einzelligen Organismen ab, die im Ozean lebten.« Wenn du spirituell orientiert bist, wirst du sagen: »Ja, die Menschen stammen aus dem Meer, dem Meer Gottes und der Liebe – aus jenem geistigen Ozean, in dem alle Seelen ihr Dasein haben.« Manche würden diesen Ort als Himmel bezeichnen.

Meine Aktivität zeigt viele Nebenwirkungen. Auf mentaler Ebene wecke ich Erinnerungen, vor allem aus der jüngeren Zeit. Wenn Erinnerungen geweckt werden, werden sie bewusst. Besonders die Erinnerung an Träume, auch Tagträume, wird von mir angeregt. Ich verdeutliche ihre Symbolik, sodass sie leichter zu verstehen sind. Ich rege auch den Impuls an, nach innen zu blicken und die Grenzen des Mentalen zu überschreiten; daraus erwächst die Erkenntnis, dass es tatsächlich etwas Jenseitiges gibt.

Wenn ich Emotionen anrühre, werden sie ausgeglichener und harmonischer. Positive und negative Emotionen sind zwei völlig unterschiedliche Wesenheiten, und meine Tätigkeit wirkt sich bei jedem anders aus. Die Schärfe negativer Emotionen, zum Beispiel harter Temperamentsausbrüche oder ausgeprägter Angstzustände, wird gelindert und beruhigt. Dies allein lässt einen Menschen emotional ausgeglichener erscheinen.

Wer dagegen Schwierigkeiten hat, positive Gefühle wie Liebe auszudrücken, stellt fest, dass solche Gefühle stärker und klarer werden. Dann dauert es nicht mehr lange, bis sie auch Ausdruck finden. Ich verleihe Kraft und Unterstützung, damit es zur Äußerung der Gefühle kommt.

Wenn ich die Lebensenergie der Zellen des physischen Körpers anrege, hat dies einen allgemein beruhigenden Effekt. Es wirkt entspannend, rhythmisch und gleichmäßig wie der Rhythmus der Wellen, die am Strand anrollen. Doch ich bin wohl nicht stark genug, um dem Menschen zum Schlaf zu verhelfen. Schlaflosigkeit steht oft in Verbindung mit starker mentaler Aktivität. Wenn ich die Gedanken anrege, wenden sie sich oft nach innen; sie werden nicht unterdrückt. Ich bin beruhigend, lindernd und entspannend, aber ein Schlafmittel bin ich nicht.

Körperliche Störungen werden oft von Mechanismen im Körper verursacht, die entweder überaktiv sind oder zu wenig Aktivität zeigen. Ich trage dazu bei, überaktive Mechanismen und Prozesse zu beruhigen.

Meine eigene Aktivität ist mit der Bewegung beim Atmen zu vergleichen. Sie steigert die Flexibilität der Zellen. Je flexibler die Zellen sind, desto mehr Lebenskraft und Sauerstoff können sie aufnehmen.

Ich vermittele dem Menschen auch das Gefühl, in den Armen einer liebenden Mutter zu liegen. Damit helfe ich allen, die etwas mütterliche Liebe brauchen, ob sie sich dessen bewusst sind oder nicht.

Noch eine weitere Wirkung ist unmittelbar auf meine Schwingungsrate zurückzuführen: Ich zerstreue oder absorbiere alle negativen Wellenlängen, die auf meinen Träger gerichtet sind. Dazu gehören die Wellen von Gedanken, Emotionen und elektromagnetischen Kräften, sowie die Ausstrahlungen von Fernseh- und Radiogeräten und Mikrowellensendern. Alle diese Strahlungsarten können disharmonische Auswirkungen auf den Menschen haben.

Solche Wellen sind nicht homogener Natur; sie umfassen unterschiedliche Teile. Manche Teile nehme ich auf, andere kann ich nur zerstreuen. Das ist mir möglich aufgrund der Art, wie meine Schwingung die Aura auflädt.

Man kann dies als eine Nebenwirkung meiner eigentlichen Aufgabe betrachten. Trotzdem ist es ein sehr tiefgreifender Effekt meiner Schwingung, der eintritt, sobald die Aura meines Trägers von meiner Schwingungsrate gesättigt ist. In der Aura eines Erwachsenen tritt die Sättigung ein, nachdem man etwa fünf bis zehn Minuten lang eine Kette Perlmutt-Kugeln von sechs Millimetern Durchmesser getragen hat. Die Aura eines Kindes ist binnen fünf Minuten nach Anlegen einer Kette aus vier bis sechs Millimeter großen Perlmutt-Kugeln gesättigt.

Wenn die Schwingung der Perlmutter-Kugeln eine Aura gesättigt hat, beeinflusst sie die Wellen, die in diese eindringen wollen, wie ich es gerade schilderte. Darüber hinaus beeinflusst sie gewisse Wellenlängen, die in der Aura bereits enthalten sind. Diese Wellenlängen sind die unerfüllten Bedürfnisse und Wünsche des Menschen.

Jeder von euch trägt Bedürfnisse, Wünsche, Sehnsüchte, Gefühle und Verletzungen in sich. Alle diese Dinge spiegeln sich in eurer Aura wider. Wenn Perlmutter eure Aura gesättigt hat, erkennt sie die Bedürfnisse und Wünsche, die unerfüllt sind, und zwar als das, was sie sind: Löcher im Gewebe deines Wesens.

Ich möchte dies näher erklären. Die Menschen haben von Natur aus das Bedürfnis, ernährt, umsorgt und geliebt zu werden. Diese Bedürfnisse spüren sie bereits im

Mutterleib; bei Kleinkindern und Kindern sind sie am deutlichsten. Mütter und Väter sind sich bestimmt bewusst, wieviel Liebe, Aufmerksamkeit und Zuwendung ein kleines Kind benötigt.

Doch die Menschen haben diese gleichen Bedürfnisse auch dann noch, wenn sie älter werden. Genau genommen, werden sie bis zum Ende ihres Lebens von ihnen begleitet. Ich spreche dabei nicht von dem Bedürfnis, die neueste Erfindung auf dem Weltmarkt zu besitzen. Was ich meine, gehört zu deinem Wesen. Als Kleinkind bedurftest du der Liebe und Nahrung, um zu überleben. Jetzt bist du erwachsen, und jene Bedürfnisse sind nicht mehr so entscheidend für dein körperliches Überleben. Doch für dein emotionales Überleben sind sie absolut unverzichtbar.

Keine Mutter ist vollkommen. Ich bin selbst Tausende und Abertausende von Jahren Mutter gewesen. Trotz all dieser Erfahrung bin ich noch nicht vollkommen. Obwohl wir unser Bestes tun, kann keine Mutter alle Bedürfnisse ihrer Kinder erfüllen. Wenn die Kinder heranwachsen, merken sie, dass Mutter nicht mehr zur Verfügung steht, um ihr Bedürfnis nach Liebe und Ernährung zu erfüllen, und dass das Leben sie oft auch nicht erfüllt.

Die unerfüllten Bedürfnisse des Einzelnen werden zu Löchern im Gewebe seines Wesens. Ich spreche von jedem unerfüllten Bedürfnis, jedem Einzelnen. Zu diesen Löchern zählen vielleicht der Mangel an Beachtung, der dir als Kind geschenkt wurde, die Unfähigkeit, die gewünschte Ausbildung zu erhalten; der Mangel an Nahrung, Obdach und Kleidung oder das Fehlen einer Beziehung, die dein Bedürfnis nach Liebe erfüllt hätte.

Vielleicht hattest du eine Beziehung, die unglücklich endete, oder du erlebtest eine Situation, in der du jemanden liebtest, ohne dass diese Liebe so erwidert wurde, wie es deinem Bedürfnis entsprochen hätte. Zweifellos entstand dabei ein Vakuum, ein unerfülltes Bedürfnis; es erzeugte ein Loch im Gewebe deines Wesens.

Perlmutter spürt diese Löcher auf. Dann singt meine Schwingung das Lied der Liebe, der mütterlichen Liebe. Je mehr du Perlmutter trägst, desto besser kann ich diese Löcher ausfüllen oder reparieren.

Oft ist es nicht nur meine Schwingung, die die Löcher repariert. Ich muss dir vielleicht helfen, dir selbst zu helfen, denn häufig müssen solche Löcher erst anerkannt werden, bevor man sie heilen kann. Manchmal muss der Mensch viele Tränen vergießen, bevor ein Loch aufgehoben werden kann.

Doch du sollst wissen, dass solche Löcher reparabel sind, denn meine Schwingung singt von der Quelle unendlicher Liebe, und sie weckt in jedem Teil deines Wesens die Erinnerung an jene Quelle. Ich meine damit jenen Ur-Ozean, aus dem wir alle wuchsen. Er ist ein Meer der Liebe. Wenn sich deine Erinnerung diesem Ozean der Liebe öffnet, fließt die Liebe in dein Wesen und hilft, die Löcher zu reparieren, die durch unerfüllte Bedürfnisse entstanden sind.

Perlmutter ist ein ideales Geschenk für kleine Kinder. Ich schütze das innere Wesen des Kindes vor schädlichen Wellenlängen, das heißt negativen Gedanken, Gefühlen oder anderen Einflüssen, zum Beispiel der Strahlung von Fernsehgeräten. Doch wenn ich zu viel Fernseher-Strahlung ausgesetzt werde, bin ich nach etwa zwei Jahren gesättigt; dann lassen auch meine anderen Wirkungen nach.

Mein Schutz hält die brutalen Gedanken und Emotionen ab, die mit Misshandlungen und Beschimpfungen einhergehen. Andererseits schütze ich ein Kind nicht vor Emotionen, die es erleben soll. Der Zorn seiner Eltern beispielsweise ist vielleicht nötig, um dem Kind eine Lektion zu vermitteln oder einen Standpunkt zu verdeutlichen. Doch wenn ein Elternteil oder eine andere Person die Grenzen zwischen Zorn und destruktiver Wut überschreitet, nehme ich es auf mich, diese Wut von dem Kind abzuhalten. Obwohl das Kind weint und betroffen scheint, wird der innere Kern des Kindes geschützt bleiben. Es ist wichtig, dass das innere Wesen eines Kindes geschützt ist und unbeschädigt und unbeschadet wachsen darf, denn auf dieser Grundlage wird es sein übriges Leben aufbauen.

»Besitzt Perlmutter spezifische Wirkungen, wenn man sie auf verschiedene Körperteile legt?«, fragte Michael.

Meine Wirkung dürfte sich besser auf einen bestimmten Bereich konzentrieren, wenn man mich dorthin plaziert. Aber ich beeinflusse mit Leichtigkeit die ganze Aura, wenn ich um den Hals getragen werde. Ich weiß nicht alles, was es über den physischen Körper des Menschen zu wissen gibt. Wenn du experimentieren möchtest und deine Intuition dich leitet, Perlmutt an eine bestimmte Körperstelle zu legen, so folge deiner Eingebung.

»Wie wirkt Bleichung oder Färbung auf Perlmutt?«

Die Auswirkung einer Bleichung kann man vernachlässigen, da sie meine Schwingungsrate nicht verändert. Eine Färbung jedoch ändert meine Schwingungsrate und verhindert deshalb, dass ich auf die geschilderte Weise arbeiten kann.

»Wie wirkt sich deine Opaleszenz aus?«

Das opalisierende Schillern, die reflektierende Qualität der Perlmutter, hilft meiner Schwingung, in die menschliche Aura zu gelangen. Das ist einer der Gründe, warum ich die Aura so schnell mit meiner Schwingungsrate sättigen kann. Je stärker meine Opaleszenz, desto tiefer kann ich gelangen – sei es im Physischen, Emotionalen oder Mentalen –, und desto klarer wird mein Träger meinen Einfluss empfangen.

Je größer die Perlmutt-Kugeln sind, desto stärker schützen sie das Individuum vor elektromagnetischer Strahlung und anderen Wellen. Das ist vermutlich einleuchtend. Andererseits hat die Größe der Kugeln keinen Einfluss auf meine beruhigende und bewegende Wirkung. Diese stellt sich infolge der Sättigung deiner Aura mit der Schwingung von Perlmutt ein. Solange die Aura gesättigt ist, kommt es zu diesem Effekt, gleichgültig, wie groß die Perlmutt-Kugeln sind.

»Siehst du eine Änderung deines Wirkens für die Menschen voraus?«

Ich hoffe, dich nicht zu enttäuschen, wenn ich sage, dass ich nicht allzu gut in die Zukunft zu blicken vermag. Ich kann deine Frage nicht beantworten.

Ihr werdet einmal – und nur ein einziges Mal – die Gelegenheit haben, mit der Hüterin der Perle zu sprechen. Es ist überaus wichtig, dass sie ihre Aufmerksamkeit auf die Erhaltung ihrer Stärke konzentriert. Nach dieser Unterredung werde ich jegliche zusätzlichen Fragen beantworten, die euch über die Perle in den Sinn kommen.

Die Energie verlagerte sich, und die Hüterin wandte ihre Aufmerksamkeit von Michael und mir ab. Sie schien eine Kraft zu rufen, die tief im Meer verborgen liegen musste.

KAPITEL 29

Perle

Die Luft wurde feucht und schien leicht von einer Energie erfüllt zu sein, die sich wie Elektrizität anfühlte. Ich war sicher, dass die Hüterin der Perle um uns war.

Die Hüterin von Perlmutter erinnerte uns daran, den Worten der Perle mit dem Herzen zu lauschen. Dann begann die Hüterin der Perle zu sprechen.

Ihr wollt die Perle kennenlernen. Sie ist so alt und zeitlos wie der Ozean, aus dem ich komme.

Im Zeitalter von Lemurien war ich jung, kräftig und vital. Ich war ein Geschenk des Meeres an die Menschen. Ich erinnerte sie an die Quelle des Lebens. Ich diente auch als Spiegel, in dem sie das Abbild ihres eigenen inneren Selbst, aber auch Visionen der Zukunft schauen konnten.

Ich war machtvoller als die Kristallkugeln, die Hellseher heute verwenden. Ich war ein lebendiges Geschenk der Erde, das sich auf natürliche Weise zu einer vollendeten Kugelgestalt geformt hatte, die herrlicher schimmerte, als ihr es euch vorstellen könnt. Perlen waren damals viel größer als heutzutage, ihr Durchmesser betrug in der Regel zwei bis drei Zentimeter. Die größten Perlen, mit einem Durchmesser von rund sieben Zentimeter, waren sehr selten und wurden in Königshäusern wie ein Schatz gehütet.

Im Zeitalter von Atlantis war meine Größe auf die Hälfte zurückgegangen; dies gilt auch für meine Kapazität, Weisheit zu reflektieren und Visionen zu vermitteln.

Doch ich war immer noch in Gebrauch, wurde getragen und geliebt. Oft war ich ein Geschenk für einen geliebten Menschen und galt als Symbol für die Liebe und das Leben. Auch heute noch schimmern Perlen, die in diesem Sinne verschenkt wurden und um den Hals getragen werden, mit der Kraft der Liebe, die sie verkörpern sollen. Ich nehme die Gefühle des Schenkenden in mich auf und reflektiere sie in die Aura des Trägers.

Nach wie vor werde ich als Geschenk des Meeres geschätzt, aber von meiner Jugend und Kraft ist nur noch der Schatten einer Erinnerung geblieben. Ich bin sehr, sehr müde. Doch bin ich bereit, euch alle Information mitzuteilen, die ich euch geben kann. Ihr seht, ich bin alt, und meine Kraft wurde durch die Schwingung der Zuchtperlen verwässert.

Einst war ich imstande, die positiven und die negativen Aspekte eines Menschen widerzuspiegeln. Wer mich betrachtete, konnte seine Fehler und Unzulänglichkeiten sehen und sich dann darum bemühen, sie zu korrigieren. Heute und mit der geringen Kraft, die mir geblieben ist, konzentriere ich mich darauf, die reinen und positiven Qualitäten eines Menschen wiederzugeben. Das ist weniger belastend für mich, und es wirkt aufbauend auf meinen Träger.

Diese Wirkung ermöglicht die Schwingung meines Schimmers. Trägt man mich um den Hals, an Finger- oder Ohrringen, reflektiere ich die Schönheit, die die Aura birgt. Die Lebenszeit einer Perle ist nur kurz. Perlen altern mit ihrem Träger und verlieren im Laufe der Zeit ihren Glanz.

Manche Menschen fassen meinen kurzen Lebenszyklus als Symbol für Reinkarnation oder Wiedergeburt auf. Mein Leben beginnt zunächst tief im Meer. Die Öffnung der Muschel ist wie der Übergang aus dem Fruchtwasser im Mutterleib in die Welt der Menschen. Damit beginnt für mich ein neues Leben.

Perlen, die ein reifes, hohes Alter im Meer erreichen dürfen, erlangen die größte Kraft.

Die Kugel, meine natürliche und stärkste Form, ist auch die Gestalt der Erde und der Sonne. Sie repräsentiert die Quelle des Lebens für die Menschen. Die natürlich entstandene Kugelform kann die inneren Körper widerspiegeln. Je vollendeter die Kugelgestalt, desto umfassender mein Wirken. Die sogenannten Zuchtperlen, deren Keim von Menschenhand in die Muscheln eingesetzt wurde, spiegeln nur den physischen Körper des Menschen wider.

Meine Farbe ist eine Reflexion des reinsten Lichtes, das in der Aura strahlt. Wer sich von rosafarbenen Perlen angezogen fühlt, trägt selbst schöne Rosa- und Rottöne in seiner Aura. Die weiße Perle reflektiert die größte Schönheit überhaupt. Die goldene Varietät verkörpert das höchste, was man mit der Farbe Gold assoziiert: das reine Licht der Seele. Nicht jeder kann solche goldenen Perlen tragen, weil nicht jeder die Reflexion einer derart hohen Schwingungsrate in seiner Aura haben kann.

Wer die größte Freude am Tragen von Perlen empfindet, profitiert am meisten davon, an seine positiven Qualitäten erinnert zu werden – und an das Leben, da meine Kugelform die Quelle des Lebens verkörpert. Ich habe kaum oder gar keinen therapeutischen Wert, doch als ein Geschenk der Liebe bin ich sehr geschätzt. Von einem liebenden Menschen beschenkt, kommen meine Träger in den Vorzug, an die Liebe erinnert zu werden, die sie umgibt.

Meinem Wesen nach bin ich geduldig, verständnisvoll, ruhig und still. Wer sich diese Qualitäten für sein Leben wünscht, dürfte sich von mir angezogen fühlen. Dies gilt auch für Menschen, die den Wunsch verspüren, Schönheit und Reinheit zu zeigen.

Doch nun ist es an der Zeit, dass ich weitergehe. Irgendwie tut es mir leid, euch zu verlassen, denn meine Aufgabe ist eine einsame Mission. Das Alter ist ein einsamer Zustand.

Ich wünschte, dass ihr eines Tages in euren Träumen in eine Zeit geführt würdet, in der ich in der Blüte meiner Jahre stand. Dann könntet ihr selbst die jugendliche Schönheit, Kraft und Energie erleben, die ich einst verkörperte.

Die elektrische Ladung in der Atmosphäre nahm einen Augenblick zu, als ob die Perle uns danken und Lebewohl sagen wollte. Dann war die Hüterin der Perle verschwunden.

Die Hüterin der Perlmutter meldete sich zu Wort: Ich möchte gerne einige Punkte klären, die die Perle angesprochen hat, und sie euch aus meiner Sicht darstellen.

Die Perle war einst äußerst mächtig. Vor Tausenden von Jahren ermöglichte dieses Geschenk der See dem Menschen zu Lande, sich selbst zu verstehen. Die Perle reflektierte ihn genau und deutlich.

Wenn Menschen sich in einem Spiegel sehen, haben sie die Gelegenheit, ihren physischen Körper zu betrachten. Die Perle jedoch befähigte sie, auch ihr inneres Selbst zu inspizieren. Sie ließ den Menschen prüfen, wie sein inneres Selbst sich nach außen zeigte. Sie erlaubte ihm, sich so zu sehen, wie er wirklich war. Die Perle hat sich von der Bürde befreit, den Menschen die ganze Wahrheit zu zeigen. Die Wahrheit zu zeigen und anzunehmen, ist oft belastend. Heute reflektiert die Perle nur das Schönste in jedem von uns.

Jeder Mensch birgt Schönheit, die jede Schilderung übersteigt. Damit die Perle diese Schönheit widerspiegeln kann, muss sie sich auf die Lebenskraft im Individuum beziehen. Je kräftiger die Person ist, desto besser kann die Perle arbeiten. Deshalb ist es nicht ratsam, eine ganze Kette echter Perlen zu tragen, wenn man nicht von Natur aus über viel Kraft und Energie verfügt. Die Perle kann helfen, ein Übermaß an Energie auszugleichen. Dabei erinnert sie dich ständig an die Schönheit in deinem Innern. Wer geschwächt ist, sollte die Perle nicht tragen, weil er alle ihm zur Verfügung stehende Lebenskraft für sich selbst benötigt.

Die Schönheit, von der ich spreche, ist für Eitelkeit nicht zugänglich. Sie ist jener Teil deines Wesens, der reiner Geist, reines Licht und Ton ist: die Seele selbst. Dieser Teil enthält nichts Negatives und keine Disharmonien. Deshalb erscheint er so wunderschön.

»Warum wirken Zuchtperlen schwächend und belastend auf die Hüterin der Perle?«, fragte Michael.

Als Hüterin der Perle ist sie für alle Perlen zuständig, also auch für die Zuchtperlen.

Obwohl wir Hüter der Edelsteine keine Verantwortung für einzelne Fälle des Missbrauchs unserer Steine übernehmen, müssen wir dies tun, wenn zu viele Menschen unsere Schützlinge missbrauchen. Zu solchen Fällen kommt es gewöhnlich, wenn ein Hüter nicht vorsichtig oder aufmerksam genug war, nur die positiven oder korrekten Anwendungsmöglichkeiten des Edelsteines weiterzugeben. Es kann auch passieren, wenn der

Hüter zu viele Informationen mitgeteilt hat. Wenn also der Missbrauch unserer Edelsteine weit verbreitet und massiv genug ist, um eine Störung des Gleichgewichts zu verursachen, müssen wir Hüter die Verantwortung übernehmen.

Zuchtperlen verhalten sich in der Aura des Menschen anders als echte Perlen. Zuchtperlen beginnen ihre Existenz als ›Keime‹, die von Menschenhand in Muscheln eingesetzt werden; die Perle wächst dann um den Fremdkörper herum. Das heißt, der Kern einer Zuchtperle birgt weder Leben noch Lebenskraft; deshalb ist es ihr unmöglich, den inneren Kern eines Menschen zu berühren.

Lange Zeit gebrauchte die Hüterin der Perle ihre eigene Energie und Liebe, um den Mangel der Zuchtperlen auszugleichen. Dies ermöglichte den Zuchtperlen, sich wie echte Perlen zu verhalten. Doch es war eine ungeheure Belastung für die Hüterin der Perle und ein Raubbau an ihrer Energie. Heute gibt es so viele Zuchtperlen, dass die Hüterin nicht mehr genug Energie und Liebe in ihrem Herzen aufbringen kann, um alle zu versorgen.

Künstliche Perlen – Imitate aus Plastik, die dem Menschen vorgaukeln, echt zu sein –, sind eine grobe Beleidigung der Hüterin. Sie belasten diese auf die gleiche Weise, wie ein Dauerbombardement von Beschimpfungen dich in Mitleidenschaft ziehen würde. Die mentalen Verwirrungen von Menschen, die Perlen-Imitationen produzieren lassen, liegt ganz gewiss nicht in der Verantwortung der Hüterin. Doch es verletzt ihre Gefühle, dass solche Dinge geschehen.

Perlen-Imitationen sind bar jeden Lebens. Zuchtperlen dagegen sind gewissermaßen ›halb-lebendig‹ und nehmen sich Energie von jedem, der sie trägt. Deshalb sollte man Zuchtperlen nicht tragen, wenn man bereits geschwächt ist.

Die echte Perle nutzt ihrem Träger, indem sie dessen innere Schönheit widerspiegelt. Du wirst auch feststellen, dass die Perlen, wenn sie mit anderen Edelsteinen kombiniert werden, Energie und Lebenskraft von diesen statt von ihrem Träger beziehen.

Wenn man genügend Geld besitzt und eine Perle kaufen will, sollte man sich eine ganz besondere Perle erwerben. Um sie zu tragen, lässt man sie in einen Ring fassen; so kann man ihre Schönheit bequem betrachten. Die Perle vermittelt ein Spiegelbild der inneren Aspekte ihres Trägers und ermöglicht ihm ein gewisses Maß an Selbsterkenntnis.

Ich meine damit nicht spirituelles Selbstgewahrsein, sondern Selbsterkenntnis im praktischen, alltäglichen Sinne. Anders ausgedrückt, ich würde anfangen, achtzugeben und mich fragen: »Wie äußern sich meine Gedanken und Emotionen? Wie zeige ich mich selbst? Will ich mich auf diese Weise zeigen?«

Oft sind wir uns der törichten Dinge gar nicht bewusst, die wir erst tun und später bedauern. Die Perle hilft einem, bewusster und achtsamer zu sein – mehr wie die Person, die man gerne sein möchte. Sie hilft einem, dem eigenen Idealbild näherzukommen.

Trüge ich Perlen um den Hals, könnten die anderen sie leichter sehen als ich selbst. Deshalb würden die anderen deutlicher erkennen, was für ein Mensch ich bin. Anhand ihrer Reaktion könnte ich meine Ausstrahlung – bewusst oder unbewusst – klarer beobachten. So würde es mir möglich, die Ecken und Kanten meiner Persönlichkeit allmählich zu glätten.

Ich hoffe, euch unmissverständlich genug gesagt zu haben, dass ich nicht die Hüterin der Perle bin. Ich habe euch nur meine Sicht der Dinge mitgeteilt, und ich weiß nicht alles, was es über die Perle zu sagen gibt.

»Wir danken dir, dass du uns von deiner Weisheit mitgeteilt hast«, sagte Michael.

Ich habe es gerne getan.

Ihre Gestalt wurde immer lichter und durchsichtiger, bis sie nur noch ein schwach schimmerndes, funkelndes Licht wiedergab. Dieses Funkeln verweilte zwischen Michael und mir in der Luft, bis eine leichte Brise es zerstreute. Dann war die Hüterin der Perlmutter verschwunden.

Kapitel 30

Koralle

Ich machte mich bereit, die Hüterin der Koralle zu treffen. Aber bevor ich sie innerlich suchen konnte, erschienen drei Wesenheiten in unserem Wohnzimmer. Gesichts- und gestaltlose Wirbel strudelnder Farbe schwebten in der Luft über uns. Einer war rot, der zweite rosafarben und der dritte weiß.

Wir haben beschlossen, euch in der Atmosphäre eures Wohnzimmers zu begegnen, *sagte eine Stimme, die aus dem roten Wirbel kam*. Der Einfachheit halber könnt ihr uns Rote, Rosa und Weiße Koralle nennen.

Im Laufe der Jahrtausende haben sich Gestalt und Farbe der Koralle parallel zu der chemischen Veränderung der Ozeane gewandelt. Man findet die Koralle heute an anderen Orten als früher. Menschen, die am Meer wohnen, hatten schon immer ihre Freude an der Koralle. Doch nur jene, die sie in Kugelform tragen, können in den Genuss und Vorteil ihrer therapeutischen Qualitäten und Vorzüge gelangen.

Wir, die Hüter der Koralle, kümmern uns sowohl um die Korallen, die sich unter dem Meeresspiegel befinden, als auch um jene, die der Mensch trägt.

Wenn die Koralle einmal aus dem Meer genommen wurde, versinkt sie in einen Schlaf, aus dem sie erst im Aura-Feld eines Menschen wieder erwacht. Diese ›Wiederbelebung‹ dauert einige Stunden, weil die Koralle sich der Umgebung erst anpassen muss. Sie muss lernen, auf die menschliche Aura statt auf die Umgebung ihrer ozeanischen Herkunft anzusprechen.

Es ist unsere Aufgabe und Mission, unserem menschlichen Träger die Gelegenheit zu geben, Stärke zu gewinnen. Für den Planeten Erde haben wir keine spezielle Aufgabe. Wir leben, um anderen Lebensformen im Meer Obdach und Stütze zu bieten, und sind dabei selbst Bewohner der See.

Wir haben erst dann einen Einfluss auf den Menschen, wenn wir zu Kugeln geschliffen wurden. In der Regel fühlt sich der Mensch von der Koralle nicht auf die gleiche Weise angezogen wie etwa von einem Edelstein. Die Entscheidung, Koralle zu tragen, beruht meist auf dem Wissen um die Fähigkeiten der Koralle. Deshalb betrachtet man uns viel eher als ein Werkzeug, denn als ein Mittel zu einem bestimmten Zweck.

Wir sättigen die menschliche Aura nicht mit unserer Energie, wie es andere Edelsteine tun. Wir beeinflussen eine Energie-Schicht oder -Hülle, die dem physischen Körper näher ist. Diese Schicht besteht aus den Schwingungen oder der Lebensessenz, die die Zellen eures Körpers ausstrahlen.

Elektrische Ströme fließen in eurem Körper auf und ab. Diese Ströme vermitteln ein genaues Bild von dem, was im Körperinneren vorgeht. Die Koralle spürt und liest sie ab. Wenn man Koralle als Halskette trägt, erreicht ihre Schwingungsrate buchstäblich jeden Einzelnen dieser Ströme. Deshalb sollte man Koralle-Kugeln am besten als Halskette tragen.

Diese Ströme fließen sowohl im Innern als auch auf der Oberfläche des Körpers. Die Koralle erreicht die inneren Strömungen über jene, die von außen zugänglich sind. Diese Ströme manifestieren sich übrigens nicht im Physischen.

Es gibt noch einen weiteren Aspekt des Körpers, der für die Arbeit der Koralle wichtig ist. Wie die elektrischen Ströme würde man auch ihn nicht finden, wenn man den Leib sezierte. Es handelt sich um einen Energiewirbel, der innerhalb eures Rumpfes rotiert. Er steht in einer gewissen Verbindung mit den Chakren; man bezeichnet ihn als euer ›Kraftwerk‹.

Das Kraftwerk ist eine eurer wichtigsten Energiequellen – Energie, die ihr zum Leben, Wachsen und Entfalten braucht. Es besteht aus elektrischen Strömen und der Lebenskraft selbst. Diese elektrischen Ströme bilden gewissermaßen eine Struktur, die den Wirbel der Lebenskraft in dir enthält. Wenn wir also vom Kraftwerk sprechen, meinen wir sowohl diese Lebenskraft, als auch die Energiestruktur, die sie birgt.

Die Koralle im Meer baut ein Gerüst, eine Struktur für die Tiere, die darin leben. Vom Menschen getragen, kann sie jene Struktur stärken, erneuern und reinigen, die den Wirbel der Lebenskraft in ihrem Träger beherbergt.

Die rote, rosafarbene und weiße Koralle haben jeweils ihren eigenen Einfluss auf dieses Kraftwerk. Doch bevor wir in Einzelheiten gehen – versteht ihr, was dieses Kraftwerk ist?

»Wenn ihr es etwas ausführlicher erklärtet, könnten wir es uns vielleicht besser vorstellen«, antwortete Michael.

Das Kraftwerk befindet sich im Innern des Körpers, vor der Wirbelsäule und hinter den Chakren. Stelle es dir als ein zylinderförmiges Gebäude ohne Dach vor.

Oben befindet sich das Scheitel-Chakra, das recht

nahe ist. Es bleibt knapp hinter dem Brauen-Chakra und wird dann gleich unterhalb des Kehl-Chakras allmählich breiter. Es dehnt sich weiter aus, bis es in dem Bereich zwischen Magen- und Sexual-Chakra seinen größten Umfang erreicht hat. Dann verjüngt es sich rasch und endet am Basis-Chakra.

Du isst und trinkst, um deinem Körper Energie zuzuführen, und du atmest die Luft, um zu leben. Deine Chakren geben und nehmen jedoch noch eine weitere Art lebenserhaltender Energie auf. Das Kraftwerk dient als Speicher für diese Energie.

Übergewichtige Menschen haben keine größeren Kraftwerke als dünne Personen. Es handelt sich also um eine Energiereserve anderer Art als das Körperfett, es ist eine Lebensenergie-Reserve. Wenn Menschen krank oder geschwächt sind, ist ihr Kraftwerk angegriffen. Bei gesunden Menschen ist der Energiespeicher gefüllt.

Doch ganz gleich, wie gesund oder vital du bist: du kannst jederzeit kräftiger werden. Es liegt im Wesen der Welt, in der du lebst, dass dein Kräftevorrat ständig von schädlichen Einflüssen von innen und außen reduziert wird. Zu den inneren Einflüssen gehören Gedanken und Gefühle. Äußere Einflüsse sind unter anderem Speisen und Getränke, die du zu dir nimmst, und die Luft, die du atmest. Jeder negative Einfluss kann den Vorrat deines Kraftwerks angreifen. Die Koralle kann die Struktur deines Kraftwerks besser reinigen, stärken, reparieren und wieder aufbauen als jedes andere Mittel auf diesem Planeten.

Wenn du sehr, sehr müde bist und eine kleine Auffrischung brauchst, kannst du die Reserven in deinem Kraftwerk mobilisieren. Wenn du etwas isst, obwohl du, wie du weißt, allergisch darauf reagierst, greifst du die Reserven in deinem Kraftwerk an. Wenn du irgendwo hingehst, wo die Atmosphäre verschmutzt ist, beziehst du Reserven aus deinem Kraftwerk, um dich vor dem schädlichen Einfluss zu schützen.

Die Lebenskraft im Kraftwerk unterstützt deine Begeisterung und Lebensfreude. Sie nährt dein Verlangen zu wachsen, zu lernen und dich zu entfalten. Diese Aktivitäten benötigen sehr viel Energie. Menschen, die geschwächt und energiearm sind, zeigen deshalb in der Regel kein Interesse am Erlernen neuer Dinge, an Wachstum oder Entfaltung.

Das Kraftwerk versorgt die Zellen durch elektrische Ladungen, die man mit kleinen Energie-Päckchen vergleichen könnte. Ohne den Einsatz der Koralle kannst du dein Kraftwerk mit allem stärken, erneuern und reinigen, was konstruktiv stärkend oder ›gut für dich‹ ist – reine Luft, gute Lebensmittel, harmonische Gedanken, positive Haltungen oder jegliche Form spiritueller Nahrung.

Nun möchte ich, der Hüter der roten Koralle, über die rote Koralle und ihren Einfluss auf das Kraftwerk sprechen.

Rote Koralle

Der Bauplan für dein Kraftwerk wurde dir gegeben, als sich dein Körper im Leib deiner Mutter bildete. Dort wurde auch der Grundstein für dein Kraftwerk gelegt.

Eine werdende Mutter kann also kaum etwas Besseres tun, als rote Koralle zu tragen. Die rote Koralle macht dem wachsenden Fötus das gleiche Geschenk wie der Mutter: Sie schätzt die individuelle Gesamtsituation ein und bestimmt, welche Verbesserungen am Bauplan und damit am Fundament des Kraftwerks vorgenommen werden können.

Ich, die rote Koralle, vergleiche die Schwingungsrate des Kraftwerks mit der des Individuums. Ich schätze und analysiere den Unterschied. Dann zeige ich die spezifischen Ingredienzen an, die der Schwingungsrate des Kraftwerks hinzugefügt werden müssen, damit sie besser mit der des Individuums harmoniert.

Wenn dieser Arbeitsabschnitt vollendet ist, hat sich die Gesamt-Schwingungsrate des Individuums bereits gesteigert. Nun nehme ich einen weiteren, noch größeren Arbeitsabschnitt in Angriff. Wenn nämlich die Schwingungsrate des Individuums angehoben wurde, besteht erneut eine Diskrepanz zwischen ihr und der Schwingungsrate des Kraftwerks. Also strenge ich mich von neuem an, um beide zu harmonisieren, indem ich die Schwingung des Kraftwerks hebe und stärke. Dieser Prozess setzt sich so lange fort, wie ich getragen werde. Je länger man mich also trägt, desto stärker werden das Kraftwerk und sein Besitzer.

Ich weiß, wie man das stabilste Kraftwerks-Fundament konstruiert. Je tiefer und kräftiger die natürliche rote Farbe der Koralle ist, desto besser kann ich wirken, und desto stärker ist mein Einfluss.

Die rote Koralle findet immer noch Wege und Möglichkeiten, den Bauplan deines Kraftwerks zu verbessern, ganz gleich, wie gesund du bist. Dein Bauplan ist etwas Lebendiges. Er wandelt sich in dem Maße, in dem du dich veränderst. Wenn du dir beispielsweise gewisse Mineralstoffe versagst, schlägt sich der Mangel dieser Elemente bald im Bauplan deines Kraftwerks nieder.

Ich stütze mich auf das, was der Körper über sich selbst weiß. Der Körper weiß, was ihm fehlt und was er benötigt. Der Mensch dagegen ist sich oft nicht bewusst, worin seine Bedürfnisse bestehen. Ich wirke nicht auf der bewussten Ebene. Ich habe festgestellt, dass es meine Arbeit nur behindert, wenn der Mensch sich meiner Einflüsse bewusst wird. Ich kann auf unbewusster Ebene besser arbeiten.

Der Körper dagegen weiß, welche ›Zutaten‹ gebraucht werden, um sein Kraftwerk zu verstärken. Ich gebe ihm einfach die Kraft und Fähigkeit, diese Dinge anzuziehen. Dies bewirke ich, indem ich wesentliche Bereiche des Körpers magnetisch lade.

Angenommen, im Fundament deines Kraftwerks fehlt Kalzium. Dein Körper bemerkt diesen Mangel. Ich ›magnetisiere‹ den Körper dergestalt, dass er mehr Kalzium anzieht. Wie dies im Einzelnen geschieht, wechselt von Fall zu Fall. Entweder holt sich der Organismus mehr Kalzium aus der Nahrung, oder er löst ein Verlangen nach bestimmten, kalziumreichen Lebensmitteln aus.

Doch ich arbeite nicht nur im Bereich der Spurenelemente. Im Fundament deines Kraftwerks können alle möglichen Dinge fehlen. Ganz gleich, worin der Mangel jeweils besteht, arbeite ich nach der gleichen Methode, um das Fehlende anzuziehen – sei es ein Farbstrahl oder ein Aspekt emotioneller Nahrung. In den meisten Fällen jedoch fehlt es dem Kraftwerks-Fundament an Sauerstoff oder einer Substanz, die aus der Nahrung zu beziehen ist.

Wird die rote Koralle allein getragen, sollte die Halskette etwa Kragenweite haben: je nach Halsumfang vierzig, fünfundvierzig oder fünfzig Zentimeter. Doch ich muss dich warnen: Die Wirkung einer Halskette aus roter Koralle kann nur der ertragen, der tapfer ist und wirklich weiß, was geschieht, wenn er die Koralle trägt. Veränderungen so fundamentaler Art sind oft umwälzend. Es mag sein, dass manche Dinge danach nicht mehr so möglich sind, wie man es bisher gewohnt war. Die Energie wird nicht auf die gleiche Weise gespeichert wie früher. Weil die Fähigkeit des Körpers zur Nährstoffaufnahme sich gewandelt hat, ergeben sich möglicherweise Änderungen der Ernährungsgewohnheiten.

Eine Kette aus roter Koralle ist für Männer besser geeignet als für Frauen, weil Männer körperlich meist robuster sind. Eine Frau könnte Schwierigkeiten haben, die Veränderungen so gut zu verkraften wie ein Mann. Abgesehen davon müssen Frauen, die ihre körperliche Stärke steigern wollen, gleichzeitig auch ihre emotionelle Kraft erhöhen, um ausgeglichen zu bleiben. Die Kombination von roter und rosafarbener Koralle unterstützt auch den emotionalen Aspekt und stärkt dessen Basis gleichzeitig mit der physischen.

Die rote Koralle zieht den roten Strahl an. Sie ist nicht Träger des roten Strahles und kann auch den Körper nicht öffnen, dass er ihn aufnimmt. Sie zieht den roten Strahl lediglich zu ihrem Träger.

Hast du irgendwelche Fragen zur roten Koralle?

»Wie beeinflussen die Unregelmäßigkeiten und Verunreinigungen, die man in der roten Koralle häufig findet, deine Wirkung?«

Es ist wichtig, dass die Koralle in Form einer Kugel geschliffen wurde. Je näher ihre Form einer Kugel kommt, desto besser. Kleine Furchen, Löcher und Unregelmäßigkeiten, geringe farbliche Abweichungen oder kleine flache oder weiße Flecken sind kaum eine Beeinträchtigung, denn die rote Koralle ist sehr stark. Doch für die rosafarbene oder die weiße Koralle könnte etwas anderes gelten.

»Gibt es spezielle Behandlungsmethoden, für die man die rote Koralle verwenden kann?«

Ja. Am besten wirke ich auf Knochen, die dicht unter der Haut liegen. Die rote Koralle vermag solche Knochen zu stärken, nachdem eine Disharmonie, Vergiftung oder Krankheit von ihnen entfernt wurde. Die Knochen sind nach Auflösung der Disharmonie oft etwas geschwächt.

Bei Verschleißerscheinungen im Bereich der Wirbelsäule kann die rote Koralle Wunder wirken. Ich baue eine stabile Grundlage, indem ich dafür sorge, dass die notwendigen Substanzen und Minerale zur Wirbelsäule gezogen werden. Dieser Prozess legt auch den Grundstein für die Arbeit der rosafarbenen Koralle. Sie kann später eingesetzt werden, um die Körperzellen anzuregen, auf dieser neuen, stabilen Basis eine kräftigere Wirbelsäule aufzubauen.

Die Technik, die ich nun beschreibe, sollte mit Liebe und Achtung durchgeführt werden und erst, nachdem die rote Koralle um Erlaubnis gebeten wurde. Zermahle die rote Koralle zuerst zu einem Pulver. Mische es mit einer neutralen Salbengrundlage und reibe die fertige Creme über der Wirbelsäule in die Haut. Lege ein dünnes Baumwolltuch (zum Beispiel Mull) über den eingesalbten Bereich und befestige es mit Heftpflaster an der Haut. Lege dann ein heißes Tuch darüber, das du auswechselst, sobald es nicht mehr wärmt. Diese Behandlung sollte etwa eine Stunde dauern.

Während der ganzen Prozedur sollte der Patient liegen. Nach Abschluss der Wärme-Behandlung soll die Salbe nicht entfernt werden.

Ausgewogenheit ist der Schlüssel bei der Mischung des Pulvers aus roter Koralle mit der Salbengrundlage. Die fertige Mixtur soll stark sein, aber kein Material verschwenden. Die Salbe sollte leicht in die Haut eindringen können. Verwende nur die besten Kugeln aus roter Koralle. Kugeln, die nicht durchbohrt sind, sollte man den Vorzug geben, denn sie sind unverletzt. Kleine Kugeln sind besser, denn wenn sie außen rot sind, ist die Wahrscheinlichkeit groß, dass die rote Färbung bis in den Kern reicht. Das Pulver aus roter Koralle wirkt erst, wenn es im Aura-Feld belebt wird; man sollte es in einem Email- oder Keramik-Gefäß, nicht in einem Glas aufbewahren.

Jede Körperstelle, die einige Zeit fest abgedeckt war, wird weiß und faltig – Anzeichen eines Sauerstoffmangels. Die Salbe sollte man regelmäßig entfernen, damit die Haut den nötigen Sauerstoff aufnehmen kann.

Dein Behandler wird die Salbe vielleicht einmal wöchentlich wechseln oder – in einem schweren Fall – alle drei, vier oder fünf Tage. Jedesmal, wenn die Salbe entfernt und neu aufgetragen wird, sollte anschließend eine Behandlung mit heißen Tüchern folgen.

Während der Korallensalben-Therapie soll der Patient zusätzlich eine Halskette mit einer harmonischen Kombination aller drei Korallen-Farben tragen. Der größte Anteil sollte der rosafarbenen Koralle vorbehalten sein, dazu kommt etwas weiße und etwas rote Koralle. Eine Kette ausschließlich roter Koralle zu tragen – ohne damit eine Salbenbehandlung zu begleiten –, wäre übrigens kein sehr wirksames Mittel bei Verschleißerscheinungen im Bereich der Wirbelsäule. Letzten Endes würde es helfen, aber es würde erheblich länger dauern.

Bald nach Beginn der Salben-Behandlung wird der Patient vermutlich spüren, dass sich lokal etwas verändert. Die stärkende Wirkung der Koralle wird er wohl nicht sofort feststellen, da der Aufbau neuer Stärke seine Zeit braucht. Doch wahrscheinlich wird es nicht lange dauern, bis der Patient eine größere Bewegungsfreiheit und weniger Schmerzen hat.

»Diese Methode richtet sich also an bestimmte Bereiche des Körpers und dient nicht der allgemeinen Unterstützung des Kraftwerks«, schloss Michael.

Diese Heilweise eignet sich für alle Knochen, die dicht unter der Körperoberfläche liegen. Bei tiefer liegenden Organen ist sie nicht so erfolgreich. Verschleißerscheinungen im Bereich der Wirbelsäule sind nur ein Beispiel. Man kann diese Methode auch bei gebrochenen oder verstauchten Knochen anwenden – besonders wenn ein Knochenbruch nicht gegipst oder geschient wird, etwa bei einem Haarriss.

Wenn der Bruch erst geschient wurde, kann man mit der Salben-Behandlung beginnen, sobald der Gips wieder entfernt wurde. Auch wenn das Röntgenbild ergibt, dass der Knochen verheilt ist und die Zellen sich gut zusammengefügt haben, ist die Heilung noch nicht ganz abgeschlossen. Man muss sich fragen, warum der Knochen überhaupt brach. Natürlich können Unfälle zu Knochenfrakturen führen. Doch wenn du dich normal bewegtest und dann stürztest und das Bein brachst, bedeutet dies vermutlich, dass der Knochen nicht kräftig genug war, um dem Sturz standzuhalten. Aller Wahrscheinlichkeit nach sind sämtliche übrigen Knochen in deinem

Körper in ähnlich geschwächter Verfassung. In diesem Falle solltest du auch die rote Koralle um den Hals tragen, um alle Knochen deines Körpers zu kräftigen. Die Halskette aus roter Koralle sollte während und nach den Salben-Behandlungen getragen werden.

»Wirkt diese Behandlung auch bei Personen, die infolge einer Wirbelsäulen-Verletzung gelähmt sind?«

Dabei handelt es sich um eine Schädigung des Rückenmarks, nicht der Knochen.

»Wie steht es mit Fällen, in denen eine Schwäche der Wirbelsäule auf mangelnde Bewegung zurückzuführen ist, also gar keine eigentliche Krankheit vorliegt?«

In solchen Fällen ist es am besten, eine Halskette der Kombination von roter, rosafarbener und weißer Koralle zu tragen. Nun sprechen wir über die rosafarbene Koralle.

Rosafarbene Koralle

Der rote Energie-Wirbel verzog sich in den Hintergrund, der rosafarbene Wirbel kam näher und begann zu sprechen.

Dein Kraftwerk besteht nicht nur aus Bauplan oder Fundament. Es hat auch Substanz. In dieser Hinsicht ähnelt es einem Gebäude. Auch ein Haus besteht nicht nur aus dem Fundament, sondern vor allem aus Bauteilen oder Ziegelsteinen. Seit deiner Geburt wurden auf das Fundament deines Kraftwerks immer mehr ›Ziegelsteine‹ gelegt, einer auf den anderen. Dieser Prozess dauerte an, bis dein physischer Körper im Erwachsenenalter sein Wachstum einstellte.

Nun, keiner lebt in so vollkommener Umgebung und unter idealen Bedingungen, dass er immer im rechten Augenblick genau die Nährstoffe erhält, die sein Körper gerade benötigt. Unter Nährstoffen verstehe ich hier sowohl physische als auch emotionale Nahrung. Wenn Bedürfnisse nicht im rechten Augenblick befriedigt werden, entstehen Löcher im Kraftwerk. Diese Löcher bilden sich auch, wenn der Körper großen Belastungen ausgesetzt ist. Dabei wird das Kraftwerk über Gebühr gefordert, was zu mangelhaft gesetzten Ziegelsteinen oder unzulänglicher ›Mörtelfüllung‹ führt.

Wenn der Mensch das Erwachsenenalter erreicht, sind alle Ziegelsteine seines Kraftwerks gelegt. Wenn man an diesem Punkt nicht die Energie besitzt, die man erwarten könnte, liegt es vermutlich daran, dass etwas Mörtel fehlt oder einige Ziegelsteine an der falschen Stelle liegen oder überhaupt fehlen.

Wir können dein Kraftwerk auch mit einem Brunnen vergleichen. Statt Wasser liefert das Kraftwerk Lebenskraft, von der du jederzeit schöpfen kannst, wenn du sie brauchst. Ist ein Loch in deinem Brunnenhaus, läuft das Wasser aus. Je tiefer das Loch ist, desto mehr Wasser geht verloren. Ich arbeite, um die Löcher in deinem Kraftwerk zu stopfen, indem ich seine ›Ziegelsteine‹ neu ordne. Mit anderen Worten: ich baue das Kraftwerk neu.

Deshalb ist die rosafarbene Koralle ein wunderbares Geschenk für Kinder. Je jünger das Kind, desto tiefer kann ich in seinem Kraftwerk arbeiten. Es ist einfacher, die Ziegelsteine in einem Brunnen zusammenzufügen, der nur einen Meter tief ist, als in einem zwei Meter tiefen Brunnen zu arbeiten. Die rosafarbene Koralle ordnet die Ziegelsteine so, dass sie an ihren optimalen Platz im

Kraftwerk des Kindes gelangen. Dies geschieht unabhängig davon, welchen Belastungen das Kind ausgesetzt ist, oder welche Nährstoffe ihm fehlen, derer es bedarf.

Die Ziegelsteine sind gewissermaßen ›Abschnitte‹ von Schwingungen und lassen sich unter meinem Einfluss leicht bewegen. Natürlich korrigiere und ordne ich auch die Schwingungsrate eines Erwachsenen-Kraftwerks, um seine Ziegelsteine optimal einzupassen.

Wenn dein Kraftwerk viele Löcher aufweist, sickert Energie in alle Richtungen heraus. Da das Kraftwerk sich in unmittelbarer Nähe deiner Körperorgane befindet, verursacht die heraussickernde Energie oft eine Überaktivität dieser Organe, besonders im Bereich des Verdauungstrakts. Die überhöhte Darmaktivität bewirkt, dass die Nahrung zu rasch den Verdauungstrakt passiert, was zur Folge haben kann, dass der Darm nicht genügend Nährstoffe aufnimmt.

Es gibt auch Situationen, in denen das Kraftwerk nur unvollständig gebaut wurde. Dafür kann es zahlreiche Ursachen geben. Wenn das Kraftwerk nur zur Hälfte gebaut wurde, kann es natürlich nicht viel Energie speichern. Menschen, die morgens erwachen und sich so müde fühlen wie am Vorabend, leiden oft unter den Folgen eines unvollständig errichteten Kraftwerks. In der Nacht ist es am fleißigsten und effektivsten damit beschäftigt, Energie zu sammeln und zu speichern, die für die Aktivität des folgenden Tages zur Verfügung gestellt wird. Wenn das Kraftwerk nur zur Hälfte besteht, kann es nur wenig Energie speichern.

Die rosafarbene Koralle wird alles anziehen, was benötigt wird, um das Fundament des Kraftwerks auszubauen. Dazu veranlasse ich, dass Energie in den Körper gelangt. So steigere ich die allgemeine Verfassung und Vitalität des Menschen.

»Gibt es spezielle Behandlungsmethoden, für die man die rosafarbene Koralle verwenden kann?«

Man trägt die rosafarbene Koralle am besten um den Hals. Die Kette sollte bis zum Herzen hinunter reichen. Dein Kraftwerk beeinflusst dein ganzes Wesen, und ich kann auf dein ganzes Wesen nur einwirken, wenn du mich um den Hals trägst. Wenn ich bis in die Herzgegend reiche, habe ich leichter Zugang zu deinem Kraftwerk.

»Man findet die rosafarbene Koralle in vielen Tönungen. Besteht ein Zusammenhang zwischen deiner Farbe und deiner Stärke?«

Je intensiver und kräftiger die natürliche Rosafärbung ist, desto kraftvoller kann ich arbeiten. Wenn die rosafarbene Koralle weiße Flecken aufweist, profitiert mein Träger von den Vorzügen der rosafarbenen und der weißen Koralle. Es wäre sogar töricht, ausschließlich rosafarbene Koralle zu tragen, weil die weiße Koralle meine Wirkung verstärkt und dem Träger damit nützt.

Die rosafarbene Koralle verstärkt und stabilisiert das Fundament, das der Körper bereits angenommen hat, ob es gut oder mangelhaft ist. Wenn jemand beginnt, die rosafarbene Koralle zu tragen und sich dann noch müder und matter fühlt, kann dies bedeuten, dass die Koralle an einem unsauber oder unvollständig ausgeführten Fundament arbeitet. Eine solche Situation lässt sich vermeiden, indem man rote Koralle zusammen mit oder vor der rosafarbenen Koralle trägt. Die rote Koralle korrigiert alle Mängel im Fundament des Kraftwerks, bevor die rosafarbene Koralle darauf aufbaut.

Ich baue auf dem Fundament, das die rote Koralle

wählte. Dieses neue Fundament wird für den Menschen, der mich trägt, von Vorteil sein. Doch es ist oft schwierig, fundamentale Änderungen vorzunehmen – das heißt, das Schwache durch Starkes zu ersetzen, das Alte durch Neues. Nur eine kräftige, entschlossene und tapfere Person kann die rote Koralle allein tragen, denn sie verändert die ganze Struktur, die dem Menschen sein Fundament gibt.

Es gibt noch eine Situation, in der ich besonders gut mit der roten Koralle zusammenarbeite: wenn die Ziegelsteine – besonders der Knochen, aber auch des Blut- und Lymphgefäßsystems – durch gewisse Störungen, Disharmonien oder Fehlfunktionen geschwächt sind. Nach Einführung heilender Strahlen und Reinigung des betroffenen Gebietes kann die rote Koralle das Fundament vorbereiten. Ich baue dann auf dem von ihr errichteten neuen Fundament auf.

Doch nun wollen wir über die weiße Koralle sprechen.

Weiße Koralle

Nun trat der rosafarbene Energiewirbel zurück, und der Wirbel rein weißen Lichtes wurde stärker und kam auf uns zu.

Ich schütze das Kraftwerk und halte es rein. Aus diesem Grunde bin ich so wichtig und herrlich für Kinder. Kinder haben oft das Verlangen, ihre Welt zu erforschen und zu erleben, aber ihre Streifzüge führen sie nicht immer zu positiven Erfahrungen.

Wie die rosafarbene Koralle wirke auch ich bei Kindern viel intensiver als bei Erwachsenen, weil die Kraftwerke von Kindern noch nicht so verfestigt sind. Nichts an ihnen ist verfestigt, da sie noch wachsen und sich entfalten. Deshalb ist es einfacher, sie zu schützen und ihr Kraftwerk von Verunreinigungen frei zu halten.

Ich hege eine besondere Liebe zu den Menschen, vielleicht mehr noch als die rote und die rosafarbene Koralle. Meine Gefühle für die Menschen haben viel mit meiner Wirkung auf sie zu tun. Ich bin wie die Mutter, die ihre Kinder vor allem beschützen will, was unangenehm und unerfreulich ist. Natürlich müsstest du eine große Menge weißer Koralle tragen, um totalen Schutz zu gewährleisten.

Mit der rosafarbenen Koralle arbeite ich gut zusammen. Wenn sie die Struktur des Kraftwerks neu ordnet, sie kräftig und standfest macht, kommt es im Leben ihres Trägers zu Veränderungen. In solchen Phasen ist der Mensch oft empfindlicher als sonst gegenüber äußeren Einflüssen, besonders negativer Art. Zu solchen negativen Einflüssen kann alles gehören, das nicht ganz aufbauend ist, seien es Gedanken, Gefühle oder Speisen.

Ich wirke reflektierend oder abstoßend. Ich bin wie ein Spiegel. Aber dieser Spiegel umgibt dich nicht: er ist mehr oder weniger in deinem Innern. Deshalb geht alles, was ich reflektiere, durch dein Bewusstsein. Das verhindert, dass du blind gegenüber dem wirst, was nicht gut für dich ist. Du kannst alles sehen, was ich abstoße.

»Ich bin nicht sicher, ob ich das richtig verstehe«, warf Michael ein.

Wenn du dich, um äußere Einflüsse abzulenken, mit einem Spiegel umgibst, befindet sich der Spiegel außerhalb von dir. Wenn dann ein negativer Gedanke des Weges kommt und vom Spiegel reflektiert wird, merkst du gar nicht, ob sich überhaupt etwas genähert hat.

Wenn der Spiegel jedoch so eingerichtet wird, dass er sich in dir befindet, wird der negative Gedanke hereinkommen, aber zum Absender zurückgeschickt, bevor er dir etwas anhaben kann. Ich lasse nicht zu, dass der Gedanke dich beeinflusst. Genauer gesagt, ich lasse nicht zu, dass er dein Kraftwerk beeinträchtigt; ich lasse ihn nicht an den Kern deines Wesens. Doch du erlebst den ankommenden Gedanken trotzdem. Hoffentlich lernst du aus ihm, damit du in Zukunft ähnliche, möglicherweise schädliche Erlebnisse vermeiden kannst.

Ist das nun klar?

»Ja.«

Obwohl die anderen Korallen sich dessen vielleicht nicht so bewusst sind, hast du auch in jedem deiner inneren Körper ein Kraftwerk. Die rote Koralle konzentriert sich auf das Physische. Die rosafarbene Koralle richtet sich auf das Physische und das Emotionale. Ich arbeite im Physischen, schütze aber auch deine Gefühle und Gedanken. Deshalb kann ich den Kern deines Wesen schützen, nicht nur vor deinen eigenen negativen Gedanken und Emotionen, sondern auch vor denen anderer. Ich schütze deinen Kern zudem vor jeglichem disharmonischen Einfluss, der in deinen Körper gelangt.

Jede Art negativer Einflüsse kann wie ein Rammbock für die Ziegelsteine deines Kraftwerks sein. Wenn ein solcher Einfluss fortbesteht, können sich Steine lockern und herausfallen; dann entsteht ein Loch in deinem Kraftwerk. Ich schütze den Körper vor allem Schädlichen, auch vor Chemikalien oder anderen materiellen Störungen. Doch wenn die schädlichen Elemente ständig in den Körper gelangen, habe ich nicht die Kraft, meinen schützenden Einfluss aufrechtzuerhalten.

Die weiße Koralle trägt man am besten um den Hals; die Kette sollte lang genug sein, um bis zum Herzen zu reichen. Man kann die weiße Koralle allein tragen. Doch die rosafarbene Koralle wirkt am besten, wenn man sie mit mir kombiniert. Ja, jede Korallenart, die rote, die rosafarbene und die weiße, arbeitet am ganzheitlichsten, wenn wir alle gemeinsam getragen werden.

»Gibt es Methoden zur therapeutischen Nutzung der weißen Koralle?«

Ich beeinflusse das ganze Wesen. Trägt man mich um den Hals, kann ich jeden Teil von dir erreichen. Alle Korallen wirken am besten und können am meisten erreichen bei Menschen, die unseren Zweck verstehen. Wir vermögen jenen am meisten zu helfen, die bereit sind, sich von dem zu lösen, was ihre Vitalität, Energie und Stärke behindert. Wer selbstzerstörerische und negative Gedanken hat, wer hartnäckig pessimistisch ist oder nur wenig Hoffnung hegt, sich je zu ändern oder zu wachsen, wird von der Koralle nicht so viel profitieren wie jene, die zumindest eine Spur von Hoffnung, Vertrauen und Bereitschaft zeigen.

Selbst wenn der Mensch sich der Wirkungen der Koralle nicht bewusst ist, arbeitet sie für ihn – solange die Person optimistisch bleibt oder zumindest bereit ist, eine Veränderung zu akzeptieren oder die Möglichkeit einer Veränderung einzuräumen. Die meisten Menschen wollen geheilt werden, aber sie wissen vielleicht nicht, was sie erwartet, wenn sie darum bitten.

»Wie siehst du die Verwendung der Koralle in der Zukunft?«

Solange es uns gibt, können wir als Hilfsmittel eingesetzt werden. Wir arbeiten zum Nutzen und Erstarken jedes Menschen jeden Alters. Du wirst beobachten, dass Veränderungen bei Kindern leichter bewältigt werden. Kinder sind leichter zu verändern, weil sie sich fortwährend in einem Zustand der Wandlung befinden.

Kinder sollten eine Kombination von rosafarbener und weißer Koralle nehmen. Am besten tragen sie die Korallen einige Tage lang ununterbrochen, bis sie sich auf das Kind eingestellt haben. Danach sollten sie die Kette täglich mindestens einige Stunden (oder über Nacht) tragen. Ideal wäre das Maß von zwölf Stunden am Tag.

Wenn du diesem Schema folgst, wirst du feststellen, dass die Widerstandskraft des Kindes gegen Infektionen kräftiger wird. Das Kind wird nicht so leicht krank und ist für negative Einflüsse weniger anfällig. Kinder, die rosafarbene und weiße Koralle tragen, erfahren eine Steigerung ihres Selbstvertrauens, weil sie erkennen, was gut und was schlecht für sie ist. Dieses gesteigerte Unterscheidungsvermögen ist der weißen Koralle zu verdanken. Nur wenige Kinder werden der roten Koralle bedürfen, da diese in der Regel zu stark für sie ist.

Du bemerkst vielleicht, dass Kinder, die Koralle tragen, gerne ihre derzeitigen Grenzen überschreiten wollen. Weil sie sich kräftiger fühlen, versuchen sie sich an körperlichen Aktivitäten, die sie sonst nie ausprobiert hätten. Sie haben ein besseres Gespür für ihren Körper, und ihr Wachstum stabilisiert sich.

Kinder mit Wachstumsschmerzen leiden unter den raschen Veränderungen in ihrem Körper. Wenn sie heranwachsen, können sie gut von den Wirkungen der weißen und rosafarbenen Koralle profitieren, vor allem, wenn ihre Eltern klug genug sind, ihnen die Koralle schon rechtzeitig vor dieser Lebensphase zu geben. Die rosafarbenen und weißen Korallen bereiten sie innerlich vor, erleichtern den Übergang und schärfen ihr Selbstgewahrsein grundsätzlich.

Obwohl sie nur langsam eintreten, kann man die gleichen Wirkungen auch beim Erwachsenen feststellen. Der Erwachsene muss die Korallen vermutlich zunächst etliche Tage lang ununterbrochen tragen. Dann sollte er sie mindestens zwölf Stunden täglich anlegen. Nachdem er die Korallen-Kette ein bis zwei Monate lang benutzt hat, fühlt auch ein Erwachsener sich stärker, doch es dürfte etliche Monate dauern, bis er radikale Veränderungen wahrnimmt.

Bei Kindern hingegen sind solche Veränderungen schon nach wenigen Wochen feststellbar: achte also auf ihre Reaktionen und vernachlässige ihre Abwehrkraft nicht. Du wirst sehen, dass kalte Witterung oder andere unangenehme Einflüsse das Kind nicht mehr so stark belasten wie früher.

Ältere Menschen und Personen, deren Energiereserven stark angeschlagen sind, bekommen die Wirkung der Koralle ebenfalls rascher zu spüren als der durchschnittlich gesunde Erwachsene.

Ein älterer Mensch braucht mehr von der roten und weißen, dafür weniger von der rosafarbenen Koralle. Warum? Weil er die rote Koralle benötigt, um anzuziehen, was sein Fundament stärkt. Er benötigt die weiße Koralle, um alles abzuwehren, was sein Fundament schwächen kann. Er braucht nur eine minimale Menge der rosafarbenen Koralle, weil diese die Ziegelsteine im Kraftwerk neu ordnen würde; und zu Beginn dieses Prozesses fühlen sich viele schwächer als sonst. Letztlich wirkt die rosafarbene Koralle kräftigend. Doch es kann leicht unangenehm werden, wenn Ziegelsteine neu arrangiert werden, die seit Jahrzehnten am gleichen falschen Platz unsauber eingefügt waren und sich nicht rühren wollen. Der Einfluss der rosafarbenen Koralle sollte möglichst gering sein, sodass die Bewegung und Neuordnung der Ziegelsteine sanft geschieht.

Personen, die Medikamente einnehmen, um sich in einer unangenehmen Situation zu helfen, können ebenfalls von der Koralle profitieren. Zu diesem Zweck müssen die drei Korallenarten kombiniert werden. Wenn wir zusammenarbeiten, können wir den negativen Einfluss des Medikaments von dem Kraftwerk fernhalten, und der Wesenskern bleibt frei von der disharmonischen Schwingung der chemischen Substanz. Chemische Stoffe können sich irgendwo im Körper ablagern, oder sie werden ausgeschieden. Es ist nicht unsere Aufgabe zu wissen, wie sie sich verhalten, oder ihr Verhalten im Körper zu dirigieren. Wir schützen jedoch das Kraftwerk, den Wesenskern des Menschen, vor den destruktiven Wirkungen chemischer Substanzen.

Wenn du weißt, dass du chemische Medikamente einnehmen oder dich einer Chemotherapie unterziehen wirst, bereite dich mit der Koralle darauf vor. Trage sie mindestens zwei Wochen – oder solange wie möglich –, vor Beginn der Therapie. Wir können niemanden vor den massiven Bestrahlungen schützen, die zu therapeutischen Zwecken verabreicht werden.

Die weiße Koralle kann normale Strahlungsmengen abwehren. Unter normal verstehe ich die Strahlung, die heutzutage in der Atmosphäre zu finden ist. Du musst mehr als eine Kette aus weißer Koralle tragen, wenn du dich in einer Umgebung aufhältst, die eine ungewöhnlich hohe Strahlungsmenge oder andere disharmonische Einflüsse aufweist.

Meine Aufgabe ist es, den Kern deines Wesens zu schützen. Du weißt: Alle Einflüsse, die auf dich zukommen, erreichen dich auch dann, wenn du mich trägst. Ich halte sie nur von deinem Kraftwerk fern. Hast du das verstanden? Ich bin nicht wie der Rubellit, der deine Aura abschirmt. Ich schütze nur dein Kraftwerk. Ist dir dieser Unterschied klar?

»Ja, danke. Könntest du nun die Funktion der drei Korallenarten zusammenfassen und ihre Unterschiede aufzeigen?«, bat Michael.

Gewiss. Die rote Koralle baut das Fundament des Kraftwerks neu, die rosafarbene Koralle baut das Kraftwerk selbst wieder auf, und die weiße Koralle schützt es und hält es im Gleichgewicht.

Die rote Koralle stärkt das Fundament des Kraftwerks, indem sie die Nährstoffe in den Körper anzieht, die dieser benötigt. Den eigentlichen Bau und die Instandhaltung des Kraftwerks überlässt sie der rosafarbenen und der weißen Koralle.

Die rosafarbene Koralle baut das Kraftwerk (wieder auf). Sie arrangiert seine Bestandteile oder Schwingungsabschnitte neu, sodass alles an seinen richtigen Platz gelangt. Sie baut das Kraftwerk auf das vorhandene Fundament, sei dieses gut oder mangelhaft. Deshalb ist es oft wichtig, die rote mit der rosafarbenen Koralle zu kombinieren. Natürlich werden die Wirkungen der rosafarbenen auch von der weißen Koralle verstärkt. Ferner gibt es Fälle, in denen eine Kombination aller drei Arten zum besten Resultat führt.

Die weiße Koralle wacht über die Stabilität des Kraftwerks, indem sie es sauber und rein hält. Sie erhält seine Vitalität aufrecht, indem sie alle negativen und schädlichen Einflüsse abwendet.

Jeder Hüter hat seine eigene Aufgabe und Mission, und jeder arbeitet auf seine eigene Weise. Doch auf einer anderen Ebene sind wir vereint. Ich meine damit nicht nur, dass wir untereinander vereint sind. Ich meine, eins mit allem Leben. Wir sind vereint mit dem Leben der Erde, mit allen Tieren und Pflanzen und mit allen Menschen, die mit uns verbunden sein wollen. Der Unterschied zwischen Menschen, Pflanzen und Tieren besteht darin, dass die Menschen bewusst entscheiden können, ob sie mit den Edelsteinen kooperieren wollen oder nicht.

Wir sind vereint mit dem Ziel der spirituellen Entfaltung. Ganz gleich, wie unsere Wirkungen im Einzelnen sind, und gleichgültig, auf welche Weise wir Nutzen und Hilfe bringen: alles geschieht im Namen und Sinne der Weiterentwicklung.

Edelsteine helfen nicht nur dem Menschen; der Mensch hilft auch den Steinen. In euch fließt eine Kraft, die von dem Höchsten ausgeht, von der Quelle des Lebens selbst. Indem ihr Edelsteine tragt, belebt ihr sie in eurem Aura-Feld. Auf diese Weise werden die Edelsteine von dem Strom der Lebenskraft berührt, die ihre Entwicklung unterstützt.

Wir Hüter der Edelsteine haben unser Bestes getan, um euch einen Überblick zu geben, wer wir sind, was wir tun und welche Möglichkeiten wir besitzen. Wir haben dies geleistet, weil wir einander helfen können, uns spirituell weiter zu entfalten, wenn wir uns verbünden und mitteilen.

Vergesst nie, dass alle Edelsteine starke Konzentrationen vom Licht und Ton der Lebenskraft bergen. Solange ihr einen physischen Körper habt, werden die Edelsteine, Erdsteine und Meersteine zu den mächtigsten Mitteln gehören, die euch zur Verfügung stehen, um euch bei eurer Entwicklung über eure derzeitigen Begrenzungen hinaus zu helfen.

Jene, die mit Weisheit gesegnet sind, werden bewusst handeln und die Werkzeuge nutzen, die ihnen zur Verfügung stehen.

»Ginny und ich danken dir und allen Hütern der Edelsteine, dass ihr uns diese Fülle von Informationen mitgeteilt habt«, sagte Michael.

Im Namen aller Hüter der Edelsteine darf ich euch sagen, dass es uns eine Freude war. Seid gesegnet …

Die Wirbel der Korallen-Energien zogen sich zurück, bis sie verschwunden schienen. Doch ihre Wirkung blieb im Raum. Es war, als habe ihre Anwesenheit das Fundament unseres Hauses stabilisiert und die Wände unseres Wohnzimmers gefestigt. Selbst die Luft schien reiner als zuvor.

Die Gespräche, denen wir zugestimmt hatten, waren nun abgeschlossen. Als ich ins physische Bewusstsein zurückkehrte, nahm ich wieder bewusst die Verbindung mit meinem physischen Körper auf, der entspannt auf dem Sofa saß. Ich lächelte Michael zu. Wir fühlten uns wirklich gesegnet und geehrt, dass wir diese Begegnungen in der inneren Welt erleben durften – und die Gelegenheit erhielten, die Hüter der Edelsteine kennenzulernen.

Nachwort

Bald nach Fertigstellung dieser Gespräche trafen die Autoren mehrere Male mit der Wächterin der Hüter der Edelsteine zusammen. Dabei betonte sie, wie wichtig es sei, für therapeutische Anwendungen nur Edelsteine bester Qualität zu gebrauchen. Sie erklärte, dass man von Steinen durchschnittlicher ›Handels-Qualität‹, wie man sie heutzutage meist angeboten bekommt, nicht die mächtigen Wirkungen erwarten sollte, die die Hüter der Edelsteine schildern.

Sie gab den Autoren darüber hinaus wertvolle Informationen über Kombinationen verschiedener Steine in Halsketten. Obwohl viele Steine einander gut vertragen, löschen manche die Wirkung anderer aus oder erzeugen in der Kombination eine disharmonische Energie. Wenn man miteinander harmonierende Edelsteine in einer Halskette zusammenbringt, unterstützt und konzentriert jeder Stein die Kraft der anderen. Damit lassen sich Wirkungen erzielen, die nicht möglich wären, wenn man die Steine nach Arten getrennt trüge. Im Laufe unserer Gespräche beschrieb die Wächterin spezielle Edelstein-Kombinationen, die größten Nutzen bieten und mit dem Bewusstsein der Menschen von heute am besten harmonieren. Natürlich sind diese Kombinationen für die Zusammenstellung von Halsketten gedacht. Dabei spielen Anzahl, Muster und Plazierung der Steine eine große Rolle; ja, sie sind fast so wichtig wie die Auswahl und Qualität der verwendeten Edelsteine.

Damit jeder, der die Vorteile dieser Halsketten genießen will, eine Möglichkeit hat, sie zu erwerben, wurden zahlreiche der von der Wächterin offenbarten Muster in einem Katalog zusammengestellt, der darüber hinaus auch viele Ketten einzelner Edelsteinarten aufführt, die in diesem Buch beschrieben wurden. Ein Bestellformular für diesen Katalog befindet sich am Ende des Buches.

Die Arbeit geht weiter

Unmittelbar nach diesen bedeutsamen Interviews kam es zu intensiven Kontakten zwischen Michael und der Aufseherin aller Hüter der Edelsteine. Während ihrer zahlreichen Begegnungen betonte die Aufseherin immer wieder, wie wichtig es sei, ausschließlich therapeutische Edelsteine zu benutzen. Sie erklärte, dass nur Edelsteine von höchster Qualität eine heilende Wirkung besäßen. Bei Edelsteinen minderer Qualität sei die Heilwirkung deutlich schwächer oder gar nicht vorhanden, ja ihre Verwendung könne sogar schädliche Folgen haben. Wie sie sagte, könne man bei der Qualität der heute handelsüblichen Edelsteine nicht davon ausgehen, dass sie jene starken Wirkungen entfalteten, die die Hüter der Edelsteine beschrieben hatten. Während einem ihrer Treffen fragte die Aufseherin Michael, ob er die Verantwortung auf sich nehmen würde, den Menschen der Erde eine zuverlässige Versorgungsquelle für Edelsteine von echter therapeutischer Qualität zugänglich zu machen. Michael fühlte sich durch diese Bitte tief geehrt und erklärte sich sofort dazu bereit.

»Zunächst einmal«, sagte die Aufseherin, »werden wir eine Kollektion von therapeutischen Edelstein-Halsketten entwerfen. Sie wird sowohl Ketten enthalten, für die nur eine einzige Edelsteinsorte verwendet wurde, als auch solche, die aus Edelsteinen unterschiedlicher Art zusammengesetzt sind.« – »Vor der Herstellung der Ketten«, fuhr sie fort, »werden wir uns von dem Hüter der jeweiligen Edelsteine genau angeben lassen, welche Kettenlänge und welcher Edelstein-Durchmesser für seinen Stein optimal sind. Für die Herstellung der Halsketten aus verschiedenen Edelsteinen werde ich Michael in der Kunst unterweisen, wie man Edelsteine richtig miteinander kombiniert. Gemeinsam werden wir Halsketten-Kombinationen kreieren, bei denen jeder einzelne Stein seine maximale Heilwirkung entfaltet.«

In den folgenden Monaten entstanden dreißig neue Halsketten mit Stein-Kombinationen. Michael lernte dabei, dass Edelstein-Kombinationen eine Energie und einen Wert besitzen, den ein einzelner Stein niemals erreichen kann. Werden Steine in einer Kette harmonisch aufeinander abgestimmt, so erzielen sie Wirkungen, die bei einzeln getragenen Steinen niemals möglich wären.

Die Aufseherin wies noch einmal darauf hin, dass unsere pharmazeutischen Edelsteine sich für Heilzwecke eignen müssten und daher ausschließlich von höchster Qualität sein sollten. Inzwischen fanden ausführliche Kontakte zwischen Michael und den Hütern der einzelnen Steine statt, bei denen er genau unterwiesen wurde, an welchen physikalischen Eigenschaften die Heilkraft eines Steins zu erkennen ist. Als die Hüter Michael mit den Parametern für die Heileigenschaften jedes Edelsteins vertraut machten, wurde klar, dass ihre ersten dreißig Vorträge lediglich der Anfang gewesen waren – ein kleiner Blick auf das enorme Wissen, das die Hüter der Edelsteine weitergeben wollten. Seither hat es viele Offenbarungen zu einer großen Bandbreite von Themen gegeben, die die Grundlage für weitere Bücher bilden werden.

»Um die Lehren der Hüter der Edelsteine allgemein

bekannt zu machen«, erklärte die Aufseherin, »müssen wir Laien ebenso wie Menschen aus Heilberufen in den zahlreichen therapeutischen Techniken ausbilden, die Bestandteil dieser einzigartigen neuen Form der Heilung sind.« Zu diesem Zweck entwickelte Michael in Zusammenarbeit mit Dr. Pauline Crouch ein praxisorientiertes Schulungsprogramm. Diese Ausbildung bezieht alle bislang von den Hütern der Edelsteine weitergegebenen Informationen sowie zusätzliches Wissen ein, wie es von der Aufseherin und anderen ehrwürdigen Wesen aus den inneren Sphären übermittelt wurde.

Weitere Informationen zu therapeutischen Edelsteinen, anderen Büchern, Seminaren und der praktischen Ausbildung erhalten Sie bei Gemisphere:

Europäisches Büro:
Gemisphere
Hauptstraße 6
D-85406 Zolling/Oberappersdorf
Ansprechpartner: Ingrid Hartl

Gebührenfrei in der EU und der Schweiz:
Tel.: 0800-727-88777
Web site: www.Gemisphere.com

Internationale Zentrale:
Gemisphere
2812 NW Thurman St.
Portland OR 97210
Tel.: 001-503-241-3642
Fax: 001-503-241-9673
E-mail: hueter@Gemisphere.com oder
die-hueter@Gemisphere.com

Bestellformular
(Vorlage)

Bitte senden Sie mir:

Anzahl	Artikel	Einzelpreis	Gesamt
	Gems of Enchantment Gemstone Catalog (durchweg farbiger Katalog mit hier dargestellten Edelsteinen von therapeutischem Wert)	$ 2.95	
	Porto (Luftpost) pro Katalog	$ 2.50	
	Porto für jeden weiteren Katalog	$ 1.25	
	Gemstone Therapy Introductory Booklet (Broschüre: Einführung in die Edelstein-Therapie)	$ 3.95	
	Porto (Luftpost) pro Expl.	$ 3.50	
	Porto für jedes weitere Expl.	$ 1.25	

Gesamtbetrag in US-Dollars (liegt der Bestellung bei)

Zusendung erbeten an:

Vorname, Name: ______________________

Straße, Nr.: ______________________

PLZ. Ort: ______________________

Staat: ______________________

Telefon: ______________________

Bitte senden Sie mir Unterlagen über die
Gemstone Therapy Home Study Courses.

Die Autoren begrüßen Ihre Anmerkungen zu *Die Hüter der Edelsteine* und Berichte über Ihre eigenen Erfahrungen mit den in diesem Buch vorgestellten Edelsteinen. (Briefe in englischer Sprache sind besonders willkommen.)

Schreiben Sie an:

Golden Age, P.O.Box 2, Colton, Oregon, U.S.A.